全国高职高专物流管理专业规划教材

商品学基础与实务

主　编　庞曰新

副主编　张兰兰　闫　琰

人民邮电出版社

北　京

图书在版编目（CIP）数据

商品学基础与实务 / 庞曰新主编. -- 北京 : 人民邮电出版社, 2012.7（2019.7重印）
全国高职高专物流管理专业规划教材
ISBN 978-7-115-28477-8

Ⅰ. ①商… Ⅱ. ①庞… Ⅲ. ①商品学－高等职业教育－教材 Ⅳ. ①F76

中国版本图书馆CIP数据核字（2012）第113313号

内 容 提 要

本书以培养学生的商品学基础知识和实际操作技能为目的，分为商品学基础篇和商品学实务篇，内容涉及商品与商品学，商品质量与质量管理，商品标准与标准化，商品认证与质量监督，商品分类，商品代码，商品包装，商品储运与养护，商品检验，食品商品与质量检验，纺织品、服装商品与质量检验，日用工业品商品与质量检验以及医药商品与质量检验共13个方面，深入讲解了基础知识，重点强化了实践教学。本书体例新颖、案例丰富、语言精练，实用性非常强。

本书可作为高职院校商品学及相关专业的教材，也可作为商品、采购等相关行业的工作者和研究人员的参考用书，同时可为从事商品贸易和商品研究的专业人员提供参考。

◆ 主　　编　庞曰新
副 主 编　张兰兰　闫　琰
责任编辑　王莹舟
执行编辑　王楠楠

◆ 人民邮电出版社出版发行　　北京市丰台区成寿寺路11号
邮编　100164　　电子邮件　315@ptpress.com.cn
网址　http://www.ptpress.com.cn
北京九州迅驰传媒文化有限公司印刷

◆ 开本：787×1092　1/16
印张：20.5　　2012年7月第1版
字数：350千字　　2019年7月北京第9次印刷

定价：35.00元

读者服务热线：（010）81055656　印装质量热线：（010）81055316
反盗版热线：（010）81055315
广告经营许可证：京东工商广登字20170147号

总　序

产业调整将是我国“十二五”经济发展的核心任务，而物流产业的发展是当前经济发展的一个制高点。随着各行业对物流人员需求的日益迫切，以及对从事物流工作人员素质和技能水平的要求越来越高，如何培养出更多的能适应当前工作需求的物流人员，无疑是当前以及今后一段时间职业教育所面临的挑战。

我国高职高专教育经过示范性改革和骨干院校建设，已取得了丰硕的成果，授课教师和相关人员在不断总结教学与实践经验的基础上，逐渐形成了对当前高职高专职业人才培养模式的共识，即以培养高素质的应用型、技能型人才为高职高专教育的主要任务。同样，作为重要教学载体的高职高专教材也面临着相应的改革。

人民邮电出版社组织众多教学一线的教师，围绕“以能力为本位，以应用为主旨”的指导思想，及时地打造出了这套体现教学改革理念的“全国高职高专物流管理专业规划教材”。其鲜明的特色和科学合理的体例结构，得到众多专家的一致肯定和教学一线老师的认可。

首先，本套教材打破了高职高专教材原有学科课程的模式。传统教材沿用学科课程的模式，强调某一门学科体系的系统性和完整性，这种课程模式已经不能适应目前我国高等职业教育对技能型人才培养的需求和趋势。新形势下的高等职业教育应以培养高素质的应用型、技能型人才为己任，以为社会和企业输送职业技能型人才为目的。高等职业教育培养出来的人才应该具备基本的职业技能，以及解决实际工作中各种问题的能力，因此高等职业教育必须打破原有学科课程的束缚，兼顾学生就业的针对性与学生发展的适应性，建立起符合应用型、技能型人才培养需要的作业导向课程模式，并将这一模式很好地运用到日常的教学设计以及教材的编写中去。本套教材的编写充分地体现了这一新的高职教育理念——根据作业导向课程模式的要求组织教材内容，按照物流工作流程搭建教材框架，最大程度地满足高职教育培养高素质的应用型、技能型人才的需要。

其次，本套教材的结构与体例模式经过精心设计，与高职高专教学培养应用型、技能型人才目标充分对接。在具体的教材编写过程中，参与编写的老师和专家按照“依流程的需要确定能力培养目标、选取章节内容”的思路搭建体例框架，真正在教学过程中实现了“以学生为主体、以教师为引导（即以学生动手做为主、教师讲为辅），循序渐进地提高学生的职业应用技能”的教学培养目标。为了增加本套教材的可用性、可读性，巩固教学内容，保证教学质量，本套教材按物流作业流程的先后顺序组织内容，在语言上力求精练、简洁，尽量避免学术化的表达方式，让学生“看了能懂、懂了会做、做了能拓”。每章最后都附有丰富的案例、习题及实训任务，学生可以通过学习与实践进一步掌握目标技能。

本套教材的编委会成员均为高职高专院校物流专业教学一线的老师，他们拥有丰富的实践经验和教学经验，知识体系全面，了解实际教学中最需要什么样的教材，知晓教材与实际教学目标之间如何充分地衔接，因此本套教材由他们来编写十分恰当。

希望本套教材的出版可以为高职高专物流管理及相关专业的教学工作增添几分特色，为促进物流人员的培养尽一份绵薄之力。

海峰

中国物流学会副会长

前　言

教育部在《关于全面提高高等职业教育教学质量的若干意见》（16 号文）中强调，高等职业教育要加大课程建设与改革力度，增强学生的职业能力；课程建设要根据技术领域和职业岗位（群）的任职要求，参照相关的职业资格标准，加强教材建设，改革课程体系和教学内容，把工学结合作为高职教育人才培养模式改革的重要切入点，融“教、学、做”为一体，强化实验、实训、实习三个关键环节，创新人才培养模式。

本教材认真落实教育部 16 号文精神，积极构建工学结合的教材体系，探索课程与对应职业岗位（群）的关系，从学习、工作、行动的整体性出发，深入讲解了商品学的基础理论知识，重点强化了“能力本位项目化”的教学过程，力求使学生通过学习和实践，掌握与商品学相关的基本理论和检验技术，培养学生的市场开发和创新能力、自主学习意识、战略合作意识、成本管理意识等商品质量管理的基本素质和能力，提升学生的职业素养。

商品学是经济管理类专业的基础课程，在课程建设体系中，它与工商管理、物流管理、市场营销、电子商务、国际贸易、报关与国际货运代理等专业的相关课程有着密切的关系，在专业群建设方面能够发挥较强的理论基础作用和实践指导作用。本教材在编写过程中力求充分体现课程的基础性、技术性、实践性和社会性，紧跟学术前沿，吸收最新的科学研究、教育研究成果，及时反映社会热点问题，积极适应不断变化发展的社会需要，通过案例导入和实践技能训练，强化实践教学，努力培养学生具备国家职业标准和职业能力所要求的基本职业素养。

本教材分为商品学基础篇和商品学实务篇。商品学基础篇集中介绍了与商品质量相关的基本概念、基本术语、基本要求、基本方法等，具体包括商品与商品学、商品质量与质量管理、商品标准与标准化、商品认证与质量监督、商品分类、商品代码、商品包装、商品储运与养护共八章；商品学实务篇在介绍商品检验基本要求的基础上，重点介绍了目前与消费者生活密切相关的食品、纺织品、日用工业品及药品的分类、性能、质量要求及感官鉴别方法，具体包括商品检验，食品商品与质量检验，纺织品、服装商品与质量检验，日用工业品商品与质量检验，医药商品与质量管理共五章。每章后面均配有相关案例分析、复习思考题和实践技能训练，以帮助学生建立商品学知识体系，培养商业服务职业能力。因此，本教材不仅适合高等职业院校经济管理类相关专业的师生使用，也能为从事商品贸易和商品研究的专业人员提供参考。

本教材由山东英才学院庞曰新担任主编，山东英才学院张兰兰、山东农业干部管理学院闫琰担任副主编。其中，前言、第一章、第十二章由庞曰新编写，第三章、第九章及第十一章由张兰兰编写；第二章、第六章由彭铂编写；第七章、第八章由常杰编写；第四章由焦亚冰编写；第五章由肖长刚编写；第十章由闫琰编写；第十三章由李修海编写。庞曰新、闫琰负责统稿并校验，付宏华担任主审。

在本教材的编写过程中，编者们借鉴了国内外许多专家学者的观点，参考了许多论文、专著及报刊、网站的资料，在此对相关著作者表示由衷的敬意！他们的观点和材料对本书的编写有很大的帮助，鉴于篇幅有限，不能一一列出。

由于本教材涉及面广，加上作者水平有限、编写时间仓促，书中难免有错误和不妥之处，望读者和专家们批评指正。我们将继续努力，不断发现问题、改正问题，以提高教材的质量水平。

目　录

• 上篇　商品学基础 •

上篇

商品学基础

第一章　商品与商品学

■知识目标

1. 掌握商品的概念。
2. 理解现代商品的整体概念。
3. 了解商品的构成因素。
4. 熟悉商品学的整体内容。

■技术目标

1. 分析有形商品与无形商品的基本特征。
2. 分析商品学的工作任务。

■能力目标

1. 调查分析消费者对消费商品的认知情况。
2. 分析商品学对社会经济生活的指导作用和服务功能。

第一节　商品概述

商品是用来交换的劳动产品，是为满足社会需要而生产的。它是人类社会生产力发展到一定阶段的产物，是一个重要的经济概念。

一、商品的概念

国际标准化组织质量管理和质量保证技术委员会 ISO/TC176 指出：产品是指活动或加工的结果。产品可以是有形的，也可以是无形的，还可以是两者的结合。产品经过市场交换就形成商品。在市场经济条件下，商品高度发展，促使人们的消费水平越来越高。相应地，人们对商品质量的要求也越来越高，对商品的内容范围有着更加广泛的要求。商品既包括传统商品，又包括现代商品；既包括有形商品，又包括无形商品，还包括有形商品和无形商品的集合体。

（一）有形商品

有形商品即狭义的商品，也称传统的商品，是指通过市场交换，能够满足人们某种社会消费需要（物质需要或精神需要）的物质形态的劳动产品，如加工的食品、服装、日用工业品等。目前世界各国的商品学仍以传统的商品作为主要研究内容。随着经济社会的进步与发展，有形商品范畴不断扩大，在商品市场中的作用也不断发生变化，如房地产商品目前已经成为市场经济条件下的重要角色，逐渐演变成经济动向的风向标。

（二）无形商品

无形商品即广义的商品，是指通过市场交换，能够满足人们某种社会消费需要的所有形态（包括知识、劳务、金融、物质等形态）的劳动产品，即除了可以是有形的产品外，还可以是无形的服务，例如“信息产品”、“金融产品”等。随着现代社会的高度商品化和技术创新的加速，商品的发展呈现出知识化、软件化、服务化等趋势。广义的商品概念推动了商品学研究内容和范围的拓展，对软科学的探究、软商品的开发及市场经济运作具有重要的现实意义。

（三）现代商品的整体概念

现代商品是有形商品和无形商品的结合体，具有整体概念。现代商品的整体概念包括商品的效用、商品体、有形附加物和无形附加物四种内容，如图 1-1 所示。

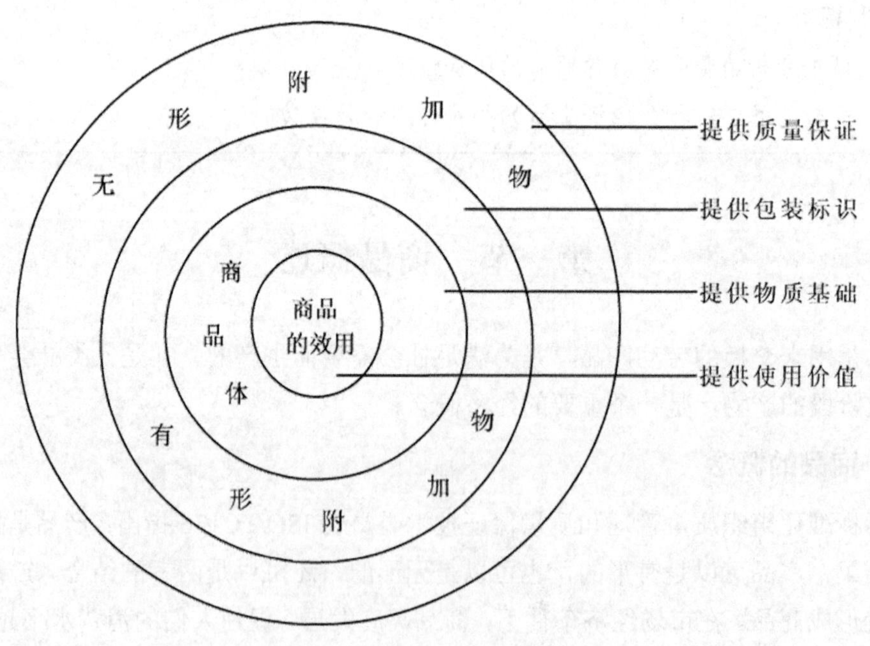

图 1-1　现代商品的整体概念

1．商品的效用

商品的效用即商品的功能，也即商品的使用价值，指在使用或消费过程中，能满足用户或消费者需要的功能。商品质量是衡量商品功能大小的尺度，因此，商品质量是现代商品整体概念的中心内容。

2．商品体

商品体是商品效用的载体，它是由多种不同层次要素构成的有机整体，是人们利用市场调研与开发、产品原材料处理加工、生产工艺和设备研发使用、质量检验与控制、产品包装等有效劳动创造出来的具体的劳动产品。商品体是商品使用价值形成的客观物质基础。

3．商品的有形附加物

商品的有形附加物包括商品包装与标识，如商品名称，商标与注册标记，专利标记，质量、安全、卫生、环境标记及认证标志，商品使用说明标签，检验合格证，使用说明书，维修卡（保修单），购货发票等。它们是为满足商品流通（购、销、运、存等环节）需要、消费需要、使用需要以及环境保护需要而不可缺少的有形附加物。它们既有使用价值，也有价值，而且随着商品生产技术的进步和经营管理水平的提高还会增加新的价值。

4．商品的无形附加物

商品的无形附加物是指人们购买有形商品时所获得的各种附加服务和附加利益等。例如，提供信贷、送货服务、免费安装、售后服务、折扣优惠、财产保险等。开发、利用合法的无形附加物，不仅能增加商品的魅力，充分满足用户和消费者的综合需要，而且有利于企业在激烈的竞争中突出自己的优势，提高企业在市场中的竞争力。

二、商品的构成因素

商品具有两个因素，即价值和使用价值。商品价值的概念、形成和实现等问题是经济学研究的范畴。商品的使用价值是商品学研究的范畴。

（一）商品的使用价值

商品的使用价值是指商品对其消费者或使用者的有用性或效用，是商品本身能满足人们的某种需要的属性，如粮食可充饥、衣服可御寒、钢铁可制造器械等。它取决于商品本身的自然属性，即商品本身的物理、化学、生物学等性质，如商品的成分、结构和性质等。商品本身的自然属性构成了使用价值的物质基础。不同的商品具有不同的使用价值，同一种商品也具有多种自然属性，因而具有多方面的有用性。

商品的使用价值随着人类文明和科学技术的发展而不断被人们所探索、发现、开发和认识，是维持人类生存和繁衍、促进社会发展所必需的。不论社会财富的形式如何，商品的使用价值总是构成财富的物质内容。商品的使用价值是交换价值的物质承担者。丧失使用价值的商品，其交换价值也必将随之消失，也就失去了进入流通领域的意义。

（二）商品的价值

一种使用价值与另一种使用价值相交换的量的关系或比例，是商品的交换价值。两种不同的使用价值之所以能按一定的比例相交换，表明它们之间存在着某种共同的东西，且这种共同的东西在质上应是相同的，在量上可以进行比较。这种同质的共同东西，就是凝结在商品中的无差别的一般人类劳动。商品中的这种无差别的一般人类劳动的凝结就是商品的价值。因此，交换价值是价值的表现形式，价值是交换价值的内容。价值反映了商品的社会属性，体现了商品生产者之间互相交换劳动的社会生产关系。

（三）商品使用价值与价值的关系

商品的使用价值与价值之间具有辩证关系。

任何社会形态中的商品都是使用价值和价值的矛盾统一体。一方面，商品的使用价值和价值是统一的，缺少任何一个因素都不能成为商品。价值的存在要以使用价值为基础，使用价值是价值的物质承担者。另一方面商品的使用价值和价值又是矛盾的。使用价值作为商品的自然属性，反映的是人与自然的关系；价值作为商品的社会属性，反映的是商品生产者之间的社会关系。使用价值是一切有用物品（包括商品）所共有的属性，是永恒的范畴；价值是商品所特有的属性，是商品经济的范畴。商品生产者生产一种商品，是为了取得商品的价值；商品消费者购买一种商品，则是为了取得该商品的使用价值。因此，商品只有先证明自己具有使用价值，才能实现其价值；而为了实现价值，又必须先具有使用价值。可见，一种具有使用价值的劳动产品，如果只是用来满足商品生产者自己的需要，或只是无偿地交付给别人使用，就不能成为商品，只有通过交换被卖出去，才能实现商品的价值，使消费者得到使用价值，商品的使用价值和价值的矛盾才能得到解决。

三、商品的基本特征

作为一种特殊的物品，商品应该同时具备以下基本特征。

（一）商品是满足人们某种需要的劳动产品

首先，商品必须具有使用价值。那些不能满足人们有效需要，甚至会危害人体健康和财产安全的劳动产品，如假酒、假药、有毒食品、劣质电器等，都不能算作商品。

其次，商品必须是劳动产品。换句话说，如果不是劳动产品就不能成为商品。例如，自然界中的空气、阳光等，虽然是人类生活所必需的，但这些都不是劳动产品，所以它们不能叫做商品。

（二）商品是供他人需要（即社会需要）的劳动产品

恩格斯曾经明确指出：商品“首先是私人产品。但是，只有这些私人产品不是为自己的消费，而是为社会的消费而产生时，它们才能成为商品”。这就是说，只有那些为别人消费而生产的产品，才有可能成为商品。如果不是用来交换，即使是劳动产品，也不能叫做商品。例如，古代社会传统男耕女织式的家庭生产种出来的粮食和织出来的布，尽管都是劳动产品，但只是供家庭成员自己使用，并不是用来与他人交换的，所以不是商品；现代社会人们研究出的科研成果，尽管是复杂的脑力劳动产品，但如果只是证明科学技术的发展水平达到某个高度，而没有转化成为社会生产力和社会效益，没有形成市场交换，则其也不是商品。

（三）商品是通过交换到达别人手中的劳动产品

劳动产品若要称得上商品，还必须实现交换。商品对其生产者来说，没有直接的使用价值，只是交换价值的承担者。商品只有通过交换，到达使用或消费它的用户或消费者手中，才能实现其使用价值。如果商品卖不出去，其使用价值无法实现，则商品的价值也就无法实现，因此，库存积压的产品也不能算作商品。只有在商品流通的各个环节中，努力提高产品的商品率，才能真正体现商品的使用价值和效用。

第二节 商品学概述

商品学是研究商品使用价值及其变化规律的科学。商品学不仅仅研究商品是否具有使用价值，更重要的是研究商品使用价值的大小。商品的使用价值往往通过商品质量来衡量。

随着商品经济和对外贸易的发展，商品学在经济建设中的作用越来越重要。

一、商品学的研究内容

商品学的研究内容是由商品学的研究对象决定的，商品学的研究对象随着时代的变化而不断地发展以满足社会的需要。随着社会经济的发展，商品学进入了现代商品学阶段，其研究对象及使用范围也进一步拓展。因此，该课程体系力求以商品属性不断满足商品交换、消费需要以及其他社会需要为主线，以国家职业标准对相关岗位工作能力的要求为依据，构建集科学性、系统性、综合性、工作性于一体的商品质量体系。

（一）商品学内容的整体性

商品学研究内容以商品体为基础，以商品质量为中心，研究商品的使用价值及其变化规律。商品学的整体内容如图 1-2 所示。

1．形成与控制商品质量

以 ISO 9000 质量管理体系为导引，建立商品质量、商品标准与标准化、商品认证的理论体系，分析商品质量的形成过程及其影响因素，以 PDCA*科学程序和方法进行全面质量管理，推进绿色商品与循环经济的发展。

---

*PDCA 循环是能使任何一项活动有效进行的一种合乎逻辑的工作程序，特别是在质量管理中得到了广泛的应用。P（Plan）——计划，D（Do）——执行，C（check）——检查，A（ACT）——行动。

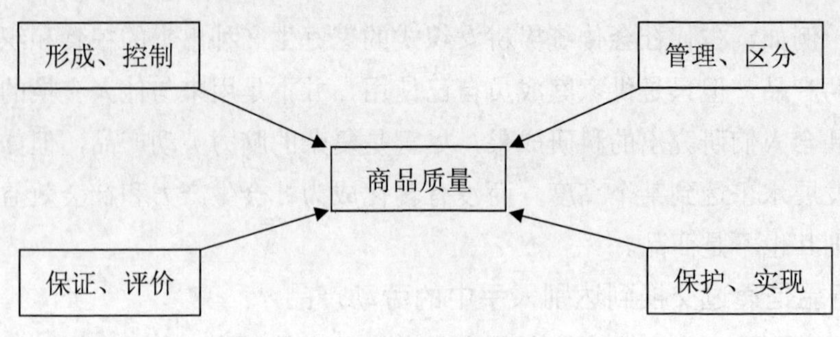

图 1-2　商品学的整体内容

2．管理与区分商品质量

以国际商品目录《主要产品目录》（CPC）和国家商品目录《全国主要产品分类与代码》（GB/T7635-2002）为主线，分析主要商品分类与代码结构；以全球统一的标识系统（ENA/UCC 系统）为基础，设计商用 POS 系统、条码采集、条码检测、条码打印等现代商品质量管理方案。

3．保证与评价商品质量

以感官检验方法为主要手段，对食品、纺织品与服装、日用工业品及医药商品等主要的生活资料进行商品品种质量特性的分析与评价，科学指导消费，杜绝假冒伪劣产品进入市场。

4．保护与实现商品质量

建立商品包装标准化概念，规范销售包装与运输包装，分析商品质量的变化规律，对仓储商品进行科学管理，在供应链的各个环节保护商品质量。

（二）商品学内容的时代性

市场经济条件下的商品学研究以适应商品化社会的技术开发、经济增长、市场扩大、开源节流等需求为基础，充分体现技术性、实践性和社会性，紧跟学术前沿，吸收最新的科学研究和教育研究成果，积极适应不断变化发展的社会需要。

1．商品学的融合性

商品学的主要内容包括商品质量与质量管理、商品标准与标准化、商品认证、商品检验与质量监督以及商品包装与养护等技术基础。这些技术基础是人文科学（如经济学、管理学、法学）及自然科学（如物理学、化学、生物学、机械原理）等传统科学的综合成果。

当今世界商品学界存在着三大学派：一是技术学派，主张从自然科学方面研究商品学；二是经济学派，主张从社会科学方面研究商品学；三是融合学派，主张从技术和经济两方面来研究和评价商品的使用价值。随着经济社会的发展，市场对商品质量的要求不断提高，商品学的研究内容逐渐趋向于具有鲜明时代特征的融合学派。

2．商品学的实践性

近年来，商品质量事故的不断发生，引起了社会对商品质量的高度重视，人们日常生活必需品的质量日益成为社会关注的热点。食品质量的感官审评、纺织品与服装质量的鉴别以及日用工业品的感官检验等商品学研究内容，已成为当前经济社会亟待普及的科学知识。为保障消费者的合法权益，我国建立了商品条码追溯制度，这为产品召回提供了可靠的信息平台。商品学为加强市场的管理与控制、提高产品物流信息采集识读的准确性、动态反映生产过程、打造快速高效的物流系统提供了理论基础。加强商品学知识的普及工作，发挥商品学对社会经济生活的指导作用和服务功能，对于发展经济贸易、开发消费市场、评价商品质量、维护国家和消费者利益及促进企业现代化管理等均具有重要的现实意义。

（三）商品学的职业性

作为经济类高等职业教育的教学研究内容，商品学应该按照国家职业标准对工作能力的要求进行课程设置。根据中华人民共和国人力资源和社会保障部、国家质量技术监督局、国家统计局联合组织编制的《中华人民共和国职业分类大典》，商品学的职业性应重点满足国家职业分类的第四大类——商业、服务业的职业要求。在国家职业标准中，商业、服务业人员是指从事商业、餐饮、旅游娱乐、运输、医疗辅助及社会和居民生活等服务工作的人员，其中包含实行就业准入的 87 个职业目录。商业行业的宽口径对产品管理岗位人员和服务质量管理岗位人员的工作能力分别提出了不同的要求。鉴于此，商品学的研究内容应该满足岗位职业要求。

商品学内容的职业性如图 1-3 所示。

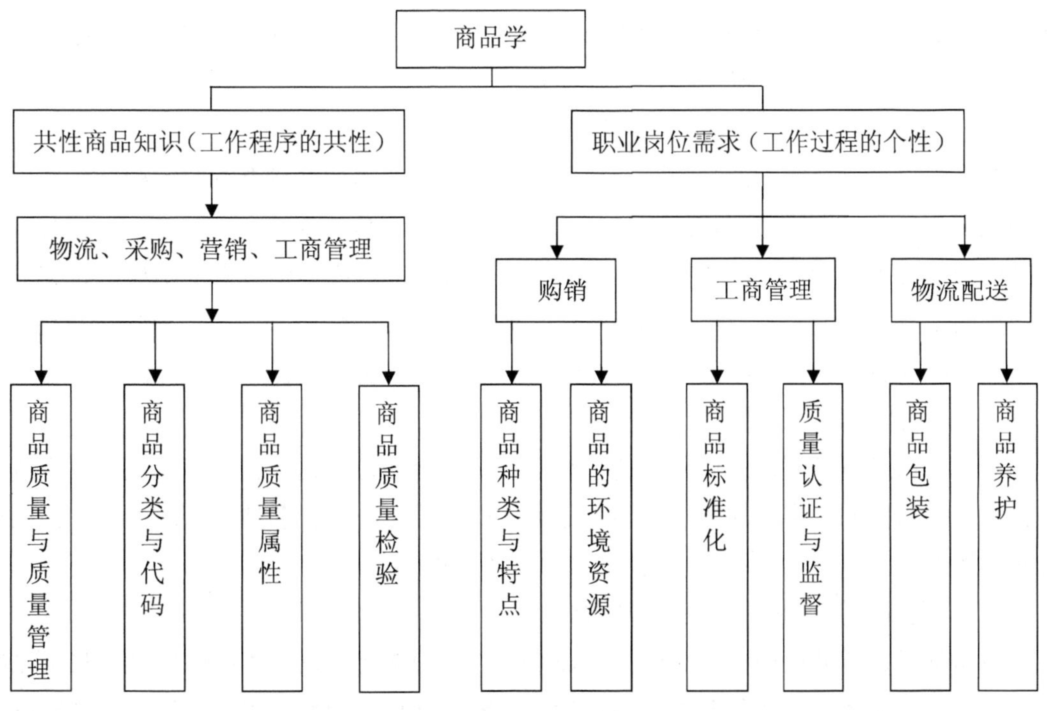

图 1-3 商品学内容的职业性

由图 1-3 分析，商品学的研究内容是按照商品在流通过程中所经历的物流、采购、市场营销、工商管理等不同的环节设置的。在商品流通的各个环节，以商品质量为中心，研究商品的质量与质量管理、商品分类与代码、商品质量属性、商品质量检验等共性商品知识；在不同的流通环节突出职业岗位需求，如采购与供应、市场营销等岗位，重点突出商品的种类与特点、商品的质量属性、商品的感官质量要求及商品的环境资源、新产品开发等，在物流配送等环节重点突出商品包装、商品养护等技术，在工商管理环节则重点建立商品标准化、质量认证与质量监督等知识体系。

二、商品学的总体任务

商品学是商品经济和科学技术发展的产物，与市场学、广告学共同形成营销学的三大理论基础。因此，商品学的总体任务是为商品经济发展提供决策依据，促使政府和企业对商品从规划开发、生产、流通、消费到废弃的全过程实行科学管理，促进生产力的发展，提高社会经济的管理水平，满足人们日益增长的物质文化需求。具体来说，商品学的总体任务包括以下几项。

1．研究商品质量形成的因素

商品质量的形成因素是多方面的，包括商品市场调研与开发设计，商品的原材料，商品的成分，商品的结构及性能，商品的生产工艺，商品的质量控制与检验，商品的包装、运输、储存与养护等。通过对商品市场的调查预测，实施商品的科学分类，指导企业改进商品质量、开发新品种，加强市场管理与质量监督，保证市场的正常秩序、产品适销对路，引导消费者正确购物、科学消费。

2．研究制定评价商品质量的方法

商品学通过研究制定商品检验与鉴别方法，促进商品质量符合规定的标准或合同中的相关要求或指标，维护正常的市场竞争秩序，保护交易双方的合法权益，创造公正、公平的商品交换环境，防止假冒伪劣产品进入市场，同时提高消费者的维权意识和对商品质量的鉴别能力。常用的商品检验方法有感官检验法、理化检验法、生物学检验法等。其中，商品的感官检验方法是最经济、最实用的一种检验方法。

3．研究制定防止商品质量降低的技术

商品学通过研究制定流通领域的包装标准化、运输标准化、配送标准化等供应链标准化，确定适宜的、合理的商品包装、运输、养护等工作方案和技术措施，确保商品质量在流通领域的各个环节不受损失，提高产品的商品率。

4．研究制定促进商品质量实现的措施

商品学通过商品市场、商品信息、商品广告、消费者心理等方面的研究，形成系统的、综合的商品体系，便于向广大消费者普及商品知识和消费知识，使消费者及时准确地认识、判断、评价和消费商品以及科学地处理废弃商品，以促进商品质量的实现。

三、商品学教学的作用与培养目标

（一）商品学教学的作用

随着经济全球化与多元化趋势的发展，商品学的教学和研究均受到重视，商品学的地位和作用更加引人注目。商品学产生于商品生产与交换，服务于经济管理、经营贸易与商品流通，并在不同时期对商品经济的发展起到促进作用。

商品学作为专业基础核心课程，在其职业能力培养中起着重要作用。该课程应根据职业岗位对应的商品流通的各个环节（包括企业生产、运输仓储及销售服务等），对商品质量控制与管理，商品质量评价、检验与监督，商品质量的形成及其影响因素，商品质量的分析及新产品开发，商品经济的宏观调控及政策研究等进行通俗教育。在同类专业课程中，它与市场学、管理学、国际贸易、物流管理、工商管理、电子商务、采购与供应等课程密切相关，在专业建设方面能够发挥较强的理论基础作用和实践指导意义。通过学习和实践，能使学生掌握商品知识的基本理论和检验技术，培养学生市场开发创新能力、自主学习意识、战略合作意识、成本管理意识等商品经营管理的基本素质和能力，提升学生的职业素养。

（二）商品学的培养目标

商品学课程的培养目标以培养学生的适应能力转向培养学生参与、建构工作能力为指导思想，基于工作过程的学习领域，以工作项目为载体设计教学过程和教学情境，把课程学习内容与社会、企业、岗位、任务联系起来，定位于知识、技能、素养（即三维能力）的培养。知识目标即以商品质量、商品分类、商品代码、商品属性、商品标准化、商品认证、商品检验等专业知识为重点来培养学生的专业能力；能力目标即以培养分析、检验、评价和管理商品质量等操作技能为重点来培养学生的实操能力；职业素养目标即以良好的学习态度、工作交流和团队合作能力及良好的职业道德来培养学生适应社会的能力。

四、商品学的研究方法

商品学的研究方法是指研究商品质量及其变化规律所采用的方法。了解商品学的研究方法对发挥商品学对经济社会的服务功能具有十分重要的意义。

从商品学的研究内容看，商品学是文理结合、多学科交叉的边缘学科，涉及学科既包括物理学、机械学、化学、生物学、材料学等自然学科，也包括经济学、管理学、市场学、地理学、贸易学、技术经济学、经济法、经济法规等人文学科，是一门为技术经济管理服务的应用学科。因此，商品学既要应用自然学科的研究方法，包括实验法、推理法、数学及计算机技术，又要应用社会学科的研究方法，包括市场调查、经济分析预测、观察法、统计法等。一般来说，商品学常用的研究方法有如下几种。

（一）理化实验法

理化实验法是指在实验室内借助于仪器设备、化学试剂，通过测定商品的物理、化学和生物学的性质来确定商品的化学组成、成分、含量及化学结构的一类分析方法，也称实验室法。这种方法通常能检验商品的内在质量，不受检验人员主观意志的影响，检验结果能用数字准确表达，科学性强；但是这种研究方法成本高、时间长、需要破坏商品体，同时对检验人员有较高的理论知识及操作技能要求，因而常用于研制新产品、产品质量认证、报关及解决产品质量纠纷等。

（二）感官检验法

感官检验法是借助于人的正常感觉器官和实践经验对商品质量进行评价的检验方法。这种方法具有简便、快速、经济、实用的优点；但感官检验法只能检验商品的外观特征，且受人体感觉器官灵敏度以及检验人员主观意志和实践经验的影响，检验结果科学性不强。

（三）技术分析法

技术分析法是一种在科学实验的基础上，对一系列同类商品，根据国内和国际生产力发展水平，确定商品质量技术指标，供生产者和消费者鉴定商品质量的方法。这种方法有利于促进商品质量的提高，激发企业开发研制新产品。

（四）社会调查法

社会调查法是主要借助于现场直面调查、填写调查表、网络测评、定点统计、售后质量咨询等手段，搜集、整理和分析商品质量市场信息，全面考察商品使用价值的一种方法。在商品不断升级换代、新产品层出不穷、假冒伪劣产品横行的社会发展阶段，这种方法更加实际和重要。它不仅能有效增强生产与消费之间的双向沟通，加强商品质量的管理和监督，还能为商品的研制、生产和开拓市场提供有价值的信息。

【本章小结】

商品是通过交换来满足社会需要的劳动产品，是商品学的基础，是一个重要的经济概念。本章介绍了现代商品的概念、商品构成因素、商品的基本属性及商品学研究的中心内容。其中，对于商品概念，重点介绍了现代商品的整体概念及内容，商品的使用价值和价值两个重要因素，商品同时具备的三个基本特征；商品学研究内容则突出了商品学研究的整体性、时代性和职业性，以商品质量为中心的整体内容及按照国家职业标准对商业服务行业工作能力的要求与教学要求，并明确了其在职业能力培养中的重要作用。

【复习思考题】

1. 什么是狭义的商品？商品应具备哪些基本特征？

2. 以市售任一款手机为例，试运用现代商品整体概念说明其功能、商品体、有形附加物和无形附加物，并阐述它们之间的关系。

3. 商品的构成因素是什么？它们之间具有什么关系？

4. 商品学的主要研究内容是什么？

5. 商品学的工作任务能满足我国哪些职业要求？

6. 商品学有哪些常用的研究方法？

【案例】

（一）出售“世界杯空气”是否合法

2006 年，张某在网上看到一则 A 国一家公司准备售卖“世界杯空气”的新闻，随后与该公司取得联系。世界杯进行过半，张某到当地工商局申请变更经营范围，准备增加“特色空气”的销售。没过几天，张某就收到了当地工商分局不批准他申请的通知书。张某不服，提起诉讼。在张某看来，“世界杯空气”装在袋中，属于体育用品或者文化用品范畴，无法亲临 A 国的球迷通过购买这些空气，在电视机前观看比赛时就可以闻一闻 A 国浓郁的草地清香，体会身临其境的感受。他认为工商局扼杀了他的创新意识。对于张某的指责，当地工商分局答辩称：空气不在国民经济行业分类标准中，且分类中有关体育和文化用品也不含有空气的内容。最终，法庭认为空气无形无状，使用价值很难实现，不能作为商品出售。

（二）如何解决附赠商品的质量问题

王先生到某一大型商场购买手机，恰逢商家正在对一款新手机做促销活动，促销牌上明确写着：凡购买本款手机者均获赠手机电池一块，数量有限，赠完为止。王先生随即购买了这款手机，并获赠手机电池一块。

之后，王先生在洽谈某项业务中，由于手机突然没电，未能及时得到通知，而损失了两万余元。事后，王先生发现手机没电是因为赠送的电池在充电后只能使用半个小时左右。这一问题出现距王先生购买手机仅 15 天，王先生随即找到出售该手机的商家，要求其更换手机电池并且赔偿其两万余元的损失；而商家以赠送的商品不保证质量为由拒绝了王先生的要求。

案例讨论题

1. “世界杯空气”能否作为商品来出售？为什么？

2. 讨论商家对赠送的商品是否负有质量保证的责任？商家的行为侵犯了消费者哪种权

利？消费者因产品质量缺陷而造成的损失如何得到赔偿？

【实践技能训练】

消费者调查报告

一、调查目的

通过调查与分析消费者对商品的认知情况，提高对消费者商品消费的判断能力。

二、调查内容

选择5个以上不同消费者，观察或调查其商品消费情况，并分析研究其差异。

三、调查步骤

1. 设计调查表。

调查表如下表所示。

商品消费调查表

序号	性别	年龄	商品类别	商品品牌	价格	质量认知	备注
1							
2							
3							
4							
5							

2. 以5～6人为单位进行数据的整理、统计与分析。
3. 运用商品学原理进行数据分析，并写出分析报告。
4. 各组在班级内进行交流、讨论。

第二章　商品质量与质量管理

■知识目标

1. 理解质量以及商品质量的概念。
2. 掌握商品质量基本要求及其影响因素。
3. 掌握全面质量管理的基本原理。
4. 了解 ISO9000 质量体系的构成。

■技术目标

1. 分析有形商品的质量特性。
2. 分析全面质量管理的基本要求。

■能力目标

1. 明确影响商品质量的因素及生产过程各个阶段的注意事项。
2. 利用 PDCA 循环改进具体的质量管理问题。

第一节　质量

产品质量的优劣，决定着产品有无市场、经济效益的高低，以及企业能否在激烈的市场竞争中生存和发展，甚至决定着企业的生命。“以质量求生存，以品种求发展”已成为广大企业的共识。质量是人民生活的保障。产品质量与人们的工作、生活息息相关，一旦产品出了质量问题，轻则造成经济损失，重则导致人员伤亡。

一、质量与质量特性

（一）质量的概念

这里的质量（quality），指的是产品或工作的优劣程度。根据国际标准化组织在 ISO9000：2000《质量管理体系基础和术语》中的定义，质量是“一组固有特性满足要求的程度”。

为了更好地理解这个概念，主要应明确以下几个要求。

第一，定义中并没有将质量限定于产品或者服务，而是泛指一切可单独描述和研究的事物，它可以是活动或者过程，也可以是产品，当然也可以是组织、体系或者人以及上述的任何组合形式，因此，质量的概念既可以用来描述产品和活动，也可以用来对过程、人员甚至组织进行描述，这个概念反映了质量概念的广泛包容性。

第二，定义中所指的特性是指事物可以区分的特征，可以是定量的，也可以是定性的。固有特征是事物本身就有的，尤其是永久性的特性。就产品质量而言，质量特性包括功能特性（如准时性、可靠性和安全性等）、感官特性（如视觉、嗅觉、味觉、听觉、触觉等）、行为特性（如礼貌、诚实、正直等）等。正是由于事物具有各种特性才使得它能够满足顾客以及其他利益相关的要求。

第三，定义中的要求通常是指明示的、隐含的或必须履行的期望和要求。这些要求有些是可以明确表述出来的，如外购加工中零部件的尺寸要求；有些则是不言而喻的，如灯泡须能发光、冰箱须能制冷等，一般不需要特别标明出来。为了有效地满足隐性需求，产品质量应该尽可能地加以明确和定义。还有些质量要求是必须履行的，这些要求一般是指法律法规的要求，如果违反将受到法律制裁，如奶粉质量必须符合国家标准等。

第四，定义中的程度是指特性满足的一种度量。度量必须在同一等级上进行，是对同一事物在同一要求的条件下对质量的高低、优劣、档次等级别的划分。

（二）质量特性

1．广义的质量特性

在 ISO9000 标准中，对质量特性的定义是：产品、过程或者体系与要求有关的固有特性。质量是对顾客需要的反映，质量概念的关键是“满足要求”，而顾客需求的表述往往是感性的、模糊的、含混的。为了使满足顾客需求的质量得以实现，这些“要求”必须用清晰的、技术的、理性的或工程的语言转化为有指标的特性，作为评价、检验和考核的依据。由于顾客的需求是多种多样的，所以反映质量的特性也应该是多种多样的，如表 2-1 所示。

表 2-1　质量特性的类型

质量特征的类型和含义		实例	质量特性
技术和理化方面	产品对所有用户的“适用性”，可以用理化检测仪器精确测定，对质量进行更加客观的判断	齿轮	刚性、弹性、耐磨性
		汽车	速度、牵引力、耗油量、废气排放量
		手表	防水、防震、防磁等
心理方面	产品对每一具体用户的“适用性”，难以用准确的标准来加以衡量	服饰	花色、时尚、款式等
		食品	色、香、味、形等
		汽车	颜色、车型、内饰、外饰等

（续表）

质量特征的类型和含义		实例	质量特性
时间方面	同“产品使用寿命”相联系	耐用品	可靠性、可维修性、精度保持性等
安全方面	同“是否对顾客造成伤害和事故”相联系	家电商品	漏电、静电等
		汽车	安全气囊、防盗报警、制动系统等配置
社会方面	同“是否对社会整体利益造成损失”相联系	洗涤用品	生物降解能力、含磷量等
		汽车	噪声、废气排放量等

对产品质量特性的描述应当尽量指标化，体现产品使用时的客观要求，应把反映产品质量主要特性的技术经济参数明确规定下来，作为衡量产品质量的尺度。由于质量特性是人为变换的结果，因此，我们所得到的或者确定的质量特性实质上只是对于顾客需要的一种替代特性，这种变换的准确性将直接影响顾客的需要能否得到满足。变换越准确，顾客的需要越能得到准确的反映，就越能达到顾客的满意度；变换的失真越大，顾客的需要同质量特性之间就越容易脱节。若这样，即使提供的产品能百分之百符合质量特性指标，但并不意味着就一定能满足顾客的需要。

为了提高这种变换的准确性，人们在质量管理实践中总结出了许多行之有效的方法并开发了与之相对应的技术。其中，质量功能展开（Quality Functional Deployment）影响最为广泛。

2．有形商品的质量特性

构成有形商品质量的特性很多，少则几项，多则几十项甚至更多。它们对质量都有一定的贡献，但是其中各项的重要程度又有所不同，而且因用途不同而变化。在分析和评价产品质量时，要区分每种特性的重要程度，选择少数对质量起决定作用的特性，按其重要程度分别赋予不同的权重。对于一般有形产品来说，其质量特性通常包括性能、寿命、可靠性、安全性和经济性等几个方面，如表 2-2 所示。

表 2-2　有形商品的质量特性

有形商品质量特性的种类和含义		实例	质量特性
性能	商品满足使用目的所具备的技术特性	机床	加工精度
		电冰箱	冷冻速度
		洗衣机	洗净程度和自动化程度

（续表）

有形商品质量特性的种类和含义		实例	质量特性
寿命	商品在规定的适用条件下完成规定功能的工作时间或任务总量	打印机	打印张数
		电视机	使用时间
可靠性	商品在规定的时间内和规定的条件下完成规定功能的能力	家用电器	无故障率、无故障时间
安全性	商品保证顾客的生命不受到伤害，身体和精神不受到伤害，以及财产不受到损失的能力	热水器、灶具	漏电情况下的断电保护
经济性	商品从设计、制造到整个商品使用寿命周期的成本和费用方面的特征	消费品	物美价廉、经济实用

3．服务的质量特性

相对于有形商品来说，服务的质量特性是无形的。有些服务的质量特性可以被顾客观察或者感觉到，如服务等待时间的长短、服务设施设备的好坏等；还有一些顾客不能轻易地感知，但是直接影响服务质量，如酒店财务的差错率、报警器的正常工作率等。有些服务质量可以作定量的考察，而有些只能作定性的描述。服务质量特性一般包括功能性、时间性、安全性、经济性、舒适性和文明性等几个方面，如表 2-3 所示。

表 2-3　服务的质量特性

服务质量特性的种类与含义		实例	质量特性
功能性	某项服务所发挥的效能和作用，是服务质量中最基本的特性	旅馆住宿服务	让顾客得到良好的睡眠
时间性	服务在时间上能够满足顾客需要的能力		开房、退房业务办理及时、快速，客房服务及时、快速
安全性	服务过程中顾客的生命和财产不受伤害和损失的程度		防火和防盗等设施、设备以及相关制度的健全与否
经济性	顾客为了得到不同服务所需费用的合理程度		同类服务中价格是否低廉
舒适性	服务过程中的舒适程度		服务过程中设施、设备的完备程度，环境的整洁、美观和有序
文明性	顾客在接受服务过程中满足精神需要的程度		服务态度，顾客期望得到一种自由、亲切、尊重、友好、自然的气氛

4．商品的魅力特性和必需特性

根据不同类型的质量特性和顾客满意度之间的关系，可以将质量特性分为魅力特性和必需特性。

魅力特性是指如果充分使用的话可以使人产生满足，但不充分使用也不会使人产生不满的那些质量特性。如服务过程中提倡的“微笑服务”可以看作是魅力特性，因为微笑可以使顾客感到心情舒畅，不微笑也不会有人投诉。不过，在其他条件相同的情况下，具有充分的魅力特性的产品或者服务显然会更容易吸引顾客的注意，从而形成竞争优势。

必需特性指那些充分使用也不会使顾客感到特别满意和兴奋，但是一旦不足就会引起强烈不满的那些质量特性。这些特性是顾客认为理所当然应该具备的，如火车软卧车厢应该保证开水供应和提供洁净的卧具。在现在的市场环境下，缺乏必需特性的产品和服务很难形成竞争力。

随着竞争的加剧，有些魅力特性会变成必需特性。

二、质量与顾客满意度

（一）顾客与顾客满意度

按照ISO9000国际标准中的定义，顾客是指接受产品的组织和个人。顾客是决定企业生存和发展的重要因素，服务顾客并满足他们的需要是企业存在的前提。因此，企业必须知道谁是自己的顾客，他们有什么需要。

顾客满意度是指顾客对其要求被满足程度的感受。它是顾客将其对企业产品和服务实际感受的价值与期望价值进行比较的结果。如果顾客实际感受的价值与期望价值接近，顾客会感到满意或者非常满意；反之，顾客会不满意。从企业的角度看，顾客满意度是企业成功地理解某一顾客或者某些顾客的爱好并着手为满足顾客需求做出相应努力的结果。

顾客满意度有如下基本特征。

1．主观性

顾客的满意程度是建立在其对产品和服务的感受上的，感受的对象虽然是客观的，但是结论却是主观的。顾客满意的程度与顾客自身条件如知识和经验、收入状况、生活习惯和价值观念等有关，当然还和媒体传播有关。

2．层次性

出于不同层次需求的人对产品和服务的评价标准不同，因为不同地区、不同阶层的人或者一个人在不同条件下对某个产品或者某项服务的评价也可能不同。

3．相对性

顾客对产品的技术指标和成本指标通常都不熟悉，他们习惯于把购买的产品和同类型产品或者以前的消费经验进行比较，因此得出的满意或者不满意具有相对性。

4．阶段性

任何产品都具有寿命周期，任何服务也都有时间性。顾客对现有产品和服务的满意程度来自于过去的使用体验，是在过去多次购买或提供的服务中逐渐形成的，因此呈现出阶段性的特征。

（二）顾客满意度的保证

提高质量是使顾客满意的保证。科技发展，一方面不断创造出新产品为顾客服务，另一方面也使得越来越多的一般性使用者无法凭自己的能力判别所购产品的质量的好坏。现代产品的复杂性和多样性，使得产品质量缺陷所造成的损害范围愈来愈广、程度愈来愈深。在这种情况下，顾客对产品安全、质量可靠的要求日益迫切。

企业通过持续地满足顾客需求可以获得长期发展。很多企业为了取得顾客信任，积极开展质量保证活动，并申请 ISO9000 认证。企业加强质量管理，提高产品质量，能给顾客提供进一步的保证。另外，顾客的需求在不断的提高，企业要持续满足顾客的要求就必须不断地提高产品质量。

第二节　商品质量

一、商品质量概述

（一）商品质量的概念

商品质量是衡量商品使用价值的尺度，这个尺度是人们在实践中得出的科学结论。我国商品学界一般认为，商品质量有广义和狭义之分。

狭义的商品质量是指产品质量，习惯上称为商品品质。它是指产品与其规定标准技术条件的符合程度，以国家标准、行业标准、地方标准、企业标准或订购合同中的有关规定为最低技术条件。

广义的商品质量是指商品具有满足明确和隐含需要能力的特性和特征的总和。广义商品质量不仅要反映满足用户需要的各项质量特性，还要反映在兼顾供需双方利益的经济要求、追求物美价廉基础上的适宜质量，同时还要反映维护社会利益的安全性、环境保护、节能减排等要求。因此广义的商品质量既要满足狭义的商品质量的基本要求，同时又要满足供方、需方及社会三个方面的利益和要求。

（二）商品质量的综合体现

商品质量是一个综合性的概念，它受到商品本身及商品流通过程中诸因素的影响。从现代商品流通观念来看，商品质量是内在质量、外观质量、社会质量和经济质量等方面内容的综合体现。

1．商品的内在质量

商品的内在质量是指商品在生产过程中形成的商品体本身固有的特性，包括商品的实用性、可靠性、寿命、安全与卫生性等方面，主要由商品的使用价值即商品本身的物理性质、化学性质、生物学性质及机械性质等构成。商品的内在质量构成商品的实际物质效用，是最基本的质量要素。

2．商品的外观质量

商品的外观质量主要指商品的外表形态，包括外观构造、质地、色彩、气味、手感、表面疵点和包装等一切能够被人的感觉器官感觉到的质量特性。它已成为人们检验商品和选择商品的重要依据。

3．商品的社会质量

商品的社会质量是指商品满足全社会利益需要的程度，如商品在其生命周期中是否对环境造成污染、是否浪费有限的资源和能源、是否违反社会道德等。一种商品不管其技术如何进步，只要会损害社会利益，就难以生存和发展。

4．商品的经济质量

商品的经济质量是指人们按其真实的需要，希望以尽可能低的价格，获得尽可能优良性能的商品，并且在消费或使用中付出尽可能低的使用和维护成本，即物美价廉的统一程度。

商品的内在质量是由商品本身的自然属性决定的，商品的外观质量、社会质量和经济质量则是由商品的社会效应来决定的，它涉及诸多社会因素的影响。

（三）商品质量的性质

1．商品质量具有针对性

商品质量是针对一定使用条件和一定的用途而言的。各种商品均需在一定使用条件和范围内按设计要求或使用要求合理使用。若超出它的使用条件，即使是优质品也很难反映出它的实际功能，甚至会完全丧失其使用价值。

2．商品质量具有相对性

商品质量是相对于同类商品（即使用目的相同）的不同个体而言的，属于比较范畴。一般商品可以通过简单的比较和识别来观察，而有些商品则要有严格的质量指标规定。产品应具有对消费市场的适应性，这也是商品质量相对性的一个表现，对用途相同的同类商品而言，消费地区、消费群体、消费习惯及消费程度等不同，则适销对路的产品也不同，如“三下乡”的产品应该满足广大农村的消费需求。

3．商品质量具有动态性

商品的特性会随着科技进步而发展，而且人们消费水平的提高和社会因素的变化也会不断地对商品质量提出新的要求。即使是同一时期，因地点、地域、消费对象不同，人们对商品的要求也不一样；消费者职业、年龄、性别、经济条件、宗教信仰、文化修养、心理爱好等不同，对商品质量的要求也不同。所以，应该定期评定质量要求，修改规范，不断开发新产品、改进老产品，以满足不断变化的质量要求。

二、商品质量的基本要求

商品质量的要求多种多样，这是因不同的使用目的（用途）会产生不同的使用要求（需要）造成的。即使是同一用途的商品，不同的消费者也会有不同的要求。商品质量可以概括为商品的适用性、寿命、可靠性、安全性、经济性、艺术性六个方面。

1．适用性

适用性是指发挥商品主要用途所必须具备的性能，也就是指为实现预定使用目的或规定用途，商品所必须具备的各种性能（或功能）。它是构成商品使用价值的基础。

2．寿命

商品的寿命通常指商品的使用寿命，有时也包括储存寿命。使用寿命是指工业品商品在规定的使用条件下，保持正常使用性能的工作总时间。

3．可靠性

可靠性是指商品在规定条件下和规定时间内完成规定功能的能力。它是与商品在使用过程中的稳定性和无故障性联系在一起的一种质量特性，是评价机电类商品质量的重要指标之一。可靠性通常包括耐久性、易维修性和设计可靠性。其中，耐久性是指日用工业品在使用时抵抗各种因素对其破坏的性能，是评价高档耐用商品一个重要的质量特性。

（1）易维修性。易维修性是指商品在发生故障后能被迅速修好并恢复其功能的能力。商品是否容易维修与商品设计有关，设计中应尽量采用组合式或组件式结构，所用零部件要标准化、通用化、系列化，以便拆卸更换。此外，还应该容易通过仪表式专用检具迅速诊断出故障部位。

（2）设计可靠性。设计可靠性是指为了避免使用者在操作上的过失和在规定的环境以外使用等用法错误导致商品出现故障的可能性。设计可靠性一方面要求提高商品的易操作度（易使用度），使人为过失的可能性尽量减少；另一方面要求即使因人为过失或环境改变引发了故障，也能把商品可能遭受的损害控制在最低限度。

4．安全性

安全性是指商品在储存和使用过程中对环境无污染、对人体无损害的能力。环境要求包括两个方面：一方面要求商品在生产、流通、消费以及废弃阶段，均不会对社会和人类生存环境造成危害；另一方面要求提供能使商品正常发挥效用的环境条件，如规定的温度、电压等。

5．经济性

经济性是指商品的生产者、经营者、消费者都能用尽可能少的费用获得较高的商品质量，从而使企业获得最大的经济效益，消费者也能感到物美价廉。经济性反映了商品合理的寿命周期费用及商品质量的最佳水平。

6．艺术性

艺术性是指商品符合时代审美特点，具有一定的艺术创造性。当前，艺术性已成为提高商品市场竞争能力的重要手段之一。

商品质量的各项基本要求并不是独立的、静止的、绝对的，特别是对某种商品提出具体质量要求时，不仅要根据不同的用途进行具体分析，而且还必须与社会生产力的发展、国民经济水平以及人们消费习惯相适应。

第三节　商品质量的形成过程及影响因素

商品质量的形成可以用质量环来表示。质量环将质量形成过程分为若干环节。图 2-1 为常见的两种质量环模式。

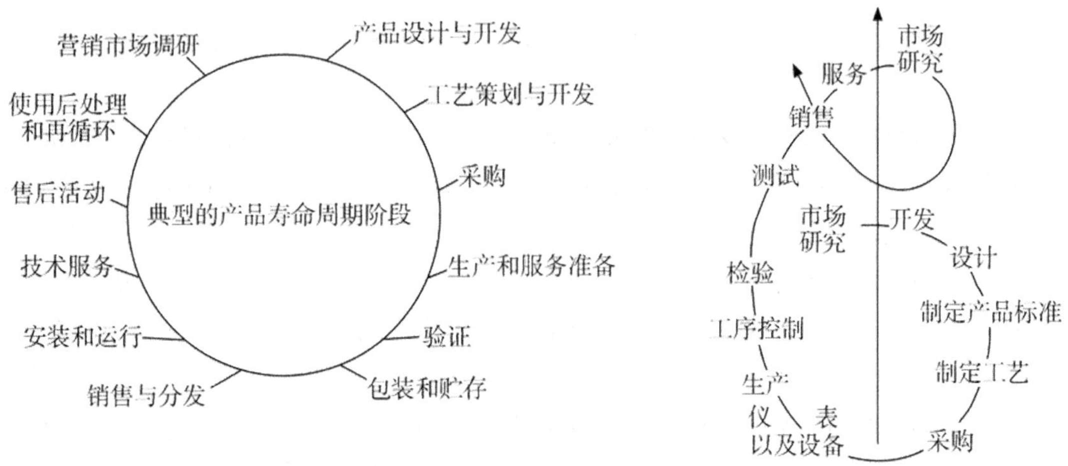

图 2-1　常见的两种质量环模式

取得满意的商品质量涉及质量环中的所有阶段。从商品质量管理角度来看，可以将商品质量形成过程概括为开发设计质量、制造质量、检验质量和使用质量四个方面。这四者应该完全统一和一致，但由于技术上、管理上的种种原因，这四者经常发生矛盾：往往设计质量符合要求，而制造质量却不符合设计质量，检验质量又难以真正地反映制造质量，从而最终影响使用质量。为了保证商品的使用质量，就要在设计质量、制造质量、检验质量上下工夫，达到商品质量的统一要求。

商品是产品生产、流通和消费全过程中诸多因素共同影响的产物。从质量形成的过程来看，影响和决定商品质量的因素是多方面的，商品的来源不同，影响质量的因素也不完全相同。通常情况下，影响商品质量最根本的因素表现在以下三个方面。

一、生产过程中的影响因素

（一）市场调研以及产品设计

市场调研是商品设计开发的基础，在设计开发商品之前，首先要充分研究商品消费需求，因为满足消费需求是商品质量的出发点和最终归宿；其次还要研究影响商品消费需求的因素，以便商品的设计开发具有一定的前瞻性；最后必须收集、分析和比较国内外同行业不同生产者的商品质量和各种信息，总结以往成败经验，通过市场预测以确定质量等级、品种规格、数量、价格的商品才是最适合目标市场需求的商品。

在商品质量形成的整个过程中，产品设计质量具有决定性的作用。例如，一些被召回的产品通过分析证明不是生产原因而是设计本身就存在问题，那么整个过程不管用什么原料、何种工艺，都不能制造出符合消费者需求的产品。

（二）原材料与商品质量的关系

原材料是构成商品最原始的物质，在其他条件相同的情况下，原材料的质量直接决定商品质量的高低或优劣。因此，在分析商品质量时，必须对原材料的质量进行分析。

不同的原材料、元器件或零部件最终会导致商品的性能、质量和品种的差异。例如，以细嫩鲜叶原料制成的红茶、绿茶，有效成分含量高，色、香、味、形俱佳，而用老叶制成的茶则质量差、档次低。

商品的用料还应该符合节约原则，在确保商品质量的前提下，力求合理利用原材料。不能把节约原材料和保证商品质量对立起来，应当不断发掘新材料，提高产品性能，并且不断提高材料的利用率。

在不影响制成品质量的前提下，选用原材料时还应提高资源的合理利用率和综合利用率，选用资源丰富的代用材料可以降低原材料成本，扩大原材料来源。例如，为了提高门窗的质量和节约资源，现在大量使用铝合金代替木材。此外，利用边角碎料和适当搭配回收废旧材料以及其他综合利用资源的方法，都有利于提高商品的社会和经济效益。

（三）生产工艺和设备

生产工艺在一定条件下对商品质量起决定作用，因为商品的各种有用性是在生产过程中形成和固定下来的。生产工艺主要是指产品在加工过程中的配方、操作规程、设备条件和技术水平等。生产工艺通常都是按照科学规律制定的，必须根据规程和规定进行生产，这样才能保证商品质量。相同的原材料，由于工艺方法或者加工技术水平的不同，往往会造成商品质量上的差异。例如，金属材料在不同温度下的表面处理，会形成完全不同的机械加工性能和使用性能。

设备，尤其是设备的精度是决定商品质量的重要因素，通常设备故障是出现不合格品的主要原因。所以，加强设备管理与保养工作，防止和降低故障发生率，保持设备加工精度，是保证商品质量的必要条件。

（四）产品检验与质量控制

检验是对产品或工序过程中的实体进行度量、测量、检查、实验分析，并将结果与规定值进行比较，进而确定产品或工序过程中的实体是否合格。它可以找出不合格品，看能否在当前进行返修，或者剔除不合格品流入下一道工序，并且分析不合格品出现的原因，及时反馈给相关部门以引起注意，预防以后出现类似的损失等。

质量控制是指从原材料到制成品整个制造过程的质量控制，包括原材料质量控制、设备和工具质量控制、工艺条件和工作过程的质量控制等。通过过程控制的方法，在每一个步骤和环节保证质量，以期得到符合质量要求的最终产品。质量控制的目的在于及时消除在整个商品质量形成过程中出现的各种不正常影响商品质量的因素，使商品的制造质量达到设计要求并给予保障。

（五）商品包装

商品包装是商品生产过程的重要环节之一，是构成商品质量的重要组成部分，也是影响商品质量变化的重要因素。商品包装既是确保商品在流通过程中的安全的手段，又是促进销售、科学指导消费、提高商品价值、促进使用价值实现的有效措施。优质的包装材料、科学的包装技术、合理的结构造型、清晰的表面装潢是实现包装保护功能、保证内装商品质量的关键。因此，商品包装能否适应各种流通条件的需要、能否适应商品质量特性及标准化的要求，能否做到绿色、环保，是商品质量能否得以实现的重要因素。“适量、适度”的商品包装能满足消费者的需要，而包装空间过大、包装费用占商品总价值比例过高，都会损害消费者的利益，从而影响商品质量。

二、流通过程中的影响因素

流通过程是指商品离开生产过程进入消费过程前的整个期间。商品在流通过程中，都要经过时间和空间的转移，商品的储存和运输是必不可少的重要环节。在整个流通过程中，由于受到各种外界因素的影响，商品质量会发生不断恶化的现象，商品在流通中停留的时间越长，质变的可能性就越大，因此，商品周转快慢是流通中影响商品质量的主要因素。商品学在研究影响商品质量的因素时，也对商品在流通中的包装、运输、储存和销售服务进行全面的研究，以期降低损耗、保证质量。

（一）运输对商品质量的影响

运输是商品进入流通领域的必要条件，在运输过程中，商品质量会受到运程的远近、时间的长短、运输的气候条件、运输线路、运输方式、运输工具和装卸工具及方法的影响，商品在装卸过程中还会发生碰撞、跌落、破碎、散失等，这不仅会增加商品的消耗，也会降低商品的质量。

（二）仓储对商品质量的影响

仓储是商业企业的必要环节。商品储存是指商品脱离生产领域、进入消费领域之前的存放。商品本身的性质（成分、结构、物理性质、化学性质等）是商品质量发生变化的内因，仓储环境条件（温度、湿度、氧气、日光、水分、臭氧、尘土、微生物、害虫等）是商品储存期间发生质量变化的外因。因此，商品储存期间的质量变化与商品的耐储性、仓库内外环境条件、储存场所的适应性、养护技术措施和储存期的长短等因素有关。通过采取一系列保护和维护仓储商品质量的技术和措施，可以有效地控制适宜储存商品的环境因素，减少或减缓外界因素对仓储商品质量的不良影响。

（三）销售服务对商品质量的影响

商品在销售服务过程中的进货验收、入库短期存放、商品存列、提货搬运、装配调试、包装服务、送货服务、技术咨询、维修和退换服务等工作的质量都是最终影响消费者所购商品质量的因素，其中，技术咨询是现代销售服务业指导消费者科学消费的有效措施。实践证明，许多商品的质量问题往往不是商品自身固有的，而是由于使用者缺乏商品知识或未遵照商品使用要求进行了错误或者不当的操作引起的。所以，商品良好的售前、售中、售后服务已逐渐被消费者视为商品质量的重要组成部分。

三、使用过程中的影响因素

（一）消费过程对商品质量的影响

1．消费心理对商品质量的影响

顾客的消费习惯首先是满足对商品的心理需求。“物美”是广义的要求，既包含商品的内在质量，又包含商品的感官质量。现代商品的“美”对商品质量的影响越来越重要。创造完美的商品形式，是为了满足人们的审美需要。人们的审美观有共同的一面，也有差异的一面，不同时代、民族、宗教、区域、阶层、环境、职业、年龄、性别的审美观是有差异的。因此，不同的消费者对美的商品有着不同的认同和追求，这就产生了消费心理对商品质量的影响。

2．使用范围和条件对商品质量的影响

商品都具有一定的使用范围和条件，在消费过程中，只有遵从其使用条件和范围，才能发挥商品的正常功能。为了保证商品质量、延长商品使用寿命，使用过程中消费者应在了解该商品特性的基础上掌握正确的使用方法，具备一定的日常维护保养商品的常识。例如，家用电器的电源属性是否与电器本身的使用范围匹配；电脑在使用期间需要经常保持更新、杀毒等才能不影响使用效果等。

（二）社会环境对商品质量的影响

1．质量意识的影响

质量意识属于思想范畴，涉及人的职业道德、思想道德、精神风貌和知识修养等精神因素。所以，开展精神文明建设、倡导对工作精益求精的精神，是增强质量意识的重要环节。此外，加强质量法制建设，增强政府及社会的监管力度也是全面提高质量意识必不可少的环节。例如，近年来不断发生的食品安全事件，从一个层面反映出不法商人为了自己的经济利益而罔顾法律，给消费者的健康和生命安全造成巨大危害；从另一个层面也反映出监管者、执法者的失职。因此，质量意识的提高需要政府、企业乃至全社会共同为之努力，从根源上杜绝假冒伪劣产品的产生。

2．废弃物的处理

目前世界各国都在关注和忧虑环境问题，不少国际组织积极建议把对环境的影响纳入到商品质量指标体系中。商品包装及其废弃物能否处理以及是否对环境造成危害，将成为决定和影响商品质量的重要因素。我国是一个传统的产品制造和消费大国，为避免片面追求经济数量上的增长、无节制地开发自然资源、过度消费和严重浪费，提高对“发展高效生态经济”、“循环经济”、“可持续发展”等理论的重视对我国的未来发展来说极其重要。

第四节　商品质量管理

一、商品质量管理的概念

质量管理指为了保证和提高企业的作业质量、工作质量和产品质量所采取的各种技术措施、组织措施以及一系列的管理活动。质量管理是随着科学技术、生产规模、用户需求的发展而逐渐发展起来的。它不仅是现代管理科学的重要组成部分，而且在管理科学理论和实践的基础上，已形成一门新兴的独立学科。

质量管理是指为了实现质量目标而进行的所有管理性质的活动，主要包括搜集质量情报、制订质量计划、确定质量水平、建立质量管理体系、制定质量管理标准、进行质量控制和组织质量检验等环节。质量管理的指挥和控制等通常包括质量方针、目标制定以及质量策划、质量控制、质量保证和质量改进。

二、商品质量管理发展的三个阶段

人类社会的质量管理活动可以追溯到远古时代，但是现代意义上的质量管理活动则始于20世纪。根据解决质量问题的手段和方法的不同，现代质量管理发展一般可分为三个阶段。

（一）质量检验阶段（20世纪初—20世纪30年代）

20世纪初期，产品的形成主要靠手工操作，产品质量主要依靠操作者本人的技艺水平和经验来保证，该时期的产品质量管理属于“操作者的质量管理”。之后，F.W.泰勒的科学管理理论的提出，促使产品的质量检验从加工制造中分离出来，质量管理职能由操作者转移给工长，该时期的产品质量管理属于“工长的质量管理”。随着企业生产规模的扩大和产品复杂程度的提高，产品有了技术标准（技术条件），公差制度也日趋完善，各种检验工具和检验技术也随之发展，大多数企业开始设置检验部门，这些部门有的直接归属厂长领导，这时的质量管理属于“检验员的质量管理”。上述几种做法都属于事后检验的质量管理方式。这种质量检验不是一种积极的质量管理方法，因为它无法防止废品的产生。

（二）质量控制阶段（20 世纪四五十年代）

1924 年，美国数理统计学家 W.A.休哈特提出了控制和预防缺陷的概念。他运用数理统计的原理提出在生产过程中控制产品质量的“6σ”法。与此同时，美国贝尔研究所提出关于抽样检验的概念及其实施方案，成为运用数理统计理论解决质量问题的先驱，但当时并未被普遍接受。以数理统计理论为基础的质量控制的推广应用始于第二次世界大战，由于事后检验无法控制武器弹药的质量，美国国防部决定把数理统计法用于质量管理，并由标准协会制定了应用于质量管理方面的有关数理统计方法，成立了专门委员会，于 1941—1942 年先后公布了一批美国战时质量管理标准。

在质量控制阶段，质量管理的重点在于确保产品质量符合规范和标准。人们通过对工序进行分析，及时发现生产过程中的异常情况，确定产生缺陷的原因，迅速采取对策并且加以消除，使工序保持在稳定状态。这一阶段的特点是，由以前的事后把关转变为积极预防，并且广泛应用了数理统计方法。

（三）全面质量管理阶段（20 世纪 60 年代至今）

自 20 世纪 50 年代以来，随着生产力的迅速发展和科学技术的日新月异，人们对产品质量的要求从注重产品的一般性能发展为注重产品的耐用性、可靠性、安全性、维修性和经济性等，注重在生产技术和企业管理中运用系统的观点来研究质量问题。这一时期管理理论也有新的发展，突出人的作用，强调依靠企业全体人员的努力来保证质量。此外，随着消费者权益保护运动的兴起，企业之间市场竞争越来越激烈。在这种情况下，美国的 A.V.费根鲍姆于 20 世纪 60 年代初提出了全面质量管理的概念。他指出，全面质量管理是“为了能够在最经济的水平上并考虑到充分满足顾客要求的条件下进行生产和提供服务，并把企业各部门在研制质量、维持质量和提高质量方面的活动构成为一体的一种有效体系”。20 世纪 80 年代后期以来，全面质量管理得到了进一步的深化和发展，逐渐由早期的全面质量控制（Total Quality Control，TQC）演变为全面质量管理（Total Quality Management，TQM），其含义超过了一般意义的质量管理，而成为一种综合的、全面的经营管理方式和理念。

我国自 1978 年开始推行全面质量管理，并取得了一定的成效。

三、全面质量管理概述

（一）全面质量管理的概念

全面质量管理（Total Quality Management）简称 TQM，是指在全社会的推动下，企业中所有部门、组织、人员都以产品质量为核心，把专业技术、管理技术、数理统计技术集合在一起，建立起一套科学、严密、高效的质量保证体系，控制生产过程中影响质量的因素，以优质的工作、最经济的办法提供满足用户需要的产品的全部活动。

1994 年版 ISO9000 标准中将全面质量管理定义为：一个组织以质量为中心、以全员参与为基础，目的在于通过让顾客满意和本组织所有成员及社会受益而达到长期成功的管理途径。

（二）全面质量管理的内容和特点

全面质量管理的内容和特点，概括起来是“三全”、“四一切”。

1．“三全”管理

“三全”管理即指全方位质量管理、全部过程质量管理和全体人员参与质量管理。

（1）全方位质量管理

任何一个企业或部门的质量管理都要首先建立一个质量管理体系，且在这个体系内建立纵向和横向两个质量管理方位；纵向由上层、中层、基层乃至一线构成，横向则由同层级并列的职能部门构成。质量管理目标纵向方位有赖于上层制定、中层贯彻、基层执行、一线落实的通力协作，横向则要求同层级各职能单位间密切配合，以使得整个企业或部门形成一个严密的质量管理网络，从产品研制到设计、生产工艺保障、质量管理控制、包装装潢、售前售后服务等都建立全方位的质量管理制度和方法，因为，各节点都能决定或影响企业质量目标的实现。因此，必须将企业的研制质量、提高质量、改进质量、保证质量的所有活动构成一个健全的全方位质量管理与保证的有效体系。

（2）全部过程质量管理

任何产品或者服务都有一个产生、形成和实现的过程，这个过程包括市场调研、产品开发、工艺设计、原材料供应、生产制造、质量检验与控制、销售服务及售后服务等环节。另外，顾客的意见又反馈到企业，使之加以改进，整个过程形成一个周而复始的循环，每一个环节都或轻或重地影响着产品或服务的最终质量状况。为了保证和提高质量，必须对影响质量的所有环节和因素都进行控制，以形成一个综合性的质量管理体系，做到以预防为主、防检结合、重在提高。全过程的质量管理意味着全面质量管理要做到“始于识别顾客的需求，终于满足顾客的需求”。

（3）全体人员参与管理

产品质量或服务质量是企业各方面、各部门、各环节工作质量的综合反映。企业的任何一个环节、任何一个人的工作质量，都与产品质量有着直接或间接的关系。每个人都重视产品质量，都从自己的工作中去发现与产品质量有关的因素，并加以改进，产品质量就会不断提高。因此，提高产品质量人人有责。为使全体人员都能积极参与质量管理，应该做好以下三个方面的工作：

① 抓好全体员工的质量教育和培训。由质量管理部门对员工进行分层培训，强化员工的质量意识，提高员工的技术能力和管理能力，并对培训的有效性进行评价。

② 责、权、利三者统一。各层级各部门都要建立岗位责任制，形成一个严密、协调、高效的质量管理系统，每个员工都要严格履行各自的岗位责任，有权处理岗位职责范围内的工作问题，并将质量责任与奖惩机制挂钩。

③ 激发全员参与质量管理的积极性。通过广泛开展各种形式的群众性质量管理活动、构建不同层级的质量管理梯队、开展不同团队之间的经常性质量竞赛、创建“质量无事故日”活动及技术比武活动等，可以激发全体员工参与质量管理的积极性。

2.“四一切”

“四一切”即一切为顾客着想，一切以预防为主，一切用数据说话，一切工作按 PDCA 循环进行。

（1）一切为顾客着想——牢固树立“顾客第一”的思想

生产产品就是为了满足顾客的需要，顾客满意是评价质量高低的最终标准。顾客分为外部顾客和内部顾客。外部顾客是最终的顾客；内部顾客则是指企业内部的部门和人员，即下道工作程序是上道工作程序的顾客。企业要树立为下道工作程序服务的思想。现代工业生产是流水线生产，一环扣一环，上道工序的质量会影响后续工序的质量，一道工序出现质量问题，就会影响整个产品的生产过程以至产品的质量。因此，要求每个环节的工作质量都要经得起下一道工作环节的检验，满足下道工作程序的要求，并为下道工作程序打好基础，不留障碍。“三工序活动”（复查上道工序的质量，保证本道工序的质量，坚持优质、准时地为下道工序服务）就是为内部顾客服务思想的具体体现。内部顾客满意是外部顾客满意的基础，企业内部各环节只有目标一致地、协调地生产出符合规定要求、满足顾客需求的产品，产品才能畅销不衰，企业才能长足发展。

（2）一切以预防为主——优良的产品是设计和生产出来的

用户对企业的要求，最重要的是保证质量。怎样理解保证质量呢？当前有两种片面的看法。一是认为坚决实行“三包”制度就可以保证质量；另一种看法认为只要检查从严就保证了质量，也就是说在工序中加以控制，把影响生产过程中的因素全部控制起来。两种看法都是单纯对产品质量“事后检查”的消极“把关”，而事后检验面对的是已经既成事实的产品质量，因此，两种看法均是片面的。保证质量应变“事后把关”为以“预防为主”、“防检结合”，采用“事前控制”、“防患于未然”的积极预防方针，让不合格产品消失在它的形成过程中。显然，这样生产出来的产品质量就能得以保障，顾客的需求就能得以实现。所以说，好的产品是设计和生产出来的，不是检验出来的。

（3）一切用数据说话——用统计方法来处理数据

“一切用数据说话”就是要用数据和事实来判断事物，而不是单纯地凭印象来判断事物。为了正确地说明问题，必须积累数据，建立数据档案。收集数据要有明确的目的性；收集数据以后，必须进行加工，从庞杂的原始数据中，把包含规律性的东西提炼出来。加工整理数据的第一步就是分层，分层在全面质量管理中具有特殊的重要意义，必须引起我们的重视。对数据进行分析的基本方法是画出各种统计图表，例如排列图、因果图、直方图、管理图、散布图，统计分析表等。

（4）一切工作按 PDCA 循环进行

人们为了使思维条理化、形象化、科学化，往往用各种图表辅助语言进行描述。PDCA 循环就是全面质量管理的思想方法用图简明地表达出来的一个例子，是美国质量管理专家戴明博士首先提出来的，所以也称“戴明环”，如图 2-2 所示。

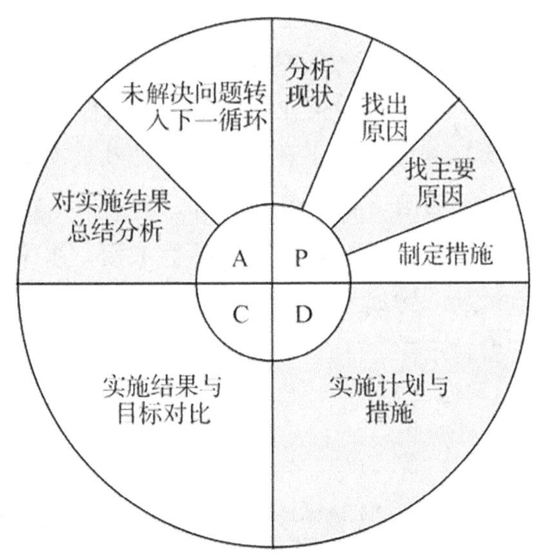

图 2-2　PDCA 各步骤任务示意图

3．PDCA 循环的特点

（1）PDCA 循环的概念

PDCA 循环的含义是质量管理分为四个阶段，并用其四个阶段的四个英文单词的第一个字母表达，即 P 是计划（Plan），D 是实施（Do），C 是检查（Check），A 是处理（Action）。任何一个有目的有过程的活动都可按照这四个阶段进行。PDCA 循环是全面质量管理的科学程序，是按计划—执行—检查—处理四个工作循环阶段进行质量管理的一种基本工作方法，会循环不止地进行下去。

第一阶段是计划，包括制订工作方针、目标、活动计划、管理项目等。制订计划必须要在收集质量信息、对照技术标准和用户要求、分析质量现状及找出影响质量因素的基础上，客观准确地制定出提高质量的技术组织措施，具体到工作步骤、工作要求、时间、地点、执行人及完成方法等。另外，还要对计划实施的结果进行预测。

第二阶段是实施，即严格按照计划所制定的目标、步骤和要求执行，并根据工作过程中的实际情况，对原计划进行补充、调整和完善。

第三阶段是检查，根据计划检查进度和总体执行的实际效果，检查是否与预期目标吻合，找出异常情况的原因，并将问题及时记录或反映。

第四阶段是处理，对检查的结果进行总结，把成功的经验肯定下来，变成标准，以后就按照这个标准去做；对失败的原因要加以探究，找出原因，有针对性地修改原计划或制定相关的技术标准、方法、措施，以防止同类问题再次发生。没有解决的遗留问题转入下一个循环中去，继续解决。

（2）PDCA 循环的特点

第一，PDCA 循环是按次序进行的，计划、实施、检查、处理这四个阶段有头有尾、头尾相接，不能颠倒，也不可跳跃。

第二，大环套小环，互相促进。整个企业的工作要按 PDCA 循环进行，企业各部门、车间、班组直到个人的工作，也要根据企业的总目标、总要求，具体制定出单位和个人的 PDCA 工作循环，形成大环套小环，小环保大环，推动大循环的格局。PDCA 循环作为质量管理的一种科学方法，适用于企业各个环节。

第三，逐级上升，不断提高。每次 PDCA 循环完成后，水平就提升一级，PDCA 循环的四个阶段周而复始地转动，转动一圈，前进一步，提高一个层次，从而实现新的质量目标。PDCA 循环如图 2-3 所示。

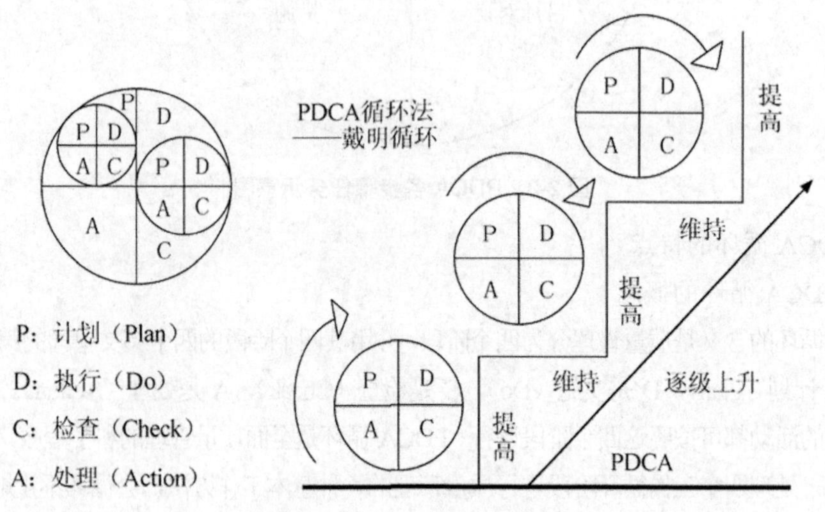

图 2-3　PDCA 循环示意图

第四，处理阶段是 PDCA 循环的关键阶段，必须抓住，否则就不能巩固成绩、吸取教训，难以防止此类问题再次发生。

第五节　ISO9000 质量管理体系

一、ISO9000 质量体系的概念和产生

ISO9000 族标准是国际标准化组织（ISO）于 1987 年颁布的在全世界范围内通用的关于质量管理和质量保证方面的系列标准。ISO9000 不是指一个标准，而是一族标准的统称。根据 ISO9000-1：1994 的定义：ISO9000 族是由 ISO、TC176 制定的所有国际标准。所谓 TC176，即 ISO 中第 176 个技术委员会，它成立于 1980 年，全称是“质量保证技术委员会”，1987 年更名为“质量管理和质量保证技术委员会”。TC176 专门负责制定质量管理和质量保证的技术标准。

TC176 最早制定的一个标准是 ISO8402：1986，名称为《质量管理和质量保证术语》，于 1986 年 6 月 15 日正式发布。

1987 年 3 月，ISO 又正式发布合并 ISO9000：1987、ISO9001：1987、ISO9002：1987、ISO9003：1987、ISO9004：1987 共五个国际标准，与 ISO8402：1986 一起统称为“ISO9000 系列标准”。

1994 年，TC176 又对 ISO9000 系列标准统一作了修改，分别改为 ISO8402：1994、ISO9000-1：1994、ISO9001：1994、ISO9002：1994、ISO9003：1994、ISO9004-1：1994，并把 TC176 制定的标准定义为“ISO9000 族”。ISO 对 9000 族系列标准进行“有限修改”后，正式颁布实施 IS09000 族系列标准，即 1994 版。

1999 年 11 月，在广泛征求意见的基础上，ISO 又启动了修订战略的第二阶段，即“彻底修改”。提出了 2000 版 ISO/DIS9000、 ISO/DIS9001 和 ISO/DIS9004 国际标准草案。此草案经充分讨论并修改后，于 2000 年 12 月 15 日正式发布实施。正式发布的 ISO9000：2000 族共有 21 项标准和两个技术报告，根据 ISO/TC176 对 ISO 9000 族标准结构的调整，ISO 9000 族仅有五项标准，原有的标准或并入新的标准，或以技术报告的形式发布，或以小册子的形式出版发行，或转入其他技术委员会（TC）。ISO 规定自正式发布之日起三年内，1994 版标准和 2000 版标准将同步执行，同时鼓励需要认证的组织，从 2001 年开始按 2000 版申请认证。

表 2-4 详列了 ISO9000 质量体系基础标准的产生过程。

表 2-4 ISO9000 质量体系基础标准的产生过程

发布年代	质量体系	系列标准代号及名称	
1986 年	—	ISO8402:1986	质量管理和质量保证—术语
1987 年	1987 版 ISO9000 族系列标准	ISO8402:1987	
		ISO9000:1987	质量—标准选择和使用指南
		ISO9001:1987	质量体系—设计、开发、生产、安装和服务的质量保证模式
		ISO9002:1987	质量体系—生产、安装和服务的质量保证模式
		ISO9003:1987	质量体系—最终检验和试验的质量保证模式
		ISO9004:1987	质量管理和质量体系要素指南
1994 年	1994 版 ISO9000 族系列标准	ISO8402:1994	同上
		ISO9000-1:1994	
		ISO9001:1994	
1994 年		ISO9002:1994	同上
		ISO9003:1994	
		ISO9004:1994	
2000 年	2000 版 ISO9000 族系列标准	ISO9000:2000	质量管理体系—基本原理和术语
		ISO9001:2000	质量管理体系—要求
		ISO9004:2000	质量管理体系——业绩改进指南
		ISO19011:2000	质量 / 环境审核指南
		ISO19012:2000	测量控制系统

二、2000 版 ISO9000 质量体系的八项基本原则

2000 版 ISO 9000 族的理论基础 ISO/DIS9000:2000 “质量管理原则”一节，引用了八项质量管理原则，这八项基本原则是 ISO/DIS9000、ISO/DIS9001、ISO/DIS9004 三个标准的理论基础。

在我国标准 GB/TI9000:2000 的 “质量管理原则”一节中写道，“为了成功地领导和运作一个组织，需要采用一种系统和透明的方式进行管理。针对所有相关方的需求，实施并保持持续改进其业绩的管理体系，可使组织获得成功。质量管理是组织各项管理的内容之一。最高管理者可在八项质量管理原则指导下，领导组织进行业绩改进”。这段

话说明了八项原则的具体作用和目的。

正确理解八项原则可以有效指导各行业人员了解、掌握ISO9000质量体系。

1．以顾客为中心

顾客是组织存在的基础，每个组织都应该把顾客的要求放在第一位。因此，组织要明确谁是顾客、顾客的要求是什么。顾客既包括组织外部的消费者、购物者、最终使用者、零售商、受益者和采购方，同时也包括组织内部的生产、服务和活动中接受前一个过程输入的部门、岗位和个人。随着经济发展，供应链日益复杂，除了组织直接面对的顾客外，还有顾客的顾客、顾客的顾客的顾客，直至最终使用者。最终的顾客是使用产品的群体，对产品质量感受最深，他们的期望和需求对组织来说最有意义。同时，还应该注意到潜在的顾客，虽然他们对产品的购买欲望暂时还没有成为现实，但是如果条件成熟，他们就会成为组织的一大批现实顾客。另外，还要认识到市场是变化的，顾客是动态的，顾客的要求和期望也是不断发展的。因此，组织要及时地调整自己的经营策略和采取必要的措施，以适应市场的变化，满足顾客不断发展的需求和期望；还应超过顾客的需求和期望，使自己的产品或服务处于领先地位。

实施该项原则，能使组织及时抓住市场机遇，做出快速而灵活的反应，从而提高市场占有率，增加收入，提高经济效益；并且可以提高顾客对组织的忠诚度，从而保持一批基本的老顾客或招来回头客，使业务能持续进行而不至萧条。

2．领导作用

领导者要将本组织的宗旨、方向和内部环境统一起来，并创造使员工能够充分参与实现组织目标的环境。一个组织的领导者要指挥好和控制好一个组织，必须建立组织的质量方针和目标。这些质量方针和目标应满足如下要求：确保整个组织关注顾客要求、满足顾客要求；确保建立、实施和保持一个有效的质量管理体系，创造一个使员工充分参与并能使质量管理体系有效运行、持续改进的环境；定期系统地评审质量管理体系，以确保质量管理体系的持续性、适应性、充分性、有效性；在管理上，领导者还要做到透明、务实和以身作则。

通过实施该原则，一是领导能创造一个比较宽松、和谐和有序的环境，全体员工能理解组织的目标并行动起来实现这些目标；二是领导规定了各级、各部门的工作准则，所有的活动能以一种统一的方式来评价、协调和实施；三是领导可以通过先进部门、员工的范例来推广先进经验，以促进持续的改进。

3．全员参与

全体员工是组织之本，组织的质量管理不仅需要最高管理者的正确领导，还有赖于全员的参与。只有他们充分参与，才能使他们的才干为组织带来最大的效益。所以要对员工进行质量意识、职业道德、以顾客为关注焦点的意识和敬业精神的教育，还要激发员工的积极性和责任感，鼓励员工努力学习新知识、新技术、新经验，提高工作能力，实现充分参与。

实施该项原则，能使员工动员起来、积极参与、努力工作、承担责任，同时能使员工主动地、积极地寻找持续改进的方法，并做出贡献，从而实现组织的方针和目标。

4．过程方法

过程就是使用资源将输入转化为输出的活动的系统。任何一个接受输入并将它转化为输出的活动都可以看做是一个过程。将活动和相关的资源作为过程进行管理，可以更高效地得到期望的结果。实施过程方法的目的是获得持续改进的动态循环，并使组织的总体业绩得到显著的提高。过程方法通过识别组织内的关键过程，并加以实施、管理和不断进行持续改进来使顾客满意。

实施该原则，可以有效地利用资源，使得组织具有降低成本并缩短周期的能力，对过程的各要素进行管理和控制，可获得改进的、一致的、可预测的结果，而且可以集中注意每个过程中可以改进的机会，并按照其影响大小的优先次序进行改进。总之，过程方法的优点是节约资金、缩短周期、防止失误、降低成本、提高过程的有效性和效率。

5．系统方法

在质量管理中采用系统方法，就是把质量体系作为一个大系统，对组成质量管理体系的各个过程加以识别、理解和管理，以践行质量方针、实现质量目标。系统方法和过程方法关系密切，两者都以过程为基础，都利用各个过程之间的相互作用进行识别和管理，但前者着眼于整个系统和总目标，使得组织所策划的过程之间相互协调和相容，后者着眼于具体过程，对其输入、输出和相互关联、相互作用的活动进行连续的控制，以实现每个过程的预测结果。

实施该项原则，有助于协调各过程以取得最好的预期结果，并且能够提高将注意力集中在关键过程的能力。在该原则的指导下，产品和过程处于受控状态，因此，组织能使重要的相关方提高对组织的有效性和效率的信任。

6．持续改进

持续改进是增强满足要求的能力的循环活动。为了改进组织的整体业绩，组织应不断改进其产品质量，提高质量管理体系以及过程的有效性和效率，以满足顾客和其他相关方日益增长和不断变化的需求与期望。只有坚持持续改进，组织才能不断进步。最高管理者要对持续改进做出承诺，并积极推动；全体员工也要积极参与持续改进的活动。持续改进是永无止境的，因此持续改进应该成为每一个组织永恒的追求、永恒的目标和永恒的活动。

实施该项原则，能提高组织的能力和竞争优势。组织由于积极地、主动地寻求改进的机会，因而提高了自身面对改进机会时快速而灵活的反应能力。

7. 基于事实的决策方法

有效决策是建立在数据和信息分析的基础上的。所谓决策是针对预定目标，在一定约束条件下，从诸方案中选出一个付诸实施。决策是组织中各级领导的职责之一。正确的决策需要领导者用科学的态度，以事实或正确的信息为基础，通过合乎逻辑的分析，做出正确的决断。盲目的决策或者只凭借个人的主观意愿做出的决策是绝对不可取的。

实施该项原则，能使组织的各级领导提供有信息依据的决策，也可以通过实际来验证过去决策的正确性，还可以增强对各种意见和决策进行评审、质疑和更改的能力，发扬民主决策的作风，使决策更符合实际。

8. 与供方互利的关系

组织与供方相互依存，互利的关系可增强双方创造价值的能力。供方向组织提供的产品将对组织向顾客提供的产品产生重要的影响，因此能否处理好与供方的关系，将影响到组织能否持续稳定地提供给顾客满意的产品。在专业化和协作化日益发展、供应链日趋复杂的今天，与供方的关系还影响到组织对市场的快速反应能力，因此对于供方不能只讲控制，而要讲合作互利，特别是对于关键供方，更要与其建立互利关系，这对双方都有利。

实施这项原则，有利于提高供需双方创造价值的能力，增强他们对市场变化联合做出灵活和快速反应的能力，并且能够降低成本，使资源的配置达到最优化。

三、推行 ISO9000 质量体系的意义

ISO9000 族标准不仅在发达国家推行，发展中国家也正在逐步加入到此行列中来，ISO 已成为一个名副其实的技术上的世界联盟。形成这种状况的原因除了它能给组织带来的巨大的实际利益外，更为深刻的原因在于 ISO9000 族标准是人类文明发展过程中的必然产物。在一个组织或一个国家实行 ISO9000 族标准并非是一个外部命令，而是现代组织的本质要求。

企业组织通过 ISO9000 质量管理体系认证具有如下意义。

（1）企业生存的需要。在全世界范围里，企业的质量体系认证已成为共识和大的潮流，顾客往往会对企业提出通过认证的要求。为了满足客户的要求、冲破国际贸易壁垒，企业必须建立 ISO9000 质量体系，完善组织内部管理，使质量管理制度化、体系化和法制化，提高产品质量，并确保产品质量的稳定性。

（2）企业发展的需要。企业要发展，无论是产品质量还是管理水平抑或是员工素质，都应该与国际接轨。在激烈的市场经济竞争中，还没有通过认证的企业（尤其是知名企

业）是缺乏竞争力的。ISO9000 质量管理体系认证有利于发展外向型经济，扩大市场占有率，是政府采购等招投标项目的入场券，是组织向海外市场进军的准入证，是消除贸易壁垒强有力的武器。

（3）企业立足市场的需要。建立 ISO9000 质量体系，能以少量的投入，换来合格率的提高、次品的下降。产品质量的稳定能够维护消费者的权益、增强消费者的信任度、稳定与持续增进客户群，从而提升产品的市场竞争力，树立企业形象，提高企业的知名度。这一切，都将为企业立足市场带来巨大的经济效益。

（4）消除国际贸易壁垒的需要。在"世界贸易组织"内，各成员国之间相互排除了关税壁垒。但许多国家为了保护自身的利益，设置了各种贸易壁垒，其中主要是技术壁垒；而技术壁垒中，又主要是产品品质认证和 ISO9000 品质体系认证的壁垒。所以，获得 ISO9000 体系认证是消除贸易壁垒的主要途径。我国"入世"以后，消除了区分国内贸易和国际贸易的严格界限，所有贸易都有可能遭遇技术壁垒，因此，企业需要及早通过 ISO9000 体系认证以消除国际贸易壁垒。

（5）国际间的经济合作与技术交流的需要。按照国际间经济合作和技术交流的惯例，合作双方必须在产品（包括服务）品质方面有共同的语言、统一的认识和共守的规范方能进行合作与交流。ISO9000 质量管理体系认证正好提供了这样的信任，有利于双方迅速达成协议。

四、ISO9000 系列质量体系与全面质量管理（TQM）的关系

自从国际标准协会（ISO）1987 年发布 ISO9000 系列标准以来，国际质量管理理论界和企业界就对 ISO9000 系列标准和全面质量管理（TQM）之间的关系进行了广泛的讨论。

ISO9000 系列标准阐述了企业为实施其质量方针而建立有效运行的质量体系的必要性，为企业建立质量体系提供了具体指导，并对对内、对外质量保证做出了明确的规定。建立健全质量体系是企业质量管理的基础性工作，ISO9000 系列标准为企业实现质量管理的系统化、文件化、法制化、规范化奠定了基础。TQM 是指企业为了保证产品质量，综合运用一整套质量管理思想、体系、手段和方法进行的系统管理活动。它作为一种现代质量管理理论具有更丰富的内涵，尤其是它包括了企业长期的经营管理战略。

TQM 是 ISO9000 系列标准的理论基础，ISO9000 系列标准则在许多方面反映了 TQM 的思想，是 TQM 发展到一定程度的产物。ISO9000 系列标准是 TQM 思想的一种具体表现，它为各企业评价其质量工作提供了统一的标准和实现 TQM 的必经之路。

TQM 与 ISO9000 系列标准是世界各国尤其是工业发达国家质量管理理论与实践经验的结晶，它们是属于全世界的共同财富、是各国加强质量管理的有效途径。在质量

管理道路上，不同企业可以选择适合自身的基础和起点。对我国企业来说，推行 TQM 是一项长期的战略任务，而贯彻 ISO9000 系列标准则是保证 TQM 能够顺利实施的有效方法。对于大多数过去未开展过 TQM 或未贯彻标准活动，或本身历史较短、质量管理工作基础薄弱、质量体系很不完善的企业来说，在起步阶段，可先按照 ISO9000 系列标准要求建立、健全企业质量体系，使影响产品质量的各个因素和各项质量活动处于受控状态，使质量体系能持续有效地运行。作为一项预备性措施，企业还可以申请第三方质量认证，以便为顾客提供信任，并通过外部机构的有效监督，促使企业质量体系运行更为有效。

【本章小结】

本章从 ISO9000 质量管理体系基础入手，引入质量、质量特性、全面质量管理等基本概念，按照我国国情分析了商品质量的综合体现及基本要求；从常见的两种质量环模式分析了商品质量的形成过程及在生产过程、流通过程、使用过程中的影响因素，并重点介绍了全面质量管理基本要求及 PDCA 科学管理程序和方法；最后简要介绍了 ISO9000 质量体系的产生、八项原则及推行的意义，为广泛推行 ISO9000 质量体系奠定了基础。

【复习思考题】

1. 名词解释：

   质量　质量特性　商品质量　全面质量管理
2. 有形商品的质量特性包含哪些方面？
3. 商品质量综合体现在哪些方面？具备哪些性质？
4. 分析影响商品质量的因素。
5. 质量管理发展经历了哪几个阶段？
6. 全面质量管理的基本内容和特点是什么？
7. 什么是 PDCA 循环？有何特点？
8. 推行 ISO9000 质量体系的意义是什么？

【案例】

“宝洁”公司的全面质量管理

宝洁公司（Procter & Gamble，简称 P&G），始创于 1837 年，是一家美国的日用消费品生产商，也是全球规模较大的日用品公司之一。

是什么让“宝洁”在洗化“王国”里始终走在世界的前列呢？

“质量是企业的生命”这句话已经成为现代企业的共识。而“宝洁”不仅仅将其作为企业运作的原则，更将其作为满足消费者的质量需求及进行企业管理的动力。

以质竞争，攻优夺誉，是宝洁公司营销策略的重要组成内容。“宝洁”从产品研制，到设计、生产工艺保障、质量管理控制、包装装潢、售前售后服务都胜人一筹，是靠全面的质量管理制度和方法，建立了一个健全的全面质量管理保证体系。

在“宝洁”，任何活动都要遵循计划（P）、实施（D）、检查（C）、处理（A）的工作程序，质量管理当然也不例外，这是“宝洁”进行企业管理的一条最基本的原则。它始终强调应该以提供高质量的产品作为出发点，并且将产品质量作为品牌的核心，坚持质量第一，把顾客的需要放在第一位，树立为顾客服务、对顾客负责的思想。

案例讨论题

宝洁公司采用了什么管理模式使其产品畅销不衰？

【实践技能训练】

1. 感官检验某一有形商品的质量，分析其质量特性。

2. 调查某一任何形式的组织，分析其管理模式，写出调查报告，调查报告的格式要求如下表所示。

××组织质量管理调查报告表

组织名称					
组织性质		组织负责人		联系电话	
组织管理现状					
现状特点分析					
推TQM模式建议					

第三章　商品标准与标准化

■**知识目标**

1. 理解商品标准的概念。
2. 掌握我国商品标准的分级情况。
3. 掌握国际标准概念及采标标志。
4. 熟悉商品标准化的形式和方法。

■**技术目标**

1. 熟悉商品的标准结构。
2. 分析商品标准规范功能的体现。

■**能力目标**

1. 熟练识别我国各级商品标准代号。
2. 熟练查阅我国各级商品标准。

第一节　标准与商品标准概述

一、标准概述

（一）标准的概念

“没有规矩，不成方圆。”没有统一的标准，我们对任何事物的评价判断或控制管理就失去了准则和依据。标准的制定和实施是企业进行规范、有效管理的一项基础工作，也是企业组织现代化生产经营的一种重要手段。

国家标准《标准化工作指南　第1部分：标准化和相关活动的通用词汇》（GB/T2000.1—2002）中对“标准”作了如下定义：“为了在一定的范围内获得最佳秩序，经协商一致制定并由公认机构批准，共同使用的和重复使用的一种规范性文件。”该标准同时还进一步注明：“标准宜以科学、技术和经验的综合成果为基础，以促进最佳的共同效益为目的。”

在理解标准定义时应注意把握以下几点。

第一，标准是针对某一类事物所作的一种技术规范，它规范人们的行为并使之尽量符合客观的自然规律和技术法则。标准不规定行为主体的权利和义务，也不规定不行使义务应当承担的法律责任，因而不具有像法律、法规那样代表国家意志的强制力属性；即使某些标准具有强制性质，那也是法律法规赋予的。标准通常是以科学合理的规定，为人们提供一种最佳选择。标准的表现形式一般为具有特定制定程序、编写原则和体例格式的文件。

第二，重复性是指事物的反复性特征，只有当它们反复出现时，对该事物才有制定标准的必要。

第三，标准产生的基础是科学技术和实践经验的综合成果。一方面标准是新技术、新工艺、新材料等科学技术进步创新的结果；另一方面标准又是人们在实践中不断总结和吸收带普遍性和规律性经验的结果。

第四，标准形成的程序是先经有关各利益方（如生产商、经销商、消费者、政府等）共同协商一致，再由公认的标准化机构或团体批准，最后以特定形式（主要是特殊文件格式，有时辅之以特定文物）公开发布。

第五，标准的目的是在一定范围内，通过技术规范建立起有利于社会经济发展的最佳生产秩序、技术秩序和市场秩序，从而促进最佳社会效益的实现。

（二）标准的分类

标准从不同的角度可以有不同的分类方法，通常分类方法有以下三种。

1．层级分类法

按照标准发生作用的范围或审批权限，可以分为国际标准、区域标准、国家标准、行业标准、地方标准和企业（公司）标准。

（1）国际标准。国际标准是指由国际标准化（标准）组织通过并公开发布的标准。如国际标准化组织（International Organization for Standardization，ISO）、国际电工委员会（International Electrotehnical Commission，IEC）批准发布的标准。

（2）区域标准。区域标准是指由区域标准化（标准）组织通过并公开发布的标准。如欧洲标准化委员会（CEN）发布的欧洲标准（EN）即为区域标准。

（3）国家标准。国家标准是指由国家标准机构通过并公开发布的标准。如中国国家标准（GB）、美国国家标准（ANSl）、英国国家标准（BS）、德国国家标准（DIN）和日本国家标准（JIS）等。

（4）行业标准（团体标准）。行业标准是指由行业标准化团体或机构批准、发布，在某行业范围内统一实施的标准。国外如美国的材料与试验协会标准（ASTM）、石油学会标准（API）和英国的劳氏船级社标准（LR）都是国际上有权威的团体标准，在各自行业享有很高声誉。我国《中华人民共和国标准化法》（以下简称《标准化法》）规定的行业标准是“对没有国家标准而又需要在全国某个行业范围内统一的技术要求所制定的标准”，如机械行业标准（JB）、轻工行业标准（QB）等。

（5）地方标准。地方标准是指在国家的某个地区一级通过并公开发布的标准。《标准化法》规定我国的地方标准是“对没有国家标准和行业标准而又需要在省、自治区、直辖市范围内统一的产品安全、卫生要求所制定的标准”，它由省级标准化行政主管部门统一组织指定、审批、编号和发布。

（6）企业（公司）标准。企业标准是指企业范围内对需要协调、统一的技术要求、管理要求和工作要求所制定的标准。企业标准在有些国家又称公司标准。

2．对象分类法

按照标准对象的名称归属及其在实施过程中的作用，可以将标准分为产品标准、工程建设标准、工艺标准、方法标准、原材料标准、零部件标准、环境保护标准、数据标准、文件格式标准等。

3．属性分类法

按照标准的属性，通常可以将其分为基础标准、技术标准、管理标准和工作标准等。

（1）基础标准。基础标准是指具有广泛的普及范围或包含一个特定领域的通用规定的标准。基础标准可以作为直接应用的标准或其他标准的基础。

尽管对基础标准的分类归属没有严格的划分，但从基础标准的定义可以看出，基础标准主要包括以下两大类：

① 标准化工作基础标准。如标准化工作导则标准；标准化经济性评价与论证标准；标准化术语、符号、代码、编码标准等。

② 标准化学与各学科公共基础标准。如计量基础标准；教育基础标准；测绘基础标准等。

（2）技术标准。技术标准是指对标准化领域中需要协调统一的技术事项所制定的标准。技术标准中的标准化对象是各种技术问题、技术方法和产品。围绕科研、设计、制造、检验、产品性能以及各种生产工艺和技术装备而制定的标准多是技术标准。按照标准化的对象，通常可以把技术标准划分为产品标准、技术基础标准、方法标准和安全卫生与环境保护标准四种。

① 产品标准。产品标准是为了保证产品的适用性，对产品的结构、规格、质量及检验方法所作的技术规定。它既是制造者组织生产、检验、交货验收和签订购销合同的技术依据，也是产品质量监督检查和仲裁检验的依据。

② 技术基础标准。技术基础标准是在一定范围内作为其他标准的基础而被普遍使用，具有广泛指导意义的标准。主要包括指导性标准，如标准化工作导则标准；通用技

术语言标准，如术语、符号等标准；互换性标准，如公差、尺寸等标准；环境条件标准，如环境要求标准等。

③ 方法标准。方法标准是对各项技术活动的方法所制定的标准。方法标准包括的范围很广，如试验方法、检验方法、抽样方法、计算方法、操作规程以及某些设计规范、施工规范等都属于方法标准。

方法标准是实施产品标准和工作标准的重要手段，对于推广先进的工作方法，提高工作效率，保证工作结果的准确一致，具有重要意义。

④ 安全卫生与环境保护标准。安全标准是以保护人和物的安全为目的而制定的标准。卫生标准是为保护人体健康而制定的标准。环境保护标准是为了保护环境和有利于生态平衡，而对大气质量、水质、污染物排放和噪声等制定的标准。

（3）管理标准。管理标准是指对标准化领域中需要协调统一的管理事项所制定的标准。

“管理事项”是指在营销、设计、采购、工艺、生产、检验、能源、安全、卫生和环境保护等管理中与实施技术标准有关的重点性事物和概念。因此，管理标准主要包括管理基础标准、营销管理标准、生产管理标准、能源管理标准、环境卫生管理标准和人员管理标准等。国家标准《企业标准体系管理标准工作标准体系的构成和要求》（GB/T15498—1995）给出了管理标准内容的一般构成，在此不再赘述。

（4）工作标准。工作标准是指对标准化领域中需要协调统一的工作事项所制定的标准。

工作事项指在执行相应管理标准和技术标准时的工作岗位和职责、岗位人员基本技能。工作内容指要求与方法、检查与考核等有关的重复性事物和概念。工作标准主要包括管理人员通用工作标准、岗位工作标准和人员操作标准等。

（三）标准的性质

为了适应商品经济的发展和开放的需要，1985 年国务院决定将我国标准体制由单一的强制性标准改为强制性和推荐性相结合的标准体制。推荐性标准也具有指导生产和交换的作用，也要积极推行，但不具有法律约束力。

《标准化法》第七条规定“国家标准、行业标准分为强制性标准和推荐性标准”，又规定“省、自治区、直辖市标准化行政主管部门制定的工业产品安全、卫生要求的地方标准，在本行政区域内是强制性标准”。

1．强制性标准

国家需要控制的重要产品目录由国务院标准化行政主管部门会同国务院有关行政主管部门确定。省、自治区和直辖市人民政府标准化行政主管部门制定的工业产品的安全、卫生要求的地方标准，在本行政区域内是强制性标准。

强制性标准是依法必须执行的标准，对于违反强制性标准的行为，国家将依法追究当事人的法律责任。根据我国《标准化法》的规定，保障人体健康、人身和财产安全的标准和法律、法规规定强制执行的标准是强制性标准。国务院发布的《中华人民共和国标准化法实施条例》对制定强制性国家标准、行业标准的范围作了如下具体规定：

（1）药品标准、食品卫生标准、兽药标准；

（2）产品及产品生产、储运和使用中的安全、卫生标准，劳动安全、卫生标准，运输安全标准；

（3）工程建设的质量、安全、卫生标准及国家需要控制的其他工程建设标准；

（4）环境保护方面的污染物排放标准和环境质量标准；

（5）重要的通用技术术语、符号、代号和制图方法标准；

（6）通用的试验、检验方法标准；

（7）互换配合标准；

（8）国家需要控制的重要产品质量标准。

这些标准在制定时就确定了强制性质，在标准批准发布时就赋予了其强制执行的法律属性。

2．推荐性标准

推荐性标准，是指具有普遍指导作用而又不宜强制执行的标准。推荐性标准不具备法律约束力，但推荐性标准被强制性标准引用或纳入指令性文件时便具有了约束力。

企业明示执行的推荐性标准在企业内部具有强制性和约束力，并应承担相应的质量责任。

强制性标准以外的标准是推荐性标准，推荐性标准又称自愿性标准。实行市场经济体制的国家，大多实行推荐性标准。国家制定的推荐性标准由各企业自愿采用、自愿认证，国家利用经济杠杆鼓励企业采用。例如，美国、日本、法国、英国和德国等国的大多数标准以及国际标准等都是推荐性标准。

3．指导性技术文件

随着社会主义市场经济的进一步发展和国际交流的日益增多，我国新技术的发展也日新月异。原国家质量技术监督局在经过充分调查研究和认真论证的基础上制定了《国家标准化指导性技术文件管理规定》，在强制性标准、推荐性标准的基础上增加了指导性技术文件（可以理解为暂行标准）。

指导性技术文件，是为仍处于技术发展过程中（如变化快的技术领域）的标准化工作提供指南或信息，供科研、设计、生产、使用和管理等有关人员参考使用而制定的标准文件。

在下列情况下，可以制定指导性技术文件：

第一，技术尚在发展中，需要有相应的标准文件引导其发展或具有标准化价值，尚不能制定为标准的项目；

第二，采用国际标准化组织、国际电工委员会及其他国际组织（包括区域性国际组织）的技术报告的项目。

对于指导性技术文件，有以下几点需要注意：

（1）指导性技术文件由国务院标准化行政主管部门编制计划，组织草拟，统一审批、编号和发布；

（2）指导性技术文件不宜作为标准引用使其具有强制性或行政约束力；

（3）指导性技术文件三年复审，以决定其是否继续有效，是否转化为国家标准或撤销。

二、商品标准概述

（一）商品标准的概念

商品标准是指为保证商品能满足人们的基本需要，对商品必须达到的某些或全部要求所指定的标准，主要有标准名称与编号、规范性引用文件、术语和定义、要求、抽样、试验方法、分类和标记、标志标签和包装、规范性附录等内容。本章所讨论的商品标准只涉及有形商品（产品）标准，无形商品的服务标准因其研究还不够成熟而不再涉及。

商品标准是商品生产、质量验收、监督检验、贸易洽谈、储存运输等的依据和准则，也是对商品质量争议作出仲裁的依据，对保证和提高商品质量，提高生产、流通和使用的经济效益，维护消费者和用户的合法权益等都具有重要作用。

商品标准以科学技术和实践经验的综合成果为基础，经有关方面充分协商一致，由标准化主管机构批准，以特定的形式发布。商品标准一经发布，就是一种技术法规，在商品的生产和流通过程中必须共同遵守。

对于正式生产的各类商品，都必须制定相应的商品标准。有了商品标准，生产者就有章可循，可以按规定的要求组织生产；质量监督者就有法可依，可以按规定的要求从事监督鉴定；而消费者则可能得到质量稳定可靠、符合规定要求的商品，满足购物需要。商品标准统一表达了生产、流通企业和消费者对商品的要求，也是社会各方对商品质量有争议时执行仲裁的依据。

制定标准应当发挥行业协会、科学技术研究机构和学术团体的作用。制定国家标准、行业标准和地方标准的部门应当组织由用户、生产单位、行业协会、科学技术研究机构、学术团体及有关部门的专家组成标准化技术委员会，负责标准草拟和参加标准草案的技术审查工作。未组成标准化技术委员会的，可以由标准化技术归口单位负责标准草拟和参加标准草案的技术审查工作。制定企业标准应当充分听取使用单位、科学技术研究机构的意见。

标准实施后，制定标准的部门应当根据科学技术的发展和经济建设的需要适时进行复审。标准复审周期一般不超过五年。

国家标准、行业标准和地方标准的代号、编号办法，由国务院标准化行政主管部门统一规定。企业标准的代号、编号办法，由国务院标准化行政主管部门会同国务院有关行政主管部门规定。标准的出版和发行办法由制定标准的部门规定。

（二）商品标准的特征

商品标准的特征如图 3-1 所示。

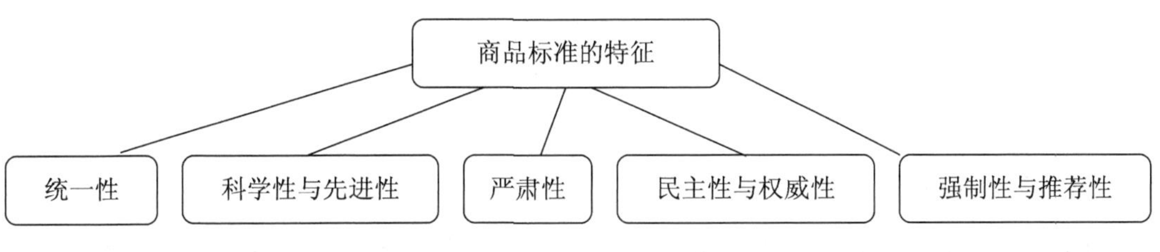

图 3-1　商品标准的特征

1．统一性

商品标准的本质特征是统一。出于需要统一的范围、内容不同，便产生了不同级别和不同类型的商品标准。不同级别的商品标准在不同的使用范围内统一，不同类型的商品标准从不同的角度和不同的侧面进行统一。统一并不意味着全部统死，商品标准并不限制商品品种的多样性和技术的进步，相反，标准的制定和不断修订会促进技术发展和商品品种的多样化。

2．科学性与先进性

商品标准的科学性与先进性以科学技术和实践经验的综合成果为基础。凡制定一项商品标准，都要将国内外有关的科研新成果、新技术和生产、使用实践中积累的先进经验和各项参数，经过综合分析、反复验证、概括提炼纳入标准，并要求根据科学技术的发展及时修订。因此，商品标准是科学技术和生产发展水平的标志。

3．严肃性

商品标准有特定的形成程序和形式，这是指标准的制定有着自己特有的一套格式和审批颁布程序。商品标准的结构和编写规则要符合国家标准 GB/T1.1—2000《标准化工作导则第一部分：标准的结构和编写规则》，这体现了标准的严肃性。

4．民主性与权威性

商品标准不能只是个别部门少数人的主观意志或局部利益的反映，而应该是由有关方面（如科研、情报、设计、生产、检验、监督、贸易，特别是用户）的代表从全局利益出发，通过认真调研、反复讨论和充分协商，在对标准中的实质性问题取得一致的基础上共同作出的统一规定。

5．强制性与推荐性

以前，我国制定的商品标准绝大部分是强制性标准，具有明显的法律约束性。现在，我国制定的绝大多数商品标准是推荐性标准，具有指导作用，但并不强求企业执行，而由企业自愿采用，故不具有法律约束性，当然也不属于法规范畴。此外，国际标准、区域性集团标准以及发达国家的国家标准等，大都属于推荐性标准，没有法律约束性。实际上，大多数企业出于发展生产和贸易竞争的需要，都自愿地积极采用上述推荐标准。

第二节　国际标准概述

一、国际标准

国际标准是指由国际上有权威的专业组织制定，并为世界上大多数国家承认和通用的标准。国际标准通常是指国际标准化组织和国际电工委员会所制定的标准，以及经国际标准化组织确认并公布的其他国际组织制定的权威标准。

目前，这些国际组织主要有国际计量局（Bureau International des Poids et Measures，BIPM）、国际人造纤维标准化局（Bureau International pour la Standardisation des Fibres Artificielles，BISFA）、食品法典委员会（Codex Alimentarius Commission，CAC）、关税合作理事会（Customs Co-operation Council，CCC/CCD）、国际无线电咨询委员会（International Radio Consultative Committee，CCIR）、国际电信联盟（International Telecommunication Union，ITU）等。

国际标准化组织（ISO）是世界上最大非政府性国际标准化专门机构，是联合国经社理事会和贸易发展理事会的甲级咨询机构。它的宗旨是在世界范围内促进标准化工作的发展，以利于国际间商品的交流和互助，并扩大在知识、科学技术和经济方面的合作。其主要活动是制定国际标准，协调世界范围内的标准化工作和进行标准情报交流。

ISO 的标志如图 3-2 所示。

图 3-2　国际标准化组织标志

目前世界上广泛推广的是 ISO9000 系列标准和 ISO14000 系列标准。

ISO9000 系列标准是国际标准化组织为适应国际贸易发展的需要制定的国际质量管

理和质量保证标准，也是质量体系的评价标准（见 P36 表 2-4）。

ISO14000 系列标准是国际标准化组织 ISO/TC207 负责起草的一份为顺应国际环境保护的发展，依据国际经济贸易发展的需要而制定的一个系列环境管理标准。它包括了环境管理体系、环境审核、环境标志、生命周期分析等国际环境管理领域内的许多焦点问题，旨在指导各类组织（企业、公司）取得和表现正确的环境行为。ISO14000 系列标准共预留 100 个标准号，该系列标准共分七个系列，其编号从 ISO14001 到 ISO14100，目前正式颁布的标准名称和标准号如表 3-1 所示。

表 3-1　ISO14000 系列标准名称和标准号

标准名称	标准号
SC1 环境管理体系（EMS）	14001—14009
SC2 环境审核（EA）	14010—14019
SC3 环境标志（EL）	14020—14029
SC4 环境行为评价（EPE）	14030—14039
SC5 生命周期评估（LCA）	14040—14049
SC6 术语和定义（T&D）	14050—14059
WG1 产品标准中的环境指标	14060
备用	14061—14100

ISO9000 和 ISO14000 系列标准都是 ISO 组织制定的针对管理方面的标准，是国际贸易中消除贸易壁垒的有效手段。两套标准最大的区别在于面向的对象不同，ISO9000 标准是对顾客的承诺，ISO14000 标准则是对政府、社会和众多相关方（包括股东、贷款方、保险公司等）的约束；ISO9000 标准缺乏行之有效的外部监督机制，而实施 ISO14000 标准的同时，要接受政府、执法当局、社会公众和各相关方的监督。

国际标准都为推荐性标准，但出于其具有较高的权威性和科学性，大多数国家都自愿采用。

国际标准采用标准代号（如 ISO，IEC）和编号（标准序号：发布年代号）来表示，如图 3-3 所示。

ISO　14000：　1996　××××

标准代号　标准序号　发布年份　标准名称

图 3-3　国际标准的代号和编号

二、国外先进标准

国外先进标准是指未经 ISO 确认并公布的其他国际组织的标准、发达国家的国家标准、区域性组织的标准以及国际上有权威的团体标准和企业（公司）标准中的先进标准。

未经 ISO 确认并公布的国际组织和区域性组织主要有万国邮政联盟（Universal Postal Union， UPU）、联合国粮农组织（Food and Agriculture Organization of the United Nations，UNFAO）、国际羊毛局（International Wool Secretariat，IWS）、国际焊接学会（International Institute of Welding，IIW）、国际棉花咨询委员会（International Cotton Advisory Committee，ICAC）等。

世界技术经济发达国家的国家标准和国际上有权威的团体标准主要有美国国家标准（ANSI）、德国国家标准（DIN）、英国国家标准（BS）、日本工业标准（JIS）、法国国家标准（NF）、俄罗斯国家标准（GOST）、瑞士国家标准（SNV）、瑞典国家标准（SIS）、意大利国家标准（UNI）、美国材料与试验协会标准（ASTM）、美国石油学会标准（API）、英国石油学会标准（IP）和美国电影工程师协会标准（SMPTE）等。

三、我国采用国际标准状况

采用国际标准包括采用国际标准和国外先进标准。随着经济和国际贸易的发展，采用国际标准是世界各国技术经济发展的普遍趋势。采用国际标准和国外先进标准是我国采取的一项重大的技术经济政策，是促进技术进步、提高产品质量、扩大对外开放、加快与国际惯例接轨以及发展社会主义市场经济的重要措施。

（一）采用国际标准的含义

我国颁布的《采用国际标准和国外先进标准管理办法》（以下简称《办法》）规定："采用国际标准和国外先进标准，是指将国际标准或国外先进标准的内容，经过分析研究，不同程度地转化为我国标准（包括国家标准、行业标准、地方标准和企业标准），并贯彻实施。"

以上规定包含三层意思。

第一，从完善我国标准体系和企业提高产品质量的实际需要出发，结合我国的国情进行认真的分析研究和试验验证，明确采用的目的，避免盲目的照抄照搬。

第二，通过对比分析我国标准与国际标准之间技术内容和编写方法差异的大小，根据等同采用、等效采用和非等效采用三种采用程度的不同要求，确定一种采用程度订出我国标准，并按标准审批发布程序审批发布。

第三，按照采用国际标准的我国标准组织生产、流通、使用和监督检验等。通过认真地贯彻实施标准，使产品质量达到采用国际标准的我国标准的要求，这样才算真正采用了国际标准。

（二）我国采用国际标准的程度

在采用国际标准时，根据我国标准与被采用的国际标准之间技术内容和编写方法差异的大小，将采用程度分为等同采用、等效采用和非等效采用三种。

（1）等同采用。等同采用技术内容相同，没有或仅有编辑性修改，编写方法完全相对应。

（2）等效采用。等效采用主要技术内容相同、技术上只有很小差异，编写方法不完全相对应。

（3）非等效采用。非等效采用技术内容上有重大差异。

采用国际标准的程度仅表示我国标准与国际标准之间的异同情况，而不表示技术水平的高低。

为了便于查找和统计，采用国际标准的程度在标准目录中应分别用三种图示符号来表示，在电报传输或电子数据处理中可分别用三种缩写字母来表示。国际标准采用程度符号如表 3-2 所示。

表 3-2 国际标准采用程度符号

采用程度	等同采用	等效采用	非等效采用
图示符号	≡	=	≠
字母代号	idt	eqv	neq

在采用国际标准和国外先进标准时，要从我国经济发展和对外贸易的需要出发，充分考虑我国的资源情况和自然条件，要求技术先进、经济合理、安全可靠、符合我国有关法规和政策。正确地确定采用程度有利于完成我国的标准体系建设、适应经济发展的需要。

（三）采用国际标准标志（以下简称“采标标志”）制度

为了鼓励企业积极采用国际标准，提高采用国际标准产品的市场信誉和社会知名度，加快采用国际标准步伐，国家技术监督部门颁发了《采用国际标准产品标志管理办法》，实施采标标志制度。

（1）采标标志

采标标志是我国产品采用国际标准和国外先进标准的一种专用证明标志，是企业对产品质量达到国际标准或国外先进标准的自我声明形式。采标标志由企业自愿采用，并对使用采标标志的产品质量承担法律责任。

（2）使用采标标志的条件

凡符合下列条件的采标产品，企业可以使用采标标志，并在采标产品的包装、标识、标签或产品说明书上自行印制采标标志图样：

第一，属于国家质量技术监督局公布的实施采标标志产品及其标准目录中的产品；

第二，产品按照等同、等效采用国际标准或国外先进标准的我国标准组织生产；

第三，采标产品的各项质量要求稳定地达到所采用标准的规定，并具备批量生产的能力。采标标志如图 3-4 所示。

图 3-4　采标标志

（四）采用国际标准的意义

国际标准是世界各国协调的产物，反映了国际上已经普遍达到的、比较先进的科学技术和生产水平，既是沟通国际经济技术合作的桥梁，也是保证国际贸易公平竞争、维持国际市场正常秩序的基本要求和准则，各个国家都应积极采用并共同遵守。因此，采用国际标准是按国际惯例办事的一个重要方式。在当前我国发展社会主义市场经济和大力促进生产力发展的形势下，采用国际标准具有非常重要的意义。

第一，采用国际标准能促进企业的技术进步、新产品开发和技术改造。通过采用国际标准和国外先进标准，能及时了解国际技术水平。通过对国外先进标准与我国现行标准的对比分析，可以很快找出我们存在的差距，便于组织力量进行技术攻关、消灭差距，提高我们的标准水平和技术水平。

第二，采用国际标准、利用国外先进标准能提高产品质量、消除贸易技术壁垒、扩大对外贸易。1979 年签署的《贸易技术壁垒协议》（TBT）针对这一问题，要求有关各国应以国际标准作为他们的技术法规和标准的基础，目的就是保证政府或其他团体采用技术规则和其他标准时不致制造不必要的贸易技术障碍。《贸易技术壁垒协议》使得国际标准成为国际通用的技术准则，成为一把能打开各国贸易大门的钥匙。

第三，采用国标标准和国外先进标准有利于改善企业管理，提高我国的企业管理和经济管理水平。许多企业的经验证明，先进的技术、先进的工艺设备，必须有先进的管理，否则就不能发挥先进技术的作用，也不会生产出先进的高水平的产品，这个道理很容易被大家接受，许多采用国际标准的企业，通过提高产品水平和档次，也带动了企业内部管理机制的完善，使企业管理提高到一个新的水平。

第三节　我国的商品标准

一、我国商品标准的分类

商品标准种类繁多，可以从不同角度进行分类研究。

（一）按商品标准的表达形式

按商品标准表达形式的不同，商品标准可分为文件标准和实物标准。

1．文件标准

文件标准是用特定格式的文件，通过文字、表格或图样等形式，表达全部或部分商品质量及有关内容的统一规定。绝大多数商品标准都是文件标准。

2．实物标准

实物标准是指对某些难以用文字准确表达的质量要求（如色泽、气味、手感和质感等），由标准化主管机构或指定部门用实物做成与文件标准规定的质量要求完全或部分（某一方面）相同的标准样品（标样），按一定程序颁发，作为文件标准的补充，同样是生产、检验、贸易洽谈和收购定价等有关方面共同遵守的技术依据。例如，粮食、茶叶、棉花、羊毛和蚕茧等农畜产品，都有分等级的实物标准，有关部门收购时，经常用之与农民交售的农畜产品相对照，借以准确地评定其质量和等级。实物标准大多是文件标准的补充件，没有单独颁发的标准。

（二）标准的受约束程度

按标准受约束程度的不同，商品标准分为强制性标准和推荐性标准。

1．强制性标准

强制性标准是国家通过法律的形式明确要求对于一些标准所规定的技术内容和要求必须执行，不允许以任何理由或方式加以违反、变更的标准。强制性标准具有法律属性，一经颁布，必须贯彻执行，否则造成恶劣后果或重大损失的单位和个人，要受到经济制裁或承担法律责任。我国标准化法规定：“保障人体健康、人身财产安全的标准和法律、行政法规强制执行的标准属于强制性标准。对于违反强制性标准的，国家依法追究当事人的法律责任。”

2．推荐性标准

推荐性标准又称非强制性标准或自愿性标准，是指生产、交换、使用等方面，通过经济手段或市场调节而自愿采用推荐性标准的一类标准。推荐性标准不具有强制性，任何单位均有权决定是否采用，违反这类标准，不构成经济或法律方面的责任。但推荐性标准一经接受采用或各方商定同意纳入经济合同中，就成为各方必须共同遵守的技术依据，具有法律上的约束性。

我国国家标准、行业标准分为强制性标准和推荐性标准两种。

（三）商品标准的成熟程度

按商品标准的成熟程度不同，商品标准分为正式标准和试行标准。

试行标准与正式标准具有同样的效用，同样具有法律约束力。其标准号与正式标准号表示方法相同，只是在封面的右下角要注明“试行年、月、日”。试行标准一般在试行两三年后，经过讨论修订，再作为正式标准发布。应该说明的是，绝大多数标准都是正式标准。

（四）商品标准的保密程度

按商品标准的保密程度不同，商品标准分为公开标准和内部标准。

我国的绝大多数标准都是公开标准，少数涉及军事技术或尖端技术机密的标准，只准在国内或者有关单位内部发行。内部标准的代号是在公开标准号后加汉语拼音字母“n”，如“GBn”表示国家内部标准。

根据有关规定，标准中是不允许引用上述内部发行标准的。在编制标准中，如确需引用其中的部分内容时，可将有关内容直接写入所制定的标准中，而不得在标准中出现引用内部标准的编号及其名称的现象。

二、我国商品标准的分级

根据《中华人民共和国标准化法》（以下简称《标准化法》），按制定部门、适用范围等的不同，我国将商品标准划分为国家标准、行业标准、地方标准和企业标准四个层次。各层次之间有一定的依从关系和内在联系，形成一个覆盖全国且层次分明的标准体系。

（一）国家标准

国家标准，是指对全国经济、技术发展有重大意义，必须在全国范围内统一的标准。国家标准由国务院标准化行政主管部门编制计划和组织草拟，并统一审批、编号、发布。

国家标准的编号，由国家标准代号、国家标准顺序号和国家标准发布年号构成，如图 3-5 所示。

GB（/T）　　× × × × —× × × ×

国家标准代号　标准顺序号　发布年号

图 3-5　国家标准代号

国家标准代号由大写汉语拼音字母构成，强制性国家标准代号为“GB”，其含义是“国标”两个字汉语拼音的第一个字母“G”和“B”的组合；推荐性国家标准代号为“GB/T”，其含义是“国标”和“推”三个字汉语拼音的第一个字母“GB”和“T”的组合。国家标准顺序号是发布的国家标准的顺序排号，国家标准发布年号为颁布该国家标准年份的四位数字，国家标准顺序号和年号之间加短线分开，如 GB 14963—2011《食品安全国家标准　蜂蜜》和 GB/T 26385—2011《针织拼接服装》。

国家标准代号及其含义、管理部门如表 3-3 所示。

表 3-3　国家标准代号

序号	代号	含义	管理部门
1	GB	中华人民共和国强制性国家标准	国家标准化管理委员会
2	GB/T	中华人民共和国推荐性国家标准	国家标准化管理委员会
3	GB/Z	中华人民共和国国家标准化指导性技术文件	国家标准化管理委员会

（二）行业标准

我国《标准化法》规定：“对没有国家标准而又需要在全国某个行业范围内统一的技术要求，可以制定行业标准（含标准样品的制作）。制定行业标准的项目由国务院有关行政主管部门确定。”行业标准作为对国家标准的补充，在相应的国家标准实施后，该行业标准应自行废止。行业标准由行业标准归口部门审批、编号、发布，实施统一管理。行业标准的归口部门及其所管理的行业标准范围，由国务院及行政主管部门审定，并公布行业标准代号。

行业标准编号由行业标准代号、标准顺序号和发布年代号组成，如纺织行业的强制性标准和推荐性标准 FZ 20013—1996《防虫蛀毛纺织产品》和 FZ/T 43017—2011《桑蚕丝/氨纶弹力丝织物》。行业标准编号的具体格式如图 3-6 所示。

× ×（/T）　× × × × — × × × ×

行业标准代号　标准顺序号　发布年号

图 3-6　行业标准代号

另外，常见行业的标准代号如表 3-4 所示。

表 3-4　行业标准代号

标准代号	行业名称	标准代号	行业名称	标准代号	行业名称
CB	船舶行业	HY	海洋工作行业	SD*	能源部、水利部
CH	测绘行业	JB	机械行业	SH	石油化工行业
CJ	城镇建设行业	JC	建材行业	SJ	电子行业

（续表）

标准代号	行业名称	标准代号	行业名称	标准代号	行业名称
CY	新闻出版行业	JG	建筑工业行业	SL	水利行业
DA	档案工作行业	JR	金融系统行业	SY	石油天然气行业
DB*	地方标准	JT	公路水路运输行业	SN	进出口检验行业
DG*	地方规范	JY	教育行业	TB	铁路运输行业
DL	电力行业	LD	劳动和劳动安全	TD	土地管理行业
DZ	地质矿产行业	LY	林业行业	WB	物质管理行业
EJ	核工业行业	MH	民用航空行业	WH	文化行业
FZ	纺织行业	MT	煤炭行业	WJ	兵工民品行业
GA	公共安全行业	MZ	民政工作行业	WS*	卫生行业
GB*	国家标准	NJ*	机械工业部	XB	稀土行业
GH*	供销合作行业标准	NY	农业行业	YC	烟草行业
GJB*	国家军用标准	QB	轻工行业	YB	黑色冶金行业
GY	广播电影电视行业	QC	汽车行业	YD	通信行业
HB	航空工业行业	QJ	航天工业行业	YS	有色金属行业
HG	化工行业	SB	商业行业	YY	医药行业
HJ	环境保护行业	SC	水产行业	ZY	中医药行业

（三）地方标准

地方标准是指在没有国家标准和行业标准的情况下，由地方制定、批准发布，在本行政区域范围内统一使用的标准。我国《标准化法》规定，对没有国家标准和行业标准而又需要在省、自治区、直辖市范围内统一的工业产品的安全、卫生要求，可以制定地方标准：工业产品的安全、卫生要求；药品、兽药、食品卫生、环境保护、节约能源、种子等法律法规规定的要求；其他法律法规规定的要求。其中，工业产品卫生安全要求的地方标准是强制性标准。

地方标准由省、自治区、直辖市标准化行政主管部门编制计划、组织制定、审批、编号和发布，并报国务院标准化行政主管部门（国家技术监督局）和国务院有关行政主管部门备案。在相应的国家标准或者行业标准发布实施后，自行废止。

地方标准可以补充国家标准和行业标准的不足，使同一地区多家生产的无国家标准和行业标准的产品有统一的技术依据，有利于地方经济的发展。地方标准代号格式如图 3-7 所示。

DB　　　　　××/（T）　　×××—××××
地方标准代号　　地方代号　　标准顺序号　　发布年号

图 3-7　地方标准代号

全国各省、自治区、直辖市和特别行政区代码如表 3-5 所示。

表 3-5　全国各省、自治区、直辖市和特别行政区代码

名称	代码	名称	代码
北京市	11	河南省	41
天津市	12	湖北省	42
河北省	13	湖南省	43
山西省	14	广东省	44
内蒙古自治区	15	广西壮族自治区	45
辽宁省	21	海南省	46
吉林省	22	重庆市	50
黑龙江省	23	四川省	51
上海市	31	贵州省	52
江苏省	32	云南省	53
浙江省	33	西藏自治区	54
安徽省	34	陕西省	61
福建省	35	宁夏回族自治区	64
江西省	36	新疆维吾尔自治区	65
山东省	37	台湾省	71
甘肃省	62	香港特别行政区	81
青海省	63	澳门特别行政区	82

（四）企业标准

企业标准是对企业范围内需要协调、统一的技术要求、管理要求和工作要求所制定的标准。企业标准由企业制定，由企业法人代表或法人代表授权的主管领导批准、发布。企业标准应在发布后 30 日内向政府备案。

企业标准仅限于企业使用，对于没国家标准、行业标准和地方标准的，企业可以制定企业标准；对于已有国家标准、行业标准和地方标准的，国家鼓励企业制定严于国家标准、行业标准和地方标准的企业标准。

企业标准编号由企业标准代号、地方代号、标准顺序号和发布年号组成，如图 3-8 所示。

Q/　　×××　　××× — ××××

企业标准代号　企业代号　标准顺序号　发布年号

图 3-8　企业标准编号

例如，Q/LZX 001-2009 为“山东致信工贸有限公司企业标准”。

三、商品标准的内容

商品标准是一种具有法规性的文件，为便于使用和管理，国内外对其封面格式、内容编排以及符号等都有统一规定。商品标准包含的内容很多，一般是由概述、正文和补充三部分组成。

（一）概述部分

商品标准的概述部分概括地说明了标准的对象、技术特征和适用范围，其主要内容包括封面与首页、目次、标准名称和引言。

1．封面与首页

封面列有标准名称、编号、分类号、批准发布单位、发布和实施日期等。合订本内的标准只有首页，首页上的内容与封面相近。

2．目次

当商品标准的内容较长、结构复杂、条文较多时，一般应编写目次。

3．标准名称

标准名称一般是由标准化对象的名称和标准所规定的技术特征两部分组成，可用商品名称作为标准名称，也可用商品名称和“技术条件”（或“规范”）作为标准名称。标准名称明确规定标准的主题及其所包括的方面，指明该标准或其他部分的使用限制，包括本标准使用了何种原料、何种工艺、有何用途等内容。

4．引言

引言主要阐述制定标准的必要性和主要依据，历次复审、修订的日期，修订的主要内容，废除和被代替的标准以及采用国际标准的程度。一般不写标题，也不编号。

（二）正文部分

商品标准的正文部分是商品标准的实质性内容，包括主体内容、适用范围、引用标准、术语、符号、代号、商品分类、技术要求、试验方法、检验规则、标志、包装、运输和储存等方面。

1．主题内容与适用范围

该部分简要说明标准的主要内容及其适用范围。有的商品标准在必要时还明确指出该标准不适用的范围。在商品标准中，首先要说明这项标准适用于何种商品，以及这种商品的原料、生产工艺、分类及分级等，并写明直接引用的标准和与本标准配套使用的标准。例如，中国国家标准《脂松香》（GB/T8145—1987）规定："本标准适用于松树采集的松脂制得的松香。"

2．引用标准

引用标准主要说明标准中直接引用的标准和本标准必须配套使用的标准，并列出标准的编号和名称。

3．术语、符号和代号

标准中采用的术语、符号和代号，在现行国家标准、行业标准中尚无规定，一般在标准中给出定义或说明。其定义或说明或集中写在标准技术内容部分的前面，或分别写在有关章、条的前面。有关该商品的名词术语和符号代号，凡在国家基础标准中未作统一规定的，都应在标准中作出规定。

4．商品分类

商品分类是在商品标准中规定商品种类和形式，确定商品的基本参数和尺寸，作为合理发展商品品种、规格以及用户选用的依据。

商品分类的内容包括商品的种类、结构形式与尺寸、基本参数、工艺特征、型号与标记、商品命名和型号编制方法等。在商品分类中，为协调同类商品和配套商品之间的关系，常按一定数值规律排列成科学的系列标准化形式。

5．技术要求

技术要求是商品标准的中心内容，包括物理性能、化学性能、感官性能、稳定性、可靠性、耗能指标、材料要求、工艺要求、环境条件、有关质量保证、卫生、安全和环境保护方面的要求以及质量等级等。技术要求是指导商品生产、流通、使用消费以及进行质量检验和评价的主要依据。列入商品标准的技术要求应当是决定商品质量并可以评价的主要指标。

技术要求是为了保证商品使用要求而必须具备的产品技术性能方面的规定，在规定技术要求时，必须同时规定产品的工作条件。在某些标准中，还需要规定该商品附有的注意事项、用户须知或安装指南等。

6．试验方法

试验方法是评定商品质量的具体做法，是对商品质量是否符合标准而进行检测的方法、程序和手段所作的统一规定。试验方法一般包括试验原理、试样的采取、所用试剂或标样、试验用仪器和设备、试验条件、试验步骤、试验结果的计算、分析评定、试验的记录和试验报告等内容。

7．检验规则

检验规则是对商品如何进行验收而作的具体规定。它是商品制造厂将商品提交质量检验部门进行检验的规定，也是商品收购部门检查商品质量的依据，其目的是保证商品质量达到标准要求。检验规则一般包括检验的类别和项目、抽样或取样方法、检验方法、检验结果的评定和复检规则等。

8．标志、包装、运输和储存

标志、包装、运输和储存是为使商品从出厂到交付使用的过程中不致受到损失，标准中必须对商品的标志、标签、包装制定合理的统一规定。

（三）补充部分

补充部分是对标准条文所作的必要补充说明和提供使用参考的资料，它包括附录和附加说明两项内容。

1．附录

根据实际需要，一个标准可以有若干个附录，附录按其性质可分为补充件和参考件两种。

补充件是标准条文的补充，是标准技术内容的组成部分，与标准条文具有同等效力；参考件用来帮助使用者理解标准的内容，如某些条文的参考资料或推荐性方法、标准中重要规定的依据等，它不是标准条文的组成部分，仅供参考。

2．附加说明

附加说明是指制定和修订标准中的一些说明事项，附加说明分段写在标准终结符号下。附加说明的内容主要有标准提出单位，归口单位，负责起草单位和标准主要起草人；标准首次发布、历次修改和重新确认的年月；标准负责解释单位以及其他附加说明等。

第四节　商品标准化

一、标准化概述

国家标准 GB/T20000.1—2002《标准化工作指南　第 1 部分：标准化和相关活动的通用词汇》对标准化定义的表述是：“为了在一定范围内获得最佳秩序，对现实问题或潜在问题制定共同使用和重复使用的条款的活动。”该标准化的定义，有以下几个方面的内涵。

第一，标准化是一项活功、一个过程，其对象不是孤立的一件事或一个事物，而是共同的、可重复的事物。这个活动包括从标准的编制、发布到实施的全过程。

第二，标准化涉及的现实问题或潜在问题范围非常宽广，除了生产、流通和消费等经济活动以外，还包括科学、技术和管理等多种活动。

第三，标准化活动是有目的的，其目的就是要在一定范围内获得最佳秩序。所谓“最佳”无非是指通盘考虑目前与长远、局部与全局等各方面因素后所能取得的综合的最佳效益；而所谓“秩序”则是指有条不紊的生产秩序、技术秩序、经济秩序、管理秩序和安全秩序等。

商品标准化是整个标准化活动中的重要组成部分，它是在商品生产和流通的各个环节中制定、发布以及推行商品标准的活动。商品标准化包括名词术语统一化，商品质量统一化，商品质量管理与质量保证标准化，商品分类编码标准化，商品零部件通用化，商品品种规格系列化，商品检验与评价方法标准化，商品包装、储存、养护标准化和规范化等内容。

商品标准化的基本原理包括统一原理、简化原理、协调原理和最优化原理。

商品标准化是一项系统管理活动，涉及面广，专业技术要求很高，政策性很强。因此，只有遵循统一管理与分级管理相结合的标准化体制、建立一套完善的标准化机构和管理体系、调动各方面的积极性、搞好分工协作、吸取国外标准化先进经验，才能顺利完成商品标准化工作的任务。

商品标准化水平是衡量一个国家生产技术水平和管理水平的尺度，是现代化的一个重要标志。现代化水平越高，就越需要商品标准化。

二、标准化形式和方法

标准化形式是标准化内容的表现方式，是标准化过程的表现形态，也是标准化的方法。标准化有多种形式，每种形式都表现不同的标准化内容，针对不同的标准化任务，要达到不同的目的。

标准化形式是由标准化的内容决定的，并随着标准化内容的发展而变化；但标准化形式又有其相对的独立性和自身的继承性，并反作用于内容，影响内容。标准化过程是标准化的内容和形式的辩证统一过程。

研究各种标准化形式及其特点，不仅便于在实际工作中根据不同的标准化任务，选择和运用适宜的标准化形式达到标准化的目标，而且能够根据标准化工程的发展和客观的需要，及时地创立新形式取代旧形式，为标准化工程的进一步发展开辟道路。标准化的形式如图 3-9 所示。

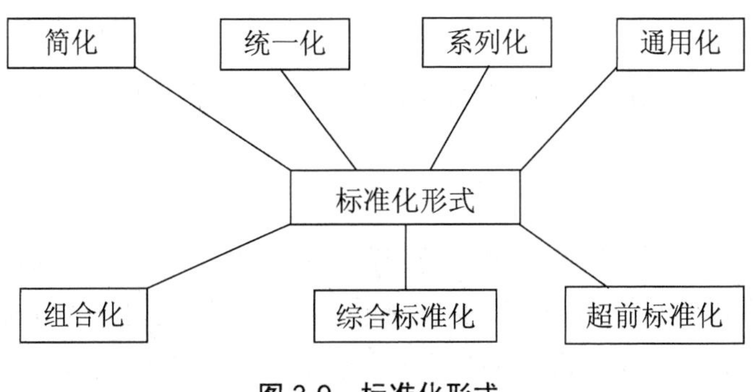

图 3-9 标准化形式

（一）简化

简化是在一定范围内缩减对象（事物）的类型数目，使之在一定时间内足以满足一般需要的标准化形式和方法。

这就是说，简化一般是事后进行的，也就是说，简化是在事物的多样化已经发展到一定规模以后，才对事物的类型数目加以缩减。当然，这种缩减是有条件的，那就是简化的结果要能保证满足社会的一般需要。

简化并不是消极的“治乱”措施，它“不仅能简化目前的复杂性，而且还能预防将来产生不必要的复杂性”。即通过简化确立的品种构成，不仅对当前的生产有指导意义，而且在一定时期、一定范围内能预防和控制不必要复杂性的发生。

简化的直接目的是控制对象产品的品种、规格的盲目膨胀，通过简化，消除了低功能的和不必要的种类，使产品构成更加精练、合理，为新的类型的出现、多样化的合理发展扫清障碍。要使人的需求更好地得到满足，也必须运用简化的手段使生产更加合理化，为实现多样化创造条件。

（二）统一化

统一化是把同类事物两种以上的表现形态合并为一种或限定在一个范围内的标准化方法。

统一化的实质是使对象的形式、功能（效用）或其他技术特征具有一致性，并把这种一致性通过标准确定下来。因此，统一的概念与简化的概念是有区别的。前者着眼于取得一致性，即从个性中提炼共性；后者则着眼于精练，在简化过程中往往保存若干合理的品种，简化的目的并非简化为只有一种。虽然在实际工作中两种形式常常交叉并用，甚至难以分辨清楚，但它们毕竟是两个出发点完全不同的概念。

统一化的目的是消除由于不必要的多样化而造成的混乱，为人类的正常活动建立共同遵循的秩序。

统一化有两类，一类是绝对的统一，它不允许有什么灵活性，例如，各种编码、代号、标志、名词、计量单位、运动方向（开关的转换方向、电机轴的旋转方向、交通规则）等；另一类是相对的统一，统一中还有灵活，例如，产品的质量标准便是对该产品的质量所进行的统一，但质量指标却允许有灵活性（如分等规定、指标上下限、公差范围等）。

（三）系列化

系列化是对同一类产品中的一组产品同时进行标准化的一种形式。

系列化是标准化的高级形式。它通过对同一类产品发展规律的分析研究以及对国内外产品发展趋势的预测，结合我国的生产技术条件，经过全面的技术经济比较，对产品的主要参数、型式、尺寸和基本结构等做出合理的规划，以协调同类产品和配套产品之间的关系。

产品系列化的内容包括制定产品参数系列、编制系列型谱和产品系列设计。

（四）通用化

通用化指的是同一类型不同规格或不同类型的产品和装备中用途相同而结构相近似的零部件经过统一以后，可以彼此互换的标准化形式。

通用化要以互换性为前提。所谓互换性指的是不同时间、不同地点制造出来的产品或零件，在装配、维修时不必经过修整就能任意替换使用的性质。

互换性有两层含义：首先，它指产品的功能可以互换，叫做功能互换性，它要求某些影响产品使用的特性（常指线性尺寸以外的特性）参数按照规定的精确度互相接近；其次，它指尺寸互换性，当两个产品的线性尺寸相互接近到能够保证互换时，就达到了尺寸互换性。

尺寸互换性是功能互换性的部分内容，它对于零部件的通用化具有突出作用，功能互换性问题在标准化过程中显得越来越重要。因此，通用化的概念还应该包括功能互换的含义。

（五）组合化

组合化是按照标准化的原则，设计并制造一系列通用性较强的单元，根据需要拼合成不同用途的物品的一种标准化形式。

组合化是受积木式玩具的启发而发展起来的，所以也有人称它为“积木化”。组合化的特征是通过统一化的单元组合为物体，这个物体又能重新拆装，组成新的结构，而统一化单元则可以多次重复利用。

建筑用砖，从“组合化”角度来看是最原始的组合件。活字印刷术是组合化的典型创造；文字和数字符号也是表达语言和数量的组合单元；音乐中的乐谱是选择最佳音响的组合式系统等。可见组合化很早就已经被人们用作生产建设和生产交往的科学手段。

在产品设计、生产过程以及产品的使用过程中都可以运用组合化的方法。一个产品由很多零部件组装而成，而这些零部件又分别组成若干个组合元（组件），由这些组合元（组件）再组成产品。如收音机一般由信号接收部分、信号调制部分、信号放大部分和信号输出部分四个具有特定的功能的组合元组成。生产企业可以预先设计和制造出各种组合元，将不同的组合元组装在一起就制造出产品。

组合化的原则和方法已广泛应用于机械产品、仪表产品的设计和制造，工艺装备的设计、制造和使用，家具的设计和制造。建筑业也广泛采用组合式建筑结构。在这些领域里，组合化都显示出明显的优越性。此外，计算机制造业软件开发也同样应用了组合化方法。

(六)综合标准化

随着新技术革命的到来,科学技术高度分化又高度综合。各种自然学科分支越来越多,并产生了很多交叉学科。工业上也由专业化、电动化发展形成了现代化综合性生产体系,向整体化发展,有力地推动了标准化管理向系统、综合化发展,产生了综合标准化。

综合标准化以系统科学为理论基础,要求围绕具体标准化对象(产品与非产品),运用系统分析与综合的方法,确定出一个标准数量适度、层级及系统结构合理、参数最佳的标准综合体。标准综合体是综合标准化的基础。

综合标准化的基本特征是系统性、目标性和整体最佳性。系统性要求在推行综合标准化时,应针对不同的标准化对象确定适当的系统;目的性是指综合标准化的主要目标在于提高标准化对象的质量水平和技术水平,确定近期、中期和远期目标对顺利开展综合标准化十分重要;整体最佳性是指在推行综合标准化时,要考虑整体系统的总效果最佳,而不要求各相关要素单项指标最佳,因为单项最佳的总和不等于整体最佳。

(七)超前标准化

当代科学技术发展日新月异,新技术从发明到实际应用的周期越来越短,这给传统的标准化管理以很大冲击,于是超前标准化应运而生。

超前标准化是动态标准化的具体反映,它具有下列特点:一是产品的质量指标随时间而变化;二是质量指标的变化要同科学技术的进步速度同步;三是及时地制定与贯彻标准,在整个有效期使标准始终处于有效最佳状态。

超前标准化的实质是在制定标准时根据预测给标准化对象规定超前标准,即在一定期限后应达到的要求。超前指标通常是一些可以预测的且在一定时期内相对稳定的。

三、标准化在国际贸易中的作用

国际贸易离不开标准化。标准化是科学技术的重要组成部分,是沟通国际技术合作的纽带。标准化是国际分工的前提条件,而国际分工是国际贸易得以进行的充分和必要条件。在世界贸易组织的一系列活动中,国际标准化组织及其所制定的国际标准扮演着愈来愈重要的角色,这既反映了标准化工作的新进展,又说明了标准化在国际贸易活动中的地位和作用。世界贸易组织各缔约国已经充分认识到,国际标准化在提高生产效率、加速国际贸易的发展及消除技术壁垒上起着事半功倍的作用。因此,广泛深入地开展采用国际标准工作是我国经济与世界接轨、发展对外贸易的重要的基础性工作。

贸易技术壁垒是指由各种技术法规和技术标准形成的贸易壁垒,是在国际贸易中商品进出口国在实施贸易进口管制时通过颁布法律、法令、条例和规定,建立技术标准、认证制度、检验制度等方式,对国外进出口产品制定过分严格的技术标准、卫生检疫标准、商品包装和标签标准，从而提高进口产品的技术要求，增加进口难度，最终达到限制进口目的的一种非关税壁垒措施。只有采用国际标准才能打破贸易技术壁垒。

现在国际贸易中采用的标准有四种类型：第一种是采用国际标准作为贸易的依据，通过采用国际标准使买卖双方达成相互了解，消除国际贸易中的技术壁垒，有人称此类型为“瑞典型”。对于发展中国家来说，对外贸易以采用国际标准为佳，这是由于本国标准尚不先进，难以成交，采用国际标准，不但可以提高本国的标准水平和产品在国际市场上的竞争力，而且还可以避免对方提出高于国际标准的要求。第二种是出口要参考进口国的标准。通常由于出口国和进口国通行的技术规格不一致，出口国要适应进口国的规格。按进口国标准生产这一点并不构成影响出口的不可逾越的障碍，而且它可广泛地满足进口国的需求，这样容易洽谈成功，有人称此类型为“日本型”。第三种是按本国标准生产，由于本国技术水平较高，标准门类比较齐全，在世界上享有一定信誉，以本国标准作为出口或进口的依据，以此来维护自己国家标准和本国的利益，有人称此类型为“德国型”。第四种是采用买卖双方共同协商同意的技术要求。

标准化在国际贸易中能使各国利用标准中不同的要求来保护本国的民族工业，或者用提高标准水平的办法阻止进口。因此，我国也要提高、完善标准化体系，利用标准化来维护我们自己的利益。

【本章小结】

本章介绍了标准的概念、商品标准的概念、商品标准的分类及内容。重点介绍了标准的分类、国际标准、我国标准的分级以及标准化的形式和方法。

【复习思考题】

1. 标准以及商品标准的概念。
2. 标准如何进行分类？
3. 在我国标准的分级情况如何？
4. 说说标准化的概念以及标准化形式。

【案例】

新的《国家纺织产品基本安全技术规范》介绍

自 2011 年 8 月 1 日起，新版《国家纺织产品基本安全技术规范》(以下简称“新国标”)

正式实施，这意味着凡在市场上流通的纺织产品都将按新国标进行检测判定。

新国标是由国家质检总局和国家标准化管理委员会发布的，适用于在我国境内生产、销售的各类纺织产品。新国标中的标准规定更清楚，可操作性更强，在指标要求和测试方法上都更符合服装市场的新变化。

新国标将直接接触皮肤的纺织产品pH值范围从4.0～7.5修改为4.0～8.5，并增加了"取样说明"以及消费者关注的染色牢度、甲醛、可分解致癌芳香胺染料实验等的取样要求。此外，还将装饰挂布、工艺品等装饰类小物件的名称变更统称为"布艺工艺品"；增加了对内衣、毛巾、泳衣、帽子等服装的要求。此外，对原来的一些实验方法和检验规则也进行了改动。

此外，新国标在婴幼儿纺织品安全方面进行了许多改进，考核指标中增加了耐唾液色牢度以及保护婴幼儿皮肤的标准。在新国标中，规定芳香胺的限量值不超过20mg/kg，同时规定，在还原条件下，染料中不允许分解出芳香胺清单。

标准是企业发展的基石，将促进企业全面管控产品质量。

案例讨论题

新国标的出台对纺织产品的检测判定有何影响？

【实践技能训练】

就服装市场进行市场调研，选定某个品牌商品，根据该商品所执行的标准，查找相应的标准内容，写出相应的调查报告。调查报告格式如下所示。

服装市场调查报告

产品名称		执行标准	
标准内容			
调查报告			

第四章　商品认证与质量监督

■知识目标

1. 掌握认证、认可概念及含义。
2. 熟悉商品质量监督的概念、种类及监督形式。

■技术目标

1. 掌握我国强制性产品认证的标志和管理办法。
2. 熟悉十环Ⅰ型标志及绿色食品标志的寓意和特征。
3. 了解工业产品生产许可证管理条例实施办法及生产许可标志。

■能力目标

1. 根据强制性产品认证目录进行3C认证标志市场调查。
2. 根据实行生产许可证制度管理的产品目录进行QS认证标志市场调查。

第一节　商品认证

随着商品交换和国际贸易的发展，商品的买方（消费者、客户等）总是想要买到自己满意的商品，面对越来越多的新商品、铺天盖地的卖家广告宣传，大多数买方不具备鉴定商品质量手段和知识的买方，为了避免上当受骗，他们希望能有一个可信任的、公正的第三方出来证明商品的质量。因此，商品质量认证制度从20世纪50年代开始在世界各国普及并发展起来。

为了避免因各国采用的技术标准和实行的认证制度不同而形成新的贸易壁垒，国际标准化组织自20世纪70年代以来就致力于协调各国认证工作，谋求建立统一的国际认证制度，并将其工作从商品质量认证进一步扩展到服务认证、质量体系认证和实验室认证等领域。

一、认证认可概述

（一）认证认可的概念

为了规范认证认可活动，提高产品、服务的质量和管理水平，促进经济和社会的发展，2003年8月20日国务院制定了《中华人民共和国认证认可条例》（以下简称“条例”）。条例对认证与认可作了如下定义。

“认证，是指由认证机构证明产品、服务、管理体系符合相关技术规范、相关技术规范的强制性要求或者标准的合格评定活动。”

“认可，是指由认可机构对认证机构、检查机构、实验室以及从事评审、审核等认证活动人员的能力和执业资格予以承认的合格评定活动。”

（二）认证认可的含义

理解上述定义时，应注意以下几个基本要素。

1．认证的对象是产品、服务和管理体系

（1）产品。按照国际标准化组织的规定，产品既包括有形产品（通常人们使用的产品或商品），也包括无形产品（如金融、土地、信息、技术等）。

（2）服务。这里所说的“服务”是指服务行业，如邮政、银行、保险、铁路、餐饮、旅馆、商业等所提供的软件商品（产品）。

（3）管理体系。ISO9001:2005标准将质量管理体系（Quality Management System，QMS）定义为“在质量方面指挥和控制组织的管理体系”，通常包括制定质量方针、目标以及质量策划、质量控制、质量保证和质量改进等活动。

2．认可是对合格评定机构满足所规定要求的一种证实

对认证机构、检查机构、实验室以及从事评审、审核等认证活动人员的能力和执业资格予以合格评定，大大增强了政府、监管者、公众、用户和消费者对合格评定机构的信任，以及对经过认可的合格评定机构所评定的产品、过程、体系、人员的信任。这种证实在市场，特别是国际贸易以及政府监管中起到了相当重要的作用。

一般情况下，按照认可对象的分类，认可分为认证机构认可、实验室认可及相关机构认可和检查机构认可等。

（三）认证作用

1．指导作用

通过产品质量认证标志，指导消费者购买方向。经过认证的产品，企业可以获得认证优势，并且有权在产品、包装物、产品合格证、产品使用说明书上使用认证标志，为消费者购买到满意的商品提供信誉指南和质量信息。

2．提高市场竞争力

企业为获准认证，必须健全质量管理体系。通过认证的企业具有较强的市场竞争力；获得认证的产品质量符合国家标准的严格要求，并具有批量生产的能力。获准认证不仅有利于保护消费者的合法权益，也有利于企业参与激烈的市场竞争，增强国际市场竞争力，获得较高的经济效益。

3．享受免检优惠待遇

经过认证的产品不仅在国内市场可享受免检待遇，而且在国际市场上也会得到认可，可以减少社会重复检验费用。特别是经过国际认证的产品，其经过国家间的相互认证，得到各个成员国的普遍认可，还可以享受国际免检等优惠待遇。

二、质量认证的主要类型

在 ISO 出版的《认证的原则与实践》一书中，将国际上通用的认证形式归纳为以下八种，具体如表 4-1 所示。

表 4-1 质量认证的主要类型

序号	认证形式	认证方式	意义
1	型式试验	按照规定的试验方法对产品样品进行试验，来检验样品是否符合标准或技术规范	只发证书，不允许使用合格标志，只能证明现在的产品符合标准，不能保证今后的产品符合标准
2	型式检验+认证后监督	市场抽样检验、监督	从市场上随机抽样进行检验，以证明认证产品的质量持续符合标准或技术规范的要求
3	型式检验+认证后监督	工厂抽样检验	以工厂样品随机检验或成品库抽样检验代替市场样品的核查试验
4	型式检验+认证后监督	市场和工厂抽样检验	样品来自市场和工厂两个方面，因而要求更加严格
5	型式检验+工厂质量体系评定+证后监督	质量体系复查+工厂和市场抽样检验	可证实申请使用认证标志的供方确能控制其生产活动，确能明确鉴别出不合格产品，将它们从合格产品中分离出来并加以纠正
6	评定供方的质量体系	以 ISO9000 标准系列对供方质量体系作评定	对供方质量体系的评定不能代替对产品的认证，因此通过质量体系评定的企业的产品不能使用合格标志，只发给注册号和注册证书
7	批量试验	依据统计抽样试验的方法对某批产品进行抽样试验的认证	帮助买方判断该批产品是否符合技术规范。只有在供需双方协商一致后方能有效地执行，较少采用
8	全数试验	对认证产品作百分之百的试验后发给认证证书，允许产品使用合格标志	在某些国家只有极少数与人民的身体健康密切相关的产品进行全数试验

以上八种认证形式中，第五种认证形式是最复杂、最全面的产品认证形式，第六种是质量体系认证，这两种是各国普遍采用的，也是 ISO 向各国推荐的认证制，ISO 和 IEC 联合发布的所有有关认证工作的国际指南，都是以这两种认证制为基础的。但是，上述八种类型的质量认证制度所提供的信任程度都是相对的，即使是比较完善的质量认证制

度也会受到客观条件的限制。例如很难做到对全部出厂的产品由认证机构逐个地检验其是否符合标准。然而，一个比较完善而又普遍可行的认证制度可以保证产品是在最佳条件下生产出来的，可以将买方买到不合格品的风险降到最低限度。

三、我国强制性产品认证

（一）国家实施强制性产品认证管理

为规范强制性产品认证工作，提高认证有效性，维护国家、社会和公共利益，根据《中华人民共和国认证认可条例》等法律、行政法规以及国家有关规定，2009 年 7 月 3 日，我国颁布了《强制性产品认证管理规定》。规定中指出，为保护国家安全、防止欺诈行为、保护人体健康或者安全、保护动植物生命或者健康、保护环境，国家规定的相关产品必须经过认证（以下简称“强制性产品认证”）并标注认证标志后，方可出厂、销售、进口或者在其他经营活动中使用。国家对实施强制性产品认证的产品，统一产品目录（以下简称“目录”），统一技术规范的强制性要求、标准和合格评定程序，统一认证标志，统一收费标准。

（二）强制性产品认证目录

国家认证认可监督管理委员会统一制定了强制性产品认证目录，对 23 个大类 175 个小类产品实行强制认证，详细内容见表 4-2。

表 4-2 强制性产品认证目录

<table>
<tr><th>大类号</th><th>大类名称</th><th>小类号</th><th>小类名称</th></tr>
<tr><td rowspan="5">1</td><td rowspan="5">电线电缆（共五种）</td><td>1</td><td>电线组件</td></tr>
<tr><td>2</td><td>矿用橡套软电缆</td></tr>
<tr><td>3</td><td>交流额定电压 3kV 及以下铁路机车车辆用电线电缆</td></tr>
<tr><td>4</td><td>额定电压 450/750V 及以下橡皮绝缘电线电缆</td></tr>
<tr><td>5</td><td>额定电压 450/750 V 及以下聚氯乙烯绝缘电线电缆</td></tr>
<tr><td rowspan="7">2</td><td rowspan="7">电路开关及保护或连接用电器装置（共六种）</td><td>1</td><td>家用及类似用途插头插座</td></tr>
<tr><td>2</td><td>家用和类似用途固定式电气装置的开关</td></tr>
<tr><td rowspan="2">3</td><td>工业用插头插座和耦合器</td></tr>
<tr><td>家用及类似用途器具耦合器</td></tr>
<tr><td>4</td><td>热熔断体</td></tr>
<tr><td>5</td><td>家用和类似用途固定式电气装置电器附件外壳</td></tr>
<tr><td>6</td><td>小型熔断器的管状熔断体</td></tr>
</table>

（续表）

大类号	大类名称	小类号	小类名称
3	低压电器（共九种）	1	低压成套开关设备
		2	低压开关（隔离器、隔离开关、熔断器组合电器）
		3	继电器（36V<电压<1000V）
		4	其他装置（接触器、电动机起动器、信号灯、辅助触头组件、主令控制器、交流半导体电动机控制器和起动器）
		5	其他开关（电器开关、真空开关、压力开关、接近开关、脚踏开关、热敏开关、液位开关、按钮开关、限位开关、微动开关、倒顺开关、温度开关、行程开关、转换开关、自动转换开关、刀开关）
		6	漏电保护器
		7	断路器（含 RCCB、RCBO、MCB）
		8	熔断器
		9	其他电路保护装置（保护器类：限流器、电路保护装置、过流保护器、热保护器、过载继电器、低压机电式接触器、电动机启动器）
4	小功率电动机(共一种)	1	小功率电动机
5	电动工具（共 16 种）	1	电钻（含冲击电钻）
		2	电动螺丝刀和冲击扳手
		3	电动砂轮机
		4	砂光机
		5	圆锯
		6	电锤（含电镐）
		7	不易燃液体电喷枪
		8	电剪刀（含双刃电剪刀、电冲剪）
		9	攻丝机
		10	往复锯（含曲线锯、刀锯）
		11	插入式混凝土振动器

（续表）

大类号	大类名称	小类号	小类名称
5	电动工具（共16种）	12	电链锯
		13	电刨
		14	电动修枝剪和电动草剪
		15	电木铣和修边机
		16	电动石材切割机（含大理石切割机）
6	电焊机（共15种）	1	小型交流弧焊机
		2	交流弧焊机
		3	直流弧焊机
		4	TIG 弧焊机
		5	MIG/MAG 弧焊机
		6	埋弧焊机
		7	等离子弧切割机
		8	等离子弧焊机
		9	弧焊变压器防触电装置
		10	焊接电缆耦合装置
		11	电阻焊机
		12	焊机送丝装置
		13	TIG 焊焊炬
		14	MIG/MAG 焊焊枪
		15	电焊钳
7	家用和类似用途设备（共18种）	1	家用电冰箱和食品冷冻箱：有效容积在500升以下，家用或类似用途的有或无冷冻食品储藏室的电冰箱、冷冻食品储藏箱和食品冷冻箱及它们的组合
		2	电风扇：单相交流和直流家用和类似用途的电风扇
		3	空调器：制冷量不超过21 000大卡/小时的家用及类似用途的空调器

（续表）

大类号	大类名称	小类号	小类名称
7	家用和类似用途设备（共 18 种）	4	电动机-压缩机：输入功率在 5 000W 以下的家用和类似用途空调和制冷装置所用密闭式（全封闭型、半封闭型）电动机-压缩机
		5	家用电动洗衣机：带或不带水加热装置、脱水装置或干衣装置的洗涤衣物的电动洗衣机
		6	电热水器：把水加热至沸点以下的固定的贮水式和快热式电热水器
		7	室内加热器：家用和类似用途的辐射式加热器、板状加热器、充液式加热器、风扇式加热器、对流式加热器、管状加热器
		8	真空吸尘器：具有吸除干燥灰尘或液体的作用，由串激整流子电动机或直流电动机的真空吸尘器
		9	皮肤和毛发护理器具：用作人或动物皮肤或毛发护理并带有电热元件的电器
		10	电熨斗：家用和类似用途的干式电熨斗和湿式（蒸汽）电熨斗
		11	电磁灶：家用和类似用途的采用电磁能加热的灶具，它可以包含一个或多个电磁加热元件
		12	电烤箱：包括额定容积不超过 10 升的家用和类似用途的电烤箱、面包烘烤器、华夫烙饼模和类似器具
		13	电动食品加工器具：家用电动食品加工器和类似用途的多功能食品加工器
		14	微波炉：频率在 300MHz 以上的一个或多个 I.S.M.波段的电磁能量来加热食物和饮料的家用器具，它可带有着色功能和蒸汽功能
		15	电灶、灶台、烤炉和类似器具：包括家用电灶、分离式固定烤炉、灶台、台式电灶、电灶的灶头、烤架和烤盘及内装式烤炉、烤架
		16	吸油烟机：安装在家用烹调器具和炉灶的上部，带有风扇、电灯和控制调节器之类用于抽吸排除厨房中油烟的家用电器
		17	液体加热器和冷热饮水机
		18	电饭锅：采用电热元件加热的自动保温式或定时式电饭锅

（续表）

大类号	大类名称	小类号	小类名称
8	音视频设备类（不包括广播级音响设备和汽车音响设备）（共16种）	1	总输出功率在 500W（有效值）以下的单扬声器和多扬声器有源音箱
		2	音频功率放大器
		3	调谐器
		4	各种广播波段的收音机
		5	各类载体形式的音视频录制、播放及处理设备（包括各类光盘磁带等载体形式）
		6	以上设备的组合
		7	为音视频设备配套的电源适配器
		8	各种成像方式的彩色电视接收机
		9	监视器（不包括汽车用电视接收机）
		10	黑白电视接收机及其他单色的电视接收机
		11	显像（示）管
		12	录像机
		13	卫星电视广播接收机
		14	电子琴
		15	天线放大器
		16	声音和电视信号的电缆分配系统设备与部件
9	信息技术设备（共15种）	1	微型计算机
		2	便携式计算机
		3	与计算机连用的显示设备
		4	与计算机相连的打印设备
		5	多用途打印复印机
		6	扫描仪
		7	计算机内置电源及电源适配器充电器
		8	电脑游戏机
		9	学习机
		10	复印机

（续表）

大类号	大类名称	小类号	小类名称
9	信息技术设备（共15种）	11	服务器
		12	金融及贸易结算电子设备
		13	收款机
		14	绘图仪
		15	投影仪
10	照明设备（共两种）（不包括电压低于36V的照明设备）	1	灯具
		2	镇流器
11	机动车辆及安全附件（共17种）	1	汽车：在公路及城市道路上行驶的M、N、O类车辆
		2	摩托车：发动机排气量超过50cc或最高设计车速超过50Km/h的摩托车
		3	摩托车发动机
		4	汽车安全带
		5	机动车喇叭
		6	机动车回复反射器
		7	汽车制动软管
		8	汽车外部照明及光信号装置产品
		9	汽车后视镜
		10	内饰材料
		11	门锁及门铰链
		12	汽车油箱
		13	座椅及头枕
		14	摩托车后视镜
		15	摩托车照明及信号装置
		16	汽车行驶记录仪
		17	车身反光标识

（续表）

大类号	大类名称	小类号	小类名称
12	轮胎产品（共三种）	1	轿车轮胎（轿车子午线轮胎、轿车斜交轮胎）
		2	载重汽车轮胎（微型载重汽车轮胎、轻型载重汽车轮胎、中型/重型载重汽车轮胎）
		3	摩托车轮胎：摩托车轮胎（代号表示系列、公制系列、轻便型系列、小轮径系列）
13	安全玻璃（共三种）	1	汽车安全玻璃（A 类夹层玻璃、B 类夹层玻璃、区域钢化玻璃、钢化玻璃）
		2	建筑安全玻璃（夹层玻璃、钢化玻璃）
		3	铁道车辆用安全玻璃（夹层玻璃 、钢化玻璃、安全中空玻璃）
14	农机产品（共二种）	1	植物保护机械 [背负式喷雾机（器）、背负式喷粉机（器）、背负式喷雾喷粉机]
		2	拖拉机：轮式拖拉机（以单缸柴油机或 25 马力及以下多缸柴油机为动力）
15	乳胶制品（共一种）	1	橡胶避孕套
16	电信终端设备（共九种）	1	调制解调器（音频调制解调器、基带调制解调器、DS 调制解调器L、含卡）
		2	传真机（传真机、电话语音传真卡、多功能传真一体机）
		3	固定电话终端（普通电话机、主叫号码显示电话机、卡式管理电话机、录音电话机、投币电话机、智能卡式电话机、IC 卡公用电话机、免提电话机、数字电话机、电话机附加装置）
		4	无绳电话终端（模拟无绳电话机、数字无绳电话机）
		5	集团电话（集团电话、电话会议总机）
		6	移动用户终端 [模拟移动电话机、GSM 数字蜂窝移动台（手持机和其他终端设备）、CDMA 数字蜂窝移动台（手持机和其他终端设备）]
		7	ISDN 终端 [网络终端设备（NT1、NT1+）、终端适配器（卡）TA]
		8	数据终端（存储转发传真/语音卡、POS 终端、接口转换器、网络集线器、其他数据终端）
		9	多媒体终端（可视电话、会议电视终端、信息点播终端、其他多媒体终端）

（续表）

<table>
<tr><th>大类号</th><th>大类名称</th><th>小类号</th><th>小类名称</th></tr>
<tr><td rowspan="12">17</td><td rowspan="12">医疗器械产品（共七种）</td><td>1</td><td>心电图机</td></tr>
<tr><td>2</td><td>血液透析装置</td></tr>
<tr><td>3</td><td>血液净化装置的体外循环管道</td></tr>
<tr><td>4</td><td>空心纤维透析器</td></tr>
<tr><td>5</td><td>植入式心脏起搏器</td></tr>
<tr><td>6</td><td>医用X射线诊断设备</td></tr>
<tr><td rowspan="6">7</td><td>人工心肺机　滚压式血泵</td></tr>
<tr><td>人工心肺机　滚压式搏动血泵</td></tr>
<tr><td>人工心肺机　鼓泡式氧合器</td></tr>
<tr><td>人工心肺机　热交换器</td></tr>
<tr><td>人工心肺机　热交换水箱</td></tr>
<tr><td>人工心肺机　硅橡胶泵管</td></tr>
<tr><td rowspan="3">18</td><td rowspan="3">消防产品（共三种）</td><td>1</td><td>火灾报警设备（点型感烟火灾报警探测器、点型感温火灾报警探测器、火灾报警控制器、消防联动控制设备、手动火灾报警按钮）</td></tr>
<tr><td>2</td><td>消防水带</td></tr>
<tr><td>3</td><td>喷水灭火设备（洒水喷头、湿式报警阀、水流指示器、消防用压力开关）</td></tr>
<tr><td rowspan="4">19</td><td rowspan="4">安全技术防范产品（共四种）</td><td>1</td><td>入侵探测器（室内用微波多普勒探测器、主动红外入侵探测器、室内用被动红外探测器、微波与被动红外复合入侵探测器、磁开关入侵探测器、振动入侵探测器、室内用被动式玻璃破碎探测器）</td></tr>
<tr><td>2</td><td>防盗报警控制器</td></tr>
<tr><td>3</td><td>汽车防盗报警系统</td></tr>
<tr><td>4</td><td>防盗保险箱（柜）</td></tr>
<tr><td>20</td><td>无线局域产品（共一种）</td><td>1</td><td>无线局域设备及软件</td></tr>
<tr><td rowspan="3">21</td><td rowspan="3">装饰装修材料（共三种）</td><td>1</td><td>溶剂型木器涂料</td></tr>
<tr><td>2</td><td>瓷质砖</td></tr>
<tr><td>3</td><td>混凝土防冻剂</td></tr>
</table>

（续表）

大类号	大类名称	小类号	小类名称
22	玩具（共六种）	1	童车
		2	电玩具
		3	塑胶玩具
		4	金属玩具
		5	弹射玩具
		6	娃娃玩具
23	信息安全产品（共13种）	1	防火墙产品
		2	网络安全隔离卡与线路选择器产品
		3	安全隔离与信息交换产品
		4	安全路由器产品
		5	智能卡 COS 产品
		6	数据备份与恢复产品
		7	安全操作系统产品
		8	安全数据库系统产品
		9	反垃圾邮件产品
		10	入侵检测系统产品
		11	网络脆弱性扫描产品
		12	安全审计产品
		13	网站恢复产品

（三）强制性产品认证标志

1．强制性产品认证标志管理办法

为加强对国家强制性产品认证标志（以下简称“认证标志”）的统一监督管理，维护消费者合法权益，根据国家有关法律、法规的规定，2001 年 12 月，国家质量监督检验检疫总局制定了《强制性产品认证标志管理办法》（以下简称《办法》）。《办法》适用于《中华人民共和国实施强制性产品认证的产品目录》（以下简称《目录》）中产品认证标志的制定、发布、使用和管理。国家认证认可监督管理委员会统一制定、发布认证标志，对认证标志实施监督管理。凡是列入《目录》的产品，必须获得国家认证认可监督管理委员会指定的认证机构颁发的认证证书，并在认证有效期内符合认证要求，方可使用认证标志。列入《目录》的产品必须经认证合格、加施认证标志后，方可出厂、进口、销售和在经营活动中使用。

2．认证标志的式样

强制认证标志的名称为“中国强制认证”（China Compulsory Certification，英文缩写“CCC”），也可简称为 3C 认证。

3C 认证标志的图案由基本图案、认证种类标注组成。

（1）基本图案

基本图案如图 4-1 所示。

图 4-1　3C 认证标志基本图案

（2）认证种类标注

认证种类标注如图 4-2 所示。在认证标志基本图案的右部印制认证种类标注，证明产品所获得的认证种类，认证种类标注由代表认证种类的英文单词的缩写组成，国家认证认可监督管理委员会根据认证工作需要制定和发布有关认证种类标注。例如，“S”代表安全认证，消防安全认证标志标注为“F”，电子产品安全认证标志标注为“S&E”，分别如图 4-2-a、图 4-2-b、图 4-2-c 所示。

F
消防类产品
强制性认证CCC标志式样

图 4-2-a 安全认证　　图 4-2-b 消防认证　　图 4-2-c 电磁兼容认证

四、主要认证标志

1．中国方圆认证标志

中国方圆标志认证委员会质量认证中心（英文缩写 CQM-QCC）是经国家质量技术监督局批准由中国方圆标志认证委员会和中国标准化协会共同依法建立的实施第三方认证的机构。该机构于 1995 年 12 月取得体系认证机构国家认可委员会的认可。中国方圆标志认证委员会质量认证中心依据《中华人民共和国质量法》、《中华人民共和国标准化法》和国家认证工作管理的规章，按照国际标准化组织认证活动的规范性文件从事认证及其相关活动。

中国方圆标志认证委员会质量认证中心依据 GB/T19000—ISO9000 族质量管理和质量保证系列标准，客观、公证地评价认证企业质量体系符合 ISO9000 国际标准的情况，通过认证提高企业的市场竞争力，保护消费者的合法权益，促进国际贸易。

方圆标志分合格认证标志和安全认证标志。获准合格认证的产品，使用合格认证标志；获准安全认证的产品，使用安全认证标志。目前国内各认证委员会大部分都使用方圆标志，以下几个标志为以方圆标志为基础而变形的其他认证标志，须报国务院标准化行政主管部门审批后方可使用，如图 4-3 所示。

a. 产品合格认证　b. 产品安全认证　c. 质量管理体系认证　d. 环境管理体系认证　e. 方圆认可标志

图 4-3　中国方圆认证标志及方圆标志的变形

2．中国环境标志

中国环境标志（俗称“十环”），图形由中心的青山、绿水、太阳及周围的十个环组成。图形的中心结构表示人类赖以生存的环境，外围的十个环紧密结合、环环紧扣，表示公众参与，共同保护环境；同时十个环的“环”字与环境的“环”同字，其寓意为“全民联系起来，共同保护人类赖以生存的环境”。中国环境标志如图 4-4 所示。

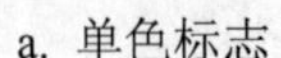

a. 单色标志　　b. 双色标志

图 4-4　中国环境标志

十环标志是在产品或其包装上的一种“证明性商标”。它表明产品不仅质量合格，而且符合特定的环保要求，与同类产品相比，具有低毒少害、节约资源能源等环境优势。可认证产品分类包括办公设备、建材、家电、日用品、办公用品、汽车、家具、纺织品、鞋类等。

3．绿色食品标志

绿色食品标志是由绿色食品发展中心在国家工商行政管理总局商标局正式注册的质量证明标志。它由三部分即上方的太阳、下方的叶片和中心的蓓蕾组成，象征着自然生态；其颜色为绿色，象征着生命、农业、环保；图形为正圆形，意为保护。A级绿色食品标志与字体为白色，底色为绿色；AA级绿色食品标志与字体为绿色，底色为白色。绿色食品标志中的整个图形描绘了一幅明媚阳光照耀下的和谐生机，告诉人们绿色食品是出自纯净、良好生态环境的安全、无污染食品，能给人们带来蓬勃的生命力，如图4-5所示。

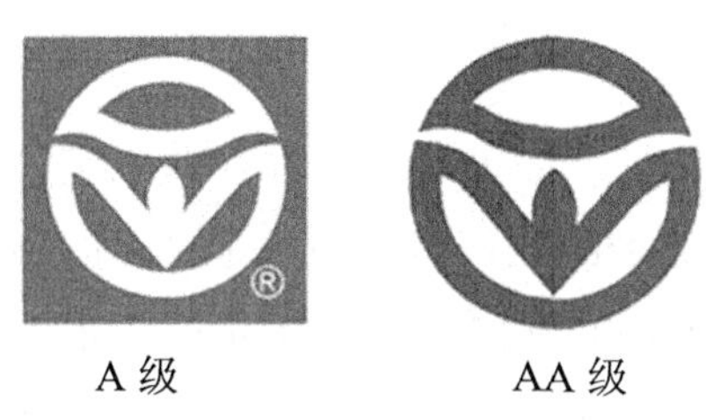

图4-5　绿色食品标志

（1）绿色食品级别

绿色食品分A级绿色食品和AA级绿色食品两种。

A级绿色食品，指在生态环境质量符合规定标准的产地生产，生产过程中允许限量使用限定的化学合成物质，按特定的生产操作规程生产、加工，产品质量及包装经检测、检查符合特定标准，并经专门机构认定，许可使用A级绿色食品标志的产品。

AA级绿色食品（等同有机食品），指在生态环境质量符合规定标准的产地生产，生产过程中不使用任何有害化学合成物质，按特定的生产操作规程生产、加工，产品质量及包装经检测、检查符合特定标准，并经专门机构认定，许可使用AA级绿色食品标志的产品。

（2）绿色食品条件

绿色食品必须同时具备以下条件。

① 产品或产品原料产地必须符合绿色食品生态环境质量标准。

② 农作物种植、畜禽饲养、水产养殖及食品加工必须符合绿色食品生产操作规程。

③ 产品必须符合绿色食品质量和卫生标准。

④ 产品外包装必须符合国家食品标签通用标准，符合绿色食品特定的包装、装潢和标签规定。

4．QS生产许可标志

“QS”原意是质量安全（Quality Safety）的英文缩写。它是2005年9月起我国实施的食品质量安全认证标志，如图4-6（a）所示。“QS认证制度”是食品质量安全市场准入制度，是食品生产向社会做出“质量安全”的承诺。

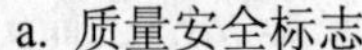

a. 质量安全标志　　b. 生产许可标志

图 4-6　“QS”认证标志

根据国家关于对工业产品生产许可证标志管理的规定，国家质量监督检验检疫总局决定对《中华人民共和国工业产品生产许可证管理条例实施办法》进行修改。从 2010 年 6 月 1 日起，凡是在中华人民共和国境内从事生产、销售或者在经营活动中使用实行生产许可证制度管理的产品的，应当使用企业生产许可证标志。国家对重要工业产品实行生产许可证制度管理。

工业产品生产许可证标志由“企业产品生产许可”拼音的缩写“QS”和“生产许可”中文字样组成。标志主色调为蓝色，字母“Q”与“生产许可”四个中文字样为蓝色，字母“S”为白色，标志的式样如图 4-6（b）所示。

“办法”规定，任何企业未取得生产许可证不得生产实行生产许可证制度管理的产品。任何单位和个人不得销售或者在经营活动中使用未取得生产许可证的产品。工业产品生产许可证管理，应当遵循科学公正、公开透明、程序合法、便民高效的原则。国家质量监督检验检疫总局负责全国工业产品生产许可证统一管理工作，对实行生产许可证制度管理的产品，统一产品目录，统一审查要求，统一证书标志，统一监督管理。

国家质量技术监督检验检疫总局于 2007 年发布了第 174 号令——《关于公布实行生产许可证制度管理的产品目录的公告》。按照行政审批制度改革要求，经严格审查论证，国务院于 2007 年 10 月 9 日下发了《国务院关于第四批取消和调整行政审批项目的决定》（国发〔2007〕33 号），确认保留对 66 类产品实行生产许可证制度管理。实行生产许可证制度管理的产品目录见表 4-3。

表 4-3　实行生产许可证制度管理的产品目录

序号	产品名称	序号	产品名称
1	人造板	34	特种劳动防护产品
2	钢筋混凝土用变形钢筋	35	建筑钢管脚手架扣件
3	预应力混凝土用钢丝钢绞线	36	建筑外窗

（续表）

序号	产品名称	序号	产品名称
4	冶炼用耐火材料	37	建筑卷扬机
5	圆股钢丝绳	38	摩托车头盔
6	轴承钢材	39	水泥
7	泵	40	混凝土输水管
8	空气压缩机	41	摩擦材料及密封制品
9	蓄电池	42	建筑防水卷材
10	机动脱粒机	43	铜管材
11	防爆电气	44	铝、钛合金加工产品
12	砂轮	45	广播铁塔
13	内燃机	46	电力线路金具
14	电线电缆	47	输电线路铁塔
15	电焊条	48	电力调度通信设备
16	电力整流器	49	水工金属结构
17	轻小型起重运输设备	50	水文仪器
18	卫星电视广播地面接收设备	51	岩土工程仪器
19	集成电路（IC）卡及读写机	52	制冷设备
20	化肥	53	救生设备
21	农药	54	抽油设备
22	橡胶制品	55	燃气器具
23	液压防喷器	56	饲料粉碎机
24	钻井悬吊工具	57	人民币伪钞鉴别仪
25	电热毯	58	危险化学品
26	助力车	59	危险化学品包装物、容器
27	香精香料	60	棉花加工机械
28	眼镜	61	防伪技术产品
29	预应力混凝土轨枕	62	无线广播电视发射设备
30	铁路桥预应力混凝土简支梁	63	税控收款机
31	港口装卸机械	64	加工食品
32	公路桥梁支座	65	直接接触食品的材料等食品相关产品
33	汽车制动液	66	化妆品

第二节　商品质量监督

商品质量监督是贯彻执行商品标准的手段，是保证和提高商品质量并取得经济效益的措施，也是标准化工作的重要组成部分。只有通过商品质量监督才能及时反馈商品标准的执行情况，为制定、修订商品标准提供可靠的依据。

一、商品质量监督的概念与特点

（一）商品质量监督的概念

商品质量监督是指国家指定的商品质量监督专门机构，按照国家的质量法规和正式商品质量标准的规定，对生产和流通领域的商品质量和质量保证体系进行监督的活动。

商品质量监督与商品质量管理不同。商品质量监督所要解决的问题，是企业生产经营的商品是否达到既定法规和标准的要求，并在此基础上对企业的质量保证工作实行监督；履行商品质量监督的职能部门，是由国家授权的法定机构，而不是普通的群众团体和民间组织；履行商品质量监督的依据，主要是国家的质量法规和批准发布的正式标准，并多属于强制性标准；商品质量监督是一个过程，它包括对商品在符合标准的前提下所做出的连续性评价和促进改善的一系列工作。

（二）商品质量监督的特点

商品质量监督具有以下几个特点。

第一，质量监督是一种质量分析和评价活动。监督的对象是产品、服务、质量体系、生产条件、有关的质量文件和记录等。

第二，质量监督的依据是各种质量法规和产品技术标准。

第三，质量监督的范围包括从生产、运输、储存到销售流通的整个过程。

第四，质量监督的目的是保护消费者、社会和国家的利益不受侵害，维护正常的社会经济秩序，促进市场经济的发展。

二、商品质量监督的种类

我国的商品质量监督可分为国家质量监督、社会质量监督和用户质量监督。

（一）国家质量监督

国家质量监督指国家授权指定第三方专门机构，以公正立场对商品质量进行的监督检查。这种法定的质量监督，是以政府行政的形式，对可能危及人体健康和人身、财产安全的商品，影响国计民生的重要工业产品及用户、消费者组织反映的有质量问题的商品，实行定期或经常的监督、抽查和检验，公开公布商品质量抽查检验结果，并根据国家有关法规及时处理质量问题，以维护社会经济生活正常秩序和保护消费者的合法权益。

国家的商品质量监督由国家质量技术监督部门进行规划和组织实施。

（二）社会质量监督

社会质量监督指社会团体、组织和新闻机构根据消费者和用户对商品质量的反映，对生产或流通领域的某些商品的质量进行的监督检查。这种质量监督，是从市场一次抽样，委托第三方检验机构进行质量检验和评价，将检验结果特别是不合格商品的质量状况和生产企业名单予以公布，以造成强大的社会舆论压力，迫使企业改进质量，停止销售不合格商品，对消费者和用户承担质量责任，实行包修、包换、包退，赔偿经济损失。

中国质量管理协会用户委员会、中国消费者协会和中国质量万里行组织委员会等组织是社会质量监督的组织者和职权的行使者。

（三）用户质量监督

用户质量监督指内、外相关单位部门和使用单位为确保所购商品的质量而进行的质量监督。这种质量监督是购买大型成套设备和装置以及采购生产企业生产的商品时，进驻承制单位和商品生产厂进行质量监督，发现问题有权通知企业改正或停止生产，及时把住质量关，以保证商品质量符合所规定的要求。

这种质量监督包括用户自己派人或委托技术服务部门进驻承制单位实行质量监督；贸易部门派驻厂人员进行质量监督；进货时进行验收检验。

三、商品质量监督的形式和管理体制

（一）商品质量监督的形式

商品质量监督的形式种类很多，可以归纳为抽查型质量监督、评价型质量监督和仲裁型质量监督三种。

1．抽查型质量监督

抽查型商品质量监督指国家质量监督机构通过对从市场或企业抽取的商品样品进行监督检验，判定其质量，从而采取强制措施责成企业改进质量，直至达到商品标准要求的一种监督活动。

抽查型商品质量监督形式，一般只抽检商品的实物质量，不检查企业的质量保证体系。抽查的主要对象是涉及人体健康和人身、财产安全的商品，影响国计民生的重要工业产品，重要的生产资料商品和消费者反映有质量问题的商品。

2．评价型质量监督

评价型商品质量监督指国家质量监督机构通过对企业的产品质量和质量保证体系进行检验和检查，考核合格后，以颁发产品质量证书、标志等方法确认和证明产品已经达到某一质量水平，并向社会提供质量评价信息，实行必要的事后监督，以检查产品质量和质量保证体系是否保持或提高的一种质量监督活动。

评价型质量监督是国家干预产品质量、进行宏观管理的一种重要形式。产品质量认证、企业质量体系认证、环境标志产品认证、评选优质产品、产品统一检验制度和生产许可证发放等都属于这种形式。

3．仲裁型质量监督

仲裁型商品质量监督指质量监督检验机构通过对有质量争议的商品进行检验和质量调查，分清质量责任，做出公正处理，维护经济活动正常秩序的一种质量监督活动。

仲裁型质量监督具有较强的法制性，这项任务由质量监督管理部门承担，应选择经省级以上人民政府产品质量监督管理部门或其授权的部门审查认可的质量监督检验机构作为仲裁检验机构。

（二）商品质量监督管理机构

我国的质量监督管理机构是国家质量技术监督检验检疫总局，负责管理全国商品质量监督工作，组织协调有关部门开展商品质量监督检验工作。县级以上地方质量监督部门负责本行政区内的商品质量监督管理工作，组织协调本地区承担质量监督检验任务的单位开展质量监督检验工作。

为适应我国商品监督检验工作的需要，国家在各省、自治区、直辖市工业集中的城市都建立产品质量监督检验机构。其任务是根据标准进行商品质量监督检验，当产、销双方对商品质量有争议时执行仲裁检验，管理产品质量认证，组织生产许可证发放和参与优质产品审查等。

产品质量监督检验机构主要有以下四种形式。

1．国家监督机构

国家监督机构又分两级，一是国家级产品质量监督检验测试中心，主要承担国家指定的商品质量监督抽查检验；二是各部级（行业）产品质量监督检验测试中心，负责本行业内各企业的产品质量监督检验。

2．地方监督机构

地方监督机构指全国各地方产品质量监督检验站、所，可代表国家行使商品质量监督检验权，承担地方商品质量监督抽查检验。

3．地方检验所

地方检验所指各省、市综合检验所或综合实验室，负责各专业检验机构未包括的商品质量的监督检验工作。

4．社会监督机构

目前最有权威的社会监督机构是中国消费者协会和中国质量管理协会等社会团体，它们在全国各地设立了质量监督机构。

四、商品质量监督的作用

商品质量监督实质上是国家对生产和流通领域商品质量进行宏观调控的一种手段，其具有如下作用。

1．质量监督是预防假冒伪劣产品进入市场一种手段

社会主义生产的目的是满足人民不断增长的物质和文化生活的需要，向人民提供各种物美价廉、安全可靠的优质产品。但是，在经济生活中往往有些企业和个人违背社会主义生产目的，忽视质量，粗制滥造，以次充好，甚至弄虚作假欺骗用户，非法谋取利益，损害消费者和国家的利益。加强质量监督就是要发现和纠正偏离社会主义生产目的行为以及经济领域的不正之风，以维护社会主义市场经济的正常秩序。

2．质量监督是保证实现国民经济计划质量目标的重要措施

产品质量和经济效益在我国国民经济和社会发展长远规划和年度计划中占有很重要的地位，国民经济的许多产业部门都把采用先进的高新技术、提高产品质量、开发新品种作为发展重点。为了实现上述目标，很重要的一条措施就是加强质量监督。

3．质量监督是贯彻质量法规和技术标准的监察措施

国家颁布的有关质量的许多法规的贯彻执行，如《中华人民共和国标准化法》、《中华人民共和国计量法》、《中华人民共和国食品卫生法》、《中华人民共和国药品管理法》、《中华人民共和国经济合同法》、《工业产品质量责任条例》、《产品质量监督试行办法》等，需要质量监督予以维护和监督执行。国家颁布的强制性的技术标准，包括国家标准、行业标准、地方标准，是必须执行的技术法规，也需要通过质量监督进行督导和监察，以促进技术标准的贯彻执行。

4．质量监督是促进企业提高质量意识、健全质量体系的重要手段

实行质量监督是对企业的产品质量和质量工作的考核和检验，发现问题要依据有关的法规进行处理，奖优罚劣，以促进和帮助企业健全质量体系，加强生产检验工作，不断提高产品质量。

5．质量监督是发展对外贸易的重要措施

随着我国改革开放指导方针的贯彻执行，我国进出口贸易将大大发展，我国的产品将越来越多地参与国际市场的竞争。竞争的关键在于质量，只有高质量的产品才具有竞争能力，才能扩大出口。质量监督是保证产品质量、提高我国产品竞争能力和限制低劣商品进口、保障我国经济权益的重要措施。

6．质量监督是维护消费者利益、保障人民权益的需要

各级政府的质量监督管理部门，一般都设有专人、备有专用电话和投诉信箱，接待

和处理消费者和用户的质量投诉以及对产品质量的意见。通过及时处理消费者的质量投诉，帮助解决产品质量问题，并依据法规对劣质商品的责任者进行查处，从而增强了人民群众同政府之间的联系，使政府和人民群众的关系更加密切。

7. 质量监督是重要的质量信息源

质量监督管理部门对产品进行质量监督能公正地、科学地反映产品质量状况，向国家提供产品质量信息，作为国家完善经济计划，分析质量形势，制定相应的政策、措施的依据；质量监督管理部门提供的质量信息还可指导消费者和用户选购好的商品；通过质量监督还能发现技术标准本身的缺陷和不足，为修订标准和制定新标准以及改进标准化工作提供依据。

质量监督员是质量监督的执行者，起着至关重要的作用。

质量监督员的条件：

（1）坚持原则，作风正派。

（2）熟悉商检政策和专业检验技术，了解加工生产工艺和质量管理工作。

（3）从事商检工作三年以上的工程师或相当于工程师的专业检验技术人员。

（4）与在驻企业各级领导无直系亲属关系。

质量监督员的主要职责任务：

（1）执行党和国家关于“质量第一”的方针、政策和出口商品检验及质量监督的有关法规和规定。

（2）监督企业严格执行质量管理和检验制度。

（3）监督企业建立和健全保证产品质量的生产和检测条件。

（4）监督企业对生产出口商品使用的料、件和成品的检验工作，可随时进行抽查或复验。

【本章小结】

自加入WTO以来，为了与国际接轨，消除国际贸易壁垒，同时规范国内经济贸易秩序，我国加快了认证的步伐。认证范围从产品质量认证到服务认证、管理体系认证全面推进。本章介绍了认证与认可概念、产品质量认证主要类型、我国强制性认证及主要认证标志，其中重点介绍了两个强制认证——3C认证目录及标志、QS认证目录及标志，同时还分析了两个绿色认证——中国环境认证和绿色食品认证。“商品质量监督”一节简要分析了监督种类和形式、产品质量监督检验机构及质量监督的作用，为维护消费者权益、提高广大消费者对产品质量监督的意识提供了参考。

【复习思考题】

1. 认证和认可有何区别？
2. 入世后我国强制性认证应做到哪四个统一？
3. 中国强制认证是一种什么标志？
4. 2010 年我国对“QS”认证标志是怎样修改的？
5. 十环 I 型是一种什么标志？其寓意是什么？
6. 绿色食品分为几级？与普通食品相比有何特征？
7. 什么是商品质量监督？商品质量监督与质量管理有何不同？

【案例】

食品安全重于泰山

近年来各地发生了一些食品安全事件，不法商人在食品生产、加工和销售的各个环节弄虚作假、掺杂使坏，给消费者的健康和生命安全造成了危害，例如，震惊全国的“三聚氰胺奶粉”事件、“瘦肉精猪肉”案件等。有关部门对养殖、加工、销售等环节的涉案人员依法进行了查处，同时监察部门对涉及的公职人员进行了调查取证，并对其中一些公职人员提起了刑事指控，他们将为自己的玩忽职守或滥用职权而承担刑事责任。

《中华人民共和国刑法》第 397 条规定，国家机关工作人员滥用职权或者玩忽职守，致使公共财产、国家和人民利益遭受重大损失的，处三年以下有期徒刑或者拘役；情节特别严重的，处三年以上七年以下有期徒刑。2011 年 2 月 25 日全国人大常委会通过的《中华人民共和国刑法修正案（八）》（于 2011 年 5 月 1 日起施行）增设了“食品安全渎职罪”，规定负有食品安全监督管理职责的国家机关工作人员滥用职权或者玩忽职守，导致发生重大食品安全事故或者造成其他严重后果的，处五年以下有期徒刑或者拘役；造成特别严重后果的，处五年以上十年以下有期徒刑。由此可见，国家对食品安全的重视已提到了空前的高度，对食品质量监督工作也提出了更严格的要求。

案例讨论题

商品质量监督应该发挥哪些作用？

【实践技能训练】

1. 根据《强制性产品认证目录》及《实行生产许可证制度管理的产品目录》，到购物超市随机抽检几种目录中的商品，查验该商品标签上标注的 3C 认证标志或 QS 认证标志使用情况，将查验结果及该商品执行标准填入下表。

超市商品认证标志情况随机调查表

<table>
<tr><th rowspan="2">序号</th><th rowspan="2">商品名称</th><th rowspan="2">生产厂商
（品牌）</th><th colspan="2">认证标志</th><th rowspan="2">执行标准</th><th rowspan="2">评价</th></tr>
<tr><th>CCC</th><th>QS</th></tr>
<tr><td>1</td><td></td><td></td><td></td><td></td><td></td><td></td></tr>
<tr><td>2</td><td></td><td></td><td></td><td></td><td></td><td></td></tr>
<tr><td>3</td><td></td><td></td><td></td><td></td><td></td><td></td></tr>
<tr><td>4</td><td></td><td></td><td></td><td></td><td></td><td></td></tr>
<tr><td>5</td><td></td><td></td><td></td><td></td><td></td><td></td></tr>
<tr><td>申诉意见</td><td colspan="6"></td></tr>
</table>

2. 对该商品认证情况进行分析，给予质量评价，并对问题商品提出申诉意见。

第五章　商品分类

■知识目标

1. 理解商品分类的基本概念与作用。
2. 了解商品目录的基本知识。

■技术目标

1. 掌握商品的分类原则和方法。
2. 掌握商品分类标志。

■能力目标

运用商品分类知识指导现代商业经营活动。

第一节　商品分类概述

自然界一切物质、现象乃至抽象概念等都是概括一定范围的集合总体。任何集合总体都可以按一定的标志特征逐次归纳成若干范围更小、特征更趋一致的部分，直至划分成最小的单位集合体。这种将集合总体科学地、系统地逐次划分的过程称分类或归类。随着社会分工的不断发展，商品生产相交换的范围和领域不断扩大，商品的数量和种类也在不断增加。据不完全统计，在市场上流通的商品有25万种以上。为了合理地组织商品生产和流通，就需要对商品进行科学的分类，以提高社会生产的效率、便于商业部门组织商品流通、提高企业经营管理水平、方便消费者购买，从而满足消费者不断变化和提高的消费需求。

一、商品分类的概念

商品分类是指为了一定的目的，按照选定的标志，科学地、系统地将商品分成若干不同类别的过程。在不同的时期，商品的范围、分类对象并不完全相同，因此，商品分类的层次也不一样。通过商品分类，在生产、交换、流通中，可以将成千上万种商品用科学的方法将其进行条理化、系统化，以实现商品使用的合理化和流通管理的现代化。因此，商品分类对发展生产、促进流通、满足消费、提高现代管理水平等起着重要作用。目前，商品流通过程通常将商品分成大类、中类、小类、品类、品种和细目等类目层次，构成商品分类体系。

商品分类的结果给我们带来了方便，使日常事务大大简化。由于国情、经济和技术发展水平不同，各国商品分类的层次并不统一，商品类目的划分也是多种多样。我国在改革开放之后为了与国际接轨，于2002年对商品分类体系进行了修订。修订后我国主要产品分类体系与国际分类体系相对应。

我国商品分类的类目层次及其应用实例如表5-1所示。

表5-1　我国商品分类的类目层次及其应用实例

类目层次	商品类目属性及实例		
	商品类目属性	商品类目实例	
大类	按商品流通领域行业分工特点划分	食品	工业品
中类	按商品共有的主要性质划分	饮料	日化制品
小类	按商品共有的主要特征划分	茶叶	化妆品
品类	按商品共有的主要加工、用途划分	绿茶	发用用品
种类	按商品共有的主要特点划分	炒青绿茶	洗发露
品种	按商品具有的独特性能划分	龙井	去屑洗发露
细类	按商品品牌、规格、花色、等级划分	特级西湖龙井	潘婷去屑洗发露

二、商品分类的作用

1．商品分类有利于信息工作的开展

商品种类繁多、特征多样、价值不等、用途各异，只有对商品进行科学的分类，从生产到流通领域的计划、统计、核算、税收、物价、采购、运输、养护、销售等各项管理工作才能顺利进行，统计和数据才具有实用价值。

2．商品分类有助于商品经营管理与选购

在商品经营管理中，通过科学的商品分类和商品目录编制，有利于经营者实施科学而有效的商品采购、陈列、销售以及更好地掌握企业的经营情况。

3．商品分类有利于实现商品管理标准化和现代化

通过科学的分类，可使商品的名称、类别统一化和标准化，从而可避免同一商品在生产和流通领域的不同部门由于商品名称不统一而造成的困难，便于安排生产和流通。制定各种商品标准时，必须明确商品的分类方法、商品的质量指标和对各种商品的具体要求等，所有这些都应建立在商品科学分类的基础上。

4．商品分类有助于商品学教学和科研工作的开展

只有通过商品的科学分类，将研究对象从个别商品特征归纳综合为某类商品的类别

特征，才能深入分析和了解商品的性质和使用性能，全面分析和评价商品质量以及研究商品质量变化规律，从而有助于商品质量的改进和提高，有利于商品检验、包装、保管和科学养护。

三、商品分类的原则

为了实现商品的科学分类，使商品分类能够满足特定的需要，分类时必须遵循以下原则。

1．科学性原则

科学性原则指商品在分类中所选择的标识必须能反映商品的本质特征，并具有明显的区别功能和稳定性，以满足分类的客观要求原则，发挥分类的作用。科学性是商品分类的基本前提。

2．系统性原则

商品分类的系统性是指以选定的商品属性或特征为依据，将商品总体按一定的排列顺序予以系统化，并形成一套合理的系统性科学分类体系。如某商品集合体分成若干大类后，大类分为若干中类，中类分为若干小类，直至分为品种、规格、花色等。系统性是商品分类的关键。

3．实用性原则

商品分类首先应满足国家总政策、总规划的要求，同时应具有实用性，充分满足生产、流通及消费的需要。因此，商品分类应尽最大努力结合各部门、各系统、各行业、各企业及消费者原则的实际，满足各方面的需要。实用性是检验商品分类的实践标准。

4．可延展性原则

可延展性原则又称后备性原则，即进行商品分类要事先设置足够的、可扩展的收容类目，以保证新产品出现时不至于打乱已建立的原有的分类体系和结构，同时为下级部门便于在本分类体系的基础上进行开拓细分创造条件。

5．兼容性原则

商品分类既要与国家政策和相关标准协调一致兼容，又要与原有的商品分类保持连续性和可转换性，以便进行历史资料对比。

6．唯一性原则

商品分类体系中的每一个分类层次只能对应一个分类标识，以免产生子项互不相容的逻辑混乱。

第二节　商品分类标志

商品分类标志是表明商品本质的特征，能将商品唯一地、稳定地、明显地区分开来，用以识别不同类别商品的记号。对商品进行分类，可供选择的分类标志很多，主要有商品的用途、原料、生产方法、化学成分、使用状态等最基本的属性和特征。

一、选择分类标志的原则

商品分类标志是编制商品分类体系和商品目录的重要依据和基准。商品的自然属性或社会经济属性都可用作分类标志。商品分类标志的选择是商品分类的基础，是一项十分重要而细致的工作。

在选择商品分类标志时，应遵循如下原则。

第一，目的性。选择商品分类标志必须满足分类的目的和要求，否则便没有实用价值。

第二，唯一性。选择商品分类标志必须从本质上把不同类别的商品明显区分开，保证分类清楚。在同一层级范围内只能采用一种分类标志，不能同时采用几种分类标志。分类标志的选择最终要保证每个商品只能出现在一个类别里，而不得在分类中重复出现。

第三，包容性。选择的商品分类标志要使该分类体系能够包容拟分类的全部商品，并有继续补充新商品的余地。

第四，稳定性。选择的商品分类标志必须是商品最稳定的本质属性，以保证商品分类体系的相对稳定性。

第五，逻辑性。分类标志的选择必须使商品分类体系中的下一层级分类标志成为上一层级分类标志的合乎逻辑的继续和具体的自然延伸，从而保证体系中各商品类目级别明晰。

二、常用的商品分类标志

商品分类标志按其适用性可分为普遍适用的分类标志和局部适用的分类标志。

普遍适用的分类标志是指所有商品种类共有的属性特征，如物态、来源、原材料、加工方法、用途等。这些分类标志常用作划分商品大类、中类或品类等高层级类目的分类标志。

局部适用的分类标志是指部分商品共有的属性特征，故也称为特殊分类标志，如化学组成、包装形式、加工特点、保藏方法、播种和收获季节等以及特殊的物理化学性质、功率和效率等。这些分类标志概念清楚，特征具体，容易区分，常用于某些商品品种以及规格、型号、式样、花色等商品细目的划分。

在商品分类实践中，常用的分类标志有以下几种。

（一）按商品的用途分类

商品的用途是体现商品使用价值的标志，同时还是探讨商品质量的重要依据，所以按商品的用途分类，在实际工作中应用最广泛。它不仅适用于商品大类的划分，也适用于对商品种类、品种等的进一步详细分类。例如，根据商品的基本用途，将商品分为生产资料商品与生活资料商品两大类；生活资料商品又按不同用途分为食品、衣着用品、家用电器、日用品等类别；在日用商品类中，又可按用途分为鞋类、玩具类、洗涤用品、化妆品类等；在化妆品中，按用途还可以分为皮肤用品和发用用品等；在此基础上还可以细分，如发用用品可以分为清洁类、护发养发类、染发剂等。以用途为标志的分类方法，便于对相同用途的商品质量进行分析比较，有利于消费者按用途选购商品；有利于商品生产者提高商品质量，开发商品新品种；有利于商业部门搞好商品的经营管理。需要注意的是，拥有多种用途的商品不宜采用这种分类标志。

（二）按商品的原材料分类

原材料的种类和质量，在很大程度上决定了商品的性能和质量。以原材料作为商品分类标志，不仅使商品分类清楚，而且还能从本质上反映出每类商品的性能和质量特点以及使用、保管特征。选择以原材料为标志的分类方法是商品的重要分类方法之一。例如，纺织品以原材料为标志分为棉织品、麻织品、丝织品、毛织品、化纤织品、混纺织品等；皮鞋以原材料为标志分为牛皮鞋、猪皮鞋、羊皮鞋等。原材料分类标志特别适用于那些性能和质量受原材料影响较大的商品，对那些原材料替代种类多且对性能影响较大的商品比较适用；但对由多种原材料构成的商品，按商品的原材料进行分类的方法则不适用，如电冰箱、电视机、钟表等。

（三）按商品的生产加工方法分类

商品的加工方法或生产工艺，对商品质量特征和特性的形成影响很大。即使采用相同的原材料，生产方法和加工工艺不同所形成商品的质量水平、性能、特征等也都会有明显差异。因此，对原材料相同但加工方法有多种的商品来说，以生产加工方法作为分类标志更为合适。如酒类按酿造方法可分为蒸馏酒、发酵酒、配制酒；茶叶按加工方法可分为发酵茶、半发酵茶、不发酵茶等。这种分类标志对那些可以选用多种加工方法制造且质量特征受工艺影响较大的商品最为适用，它能清楚地反映这些商品外观和内在质量特征特性，有利于商品生产和经营。那些虽然生产方法不同，但产品质量、特征不会产生实质性区别的商品，则不宜使用此种分类方法。

（四）按商品的主要成分或特殊成分分类

商品的许多性能、质量、用途往往由商品的成分决定，其中尤为重要的是组成商品的主要成分或特殊成分，因此，这种分类标志可以通过商品的主要成分或特殊成分说明其主要性能和用途。如塑料制品可按其主要成分合成树脂的不同，分成聚乙烯（PE）、聚氯乙烯（PVC）、聚丙烯（PP）、聚苯乙烯（PS）、酚醛塑料（AF）和密胺塑料（MF）等。有些商品的主要化学成分虽然相同，但是所含有的特殊成分不同，可形成质量性质和用途完全不同的商品，对这类商品分类时，可以其中的特殊成分作为分类标志。如玻璃的主要成分是二氧化硅，但根据其中的一些特殊成分可分为钢玻璃、钾玻璃、铅玻璃、硅硼玻璃等。

按化学成分进行商品分类，以主要成分或特殊成分作为分类标志，适用于对化学成分已知，且对质量特征影响较大的商品。采用这种标志分类，能够更深入地分析商品特性，对研究商品的加工、使用以及储运过程中的质量变化有重要意义。因此，这种分类方法在生产管理、经营管理和教学科研中得以广泛应用。那些化学成分构成复杂、化学成分不明显、容易发生变化、区别不明显的商品，则不适宜采用这种分类标志。

（五）其他分类标志

除上述分类标志外，在商品分类中还经常用到其他分类标志，如商品的管理权限、商品质量、市场范围、商品产地、形状、结构、重量、花色等，但由于这类标志缺乏稳定性，因此常用于商品的细目分类。

第三节　商品分类方法

商品分类时通常采用线分类法和面分类法两种方法。在建立商品分类体系或编制商品分类目录时，也常常将这两种分类方法结合起来使用。

一、线分类法

线分类法属于传统的分类方法，也是主要的商品分类方法，使用范围非常广泛。线分类法也称为层级分类法，是将拟分类的商品集合总体按选定的属性或特征层层依次划分，并编制成一个大类、中类、小类和细类等不同层次构成的分类体系。在这个体系内，各个类目彼此之间构成并列或隶属的关系。由一个类目直接区分出的各类目，彼此称为同位类。同位类的类目之间为并列关系，既不重复，也不交叉。一个类目相对于由它直接划分出来的下一层级的类目而言，称为上位类，其类目也叫母项；由上位类划分出来的下一层级的类目，相对于上位类而言，称为下位类，也叫子项。上位类与下位类之间存在从属关系，即下位类从属于上位类。

我国《全国主要产品分类与代码 第 1 部分：可运输产品》（GB/T7635.1—2002）和《全国主要产品分类与代码 第 2 部分：不可运输产品》（GB/T7635.2—2002）采用的分类方法都是线分类法。前者按产品的产业源及产品的性质、加工工艺、用途等基本属性分为六个层次，各层分别命名为大部类、部类、大类、中类、小类、细类。后者主要依据产品的产业源、产品形式和服务的方式、环境、供方、受方等属性分为五个层次，各层次分别命名为部类、门类、大类、中类、小类。

《全国主要产品分类与代码 第 1 部分：可运输产品》（GB/T7635.1—2002）层级分类示意图如图 5-1 所示。

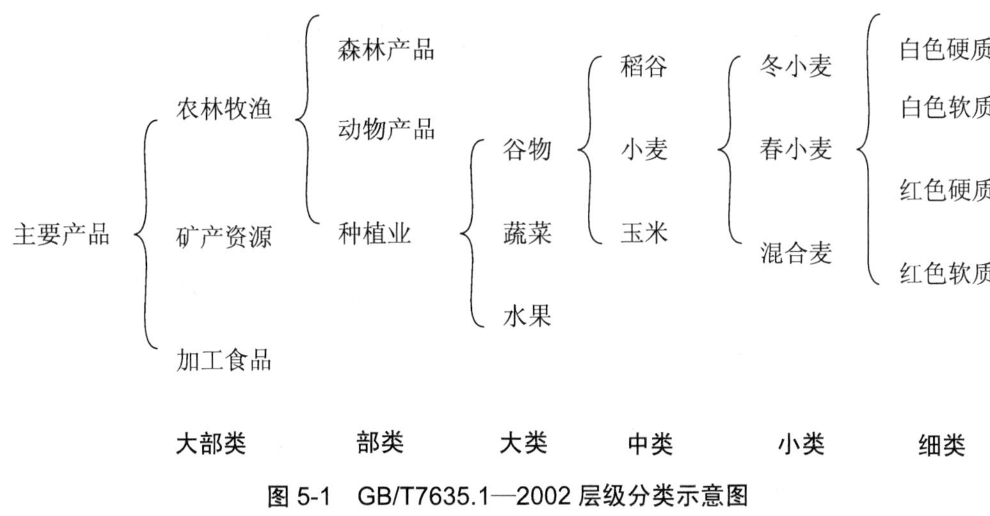

图 5-1　GB/T7635.1—2002 层级分类示意图

线分类法的主要优点是信息容量大，层次清楚，逻辑性强，符合传统应用的习惯，既适用于手工操作，又便于计算机处理；主要缺点是弹性差，分类体系一旦建立，其分类体系结构便不能改功。所以，采用线分类法编制商品分类体系时，必须预先留有足够的后备容量。

二、面分类法

面分类法也称平行分类法，它是把拟分类的商品集合总体按其本身固有的若干属性或特征分成相互之间没有隶属关系的若干独立平行的“面”，每个“面”中均有一些类目。将某个“面”中的一种类目与另一个“面”中的一种类目组合在一起，即组成一个复合类目。服装的分类可以按照面分类法进行组合，如表 5-2 所示。

表 5-2　服装的面分类结构

面料	式样	款式
纯棉、纯毛、纯麻、真丝、天丝、腈纶等	男式、女式、中老年式、儿童式、婴儿式等	西装、中山装、休闲装、运动装、连衣裙、宝宝服、夹克衫等

表中把服装的面料、式样和款式属性特征作为三个互相之间没有隶属关系的“面”，每个“面”又分成若干个独立的类目，使用时，将有关类目组配起来，便成为一个复合类目，如纯毛男式西装和真丝女式连衣裙等。

面分类法的优点是灵活方便、结构弹性好，适用于计算机处理；缺点是组配的结构太复杂，不利于手工处理，也不能充分利用其信息容量，这是由在实践中许多复合类目没有实用价值导致的。在实践中一般把面分类法作为线分类法的辅助。

第四节 商品目录与商品分类体系

一、商品目录

（一）商品目录的概念

商品目录是指在商品分类和编码的基础上，用表格、文字、数据和字母等全面记录和反映商品分类体系的总明细分类集。商品目录以商品分类为依据，因此亦称商品分类目录。商品目录一般包括商品名称及计量单位、商品代码和商品分类体系三部分。

在编制商品目录时，国家或部门都是按照一定的目的，首先将商品按一定的标识进行定组分类，再逐次制定和编排的。也就是说，没有商品分类就没有商品目录，即只有在商品科学分类的基础上，才能编制出层次分明、科学、系统、标准的商品目录。商品分类与商品目录是相辅相成的。商品目录是商品分类的具体体现，是实现商品管理科学化、信息化的前提，是商品生产、经营、管理和流通的重要手段。

（二）商品目录的种类

商品目录按编制目的和对象的不同，可分为许多种类。如按商品用途编制目录，分为生产资料商品目录和消费资料目录；按管理权限编制目录，分为一类商品目录、二类商品目录和三类商品目录等。目前使用最广泛的是按适用范围编制的商品目录。

1．国际商品目录

目前，在国际上公认和广泛采用的国际商品分类目录主要有国际关税合作理事会组织制定的《商品名称及编码协调制度》（The Harmonized Commodity Description and Coding System，HS），联合国统计委员会组织制定的《国际贸易标准分类》（Standard International Trade Classification，SITC），联合国统计委员会制定的《主要产品分类》（Center Product classification，CPC），欧共体（现为“欧盟”）制定的《欧洲共同体对外贸易统计商品目录》等。

2．国家商品目录

国家商品目录是指由国家指定专门机构编制，在各行业中实行分类统一指导的全国性商品（产品、物资）目录。例如，我国的《全国主要产品分类与代码》（GB/T7635.1（2）—2002）、美国的《联邦物资编目系统》、日本的《商品分类编码》等都属于此类商品目录。

3．行业（部门）商品目录

行业（部门）商品目录是指由行业或其主管部门编制的，为该行业（部门）共同采用的商品目录。例如，我国原商业部编制的《SB/T10135—92》标准、商检局编制的《商检机构实施检验的进出口商品种类表》、海关总署编制的《中华人民共和国海关统计商品目录》、对外经济贸易部编制的《对外贸易进出口业务统一商品目录》等都是行业（部门）商品目录。

4．地区及企业商品目录

地区及企业商品目录是由地区或企业在兼顾国家或部门商品目录的基础上，因地制宜，充分满足地区、企业的需要而编制的商品目录。这种商品目录适用范围小，一般仅限于本地区或本企业。由于这种商品目录类别少，因此品种划分更细，以满足经营和管理的需要。例如，仓库保管商品目录、超市商品目录和必备商品目录等都属于这类商品目录。表 5-3 所示为节选的某超市编制的商品目录。

表 5-3　某超市商品分类表节选

商品大类		商品中类		商品小类					
代码	名称	代码	名称	代码	名称	代码	名称	代码	名称
1	包装食品	101	休闲食品	10101	膨化食品	10102	干果炒货	10103	果脯蜜饯
				10104	肉脯食品	10105	鱼片	10106	
		102	饼干糕点	10201	饼干	10202	派类	10203	糕点
				10204	曲奇	—	—	—	—
		103	糖果	10301	香口胶	10302	巧克力	10303	硬糖
				10304	软糖	10305	果冻	—	—
		104	冲调食品	10401	奶、豆粉	10402	麦片/餐糊	10403	茶叶
				10404	夏凉饮品	10405	功能糖	10406	固体咖啡
				10504	药酒	10505	蜂产品		
	……	…	……	…	……	…	……	…	……

上述商品目录虽适用范围不同，但也存在着密切的联系。国家商品目录应考虑与国际商品目录的协调，以便于信息交流和处理。同样道理，对于行业（部门）或企业商品目录的编制，也必须符合国家商品目录的分类原则和指导思想，并在此基础上结合本行业（部门）和本企业的业务需要，进行适当的细分和补充。

各类商品目录应相对稳定，以便各类信息具有可比性、稳定性，这样有利于协调各行业（部门）、各企业、各环节的工作；但商品目录并不是一成不变的，而应随着商品生产和商品经济的发展予以适时修订，这样才能发挥它在商品流通活动中的作用。

二、商品分类体系

（一）《国际贸易标准分类》

联合国在研究制定海关税则商品分类目录的同时，为满足统计工作的需要，由联合国统计局主持制定、联合国统计委员会审议通过、联合国秘书处颁布出版了《国际贸易标准分类》，旨在统一各国对外贸易商品的分类统计和分析对比标准。SITC 采用经济分类标准，按照原料、半制品、制成品顺序分类，并反映商品的产业来源部门和加工阶段。SITC 第三版采用五位数编码结构，把全部国际贸易商品按经济类别划分为 10 大类（section）、63 章（division）、233 组（group）、786 个分组（sub-group）和 924 个基本项目（item）。SITC 是以等级为基础，以阿拉伯数字来描述商品的，其第一位数表示类，第二位数表示章，第三位数表示组，第四位数表示分组，第五位数表示项目。如低脂牛奶的 SITC 编码是 02212，代码的各数字含义如表 5-4 所示。

表 5-4　低脂牛奶的 SITC 编码描述

位次	名称	SITC 编码	描述
1	类	0	食品和活动物
2	章	02	乳品和禽蛋
3	组	022	牛奶、奶油和乳制品（除黄油和奶酪）
4	分组	0221	牛奶（包括脱脂牛奶）、奶油、非浓缩或加糖的
5	基本项目	02212	含脂牛奶（含脂量 1%到 6%）

（二）《商品名称及编码协调制度》

HS 协调制度是海关合作理事会主持制定的一部供海关、统计、进出口管理及与国际贸易有关各方共同使用的商品分类编码体系，其全称是《商品名称及编码协调制度》（以下简称《协调制度》）。HS 协调制度是在《海关合作理事会分类目录》和联合国《国际贸易标准分类》的基础上，参酌国际间其他主要的税则、统计、运输等分类目录制定的一个多用途的国际贸易商品分类目录。

我国从 1992 年开始采用《协调制度》编制对外贸易统计，并根据我国对外贸易商品结构的实际情况，在《协调制度》原六位编码的基础上增加了第七位和第八位编码，以便计税、统计及贸易管理。我国海关进出口税则和统计目录自 2002 年 1 月 1 日起采用世界海关组织制定发布的 2002 年版《协调制度》。2002 年版《协调制度》采用六位数编码，把全部国际贸易商品分为 22 类、98 章，章以下再分目和子目。商品编码的前六位数是 HS 国际标准编码，其中，第一、二位数码代表“章”，第三、四位数码代表“目”（Heading），第五、六位数码代表“子目”（Subheading）。HS 有 1 241 个四位数的税目，5 113 个六位数子目。

HS 部分章、目、子目编码分别如表 5-5（a）、表 5-5（b）、表 5-5（c）所示。

表 5-5（a）　HS 部分章编码

类	章	商品描述
1	01	活动物
	02	肉及食用杂碎
	03	鱼、甲壳、软体动物
	04	乳品、蛋类、天然蜂蜜
	05	其他动物产品
	06	活树及其他活植物
2	07	食用蔬菜，根及茎块
	08	食用水果及坚果
	09	咖啡、茶及调味香料
	10	谷物

表 5-5（b）　HS08 目编码

08 目	食用水果及坚果
0801	鲜或干的椰子、巴西果及腰果，不论是否去壳或去皮
0802	鲜或干的其他坚果，不论是否去壳或去皮
0803	鲜或干的香蕉，包括芭蕉
0804	鲜或干的椰枣、无花果、菠萝、鳄梨、番石榴等
0805	鲜或干的柑橘属水果
0806	鲜或干的葡萄
0807	鲜的甜瓜（包括西瓜）及木瓜

表 5-5（c）　HS0806 子目编码

0806 子目	鲜或干的葡萄
080610	鲜葡萄
080620	葡萄干

（三）《主要产品分类》

《主要产品分类》目录借鉴了 HS、SITC 和 ISIC/Rev.3（《国际标被产业分类》修订第三版）中的分类原则，确保各种重要的国际商品（产品）分类目录和《国际标准产业分类》目录之间的协调一致与相互兼容。《主要产品分类》目录涵盖了商品、服务和资产等全部产品的分类编码，适用于各种不同类型的数据处理和统计。

《主要产品分类》目录的分类原则是按产品的物理性质、加工工艺、用途等基本属性和产品的产业源来划分的。其编码系统分五个层次，由五位数字组成。自左至石，第一位数字标识为各个大部类，编码从 0 到 9；第二位数字标识为部类，每个大部类可分成 10 个部类；第三位数字标识为大类，每个部类可分成 10 个大类；第四位数字标识为中类，每个大类可分成 10 个中类；第五位数字标识为小类，每个中类可分成 10 个小类。从理论上讲，《主要产品分类》的全部编码系统可形成 111 110 个类目，实际上只使用了其中的 10 个大部类、71 个部类、294 个大类、1 162 个中类和 2 093 个小类，共有 3 630 个类目。因此，《主要产品分类》系统还有很大的发展空间和扩充余地。

（四）《全国主要产品分类与代码》[GB/T7635.1（2）-2002]

我国国家标准《全国主要产品分类与代码》是由中国标准研究中心负责，会同国内 50 多个部门上百名专家历时多年制定完成的。该标准是在采用联合国统计委员会制定的《主要产品分类》的基础上，对《全国工农业产品（商品、物资）分类与代码》（GB7635-1987）进行修订的。

新的《全国主要产品分类与代码》结构共六层八位码，依次为大部类、部类、大类、中类、小类和细类。代码结构的前五层采用了 CPC 的结构，每层一位码，其内容与 CPC 可运输产品部分相对应，并根据我国国情在相应位置增加了产品类目；第六层是新增加的产品类目（细类），用三位码表示。可运输产品分五个大部类，共列入五万余条类目、40 多万个产品品种或品类。该标准是标准化领域中一项大型的基础性标准，可提供一种具有国际可比性的通用的产品目录体系，为国家、部门、行业及企业对产品的信息化管理和信息系统提供依据，以实现各类产品的各种信息数据的采集、处理、分析和共享。

《全国主要产品分类与代码》由相对独立的两个部分组成。第一部分为可运输产品，与联合国统计委员会制定的《主要产品分类》（CPC）1998 年第 10 版的第一部分相对应，一致性程度为非等效；第二部分为不可运输产品。

GB/T7635.1-2002 的各大部类见表 5-6。

表 5-6　GB/T7635.1-2002 的各大部类

代码	名称	代码	名称
0 大部类	农林牧渔业产品；中药	3 大部类	除金属制品、机械和设备外的其他可运输物品
01	种植业产品	31	木材和木制品、秸秆编条制品
02	活的动物和动物产品	32	纸和纸制品、印刷品和相关物品

（续表）

代码	名称	代码	名称
03	森林产品和森林采伐产品	…	……
04	鱼和其他渔业产品	38	家具、旧物、废弃物和残渣
06	中药	39	其他不另分类的产品
1 大部类	矿和矿物、电力、可燃气、水	4 大部类	主要金属材料
11	无烟煤、烟煤、褐煤等煤	41	除机械设备外的金属制品
12	石油和天然气	42	……
…	……	…	……
16	其他矿物	49	交通运输设备
2 大部类	加工食品、饮料和烟草、纺织品、服装和皮革制品		
21	肉、水产品、水果、蔬菜、油脂类等加工食品		
22	乳制品		
…	……		
29	天然皮革、再生革和皮革制品及非皮革材料的同类制品、鞋		

第五节　超市商品分类分析

一、超市商品分类的原则

（一）大类的分类原则

在超级市场里，为了方便管理，大类的划分最好不要超过 10 个，但这需视经营者的经营理念而定。经营者若想把事业范围扩增到很广的领域，可能就要使用比较多的大类。大类的原则通常依商品的特性来划分，如生产来源、生产方式、处理方式、保存方式等，将这些因素相类似的一大群商品集合起来作为一个大类。例如，水产品就是一个大类，这个分类的商品来源皆与水、海或河有关，保存方式及处理方式也皆相近，因此可以归成一大类。

（二）中类的分类原则

1．按商品的功能、用途划分

按商品的功能、用途划分中类是指可以按商品在消费者使用时所表现出的功能或用途来分类，如在“糖果饼干”这个大类中，可以划分出一个“早餐关联”的中类。“早餐关联”是一种功能及用途的概念，提供具有此功能、用途的商品在于提供给消费者有一顿“丰富的早餐”，因此在分类里就可以集合土司、面包、果酱、花生酱、麦片等商品来构成这个中类。

2．按商品的制造方法划分

有时某些商品的用途并非完全相同，若完全以用途、功能来划分略显困难，此时我们可以按商品制造的方法进行划分。例如在畜产的大分类中，有一个称为“加工肉”的中分类，这个中分类网罗了火腿、香肠、热狗、炸鸡块、熏肉、腊肉等商品，它们的功能和用途不尽相同，但在制造上却近似，因此“加工肉”就成了一个中类。

3．按商品的产地来划分

在经营策略中，为了突出某些商品的消费习惯，满足广大消费者的需求，可以以商品的产地来源作为分类的依据。例如有的商店很重视商圈内的外国顾客，因而特别注重进口商品的经营，列分了“进口饼干”这个中类，把从国外进口来的饼干皆收集在这一个中类中，便于进货或销售的统计，也有利于卖场的售出。

（三）小类的分类原则

1．按功能、用途分类

此种分类与中类分类原理相同，也是以功能或用途作为细分的依据。

2．按规格、包装型态分类

分类时，规格、包装型态可作为分类的原则。例如铝箔包饮料、碗装速食面、6 kg米，都是这种分类原则下的产物。

3．按商品的成分分类

有些商品也可以按其成分来分类，例如凡成分100%的果汁都归为“100%的果汁”类。

4．按商品的口味分类

有些商品可以口味来做分类的依据，例如凡牛肉口味的面都可归到“牛肉面”类。

分类的原则在于提供分类的依据，它源自于商品概念。如何用活分类原则、编订出一套好的分类系统是分类原则的真正重点所在。

二、超市商品分类管理

超市的商品涵盖了人们衣食住行方方面面，所有商品的特性又不尽相同，保存条件、贩卖方式、运输方法、处理技术、陈列要领也各有不同。对品种繁多的商品进行分类，是超市企业科学化、规范化管理的需要，它有助于将商品分门别类进行采购、配送、销售、库存、核算，并有利于提高超市企业的管理效率和经济效益。超市公司可以在商品分类的基础上，根据目标顾客的需要，选择并形成有特色的商品组合，体现自身的个性化经营。

超市经营的商品品种必须是目标消费者可能购买的。商品结构的宽度和深度以及产品的质量共同组成商品的结构。大型超市从食品、药品、日用品、玩具、衣物、运动器材直至家电一应俱全，娱乐、餐饮、修理等服务也应有尽有，鼓励消费者一次性完全购物。如在上海，华联、联华、农工商等超市是设在居民区内的中小型超市，其经营商品的宽度及深度比便利店宽且深，主要满足居民社区内普通家庭的日常消费需求。

超市企业商品管理的思路应该是：先以细类管理为基础，然后从细类中强化20%主力商品的管理，从20%主力商品中强化出商品群管理战略，最后统一实施整体组合的品类管理。

（一）细类（单品）管理

1．细类（单品）管理的概念及作用

细类（单品）管理是指以每一个商品品项为单位进行的管理，其强调每一个单品的成本管理、销售业绩管理。细类（单品）管理是连锁超市公司商品现代化管理的核心，在超市公司商品管理中发挥着重要作用。细类（单品）管理在超市公司商品管理中的重要作用体现在如下几个方面。

（1）细类（单品）是超市公司商品经营的基本单位，各商品群是由一个个单品组合而成的，离开单品的商品群管理是不存在的，单品管理是商品群管理的基础。

（2）细类（单品）管理保证了超市每一种商品采购、销售、库存各环节的有机结合，为商品的物流、现金流、信息流的有序运动创造了良好的条件。

（3）细类（单品）管理增强了超市公司对于品牌供应商的控制力，从而保证了稳定、丰厚的利润来源。

2．POS系统

POS（Point of Sales）系统是卖场销售信息网络系统，它能对卖场全部交易信息进行实时收集、加工处理、传递反馈，是连锁超市公司经营管理，尤其是细类（单品）管理的技术支撑。

由于POS系统能够高效、实时地收集、处理销售信息，如在收银时，ECR（Efficient Consumer Response，有效消费者反应系统，是应用信息技术在生产厂商、批发商、零售商相互协作的基础上形成的一种新型流通体制）将每一种商品销售的数量、金额等相关资料实时输入POS系统数据库，经过瞬时处理后，可及时提供每个时点、每个时段的销售资料，所以POS系统能完全实现商品的单品管理。可以对各种单品的进、销、存情况进行及时控制，大幅度提高单品管理的准确性和高效性。

（二）超市畅销商品管理

1．超市畅销商品的培育

超级市场的经营活动是围绕如何以其商品和服务来满足消费者的需求这个中心环节

来进行的。超级市场要生存和发展，关键在于其商品对消费者需求的满意程度。为了适应消费者需求变动和市场发展趋势，超级市场应及时调整自己的商品策略，不断更新经营品种、大力引进和培养畅销商品，以形成自己鲜明的商品特色。

畅销商品是指市场上销路很好、没有积压滞销的商品。任何商品，只要受到消费者欢迎、销路好，都可称作畅销商品。新商品进入市场有其投入期、成长期、成熟期、衰退期。畅销商品是指处于成长期和成熟期的商品。对于超级市场来说，其经营的商品是否得到社会承认、能否在市场上畅销，直接关系到超市在激烈的市场竞争中能否立足。由于多数超市经营面积有限，因此对商品品种的选择就显得尤为重要，而它所经营的每一种商品不可能总处于畅销阶段，因此，超级市场应该掌握商品的发展规律，不断挖掘和培养自己的畅销商品。

2．商品畅销因素分析

商品畅销市场的原因主要是它对消费者有吸引力，能更好地满足消费者需求。总的来说，商品畅销主要取决于以下因素。

（1）商品功能。商品的用途对消费者来说至关重要，缺之不可而又不能被替代。

（2）商品质量。同类商品中质量的佼佼者，最有可能成为受消费者欢迎的畅销品。

（3）商品价格。在质量保证的前提下，价格便宜的商品更容易销售。

（4）商品包装。包装上体现便利性的商品容易被消费者接受。

（5）商品品牌。名牌商标是商品畅销市场的通行证。在同类商品差别化逐渐缩小，市场出现大量不同品牌的今天，商标知名度便成为左右消费者购买行为的重要因素。

(6）售后服务。售后服务是商品销售的延续，服务做得好可以打消消费者的各种后顾之忧。

3．超市畅销商品的选择

超市应该从畅销商品因素出发选择畅销商品，当一种新产品出现在市场上时，要考察其市场销售潜力，对其进行综合评估。超市选择畅销商品时常见的方法有以下几种。

（1）打分法。将多种因素按照不同程度折成数字来评估某一新上市商品，高于某一水平即可列入超级市场培养的对象。当然，有些因素很难用数字来表示，而且不同商品的各因素所占比例也不一定完全相同，如日用品应注重质量与价格、礼品应多考虑包装、服装应多关注品牌与款式、电器则应侧重于售后服务。

（2）历史记录法。超市过去销售统计资料也是选择畅销商品的一个主要依据。超市可以将每一时期排列在前十位的商品作为重点畅销商品来培养，同时建立商品淘汰制度，将每一时期排列在最后几位的商品定期清除出场，并补充新商品。香港百佳超级市场的采购计划值得借鉴：为确保采购适销对路的商品，总部每年都要制订详细的滚动商品计划，其步骤是首先收集上一年超级市场发展形势、顾客购买频率、购买金额、顾客消费心理和要求等资料，然后对过去五年的营业额增长率和发展趋势作出统计，在销售的 1 万多种商品中找出最受欢迎的品种，在对社会及经济环境变化作全面分析的基础上确定下一年的采购计划。

（3）竞争店借鉴法。从竞争对手的营销推广中选择畅销商品，超级市场的竞争对手很多，不仅包括其他超市连锁集团，还包括争夺同一类市场的其他零售业态，如百货商店、便利店等，这些商店同样也面临着培养开发畅销商品的问题，因此，从竞争对手的营销推广活动中去发现新的畅销商品不失为一条捷径。一般来说，几乎所有商店都会把销路最好的商品陈列在最显著的位置；或者为了推广某种商品，卖场内往往会张贴各式各样的 POP 广告；或者经常到竞争店里去观察，以更为全面地了解畅销商品。

（4）追赶潮流法。超市在选择畅销商品时，需要充分了解市场上的流行趋势。如广州、上海、深圳等发达城市的超级市场大都销售比较超前的流行商品的做法，对开发畅销商品有一定的借鉴作用。

值得注意的是，一个超市的畅销商品计划不能是一成不变的，而应随着季节的变换、供应商供货因素的影响以及消费需求的变化作出相应的调整。一般来说，超市畅销商品目录在一年四季中通常会作四次重大调整，每次被调整的商品约占前一个目录总数的 50%左右；即使在同一个季节中，也会由于特殊节日、气候变化等因素的影响而对主力商品目录作出相应调整。

4．畅销商品的优先策略

（1）采购优先策略。在制订采购计划时，应充分保证畅销商品供货数量的稳定性、供货时间的准确性，应保证畅销商品在所有门店和各个时间都不断档缺货。

（2）采购资金优先策略。超市公司要与畅销商品的供应商建立良好的合作伙伴关系，并承担及时足额付款的义务，以保证充足的货源。

（3）储存库位的优先策略。在配送中心，超市公司要将最佳库存位置留给畅销商品，尽量保证畅销商品在储存环节中物流线路最短，这也是连锁超市公司降低物流成本的需要。

（4）配送优先策略。在畅销商品由配送中心到门店的运输过程中，超市公司应要求配送中心优先安排运力，保证主力商品准时、安全送达。

（5）陈列优先策略。畅销商品一般应该配置在卖场中的展示区、端架、主通道两侧货架的磁石点上，并根据销售额目标确定排面数，保证足够大的陈列量。

（6）促销优先策略。畅销商品的促销应成为超市卖场促销活动的主要内容，各种商品群的组合促销也应该突出其中的畅销商品。

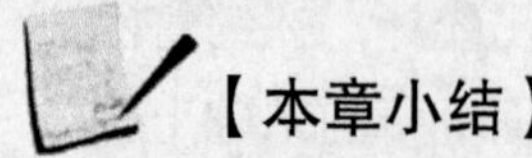

【本章小结】

本章简要介绍了商品分类的基本概念、作用及分类原则，分析了商品分类的基本方法和常用的分类标志以及商品目录及其种类，介绍了几种重要的商品分类体系，并以超市为例具体说明了商品分类的应用及商品分类的重要性。

【复习思考题】

1. 什么是商品分类？举例分析商品分类的层级关系。
2. 常用的商品分类标志有哪些？
3. 商品分类的方法有哪几种？分析 CPC 及 GB/T7635.1 的分类体系。
4. 什么是商品目录？商品目录怎样分类？
5. 超市商品分类的原则是什么？

【案例】

HS 超市的商品群管理策略

HS 超市虽所处位置不佳，却取得了远远超过附近其他几家超市的经营业绩。HS 超市的成功不仅得益于低价策略，其合理的商品组合策略也更是功不可没。

HS 超市根据商品的功能定位，将超市经营的商品分为形象商品、销量商品和效益商品三大类。这三类商品在提升业绩、获取最大化效益目标上发挥着不同的作用。

如果形象商品是 A、销量商品是 B、效益商品是 C 的话，就以销量商品 B 作为参照物，如果 B 的毛利是 10 个点，则形象商品的毛利加效益商品的毛利除以 2，一定是 10 个点，从而保证整个卖场的利润达到 10 个点。例如，如果形象商品的毛利是 5 个点，那么效益商品的毛利就要是 15 个点。对于这三种商品，HS 超市的定价策略是形象商品的价格一定要比竞争对手的低，销量商品价格略比竞争对手的低一些，效益商品则采取较高的定价，因为这部分商品往往是无法比较价格的，它满足的多是一次性购足的需求。

在促销方式方面，HS 超市也根据不同的商品因地制宜。对于销量商品，采取较好的促销方式来跟进；对于效益商品，则基本上不安排太多的促销。

案例讨论题

在商业经营过程中，如何利用商品分类管理方法提升经营业绩？

【实践技能训练】

学生超市实习报告

一、实训目的

通过超市顶岗实习，训练从事专业营销工作及管理工作所必需的各种基本技能和实践能力，了解本专业业务范围内的现代商业组织形式、管理方式等，培养学生理论联系实际的能力及发现问题、分析问题、解决问题的能力，将所学商品知识具体化、系统化。

二、组织形式

以超市营业时间为实习时间，分上午与下午两个班次，每班次再分为六个不同岗位组，对收银、导购、客服、仓储、商检、礼仪等岗位进行轮流实习。

三、实训内容

根据各岗位的工作性质及本课程特点，对不同岗位设置不同的实训内容及岗位职责。

1. 制订计划

根据超市经营范围，按照商品分类、商品目录、商品检验、商品包装及商品养护等商品学内容，围绕提高销售质量制订详细的超市实习计划。

2. 收银管理

熟练POS机的操作使用，训练唱票、点票技能，学会使用礼貌用语。必须注意的是，账款必须清晰。

3. 价格管理

了解商品定价目标，学会分析影响商品价格的因素，学习对商品定价、调价的方法和技巧。

4. 零售管理

训练商品分类（分类结构、组合优化）、商品陈列、理货、补货、打价码等技能。

5. 促销管理

学会制定促销策略、方案及手段，训练组织、实施及控制促销活动的能力。

6. 质量管理

学会识别商品包装标志、包装质量，训练进货验收、科学养护等技能。

7. 广告策划

了解零售产品广告创意的特征、作用与制作要求，运用广告心理策略、广告促销策略来进行广告宣传，训练设计平面广告和广播广告的能力。

8. 营业部管理

负责现场导购、安全警卫、收集顾客意见、寄存包裹等工作，训练分析问题、处理问题的能力，强化责任心，统筹全局。

9. 超市礼仪

讲究个人卫生、环境卫生，提高自身素质修养、体现精神风貌，热情服务、以诚待客。

10. 服务管理

确定服务标准、服务规范，建立服务理念，训练服务技巧。

四、实习总结

根据实习期间获得、掌握和提高的商品知识，结合实习体会，完成实习报告。

第六章　商品代码

■知识目标

1. 掌握商品代码的概念、分类及编码原则。
2. 理解商品条码的符号结构。

■技术目标

1. 熟悉商品分类代码的编制方法。
2. 熟悉商品标识代码的编制方法及商品条码的符号结构。

■能力目标

1. 熟悉店内码、ISBN 号和 ISSN 号的结构。
2. 理解物流条码的种类及结构。

第一节　商品代码概述

一、商品代码及其结构类型

（一）商品代码的概念与作用

1．商品代码概念

商品代码是指为了便于识别、输入、存储和处理，赋予商品一定信息的一个或一组有规律排列的符号。

商品编码是在商品分类的基础上编制商品分类体系的过程，商品代码是商品分类体系和商品目录的重要组成部分，两者均与商品分类密切相关。分类在先，编码在后，代码是分类体系的内容。因此，在实践中商品代码习惯上也称为商品编码、分类编码。

2．商品代码赋予的信息种类

商品代码赋予的信息主要指分类信息和标识信息。

（1）商品分类信息。商品分类信息是指某项商品在其分类体系中的位置，用来表明该商品与其上下层级项目或同层级项目之间的隶属或者并列关系，或者说是反映该项商品对某一商品群组的归属关系以及各商品群组之间的关系。依照代码所表示的信息内容，商品分类信息用商品分类代码表示。例如，国际上通行的《商品名称和编码协调系统》、《主要产品分类》和我国的《全国主要产品分类与代码》等主要商品（产品）分类目录，都是采用商品（产品）分类代码表示分类信息。

（2）商品标识信息。商品标识信息用商品标识代码表示。商品标识代码仅仅起到表示单一商品的作用，不具有任何其他意义（如分类意义），只是反映某一个代码与某一个单一商品的一对一关系。例如，国际上通用而且我国广泛采用的 EAN・UCC-13、EAN・UCC-8、ITF-14、EAN・UCC-128 等代码，都是商品标识代码。商品标识代码是由国际商品编码协会（EAN）和美国统一代码委员会（UCC）规定的用于表示商品的一组数字。

3．商品代码的作用

（1）提高社会管理水平。通过商品编码可以使繁多的商品条理化、系统化、有序化，便于对商品进行统一的社会管理，如计划管理、物价管理、商品质量管理、物流管理等；有利于社会管理水平的提高。

（2）提高社会经济效益。商品编码使得商品分类体系的通用化、标准化，有利于运用信息网络技术对商品信息流和物流进行现代化科学管理，为提高社会、经济效益奠定了基础。

（3）提高生态效益。统一的商品分类编码系统的建立，可以使人们运用信息技术进行统一筹划，避免了重复生产，提高了物流效率，合理利用了社会资源，保护了生态环境，从而有利于构建和谐社会、提高生态效益。

（二）商品代码的结构类型

目前，商品代码无论是分类代码还是标识代码，根据其所用的符号类型来划分，都可分为数字型代码、字母型代码、数字—字母混合型代码和条形码四种。

1．数字型代码

数字型代码是用一个或若干个阿拉伯数字表示分类对象（商品）的代码，其特点是结构简单、使用方便、易于计算机进行数码信息处理，是目前国际上普遍采用的一种代码。使用数字代码进行商品分类编码，常用的方法有顺序编码法、层次编码法、平行编码法和混合编码法四种。

2．字母型代码

字母型代码是用一个或若干个字母表示分类对象的代码，一般用大写字母表示大类商品、小写字母表示其他类目。字母型代码的优点是便于记忆，比同样位数的数字型代码容量大，可提供便于人们识别的信息；缺点是不利于计算机的识别与处理，适用于分类对象数目较少的情况。字母型代码在商品分类编码中很少使用。1987 年版《全国工农业产品（商品、物资）分类与代码》体系中的门类就是用大写字母表示的。2002 年修订之后，新的全国主要产品分类与代码采用了 CPC 结构，取消了字母代码。

3．数字—字母混合型代码

数字—字母混合型代码是由数字和字母混合组成的代码，它兼有数字型代码和字母型代码的优点，结构严密，具有良好的直观性和表达性，同时又符合于人们的使用习惯。但是由于组成形式复杂，给计算机输入带来不便，录入效率低，错码率高。在商品分类编码中并不常用这种编码，国际上只有少数国家在标准分类时采用混合代码。在其他分类中为便于记忆常采用混合型代码。

4．条形码

条形码是将宽度不等的多个黑条和空白，按照一定的编码规则排列，用以表达一组信息的图形标识符。常见的条形码是由反射率相差很大的黑条（简称条）和白条（简称空）排成的平行线图案。它相对于其他的代码，输入速度快，可靠性高，且易于制作，目前被普遍应用于生产自动化管理、商品流通、图书管理、邮电通信等多个领域，已成为现代化管理不可或缺的信息技术手段。

二、商品代码的编制原则

为实现商品分类编码标准化，建立统一的商品分类编码系统，商品编码时应遵循以下基本原则。

（一）商品分类代码的编制原则

1．唯一性原则

所谓唯一性是指代码所标识的商品应与商品代码一一对应，必须保证每一个编码对象仅有唯一的一个商品代码，每一个代码只能标识同一商品。

2．简明性原则

商品代码要简明、易记、易校验，要既便于手工操作又便于机器处理和储存，且码位不宜太长，但要在同一系统内保持等长。

3．层次性原则

商品代码要层次清楚，能清晰地反映分类体系内部固有的逻辑关系，与其代表的类目有固定的对应关系。

4．可扩性原则

可扩性是指编码结构应留有足够的后备码位（字号）。当需要增加新类目或删减旧类目时，无需破坏编码结构再重新编码。

5．稳定性原则

商品代码确定后要在一定时期内保持稳定，不能经常或轻易变更，以保证分类编码系统的稳定性。即使该商品停止生产或停止供应，也不能马上分配给其他商品类目。

6．统一性和协调性原则

商品编码要与国家商品分类编码标准相一致，与国际通用商品分类编码制度相协调，以利于实现信息交流和信息共享。

（二）商品标识代码的编码原则

1．唯一性原则

在商业POS自动结算销售系统中，不同商品是靠不同代码来识别的。假如把两种不同的商品用同一代码来标识，违反唯一性原则，会导致商品管理信息系统的混乱，甚至给销售商或消费者造成经济损失。

商品的基本特征主要包括商品名称、商标、种类、规格、数量、包装类型等。但需要说明的是，不同行业的商品，其基本特征往往不尽相同；不同的企业，还可根据自身的管理需求，设置不同的基本特征项目。例如，服装行业可以把服装的基本特征归纳为品种、款型、面料、颜色、规格等几项；而单个服装企业在确定究竟依据哪些基本特征项来为服装产品分配商品标识代码时，还可根据自身管理需求的特点，在此基础上增加附加特征项或做适当的修改，如增加“商标”为基本特征项，或只将品种、款型、面料作为基本属性，而不必考虑颜色、规格项。再比如，药品类商品的基本特征可基本归纳为商标、品种、规格、包装规格、剂型、生产标准等几项。

应特别注意，商品的基本特征项是划分商品所属类别的关键因素，往往对商品的定价起主导作用，因此它不同于为跟踪商品流通所设置的附加信息项，诸如净重、面积、体积、生产日期、批号、保质期等。附加信息项必须与商品标识代码一起出现才有意义。

商品的基本特征一旦确定，只要其中的一项基本特征发生变化，就必须分配一个不同的商品标识代码来标识商品。例如，某个服装企业将商标、品种、款型、面料、颜色作为服装的五个基本特征项，那么只要这五个基本特征项中的一项发生变化，就必须分配不同的商品标识代码来标识商品。

2．无含义性原则

无含义性原则是指商品标识代码中的每一位数字一般都不表示任何与商品有关的特定信息，即既与商品本身的基本特征无关，也与厂商性质、所在地域、生产规模等信息无关。商品标识代码与商品是一种人为的标识关系，这有利于充分利用一个国家（地区）的厂商代码空间。厂商在申请厂商代码后编制商品项目代码时，最好使用无含义的流水号，即连续号，因为这样在自己的厂商代码下能够最大限度地利用商品项目代码的编码容量。

3．稳定性原则

稳定性原则是指商品标识代码一旦分配，若商品的基本特征没有发生变化，就应保持标识代码不变。这样有利于生产和流通各环节的管理信息系统数据保持一定的连续性和稳定性。

一般情况下，当商品项目的基本特征发生了明显的、重大的变化时，就必须分配一个新的商品标识代码来标识商品。不过，在某些行业，比如医药保健业，即使产品的成分有较小的变化，也必须分配不同的代码。

总之，原则上应尽可能地减少商品标识代码的变更，保持其稳定性，否则将导致很多不必要的繁重劳动，如设计、打印并粘贴条码标签、修改系统记录数据等。

第二节　商品代码的编制方法

一、商品分类代码的编制方法

商品分类代码是有含义代码，代码本身具有某种实际含义，此种代码不仅作为编码对象的唯一标识起到了替代编码对象名称的作用，还能提供编码对象的有关信息（如分类、排序等）。

商品分类编码常用顺序编码法、系列顺序编码法、层次编码法、平行编码法和混合编码法等。

（一）顺序编码法

顺序编码法是按照商品类目在分类体系中出现的先后次序，依次给予顺序数字代码的编码方法。其优点是使用方便，易于管理；缺点是代码本身没给出任何有关编码对象的其他信息，无含义。为了满足信息处理的要求，多采用等长码，即每个代码标识的数列长度（位数）完全一致。顺序编码法简单，通常用于容量不大的编码对象集合体。编码时可以留有“空格”（储备码），以便随时增加类目。

（二）系列顺序编码法

系列顺序编码法是一种特殊的顺序编码法，是将顺序数字代码分为若干段，使其与分类编码对象的分段一一对应，并赋予每段分类编码商品编码以一定的顺序代码的编码方法。应用这种编码方法时，要把整个编码对象的集合体按一定的属性或特征划分为系列。集合体的每一个系列，通常按顺序登记获得代码，并在每个系列中留有后备码。其优点是可以赋予编码对象一定的属性和特征，提供有关编码对象的某些附加信息；缺点是当系列顺序代码过多时，会影响计算机的处理速度，且附加信息的确定要借助于代码表。例如在《全国主要产品分类与代码》（GB/T 7635.1-2002）中，小麦层级的细目类冬小麦和春小麦的代码就采用了系列顺序编码法。

（三）层次编码法

层次编码法，是按商品类目在分类体系中的层级顺序，依次赋予对应的数字代码的编码方法。采用层次编码法，代码的层次应与分类层级相一致。由于分类对象是按层级归类的，所以给类目赋予代码时，编码也是按层级依次进行，分成若干个层级，使每个分类的类目按分类层级赋予代码。从左至右的代码，第一位代表第一层级（大类）类目，第二位代表第二层（中类）类目，依次类推。这样，代码的结构就反映了分类层级的逻辑关系。这种编码方法常用于线分类体系。

国家标准《全国主要产品分类与代码　第 1 部分：可运输产品》（GB/T 7635.1-2002）和《全国主要产品分类与代码　第 2 部分：不可运输产品》（GB/T 7635.2-2002），采用的都是层次编码法。

1.《全国主要产品分类与代码 第 1 部分：可运输产品》（GB/T 7635.1-2002）

该标准代码结构是六层八位数字码，前五层是每层一位码，第六层是三位码，采用了非平均分配代码方法；各层分别命名为大部类、部类、大类、中类、小类和细类。其中，第一至第五层各用一位数字表示，第一层代码为 0～4，第二层、第五层代码为 1～9，第三层、第四层代码为 0～9，第六层用三位数字表示，代码为 010～099，采用了顺序码和系列码；第五层和第六层代码之间用（·）隔开，信息处理时应省略圆点符号。GB/T7635.1～2002 代码结构如图 6-1 所示。

代码	X	X	X	X	X	·	XXX
代码范围	0～4	1～9	0～9	0～9	1～9		010～999
层级名称	大部类	部类	大类	中类	小类		细类
层级	第一层	第二层	第三层	第四层	第五层		第六层

图 6-1　GB/T 7635.1-2002 代码结构

如在 GB/T7635.1-2002 “可运输产品”标准中，涉及我国原粮、米面油产品等粮食行业相关的产品分类代码能清楚地表达出其采用了分类代码的顺序编码法、系列顺序编码法及层次编码法，如表 6-1 所示。

表 6-1　《全国主要产品分类与代码》GB/T7635.1-2002 部分分类代码结构示例

代码	产品名称	产品描述
0	农林（牧）渔业产品：中药	
01	种植业产品	包括农产品、园艺和供应市场的菜果园产品等
011	谷物、杂粮等及其种子	薯类、杂豆类（干的去荚的豆）
0111	小麦及混合麦	用 GBl351-1999 的产品名称和分类
01111	小麦	

（续表）

代码	产品名称	产品描述
01111・010～・099	冬小麦	
01111・011	白色硬质冬小麦	种皮为白色或黄色的麦粒不低于90%，角质率不低于70%
01111・012	白色软质冬小麦	种皮为白色或黄色的麦粒不低于90%，粉质率不低于70%
01111・013	红色硬质冬小麦	种皮为深红色或红褐色的麦粒不低于90%，角质率不低于70%
01111・014	红色软质冬小麦	种皮为深红色或红褐色的麦粒不低于90%，粉质率不低于70%
01111・100～・199	春小麦	
01111・101	白色硬质春小麦	种皮为白色或黄色的麦粒不低于90%，角质率不低于70%
01111・102	白色软质春小麦	种皮为白色或黄色的麦粒不低于90%，粉质率不低于70%
01111・103	红色硬质春小麦	种皮为深红色或红褐色的麦粒不低于90%，角质率不低于70%
01111・104	红色软质春小麦	种皮为深红色或红褐色的麦粒不低于90%，粉质率不低于70%
01112	混合麦	
0112	玉米（指谷类）	用GB1351-1999的产品名称和分类，菜玉米、笋玉米除外
01121	黄玉米	种皮为黄色，并包括略带红色的黄色玉米；专用玉米除外
01121・011	黄马齿型玉米	
01121・012	黄硬粒型玉米	
01122	白玉米	种皮为白色，并包括略带淡黄色或粉红色的白色玉米
01122・011	白马齿型玉米	
01122・012	白硬粒型玉米	
01123	混合玉米	指混入本类以外玉米超过5.0%的玉米
01124	专用玉米	甜玉米、笋玉米除外
01124・011	爆裂玉米	
01124・012	糯玉米	
01124・013	高油玉米	
01124・014	高淀粉玉米	
01124・015	优质蛋白玉米	
0113	稻谷、谷子和高粱	
01131	稻谷	
…	……	……

2.《全国主要产品分类与代码　第 2 部分：不可运输产品》（GB/T 7635.2-2002）

该标准代码结构是五层五位数字码，各层分别命名为部类、门类、大类、中类、小类，每层 1 位码。第一层代码（部类）从“5”开始，以便与 GB/T　7635.1-2002 代码相衔接。GB/T 7635.2-2002 代码结构如图 6-2 所示。

代码	X	X	X	X	X
代码范围	5～9	1～9	0～9	0～9	0～9
层级名称	部类	门类	大类	中类	小类
层级	第一层	第二层	第三层	第四层	第五层

图 6-2　GB/T 7635.2-2002 代码结构

在 GB/T7635.2-2002 “不可运输产品”标准中，部分代码信息如表 6-2 所示。

表 6-2　《全国主要产品分类与代码》（GB/T 7635.2-2002）部分代码结构示例

代码	产品名称	代码	产品名称
5 部类	无形资产、土地、建筑工程、建筑物服务	52	土地
51	无形资产	…	……
511	金融资产和负债	53	建筑工程
5110	金融资产和负债	…	……
51100	金融资产	54	建筑物服务
512	非金融无形资产	…	……
5121	专利	……	……
51210	专利	6 部类	经销业服务、住宿服务、食品和饮料供应服务、运输服务、公用事业商品销售服务产品
5122	商标	……	……
51220	商标	7 部类	金融及有关服务、不动产服务、出租和租赁服务产品
5123	版权	……	……
51230	版权	8 部类	商务和生产服务产品
5124	土地产权	……	……
51240	土地产权	9 部类	社区、社会和个人服务产品

层次编码法的优点是代码比较简单，逻辑性较强，系统性强，信息容量大，能明确地反映出分类编码对象的属性或特征及其隶属关系，容易查找所需类目，便于机器汇总数据，便于管理和统计；缺点是结构弹性较差。为延长采用层次编码法所编制的代码的使用寿命，往往使用延长代码长度的方法，预先留出相当数量的备用号，从而易出现代码的冗余。

（四）平行编码法

平行编码法也称特征组合编码法，多用于面分类体系。它是将编码对象按其属性或者特征分为若干个面，每一个面内的编码对象按其规律分别确定一定位数的数字代码，面与面之间的代码没有层次关系和隶属关系，最后根据需要选用各个面中的代码，并按预先确定的面的排列顺序组合成复合代码的一种编码方式。如精纺呢绒的编码由五位数字构成，第一位数字表示原料品种，第二位数字表示大类产品名称，第三、四、五位数字表示产品顺序号。精仿呢绒的编码如表 6-3 所示。

表 6-3　精纺呢绒的编码

面	原料	大类产品	产品顺序
代码含义	2——纯毛	1——哔叽	001—999
	3——混纺	2——华达呢	
	4——化纤	3（4）——中厚花呢	
		5——凡立丁（派力司）	
		6——女衣呢	
代码含义		7——直贡呢	001—999
		8——薄花呢	
		9——其他类	

如平行代码 21001 表示精纺纯毛哔叽 1 号产品。

平行编码法的优点是编码结构有较好的弹性，可以比较简单地增加分类编码面的数目，必要时还可以更换个别的面；缺点是代码利用率过低，并非所有组配的复合代码都有实际意义。

（五）混合编码法

混合编码法是层次编码法和平行编码法的合成，代码的层次与类目的等级不完全相适应。在编码实践中，当把分类对象的各种属性和特征分列出来后，其某些属性或特征用层次编码表示，其余的属性或特征则用平行编码法表示。这种编码方法吸取了两者的优点，往往比较理想。

二、商品标识代码的编制方法

商品标识代码通常是指由国际编码协会 EAN・UCC 系统的编码标准所规定，并用于全球统一标识商品的数字型代码，它包括 EAN・UCC-13、EAN・UCC-8、UCC-12 和 EAN・UCC-14 四种代码。商品条码是用来表示国际通用的商品标识代码的一种模块组合型条码，可被机器快速识读和处理。对商品信息完全相同的商品，商品标识代码和商品条码只是两种不同的结构模式，表达的信息内容完全对应。前者供人直接识读或通过键盘向计算机输入数据，后者则供计算机识读。

中国物品编码中心（Article Numbering Center of China，ANCC，以下简称“中心”）是经国务院同意成立的统一组织、协调、管理全国条码工作的专门机构，负责研究、推广和发展以商品条码为基础的全球统一标识系统（EAN・UCC 系统）。“中心”成立于 1988 年 12 月，1991 年 4 月正式加入国际物品编码协会（EAN International）。

中国物品编码中心在全国范围内先后建立了 45 个条码分支机构，发展速度居各编码组织之首。迄今为止国内采用条码标识的产品超过 80 万种，几乎各级各类商业超市、配送中心都采用条码技术进行自动扫描结算与管理。条码的普及大大提高了我国商品在国内外市场上的竞争能力，促进了我国市场经济的发展。条码及自动识别技术已广泛应用于零售业、制造业、贸易、物流、军工、医疗药品、政府机关、学校、税务、海关、金融等诸多领域。

我国加入 WTO 后为我国条码事业的发展提供了新的机遇和挑战。大力推广并发展 EAN・UCC 系统，尽快使我国的标识系统与国际全面接轨，对于加速我国融入全球经济一体化的进程，促进和繁荣我国的市场经济具有重要的现实意义。为此，中国物品编码中心将继续跟踪研究国际条码自动识别新技术的发展，积极向国内用户介绍技术研究的最新成果，不断开拓条码技术应用新领域，向社会提供满意的服务，在国民经济和社会发展的各个领域，使 EAN・UCC 系统得以更广泛的应用。

EAN・UCC 与 ANCC 系统如图 6-3 所示。

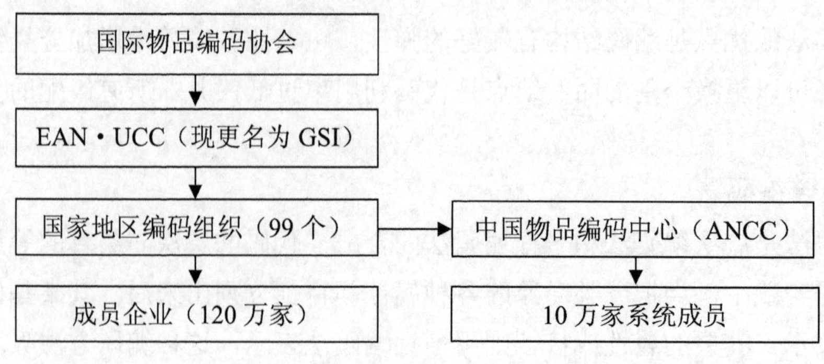

图 6-3　EAN・UCC 与 ANCC 系统

ANCC系统是一套全球统一的标准化编码体系。编码体系是ANCC系统的核心，是对物流领域中所有的产品与服务，包括贸易项目、物流单元、资产、位置和服务关系等的标识代码以及附加属性代码，其中附加属性代码不能脱离标识代码独立存在。ANCC体系如图6-4所示。

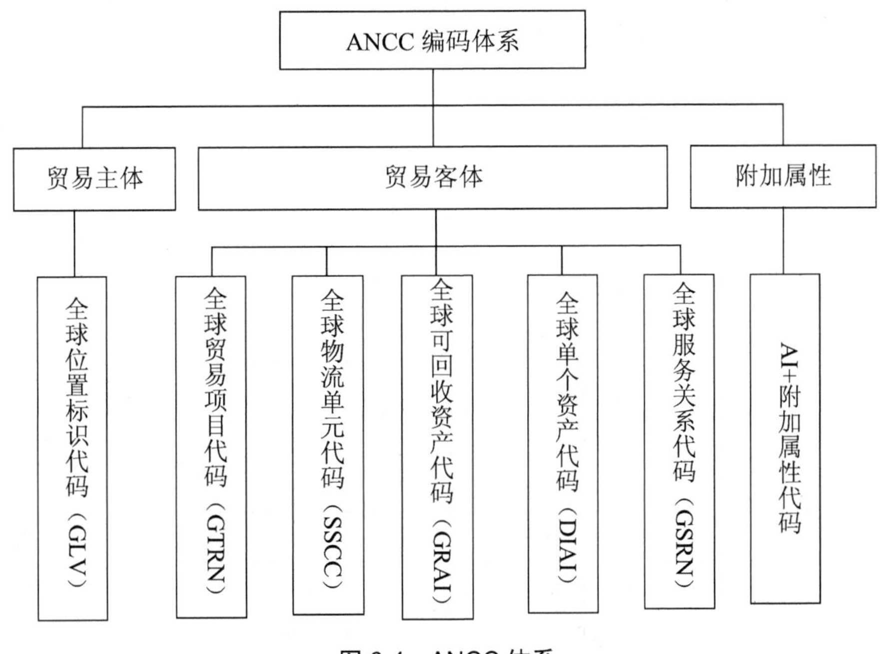

图6-4　ANCC体系

商品标识代码和商品条码主要应用于对零售商品和非零售商品的统一标识。零售商品是在零售端POS系统扫描结算的商品；非零售商品指的是不经过POS系统扫描结算的用于配送、仓储和批发等环节的商品，包括单个包装的非零售商品和含有多个包装等级的非零售商品。单个包装的非零售商品是指独立包装但是不适合通过零售端POS系统扫描结算的商品，如独立包装的冰箱、洗衣机等；含多个包装等级的非零售商品指需要标识的货物内含有多个包装等级，如装有50条香烟的一整箱烟和装有6箱烟的托盘等。

在我国，零售商品的标识代码通常主要采用EAN · UCC-13，EAN · UCC-8和UCC-12代码。通常情况下，只有当产品出口到北美地区并且客户指定时，才会申请使用UCC-12（用UPC码表示）。非零售商品的标识代码除了应用EAN · UCC-13和UCC-12以外，还使用EAN · UCC-14。

（一）EAN · UCC-13代码

EAN · UCC-13代码由13位数字组成，该代码有三种结构形式，每种代码分为三个层次，分别为厂商识别代码、商品项目代码和校验码，其中厂商识别代码中含2～3位前缀码。

1．厂商识别代码

厂商识别代码左边2～3位数字为前缀码，是EAN编码组织分配给其所属成员国家

（或地区）编码组织的代码，其中一部分如表 6-4 所示。

表 6-4 国际物品协会成员国或地区的前缀码

前缀码	编码组织所在国家（或地区）/应用领域	前缀码	编码组织所在国家（或地区）/应用领域
000～019 030～039 060～139	美国	627	科威特
020～029 040～049 200～299	店内码	628	沙特阿拉伯
050～059	优惠券	629	阿拉伯联合酋长国
300～379	法国	640～649	芬兰
380	保加利亚	690～695	中国
383	斯洛文尼亚	700～709	挪威
385	克罗地亚	729	以色列
387	波黑	730～739	瑞典
400～440	德国	740	危地马拉
450～459 490～499	日本	741	萨尔瓦多
460～469	俄罗斯	742	洪都拉斯
470	吉尔吉斯斯坦	743	尼加拉瓜
474	爱沙尼亚	745	巴拿马
475	拉脱维亚	746	多米尼加
476	阿塞拜疆	750	墨西哥
477	立陶宛	754～755	加拿大
478	乌兹别克斯坦	759	委内瑞拉
479	斯里兰卡	760～769	瑞士
480	菲律宾	770	哥伦比亚
481	白俄罗斯	773	乌拉圭
482	乌克兰	775	秘鲁
484	摩尔多瓦	777	玻利维亚

由表 6-4 可知，国际物品编码协会分配给中国物品编码中心的前缀码是 690～695。

前缀码右边有 4～6 位厂商代码。以 EAN・UCC-13 代码为例，我国商品标识代码的三种结构形式如表 6-5 所示。

表 6-5　我国商品 EAN・UCC-13 代码的结构

结构种类	前缀码	厂商识别代码	项目识别代码	校验码
结构一	690 ～ 691	$X_{10}X_9X_8X_7$	$X_6X_5X_4X_3X_2$	X_1
结构二	692 ～ 693	$X_{10}X_9X_8X_7X_6$	$X_5X_4X_3X_2$	X_1
结构三	694 ～ 695	$X_{10}X_9X_8X_7X_6X_5$	$X_4X_3X_2$	X_1

必须指出的是，前缀码并不能代表产品的原产地，而只能说明分配和管理有关厂商代码的国家（或地区）的编码组织。

2．商品项目代码

商品条码系统成员编制商品项目代码应按照国家标准（GB12904）《商品条码》的规定，在国家编码中心分配的厂商识别代码的基础上，由厂商根据有关规定，以商品的基本特征划分的商品群类为单位进行自行编码。

商品代码由 3～5 位数字组成，厂商编制商品项目代码时，必须遵守商品编码的唯一性原则，即一个商品项目只能编一个代码，一个代码只能标识一个商品项目。任何导致一个商品项目有多个代码（称作“一物多码”）或一个代码对应多个商品项目（称作“一码多物”）的，都是违反唯一性原则的错误编码。因此，编码时要严格区分商品的不同项目，对于不同种类、不同规格尺寸、不同包装、不同颜色的商品，均应视为不同的商品项目，编制不同的代码。例如把两种项目的商品用同一代码标识，计算机系统就会把它们视为完全相同的商品，从而造成价格结算及管理上的混乱。

3．校验码

校验码为一位数字，用来校验其他的代码 X_{13}～X_2 的编码的正误，它的数值是根据 X_{13}～X_2 的数值按照一定的方法计算得出的。以代码 690123456789 X_1 为例，校验码的具体计算方法如表 6-6 所示。

表 6-6　校验码的计算方法

步骤		举例说明
1	自右向左顺序编号	位置序号　13 12 11 10 9 8 7 6 5 4 3 2 1 代码　6 9 0 1 2 3 4 5 6 7 8 9 X_1
2	从序号 2 开始求出偶数位上数字之和①	9+7+5+3+1+9＝34 ①

（续表）

步骤		举例说明
3	① × 3 = ②	34×3＝102 ②
4	从序号 3 开始求出奇数位上数字之和③	8+6+4+2+0+6＝26 ③
5	② + ③ = ④	102+26＝128 ④
6	用大于或等于结果④且为 10 最小整数倍的数减去④，其差即为所求校验码的值	130 − 128＝2 校验码 X_1＝2

（二）EAN・UCC-8 代码

EAN・UCC-8 代码由 8 位数字组成，用于印刷面积较小的商品零售包装，其结构如表 6-7 所示。

表 6-7 EAN・UCC-8 代码结构

前缀码	商品项目识别代码	校验码
X_8 X_7 X_6	X_5 X_4 X_3 X_2	X_1

EAN・UCC-8 代码结构分为前缀码、商品项目识别代码和校验码三个层次。其中，前缀码仍为三位数字，商品项目识别代码由四位数字组成，校验码仍为一位数字。

1．商品项目识别代码

商品项目识别代码是各国（地区）EAN 编码组织在国际物品编码协会分配的前缀码的基础上分配给厂商特定商品项目的代码。EAN・UCC-8 代码与 EAN・UCC-13 代码有所不同。为了保证代码在全球范围内的唯一性，在我国，凡需使用 EAN・UCC-8 代码的商品制造厂家，除正常申报加入中国商品条码系统的手续外，还须将本企业准备使用 EAN・UCC-8 代码的商品目录及其外包装（或设计样张）报至中国物品编码中心或其分支机构，由中国物品编码中心统一赋码；已具备中国商品条码系统成员资格的厂家，其新产品使用 EAN・UCC-8 代码时，只需上报中国物品编码中心并由中国物品编码中心统一分配使用。

2．校验码

与 EAN・UCC-13 代码相同，校验码为一位数字，且其数值的计算方法与 EAN・UCC-13 代码相同（只需 EAN・UCC-8 代码在前面加上五个 0，补齐 13 位即可）。

（三）UCC-12 代码

UCC-12 代码是在北美等国家已经使用几十年的 12 位数字的商品标识代码。表示 UCC-12 代码的条码结构有两种，即 UPC-A 码（12 位）和 UPC-E 码（8 位）。

1．UPC-A 码（12 位）

UPC-A 码的代码结构如表 6-8 所示。

表 6-8　UPC-A 码（12 位）

系统字符	厂商识别代码	商品项目识别代码	检验码
X_1	X_2 X_3 X_4 X_5 X_6	X_7 X_8 X_9 X_{10} X_{11}	X_{12}

（1）系统字符。按 UCC 规则，系统字符由 0～9 十位数字表示，不同的数字表示不同的含义，如表 6-9 所示。

表 6-9　UPC-A 码系统字符

字符	0	1	2	3	4	5	6	7	8	9
含义	一般商品	备用码	变量商品	药品及医疗用品	零售商店店内码	优惠券	一般商品	一般商品	备用码	备用码

（2）厂商识别代码。用于标识制造厂商，由美国统一编码委员会分配和管理。

（3）商品标识代码。用于标识商品的特征和属性，由商品制造厂商根据美国统一编码委员会的规则自行编制和管理。

（4）校验码。用于检验代码输入的正确性。以 69012345678 X_{12} 代码为例，UCP-A 码校验码的计算方法如表 6-10 所示。

表 6-10　校验码的计算方法

步骤		举例说明
1	自左向右顺序编号	位置序号 1 2 3 4 5 6 7 8 9 10 11 12 代　　码 6 9 0 1 2 3 4 5 6 7 8 X_{12}
2	从序号 1 开始求出奇数位上数字之和①	6+0+2+4+6+8=26 ①
3	① × 3 = ②	26×3＝78 ②
4	从序号 2 开始求出偶数位上数字之和③	9+1+3+5+7=25 ③
5	② + ③ = ④	78 + 25 ＝103 ④
6	用大于或等于结果④且为 10 最小整数倍的数减去④，其差即为所求校验码的值	110 – 103＝7 校验码 X_{12}＝7

2．UPC-E 码（8 位）

UPC-E 码的代码结构是将系统字符为 0 的 UCC-12 代码进行消零压缩得到的，校验码为消零前 UPC-A 商品条码的校验码，其代码结构如表 6-11 所示。

表 6-11　UPC-E 码（8 位）

系统字符	商品项目识别代码	检验码
0	$X_2X_3X_4X_5X_6X_7$	X_8

通常情况下，我国一般不选用 UCC-12 和 UCC-8 代码的商品条码，只有当产品出口至北美地区并且客户指定时，才申请使用 UPC 商品条码，中国厂商如需申请使用 UPC 商品条码，须经中国物品编码中心统一办理。

（四）EAN・UCC-14 代码

EAN・UCC-14 代码是由 14 位数字组成，用于非零售的标识代码。EAN・UCC-14 代码分为指示符、内含商品的标识代码（不含校验码）和校验码三个层次。其中，指示符为一位数字，内含商品的标识代码包括内含商品的厂商识别代码和商品项目代码共 12 位数字，检验码为一位数字。EAN・UCC-14 代码结构如表 6-12 所示。

表 6-12　EAN・UCC-14 代码结构

指示符	商品标识代码（不含校验码）	校验码
L（1～8）定量	$X_{13}\ X_{12}\ X_{11}\ X_{10}\ X_9\ X_8\ X_7\ X_6\ X_5\ X_4\ X_3\ X_2$	X_1
L（9）变量	$X_{13}\ X_{12}\ X_{11}\ X_{10}\ X_9\ X_8\ X_7\ X_6\ X_5\ X_4\ X_3\ X_2$	X_1

1．指示符

指示符的赋值区间为 1～9，其中 1～8 用于定量的非零售商品，9 用于变量的非零售商品。最简单的方法是按顺序分配指示符，即将 1，2，3，…，8 分别分配给非零售商品的不同级别的包装组合。

2.商品标识代码

内含商品的厂商识别代码、商品项目代码以及校验码，其含义与 EAN・UCC-13 零售商品标识代码相同。

第三节　商品条码

一、商品条码的概念

（一）商品条码的概念

商品条码是将表示一定信息的商品标识代码转换成一组宽度不等的多个黑条和空白，按照一定的编码规则排列而成的特殊图形的符号。常见的条形码是由反射率相差很大的黑条（简称条）和白条（简称空）排成的平行线图案。其中条为深色、空为浅色，用于条形码识读设备的扫描识读。这一组条空和相应的字符所表示的信息是相同的。

商品条码是指由国际物品编码协会（EAN）和统一代码委员会（UCC）规定的、用来表示商品标识代码的条码，包括 EAN 商品条码（EAN-13 商品条码和 EAN-10 商品条码）和 UPC 商品条码（UPC-A 商品条码和 UPC-E 商品条码）。商品条码一般印刷在商品包装上，或者将其制作成条码标签附在商品上。对于小批量产品来说，条码也可以在不干胶上张贴，所以其用途极广。截至 2008 年年底，我国已有几十万家企业申请使用条码，使用条码的商品更是超过几百万种。

商品条码系统成员编制商品项目代码应按照国家标准（GB12904）《商品条码》的规定，在国家中心分配的厂商识别代码的基础上，以商品项目为单位进行编码，并同时计算校验码，最终得出完整的商品条码。

（二）商品条码的特点

商品条码是商品的“身份证”，是实现商业现代化的基础，是商品进入超级市场和 POS 扫描商店的入场券。条形码是迄今为止最经济、实用的一种自动识别技术。条形码技术具有以下几个方面的优点。

1．输入速度快。与键盘输入相比，条形码输入的速度是键盘输入的 20 倍，并且能实现“即时数据输入”。

2．可靠性高。键盘输入数据出错率为三百分之一，利用光学字符识别技术出错率为万分之一，而采用条形码技术误码率低于百万分之一。

3．采集信息量大。利用传统的一维条形码一次可采集几十位字符的信息，二维条形码更可以携带数千个字符的信息，并有一定的自动纠错能力。

4．灵活实用。条形码标识既可以作为一种识别手段单独使用，也可以和有关识别设备组成一个系统实现自动化识别，还可以和其他控制设备连接起来实现自动化管理。

另外，条形码标签易于制作，对设备和材料没有特殊要求，识别设备操作容易，不需要特殊培训，且设备也相对便宜。

二、商品条码的结构

（一）EAN・UCC-13 条形码的结构

EAN 条形码是国际通用商品代码，是商品标识代码的载体，是商品标识代码的图形化符号。商品条码包括 EAN-13、EAN-8、UPC-A 和 UPC-E 四种形式的条码符号，其中，EAN-13 条码使用范围最广。

EAN-13 商品条码是表示 EAN・UCC-13 商品标识代码的条码符号，由左侧空白区、起始符、左侧数据符、中间分隔符、右侧数据符、校验符、终止符、右侧空白区及供人识别字符组成，如图 6-5 所示。

图 6-5　EAN-13 条码符号结构

（1）左侧空白区。位于条码符号最左侧与空的反射率相同的区域，其最小宽度为 11 个模块宽。

（2）起始符。位于条码符号左侧空白区的右侧，表示信息开始的特殊符号，由三个模块组成。

（3）左侧数据符。位于起始符右侧，表示六位数字信息的一组条码字符，由 42 个模块组成。

（4）中间分隔符。位于左侧数据符的右侧，是平分条码字符的特殊符号，由五个模块组成。

（5）右侧数据符。位于中间分隔符右侧，表示五位数字信息的一组条码字符，由 35 个模块组成。

（6）校验符。位于右侧数据符的右侧，表示校验码的条码字符，由七个模块组成。

（7）终止符。位于条码符号校验符的右侧，表示信息结束的特殊符号，由三个模块组成。

（8）右侧空白区。位于条码符号最右侧的与空的反射率相同的区域，其最小宽度为七个模块宽。

EAN-13 条码各组成部分的模块数如表 6-13 所示。

表 6-13　EAN-13 条码符号结构

区	左侧空白区	起始符	左侧数据符	中间分隔符	右侧数据符	校验符	终止符	右侧空白区	总数
模块	11	3	42	5	35	7	3	7	113
数字	1	0	6	0	5	1	0	0	13

为保护右侧空白区的宽度，可在条码符号右下角加"＞"符号。"＞"符号的位置如图 6-6 所示。

图 6-6　EAN-13 右侧空白区"＞"的位置

（二）EAN・UCC-8 商品条码的符号结构

EAN・UCC-8 商品条码是表示 EAN・UCC-8 商品标识代码的条码符号，由左侧空白区、起始符、左侧数据符、中间分隔符、右侧数据符、校验符、终止符、右侧空白区及供人识别字符组成，如图 6-7 所示。

图 6-7　EAN・UCC-8 商品条码符号结构

EAN-8 商品条码各组成部分的模块数如表 6-14 所示。

表 6-14　EAN-8 商品条码各组成部分模块数

区	左侧空白区	起始符	左侧数据符	中间分隔符	右侧数据符	校验符	终止符	右侧空白区	总数
模块	7	3	28	5	21	7	3	7	81
数字	0	0	4	0	3	1	0	0	8

EAN-8 商品条码符号的起始符、中间分隔符、校验符、终止符的结构与 EAN-13 相同；左侧空白区与右侧空白区的最小宽度均为七个模块宽；供人识读的八位数字的位置基本与 EAN-13 相同，但没有前置码，即最左边的一位数字由对应的条码符号表示；为保护左右侧空白区的宽度，一般在条码符号左、右下角分别加“＜”和“＞”符号，“＜”和“＞”符号的位置在空白区。

EAN-8 采用的条码字符集与 EAN-13 相同，左侧数据符由 A 子集表示，右侧数据符和校验符由 C 子集表示。

三、其他几种常见条码

（一）店内码

有些商品，如散装食品、鲜肉、水果、蔬菜和熟食等以随机重量销售的编码一般不宜由商品的生产商承担，而是由零售商完成的。顾客挑选货物后，由销售人员对商品进行包装，用专用设备对商品称重并自动编码、制成条码，然后将条码粘贴或者悬挂在商品包装上。这种专用设备的形式取决于编码方法，所以设备制造商必须依据与零售商签订的协议生产设备。这种由零售商编制的代码，只能用于商店内部的自动化管理系统，因此，被称为店内码。

在国外，商场中使用条码时一般有两种做法：一是无论商品上原来有没有条码，一律使用自己制作的店内码；二是充分利用商品原有的条码，对没有条码的产品才使用自己的店内码。在国内商场中，使用条码的方式也就是这两种类型。选用前一种做法的基本上是中高档商场或者专卖店；采用后一种做法的基本上是所有超市和连锁店，因为商品价值低，商品销售量大，全部使用店内码会增加商品成本，从而不利于超市和连锁店的销售。当然，后一种做法对所有的商场都适用。而全部使用店内码的好处是可以根据自己的要求来编制店内码，从而达到自己的管理要求；另外，全部使用店内码，可以采用流水作业自动生成条码，提高条码制作效率。

一般常用的店内码模式也就是常见的 EAN-13、EAN-8、UPC-A、UPC-E 等几种模式。目前我国商店采用的店内码大多就是 EAN 推荐的 EAN-13 店内码，其结构与 EAN/UPC-13 商品代码不同。常见的 EAN-13 店内码结构如表 6-15 所示。

表 6-15　标准版 EAN-13 店内码的代码结构

<table>
<tr><th colspan="2">结构类型</th><th>前缀码</th><th>商品项目代码</th><th>校验码</th></tr>
<tr><td rowspan="2">无价格校验码</td><td>4 位价格码</td><td rowspan="4">I_{13}
I_{12}
（20、21—29）</td><td>$X_{11}X_{10}X_9X_8X_7X_6P_5P_4P_3P_2$</td><td rowspan="4">$C_1$</td></tr>
<tr><td>5 位价格码</td><td>$X_{11}X_{10}X_9X_8X_7P_6P_5P_4P_3P_2$</td></tr>
<tr><td rowspan="2">有价格校验码</td><td>4 位价格码</td><td>$X_{11}X_{10}X_9X_8X_7V_6P_5P_4P_3P_2$</td></tr>
<tr><td>5 位价格码</td><td>$X_{11}X_{10}X_9X_8V_7P_6P_5P_4P_3P_2$</td></tr>
</table>

注：表中 I 为前缀码，X 为商品项目代码，P 为价格代码，V 为价格校验码。

（二）EAN 系统的图书代码

国际标准书号（International Standard Book Number，ISBN），是国际通用的图书或独立的出版物（除定期出版的期刊）代码。国际物品编码协会（EAN）与国际标准书号中心（ISBN）达成一致协议，把图书作为特殊的商品，将 ISBN 书号条码化。一个国际标准书号只有一个或一份相应的出版物与之对应。

国际标准书号由 13 位数字组成，其中，前三位数字代表图书前缀码，中间的九个数字分为三组，分别表示组号、出版社号和书序号，最后一个数字是校验码。国际标准书号的组成如表 6-16 所示。

表 6-16 国际标准书号的组成

前缀码	ISBN 号			校验码
	组号	出版社号	书序号	
978	X	2～6 位数字	2～6 位数字	C

1．前缀码

EAN 将前缀码 978 作为国际标准书号（ISBN）系统的专用前缀码，用以标识图书。

2．ISBN 号

ISBN 号为中间的九个数字，分为三组，分别表示组号、出版社号和书序号。

（1）组号。第一段是组号，指地区号，最短的是一位数字，最长的达五位数字，大体上兼顾文种、国别和地区。把全世界自愿申请参加国际标准书号体系的国家和地区划分成若干地区，各有固定的编码。表 6-17 所示组号为一位数字的语种及国家代表。

表 6-17 一位数字的组号

组号	0，1	2	3	4	5	7
语种	英语	法语	德语	日语	俄语	汉语
国家代表	美国	法国	德国	日本	俄罗斯	中国

由表 6-17 可以看出，中国的组号是 7。

（2）出版社号。第二组号码是出版社代码（Publisher Identifier），由其隶属的国家或地区 ISBN 中心分配，允许取值范围为 2～6 位数字。出版社的规模越大，出书越多，其号码就越短。

（3）书序码。第三组是书序码（Title Identifier），由各国编码组织根据本国特点自行定义。每个出版社的书序号是定长的。书序号位数计算公式如下：

书序号位数=8 − 出版社号位数

需要注意的是，书序码最短的是两位数字，最长的六位数字。出版社的规模越大，出书越多，序号越长。

3．校验码

国际标准书号校验码的确定方法与 EAN・UCC 校验码的确定方法相同。

各组数字之间应该用连字符“-”连接，如 ISBN 978-7-115-28477-8 等。

（三）EAN 系统的期刊代码

按照国际物品编码协会的规定，期刊代码可以用两种不同的代码结构来表示。一种是将期刊作为一般商品，按照 EAN 商品编码方法对其进行编码，这种方法可以起到商品标识的作用，但体现不出期刊的特点；另一种是用 ISSN 号，即标准国际刊号来表示。

1．按 EAN-13 普通商品规则编码

按 EAN-13 普通商品规则编码的期刊代码结构如表 6-18 所示。

表 6-18　按 EAN-13 普通商品规则编码的期刊代码结构

前缀码	期刊标识代码	校验码	期刊系列号
P_1 P_2 P_3	X_1 X_2 X_3 X_4 X_5 X_6 X_7	C	S_1 S_2

（1）前缀码。国别代号，由国际物品编码协会分配。我国的国别代号是 690。

（2）期刊标识代码。七位数字，由各国物品编码中心自行确定。

（3）校验码。EAN-13 代码的校验码，与普通商品的校验码确定方法相同。

（4）期刊系列号。期刊代码的补充代码，由二位数字构成，表示一周以上出版的期刊序号（即周或月份的序号）。

2．国际标准刊号（ISSN 号）

（1）国际标准刊号。直接采用 ISSN 号对期刊进行编码，其期刊代码结构如表 6-19 所示。

表 6-19　直接采用 ISSN 号对期刊进行编码的代码结构

前缀码	ISSN 号（不含其校验码）	备用码	EAN-13 条码校验字符	期刊系列号（补充代码）
977	$X_1 \sim X_T$	Q_1Q_2	C	S_1S_2

① 前缀码 977。国际物品编码协会（EAN）分配给国际标准期刊号 ISSN 系统的专用前缀码。

② X_1～X_7。国际标准期刊号（ISSN），不含其校验码。

③ Q_1 Q_2。备用码，当 X_1～X_7 不能清楚地标识期刊时，可以利用备用码 Q_1 Q_2 来辅助区分出版物，日刊或一周内发行几次的期刊，可以利用 Q_1 Q_2 分配不同的代码。

④ S_1 S_2。仅用于表示一周以上出版一次的期刊的系列号（即周或月份的序数）。表 6-20 表示的是期刊系列号 S_1 S_2 的代码构成。

表 6-20 期刊序列号的结构

期刊种类	S_1S_2
周刊	用出版周的序数表示（01～52）
旬刊	用出版旬的序数表示（01～36）
双周刊	用出版周的序数表示（02，04，06，08，...，52）或者（01，03，05，07，...，51）
月刊	用出版月的序数表示（01～12）
双月刊	用出版月的序数表示（02，04，06，08，10，12）或（01，03，05，07，09，11）
年刊	S_1 为本年度的最后一位数字，S_2 为 5
特殊期刊	01～99

（2）ISSN 号。ISSN 号是标准国际连续出版物号（International Standard Serial Number）的简称，是为各种内容类型和载体类型的连续出版物（例如报纸、期刊、年鉴等）所分配的具有唯一识别性的代码。分配 ISSN 的权威机构是 ISSN 国际中心（ISSN International Centre）、国家中心和地区中心。

国际标准刊号等效采用国际标准（ISO3297）《文献工作——国际标准连续出版物号（ISSN）》。按国际标准 ISO3297 规定，一个国际标准刊号由以“ISSN”为前缀的八位数字（两段四位数字，中间以一个连字符“-”相接）组成。如 ISSN1234-5679，其中前七位为单纯的数字序号，无任何特殊含义，最后一位为计算机校验位，其数值根据前七位数字依次以 2～8 加权之和、以 11 为模数按下列方法计算得到。其核算方法如表 6-21 所示。

表 6-21 ISSN 校验码的确定

国际标准期刊号	1	6	0	7	-	5	1	6	X_2
加权数	8	7	6	5	-	4	3	2	由以下方法计算
乘　积	8	+42	+0	+35		+20	+3	+12	

（续表）

求 8～2 加权之和	8+42+0+35+20+3+12=120
以 11 为模数求差	120÷11=10……10（余数）
	11−10＝1（差数）
ISSN 号	ISSN 1607-5161

第四节　物流条码

一、物流条码的概念及种类

（一）物流条码的概念

物流条码是由 EAN 和 UCC 制定并用于商品单元的全球统一标识的条码。商品单元由消费单元、储运单元和货运单元组成，如图 6-8 所示。

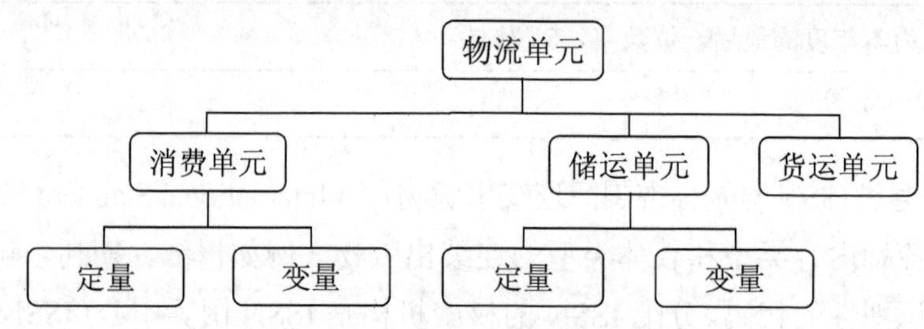

图 6-8　商品单元的组成

（二）国际统一的物流条码种类

目前国际上通用和公认的物流条码有三种，分别是消费单元条码、储运单元条码和货运单元条码。

（1）消费单元条码。消费单元条码也称之为商品条码，它采用标准版 EAN-13 条码，主要用于零售业，在我国的超市已被广泛使用。

（2）储运单元条码。储运单元条码一般采用 ITF-14 条码，如图 6-9 所示。目前在我国部分配送中心已经开始使用，主要应用于商品的纸质包装箱上。

图 6-9　储运单元条码（ITF-14）

（3）货运单元条码。货运单元条码是物流条码中最常用的形式，也是国际物流业中普遍推广使用的全球通用物流条码，在我国已经引起不少物流企业和生产企业的重视。货运单元条码采用 EAN・UCC 系统中 128 条码，主要用于运输、仓储等物流标签上。

二、储运单元编码

储运单元是指为便于搬运、仓储、订货和运输等，由消费单元组成的商品包装单元。通常，消费单元可以分为定量消费单元和变量消费单元，前者是指按商品件数计价销售的消费单元，后者是指按基本计量单位计价，以随机数量销售的消费单元。据此，储运单元也可以分为定量储运单元和变量储运单元。

（一）定量储运单元编码

定量储运单元编码一般采用 13 或者 14 位数字代码，按以下不同的情况分别处理。

1．与定量消费单元同为一体的定量储运单元的编码

当定量储运单元同时又是定量消费单元时（如电冰箱、彩电、洗衣机等），应该按照定量消费单元进行编码，即采用 EAN・UCC-13 代码进行编码。

2．包含不同种类定量消费单元的定量储运单元的编码

当定量储运单元内包含不同种类的定量消费单元时，该定量储运单元采用 13 位数字代码。将定量的消费单元编码规则应用于定量储运单元的编码，给每一定量储运单元分配一个区别于它所包含的消费单元的 13 位数字代码。

3．包含同一种类定量消费单元的定量储运单元编码

当定量储运单元内包含同一种类的定量消费单元时，可以给该定量储运单元分配一个区别于它所包含的消费单元的 13 位数字代码，也可以用 14 位数字进行编码，其编码的代码结构如表 6-22 所示。

表 6-22　包含同一种类定量消费单元的定量储运单元编码的代码结构

定量储运单元包装指示符	定量消费单元代码（不含校验符）	校验符
V	$X_{13}X_{12}X_{11}X_{10}X_9X_8X_7X_6X_5X_4X_3X_2$	C

V 取值范围为 1～8，定量消费单元代码与消费单元条码相同。

（二）变量储运单元编码

变量储运单元编码由 14 位数字的主代码和六位数字的附加代码组成。编码结构如图 6-10 所示。

L_{14}_X_{13} X_{12} X_{11} X_{10} X_9 X_8 X_7 X_6 X_5 X_4 X_3 X_2 C_1　　Q_6 Q_5 Q_4 Q_3 Q_2 P_1

主代码 ENA-14 代码　　辅助代码

图 6-10　变量储运单元编码结构

（1）L：指示符，取值 9，表示变量储运单元。

（2）X：“其中 $X_{13}X_{12}X_{11}$”表示“690”，“$X_{10}X_9X_8X_7$”表示“厂商”，“$X_6X_5X_4X_3X_2$”表示“商品项目”，“C_1”表示“校验符”。

（3）Q：附加代码，按基本计量单位计量商品数量。

（4）P：附加代码的校验码，计算方法同 EAN・UCC-13 校验码。

如附加代码为 042178 时，校验码的计算方法如表 6-23 所示。

表 6-23　附加代码校验码的计算方法

步骤		举例说明
1	自左向右顺序编号	位置序号　6　5　4　3　2　1 代码　　　0　4　2　1　7　P
2	从序号 1 开始求出奇数位上数字之和 ①	7+2+0=9 ①
3	① ×3 = ②	9×3=27 ②
4	从序号 2 开始求出偶序位上数字之和 ③	1+4=5 ③
5	② + ③ = ④	27+5=32 ④
6	用大于或等于结果④且为 10 最小整数倍的数减去④，其差即为所求校验码的值	40－32=8 校验码 P＝8

三、货运单元条码

EAN・UCC -128 是一种连续型、非定长条码，能更多地标识贸易单元中需表示的信息标识代码，如产品批号、数量、规格、生产日期、有效期、交货地等。EAN・UCC -128 条码由应用标识符和数据两部分组成，每个应用标识符由 2～4 位数字组成。条码应用标识的数据长度取决于应用标识符，并且多个条码应用标识可由一个条码符号表示。如图 6-11 所示。

图 6-11　表示 SSCC 的 EAN・UCC-128 条码

EAN・UCC -128 应用标识条码是使信息伴随货物流动的全面、系统、通用的重要物流手段。

【本章小结】

本章重点介绍了商品分类代码与标识代码的编码原则及编码方法。对于分类代码，以国家标准《全国主要产品分类与代码 第 1 部分：可运输产品》（GB/T 7635.1-2002）和《全国主要产品分类与代码 第 2 部分：不可运输产品》（GB/T 7635.2-2002）为例详述了分类代码的结构；对于标识代码，则重点介绍了 EAN • UCC-13 代码结构，对 EAN • UCC-8、UCC-12 及 EAN • UCC-14 也作了简要介绍。同时，还介绍了商品条码的符号结构、商品条码在店内码、图书代码及期刊代码中的应用及物流条码等知识。

【复习思考题】

1. 什么是商品代码？有几种信息代码？有几种代码结构类型？
2. 商品分类编码应遵循哪些原则？
3. 分析国家标准《全国主要产品分类与代码 第 1 部分：可运输产品》（GB/T 7635.1-2002）的代码结构。
4. EAN • UCC-13 标识代码有几种结构？确定 690208388417C 校验码的值。
5. 简述商品条码的符号结构及特点。
6. 描述店内码、图书代码、期刊代码的结构。
7. 简述物流条码的种类。

【案例】

商品条码食品安全追溯平台

2010 年，中国物品编码中心与中国食品工业协会推出了商品条码食品安全追溯平台，这个平台可以为公众提供包括肉、禽、蔬菜、水果、海产品在内的十三个大类、十五万种信息，用户通过输入商品条码即可查询到产品的相关信息。

举例来说，山东寿光蔬菜安全可追溯性信息系统实现了农产品单品质量信息的跟踪，主要由企业端管理信息系统、食品安全质量数据平台和超市端查询系统三部分组成。企业端管理信息系统通过对蔬菜贸易项目、加工原料的来源、包装信息、物流信息以及企业基本信息进行编码，对蔬菜从种植、收购到加工包装全过程进行计算机管理。食品安全质量数据平台主要接受企业端、检验机构和认证机构的各种信息并对其进行监督、分析和过滤，形成基本信息库，为企业、政府和公众进行全方位、多角度的服务。超市端查询系统主要为广大市民服务，消费者可以通过扫描每包蔬菜上的追溯码，准确了解该蔬菜的种植过程、施肥和用药情况、加工企业、加工日期、检验信息等各项数据，以便买到真正的放心菜。

再比如，上海农副产品质量安全信息查询系统包括100多种与市民“菜篮子”、“米袋子”密切相关的农副产品，安装查询平台的超市大卖场已接近50家。消费者可以通过多媒体查询平台对该条码进行扫描识别。

案例讨论题

1. 我国政府推出食品安全追溯条码有何意义？
2. 目前，食品安全追溯条码包括几大类多少种信息？

【实践技能训练】

商品代码应用

1. 用层次编码法为某超市经营的商品编制分类代码表，超市商品分类表格式如下表所示。

超市商品分类表

商品大类		商品中类		商品小类					
代码	名称	代码	名称	代码	名称	代码	名称	代码	名称

2. 编制商品条码

结合计算机应用相关课程进行商品条码的编制及打印。

第七章　商品包装

■知识目标

1. 理解商品包装的概念、商品包装的功能及商品包装合理化。
2. 掌握商品包装的分类、商品包装材料、商品包装技法。
3. 熟悉商品使用说明、装潢设计。
4. 掌握各种商品包装标志。

■技术目标

1. 结合实例说明商品包装的分类。
2. 通过实践亲身体验如何做到商品包装的合理化。
3. 通过实践认识商品包装的技法。

■能力目标

1. 能够结合实例了解商品包装标志。
2. 能够对商品包装装潢进行设计。

商品包装是商品的重要组成部分，现在已经成为企业竞争的重要手段之一。商品包装是实现商品价值和使用价值并能增加商品价值的一种手段。随着感性消费时代的到来以及市场竞争的日益激烈、售货方式的变化，商品包装的功能已不仅局限在保护、容纳和宣传产品上，而更重要的是提升商品的附加值，提高商品的竞争力。商品包装已经成为企业竞争的一个重要手段。在现代社会中，绝大多数商品都是经过包装以后才进入流通和消费领域的，包装不足、包装不当、包装过剩都有碍于商品价值和使用价值的实现。因此，了解和掌握商品包装的概念、作用、材料、方法以及包装标志具有重要意义。

第一节　商品包装概述

一、商品包装的概念

商品包装是指在商品流通过程中为保护商品、方便储运、促进销售，按一定技术方法而采用的容器、材料和辅助材料等的总称；也指为了达到上述目的而在采用容器、材料和辅助材料的过程中施加一定技术方法等的操作活动。因此，包装有两层含义：一指盛装商品的容器及其他包装用品，即包装物，如箱、桶、袋等；二是指产品盛装、包扎和装潢的操作过程，如装箱、灌瓶、装桶等。

包装材料、包装技术、包装结构造型和表面装潢构成了包装实体的四大因素，其中，包装材料是包装的物质和技术基础，包装结构、造型是包装材料和包装技术的具体形式，包装材料、包装技术、结构造型是通过画面和文字美化来宣传和介绍商品的主要手段。

二、商品包装的功能

虽然各国对包装所作的定义不同，但不难看出，包装具有这样几个特点：一是要选用合适的包装材料；二是保护商品不受损失；三是采用一定的包装技术。因此，归纳起来，包装的功能包括如下方面。

（一）保护功能

保护功能是商品包装最基本的功能。商品从生产领域向消费领域转移的过程中，必然会经过多次不同情况、不同条件的空间移动、冲击或震动，以及外界因素如温度、湿度、微生物等的影响，如果包装不当，就会造成商品的破损、变形、霉变、腐烂、生锈、虫蛀等损失。

因此，必须根据不同的商品形态、特征、运输环境、销售环境等因素，选择适当的包装材料，设计或采用合理的包装容器和包装技术，赋予包装充分的保护功能，保护内装商品的安全，对危险货物采用特殊包装，注意防止它对周围环境及人和生物的伤害。

（二）方便流通功能

商品包装为商品在流通领域的流转和消费领域的使用提供了便利。在流通领域，实施合理的包装，运用恰当的标志，可以方便运输、搬运、装卸、储存、分发、清点、销售，便于识别、开启和携带，方便使用和回收，可以提高商品物流各环节的适应性，使物流技术管理快捷、准确、可靠、便利。

（三）促进销售功能

商品包装特别是销售包装，是无声的推销员。良好精美的包装，能引起消费者的注意，唤起消费者的共鸣，激发消费者的购买欲望，促进商品的销售。包装的促销功能是由于包装具有传达信息功能、表现商品功能和美化商品功能引起的。传达信息功能主要是通过包装上的文字说明，向消费者介绍商品的名称、品牌、产地、成分、功用、使用方法、产品标准等信息，起到宣传商品、指导消费的作用。表现商品功能主要是通过包装上的图案、照片及透明包装所显露的商品实物，把商品的全貌展示出来，以给消费者良好的感觉和印象。包装的美化功能是通过整个包装的装潢设计、造型安排，突出商品的性能和品质，美化商品。随着市场经济的发展，包装的促销功能越来越受到人们的重视，得到了不断的开发和运用。

（四）容纳和成组化功能

许多商品（如液体、气体和粉状商品）本身没有一定的集合形态，它们依靠包装的容纳才具有特定的商品形态，不经过包装，它们就无法运输、储存和销售。包装的容纳功能不仅有利于商品流通和销售，而且还能提高商品价值。增加了商品的保护层，有利于商品的稳定；对于食物、药品、化妆品、消毒品、卫生用品等商品来说，包装的容纳功能还能保证商品的卫生性；对于复杂结构的商品，包装的容纳功能能使其外形整齐划一，形成标准单元，便于组合成较大包装；对于质地疏松的商品，包装的容纳功能结合标准化和合理压缩，可充分利用包装容积，节约包装费用，节省储运空间，实现效用最大化。

成组化功能是容纳功能的延伸。它是把许多个体或个别的包装物统一加以包装，例如一些瓶装饮料商品 24 瓶为一箱。成组的容纳有利于商品运输、保管和销售，并能减少商品流通的费用。

（五）便利和复用功能

包装的便利功能是指商品的包装为商品的空间移动及消费者的携带使用提供了方便条件，如方便运输、搬运，方便展销陈列，方便携带、使用，方便处理。例如，各种便携式结构、易开启结构、气压式喷雾结构等，虽然它们价格提高了许多，但仍受到市场的欢迎。

包装的复用功能是指包装商品的任务完成时，包装物还可以直接再利用，如一些包装，其包装功能完成后可以用来做贮存罐，不仅扩大了包装的用途，而且能长期发挥广告的宣传效用。

（六）卫生与环保功能

包装的卫生功能是指包装要能保证商品（尤其是食品、药品、化妆品的）卫生性能，包装的卫生功能包括两方面内容：一是包装能阻隔各种不卫生因素，如灰尘、病菌对内装物的污染；二是包装材料本身在与内装物接触时不污染商品。

包装的环保功能是指包装对环境的影响，主要包括两个方面的内容：一是包装废弃物能回收再利用；二是如果不能再利用，包装废弃物在大自然中能自然降解。例如，1 吨废纸可回收再利用 0.75 吨，即使没有回收回来的，在自然界也能被微生物分解，所以，纸材料属于绿色包装材料。

在关税税率不断降低、非关税壁垒不断强化的今天，包装的卫生与环保功能在对外贸易中已成为许多国家保护本国市场的重要手段。

（七）提高商品附加值功能

包装是商品的“改良”，不仅保护商品，而且通过优美的造型、色彩、图案和合理的定位来美化商品，把物质的东西和文化的、精神的内涵结合起来。通过包装表现出来的商品，不仅满足人们的物质需要，同时，满足人们的精神需要；不仅提高了商品的竞争力，增加了企业利润，同时也有利于对外贸易的发展和国家的声誉。

在以上七项功能中，前三项功能，即保护功能、方便流通和促进销售是商品包装的基本功能。

三、商品包装合理化

商品包装合理化是包装作用能否正常发挥的前提条件。合理的商品包装是随商品流通环境的变化、包装技术的进步而不断改进和发展的。包装既要符合国情，又要满足消费者需要并取得最佳的经济和社会效益。一般而言，合理的商品包装应满足以下要求。

（一）商品包装应适应商品特性

商品包装必须根据商品的特性分别采用相应的材料与技术，使包装完全符合商品理化性质的要求。商品包装设计要素主要有材料、结构、造型、图案（文字）、色彩、商标等。它们的组织与协调必须建立在了解和熟悉所包装商品特征和特性的基础上，充分考虑物流各环节、销售环节对包装的具体要求以及商品及其包装使用者的特征、偏好、风俗习惯等。

（二）商品包装应适应运输条件

要确保商品在流通过程中的安全，商品包装应具有一定的强度，坚实、牢固、耐用。对于不同运输方式和运输工具，还应有选择地利用相应的包装容器和技术处理。总之，整个包装要适应流通领域中的储存运输条件和强度要求。

（三）商品包装要“适量、适度”

对于销售包装而言，包装容器大小应与内装商品相宜；包装费用应与内装商品相吻合。预留空间过大、包装费用占商品总价值比例过高，都属于有损消费者利益、误导消费者的“过分包装”。

（四）商品包装应标准化、通用化、系列化

商品包装必须推行标准化，即对商品包装的包装容（重）量、包装材料、结构造型、规格尺寸、印刷标志、名词术语、封装方法等加以统一规定，逐步形成系列化和通用化，以便有利于包装容器的生产、提高包装生产效率、简化包装容器的规格、节约原材料，降低成本，易于识别和计量，有利于保证包装质量和商品安全。

（五）商品包装要做到绿色、环保

对商品包装的绿色、环保要从两个方面认识：首先，材料、容器、技术本身对商品、对消费者而言，是安全和卫生的。其次，包装的技法、材料容器等对环境而言，是安全

和绿色的。在选材和制作上，遵循可持续发展原则，商品包装要节能、低耗、高功能、防污染，可以持续性回收利用，或废弃之后能安全降解。

商品包装在某种程度上能综合地反映一个国家的科技水平、工业水平以及文化艺术水平，同时还关系到国家和民族的声誉。出口商品销售对象是不同国家、不同民族、不同文化背景下的消费者，因此，设计出口商品包装时，不仅要使其具备商品包装的基本条件，同时还要适应这些国家、民族的文化差异，不仅要起到保护商品、方便运输的作用，而且要引起消费者的购买欲望，增强商品的国际竞争力。

四、商品包装的分类

包装类型很多，按包装在流通领域中的作用、包装使用次数、包装适用性、包装耐压程度，包装制造材料可做如下分类。

（一）按包装在流通领域中的作用分类

1．销售包装

销售包装亦称商品的内包装，指能与商品配装成一个整体，随同商品一同出售，并能适应人们复杂的消费需要，在人们的消费行为中发挥效用。

2．运输包装

运输包装也称商品的外包装，其作用是保护商品，方便运输、装卸和储存。常见的运输包装有木箱、纸箱、铁桶、竹篓、柳条筐、集装箱、集装袋及托盘等。

（二）按包装使用次数分类

按包装使用次数，商品包装可以分为如下两种。

（1）一次使用包装。

（2）多次使用包装。要求包装坚固，可再次使用。

（三）按包装适用性分类

1．专用包装

专用包装具有特定的使用范围，例如，盛装硝酸、硫酸的专用陶瓷包装，盛放鸡蛋用的纸格箱包装都称为专用包装。

2．通用包装

适应性强、使用范围广的商品包装称为通用包装，如木箱、麻袋等。

（四）按包装耐压程度分类

1．硬质包装

如木箱、木桶、铁箱、铁桶，耐压性较强的包装均属于硬质包装。

2．半硬质包装

如纸板箱、竹篓、柳条筐等均属于半硬质包装。

3．软质包装

如麻袋、布袋、纸袋，耐压力差的包装等均属于软质包装。

（五）按包装制造材料分类

按包装制造材料的不同，商品包装主要包括纸制品、纺织制品、木制品、塑料制品、金属制品、玻璃制品、陶瓷制品、复合材料制品、草类编制品等。

第二节　商品包装材料和技法

商品包装材料有很多种，选择什么样的包装材料要根据实际情况决定，选择合适的包装材料也是消除国际贸易“绿色壁垒”的有效手段之一，另外，选择的包装材料不能对环境和人类的健康造成危害。先进的工艺是保证能否制得效果良好的包装产品的重要保证。

一、商品包装材料

包装材料是指用于制造包装容器和用于包装运输、包装装潢、包装印刷的材料、辅助材料以及与包装有关材料的总称。

常用的包装材料有纸、塑料、木材、金属、玻璃等。使用最为广泛的是纸及各种纸制品，其次是塑料、木材。随着社会经济发展和国内外对环境保护的日益重视，以纸代木、以纸代塑的绿色包装已势在必行，纸质包装逐步向中高档、低量化方向发展。

（一）纸和纸板

纸和纸板是支柱性的包装材料，应用范围十分广泛。纸和纸板是按定量（单位面积的质量）或厚度来区分的，凡定量在250g/m^{2}以下或厚度在0.1mm以下的称为纸，在此以上的称为纸板。由于纸无法形成固定形状的容器，常用来做裹包衬垫和口袋，而纸板常用来制成各种包装容器。包装纸主要有纸袋纸、牛皮纸、中性包装纸、普通食品包装纸、鸡皮纸、半透明玻璃纸和玻璃纸、有光纸、防潮纸、防锈纸、铜版纸等。包装纸板主要有箱纸板、牛皮箱纸板、草纸板、单面白纸板、茶纸板、灰纸板、瓦楞纸板等。

纸和纸板作为包装材料具有如下优点。

（1）具有适宜的强度、耐冲击性和耐摩擦性。

（2）容易达到卫生要求，无毒、无异味。

（3）具有优良的成型性和折叠性，对于机械化、自动化的包装生产具有良好的适应性。

（4）具有最佳的可印刷性，便于介绍和美化商品。

（5）价格较低且重量轻，可以降低包装成本和运输成本。

（6）用后易于处理，可回收重复使用和再生，不会污染环境并节约资源。

但纸和纸板作为包装材料也有不可避免的缺点，如难封口，受潮后牢度下降以及气密性、防潮性、透明性差等，这些缺点使它们在包装运用上受到了一定的限制。

（二）塑料

塑料是一类多性能、多品种的合成材料，具有物理性能优越、化学稳定性好、轻便、易加工成形的特点，但塑料作为包装材料强度不如钢铁、耐热性不如玻璃、易老化、易产生静电。包装常用塑料有聚乙烯、聚丙烯、聚氯乙烯、聚苯乙烯、聚酯等，可制成瓶、杯、盘、盒等容器，聚苯乙烯还大量地用来制造包装用泡沫缓冲材料。

塑料作为包装材料具有如下优点。

（1）物理机械性能优良，具有一定的强度、弹性，抗拉、抗压、抗震、耐磨、耐折叠、防潮、防水，并能阻隔气体等。

（2）化学稳定性好，耐酸碱、耐油脂、耐化学药剂、耐腐蚀等。

（3）比重较小，是玻璃的1/2，钢的1/5，属于轻质材料。

（4）加工成形工艺简单，成形方法多种多样，适于制造各种包装容器。

（5）适合采用各种包装新技术，如真空技术、充气技术、拉伸技术、收缩技术、贴体技术、复合技术等。

（6）表面光泽，具有优良的透明性、可印刷性和装饰性。

（7）成本低廉。

塑料作为包装材料的缺点是强度不如钢铁；耐热性不如玻璃；易老化；有些塑料在高温下会软化，在低温下会变脆，强度下降；有些塑料带有异味，某些有害成分可能迁移渗入内装物；易产生静电而造成吸尘；塑料包装废弃物处理不当会造成环境污染等。因此，在选用塑料包装材料时要注意以上问题。

（三）金属材料

包装用金属材料主要是指钢板、铝材及其合金材料，其形式有薄板和金属箔，品种有薄钢板（黑铁皮）、镀锌薄钢板（白铁皮）、镀锡薄钢板（马口铁）、镀铬薄钢板、铝合金薄板、铝箔等。金属材料牢固结实；密封性、阻隔性好；延展性强，易加工成形；金属表面有特殊的光泽，便于进行表面装潢。但金属材料成本高，生产能耗大，化学稳定性差，易锈蚀，所以金属材料包装的应用受到限制。

金属材料作为包装材料的优点。

（1）具有良好的机械强度。

（2）密封性能优良，阻隔性好，不透气，防潮，耐光，用于食品包装（罐藏）能达到长期保存的目的。

（3）具有良好的延展性。

（4）金属表面有特殊的光泽，易于进行涂饰和印刷，可获得良好的装潢效果。

（5）易于回收再利用。

金属材料作为包装材料也有许多缺点，如金属材料成本高，易锈蚀、腐蚀。钢板通过镀锌、镀锡、镀铬、涂层等措施，可以有效提高其耐腐蚀性、耐酸碱性。

（四）玻璃

玻璃是以硅酸盐为主要成分的无机性材料，其特点是透明、清洁、美观，有良好的机械性能和化学稳定性，价格便宜，可多次周转使用。但玻璃耐冲击性低，自身质量大，运输成本高，限制了其在包装上的应用。玻璃包装容器常见的有玻璃瓶、玻璃罐、玻璃缸等，主要应用于酒类、饮料、罐头食品、调味品、药品、化学试剂等商品。此外，也可制造大型运输包装容器，存装强酸类产品。

玻璃作为包装材料具有以下优点。

（1）化学稳定性好，耐腐蚀，无毒无味，卫生安全。

（2）密封性优良，不透气，不透湿，有紫外线屏蔽性，有一定的强度，能有效地保护内装物。

（3）透明性好，易于造型，具有特殊的宣传和美化商品的效果。

（4）原料来源丰富且价格低廉。

（5）易于回收利用，可再生。

玻璃作为包装材料的缺点是耐冲击强度低、碰撞时易破碎、易造成人身伤害、运输成本高、能耗大等。

（五）木质材料

木质材料是传统的运输包装的材料，包括天然木材和人造板材，具有特殊的耐压、耐冲击性能，加工方便，是大型和重型商品运输包装的重要材料。人造板材有胶合板和纤维板两种。

常用的木制包装容器有木箱（包括胶合板箱和纤维板箱）、木桶（包括木板桶、胶合板桶和纤维板桶）等。

（六）复合包装材料

复合包装材料是将两种或两种以上的材料紧密复合在一起而制成的包装材料。塑料与纸、塑料与铝箔、塑料与玻璃、纸与金属箔都可制成复合材料。复合材料兼有不同材料的优良性能，使包装材料具有更加良好的机械性能、气密性、防水、防油、耐热或耐寒性，是现代包装材料的一个发展方向，特别适用于休闲食品、复杂调味品、冷冻食品等食品商品的包装。

（七）纤维织物

纤维织物可以制成布袋、麻袋、布包等，具有牢度适宜、轻巧、使用方便、易清洗、便于回收利用等特点，适用于盛装粮食及其制品、食盐、食糖、农副产品、化肥、化工原料及中药材。

（八）其他材料

毛竹、水竹等竹类材料可以编制各种竹制容器，如竹筐、竹箱、竹笼、竹篮、竹盒、竹瓶等包装容器。水草、蒲草、稻草等可编织席、包、草袋，是价格便宜的、一次性使用的包装用材料。柳条、桑条、槐条及其他野生藤类，可用于编织各种筐、篓、箱、篮等。陶瓷可制成缸、坛、砂锅、罐、瓶等容器。另外，棕榈、贝壳、椰壳、麦秆等也可用于制作各种特殊形式的销售包装。

二、商品包装技法

商品包装技法包括商品包装技术和商品包装防护方法两部分。

（一）商品包装技术概述

商品包装技术主要是指为了防止商品在流通领域发生数量损失和质量变化而采取的抵抗内、外影响质量变化因素的各种技术措施。环境是造成商品质量变化的外部因素，主要有气候条件、生物条件、化学物质和机械条件。气候条件包括温度、气压、阳光、湿度、各种气候现象等；生物条件包括微生物、害虫、鼠类、蚁类等；化学物质包括大气污染中的硫化物、有机物、氧化物等；机械条件包括振动、冲击、静负载、动负载等。

商品本身的自然属性是商品发生质量变化的内部因素，可分为物理、化学、生物等因素。物理因素包括商品结构的机械强度，允许承受机械外力的耐热、耐寒能力等；化学因素包括抗氧化、抗腐蚀、抗老化、耐水性等；生物因素包括抗生物侵蚀、防鲜活商品的生理发生变化等。

（二）常见的商品包装防护方法

1．防震包装

防震包装又称缓冲包装，是为了保护商品的性能和形状，防止商品在流通过程中受到冲击和振动的破坏，采取一定防护措施的包装技术。一般的缓冲包装有三层结构，即内层商品、中层缓冲材料、外层包装箱。

防震包装设计是要选择适当的缓冲材料与包装结构，使商品在运输、搬运过程中传递到商品上的冲击力、振动力不至于超过商品自身的强度。为此，首先要了解环境条件的各项参数，如冲击加速度、振动幅度和频率等；其次还要了解商品本身的脆值或易损度、抗破坏性能等，然后确定包装的整体结构和缓冲材料的种类、形式和厚度。包装的防震性能可以通过垂直冲击跌落试验、滚动试验、振动试验来检验。

常用的缓冲技法有防震衬垫、现场发泡、弹簧吊装、机械固定。

2．防锈包装

防锈包装是防止金属制品与周围介质发生化学腐蚀和电化学腐蚀而采用一定防护措

施的包装。

防锈包装的方法很多，常见的技法有对金属制品表面进行防锈处理、延缓锈蚀过程、阻断有害介质与金属的接触。

3．防潮包装

防潮包装是采用具有一定隔绝水蒸气能力的材料，制成密闭容器，运用各种技术方法阻隔水蒸气对内装商品的影响，使商品在规定期限内处于低于临界相对湿度的环境中以延长货架寿命的包装方法。在防潮包装材料中金属和玻璃最佳，塑料其次，纸板、木板最差。

如果潮气侵入包装，空气中的水汽量超过一定限度时，会引起商品溶化、水解、霉变、腐烂、虫害、锈蚀等多种质量变化，包装的防潮性就是为了防止包装外部的高湿度向包装内的低湿度扩散。

4．无菌包装

无菌包装是在罐头包装的基础上发展而成的一种新技术。无菌包装是先将食品、包装容器、包装辅助物灭菌后，然后再在无菌的环境中进行充填和封合的一种包装方法。和罐头包装相比，无菌包装的特点是采用超高温杀菌，一般加热时间仅几秒，而且又立即冷却，所以能较好地保存食品原有的营养素、色、香、味和组织状态；杀菌所需热能比罐头少25%～50%；因冷却以后包装，可以使用不耐热、不耐压的容器，如塑料瓶、纸样盒等，既降低成本，又便于消费者开启。无菌包装适用于液体食品包装。

5．充气包装与真空包装

充气包装是将商品置于气密性包装容器中，用氮、二氧化碳等不活泼气体置换容器中原有空气的一种包装方法。这种包装多用于水果、蔬菜等鲜活商品包装。采用充气包装可以改变包装容器内的气体组成成分，降低氧气浓度，抑制微生物的生理活动、酶的活性和鲜活商品的呼吸强度，从而达到防霉、防腐和保鲜的目的。

真空包装是将商品置于气密性包装容器中，在容器封口之前抽真空，使密封后的容器内基本没有空气的一种包装方法。这种方法多用于食品包装，如鲜肉、鲜鱼、鲜肉肠等生鲜易腐性食品。由于包装容器内基本没有空气，就阻止了氧气与食品、微生物接触，限制了好氧微生物的生长繁殖，所以在一定的贮藏期内不会发霉、腐烂、变质。对羽绒制品采用真空包装，其体积可以压缩80%～90%，从而节省大量空间。

6．贴体包装与收缩包装

贴体包装是将物品放在包装底板上，再把透明的、可以加热的塑料薄膜盖在物品上，从底板背面抽真空，使薄膜与包装物紧贴并热黏合。贴体包装可以很好地保护商品，便于展销，多用于易碎日用器皿、玩具、小五金等商品的销售包装。

收缩包装是用一种具有热收缩性能的塑料薄膜（经过拉伸冷却工艺）包装商品，送入加热室加热，冷却后薄膜按一定比例收缩，紧紧裹住被包装物。收缩包装广泛用于日用工业品、纺织品、小五金及食品的包装。收缩包装在用于销售包装时，具有使商品型体突出、密封性好的特点，因此有利于销售。

第三节 商品包装标志

商品使用说明是通过商品说明书载体实现的。包装标志便于识别商品，便于运输、仓储等部门工作和收货人收货。对保证安全储运、减少运转差错、加速商品流通有重要作用。

一、商品使用说明

商品使用说明是通过商品说明书载体实现的。商品说明书，也叫“产品说明书”或“使用说明书”，它是关于商品的构造、性能、规格、用途、使用方法、维修保养等的文字说明，大体分内容简短的使用说明书和内容较全面的商品说明书两种。

（一）商品使用说明书的特点

商品使用说明书的特点是内容科学性、说明条理性、样式多样化、语言通俗性和图文的广告性。商品使用说明书根据实际需要对以下各项有选择地或侧重地进行说明。

（1）商品概况。包括商品名称、规格、成分、产地、性质、性能、特点等。

（2）使用方法。有的配合插图说明各部件名称、操作方法及使用注意事项。

（3）保养与维修。配合图表，说明保养、排除一般故障和具体的维修方法。

（4）商品成套明细。只有成套商品才列此项，主要说明成套商品的名称和数量。

（5）附属备件及工具。

（6）附“用户意见书”或“系列商品订货单”。

（二）商品使用说明书的写作

商品说明书一般分标题和正文两大部分。内容复杂的说明书，可印成折子、书本等样式。因此有封面、目录、前言、正文、封底等部分。书本式的说明书在机电产品及成套设备出口中，被普遍应用。

（1）封面。一般有“说明书”字样和厂名，有的还印有商标、规格型号，商品标准名称和图样，如要增强顾客的印象，还可配有商品彩照、图样、表格。封面的标题，要求鲜明醒目。

（2）前言。前言的形式有的采用书信式，而更多的是采用概述式的短文。

（3）正文。这是商品说明书的主要部分。一般是对商品的性能、规格、使用和注意事项进行具体的说明。

（4）封底。为方便用户联系，一般封底上注明厂址、含国家地区代号的电话号码、电报挂号等。

（三）商品使用说明书的要求

（1）必须明确说明介绍的对象。

（2）说明和介绍必须实事求是。

（3）文字要简练，数字要准确。

（4）以条文的方式出现较好。

（5）辅之以图解。

（四）商品使用说明书的注意事项

（1）好的说明书应起到指导消费的作用。但有些说明书却未能做到这一点，如介绍使用方法太简单、不得要领，把功效写得很笼统等。

（2）说明商品，应把重要的、关键的内容告诉消费者。但有些商品介绍只是泛泛而谈，未能在关键、重点问题上多加笔墨。

（3）用词不恰当。常因语义含混而影响表达效果。

（4）商品说明书要求行文简洁。但不少说明书唯恐用户不明白，不厌其烦、赘赘而谈，语句重复。

（5）食品不标明出厂日期或保质期。这种商品，顾客会因疑其过期而不购买，影响商品销售。

二、商品包装标志

商品包装标志主要是指商品运输包装标志，是指按规定在包装上印刷、粘贴、书写的文字和数字、图形以及特定记号和说明事项等。包装标志便于识别商品，便于运输、仓储等部门工作和收货人收货。对保证安全储运，减少运转差错，加速商品流通有重要作用。运输包装标志可分为收发货标志、包装储运图示标志、危险货物包装标志等。

（一）收发货标志

商品运输的收发货标志是指在运输过程中识别货物的标志，也是一般贸易合同、发货单据和运输保险文件中记载的有关标志事项的基本部分。

收发货标志，又称唛头，通常由一个简单的几何图形和一些字母、数字及简单的文字组成，它不仅是运输过程中辨认货物的根据，而且是一般贸易合同、发货单据和运输、保险文件中，记载有关标志的基本部分。

收发货标志的具体要求在国家标准《运输包装收发货标志》（GB6388-86）均有明确规定，如表 7-1 所示。

表 7-1　运输包装收发货标志内容

序号	项目			含义
	代号	中文	英文	
1	FL	商品分类图形标志	CLASSIFICATION MARKS	表明商品类别的特定符号
2	GH	供货号	CONTRACT NO	供应该批货物的供货清单号码（出口商品用合同号码）
3	HH	货号	ART NO	商品顺序编号，以便出入库、收发货登记和核定商品价格
4	PG	品名、规格	SPECIFICATIONS	商品名称或代号，标明单一商品的规格、型号、尺寸、花色等
5	SL	数量	QUANTITY	包装容器内含商品的数量
6	ZL	重量	GBOSS WT NET WT	包装件的重量（千克），包括毛重和净重
7	CQ	生产日期	DATE OF PRODUCTION	产品生产的年、月、日
8	CC	生产工厂	MANUFACTURER	生产该产品的工厂名称
9	TJ	体积	VOLUME	包装件的外径尺寸： 长×宽×高=体积
10	XQ	有效期限	TERM OF VALIDITY	商品有效期至某年某月
11	SH	收货地点和单位	PLACE OF DESTINATION AND CONSIGNEE	货物到达站、港和某单位（人）收（可用标签或涂写）
12	FH	发货单位	CONSIGNOR	发货单位或人
13	YH	运输号码	SHIPPING NO	运输单号码
14	JS	发货件数	SHIPPING PIECES	发运的货物件数

（二）包装储运图示标志

包装储运图示标志是根据不同商品对物流环境的适应能力，用醒目简洁的图形和文字标明在装卸运输及储存过程中应注意的事项。按国际标准 ISO 780-1985《包装储运图示标志》规定，标志要求白纸印黑色，共分为 12 种，如表 7-2 所示。

表 7-2　包装储运图示标志

标志号	标志名称	标志图形	使用说明
标志 1	小心轻放	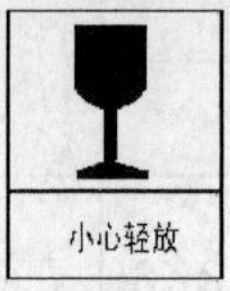 小心轻放	用于碰震易碎、需轻拿轻放的运输包装件
标志 2	禁用手钩	 禁用手钩	用于不得使用手钩搬动的运输包装件
标志 3	向上	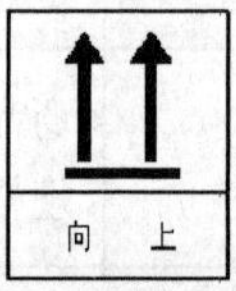 向　上	用于指示不得倾倒、倒置的运输包装件
标志 4	怕热	 怕　热	用于怕热的运输包装件
标志 5	远离放射源及热源	 远离放射源及热源	用于指示需远离放射源及热源的运输包装件
标志 6	由此吊起	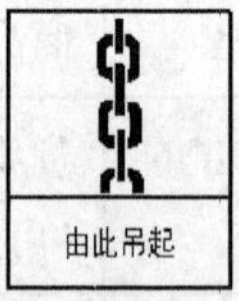 由此吊起	用于指示吊运运输包装件时放链条和绳索的位置
标志 7	怕湿	 怕　湿	用于怕湿的运输包装件
标志 8	重心点	 重心点	用于指示运输包装件重心所在处

（续表）

标志号	标志名称	标志图形	使用说明
标志 9	禁止滚翻	禁止翻滚	用于不得滚动搬运的运输包装件
标志 10	堆码重量极限	"最大……公斤" 堆码重量极限	用于指示允许最大堆码重量的运输包装件
标志 11	堆码层数极限	N 堆码层数极限	用于指示允许最大堆码层数的运输包装件。图中 N 为实际堆码层数，印刷或喷涂时用阿拉伯数字表示
标志 12	温度极限	℃ ℃ 温度极限	用于指示需要控制温度的运输包装件

（三）危险货物包装标志

危险货物包装标志是对易燃、易爆、易腐、有毒、放射性等危险性商品，为起警示作用，在运输包装上加印的特殊标记，也是以文字与图形构成。参照国家标准《危险货物包装标志》（GB190-85），危险货物包装标志的图形、适用范围、颜色、尺寸、使用方法均有明确规定，如表 7-3 所示。标志的图形共 21 种、19 个名称，其图形分别标示了九类危险货物的主要特性。

表 7-3　危险货物包装标志

标志号	标志名称	标志图形	对应的危险货物类项号
标志 1	爆炸品	爆炸品 1（黑色，底色：橙红色）	1.1 1.2 1.3
标志 2	爆炸品	1.4 爆炸品 1（黑色，底色：橙红色）	1.4

（续表）

标志号	标志名称	标志图形	对应的危险货物类项号
标志 3	爆炸品	 （黑色，底色：橙红色）	1.5
标志 4	易燃气体	 （黑色或白色，底色：正红色）	2.1
标志 5	不燃气体	 （黑色或白色，底色：绿色）	2.2
标志 6	有毒气体	 （黑色，底色：白色）	2.3
标志 7	易燃液体	 （黑色或白色，底色：正红色）	3
标志 8	易燃固体	 （黑色，底色：白色红条）	4.1
标志 9	自燃物品	 （黑色，底色：上白下红）	4.2
标志 10	遇湿易燃物品	 （黑色或白色，底色：蓝色）	4.3
标志 11	氧化剂	 （黑色，底色：柠檬黄色）	5.1
标志 12	有机过氧化物	 （黑色，底色：柠檬黄色）	5.2
标志 13	剧毒品	 （黑色，底色：白色）	6.1
标志 14	有毒品	 （黑色，底色：白色）	6.1

（续表）

标志号	标志名称	标志图形	对应的危险货物类项号
标志 15	有害品（远离食品）	（黑色，底色：白色）	6.1
标志 16	感染性物品	（黑色，底色：白色）	6.2
标志 17	一级放射性物品	（黑色，底色：白色，附一条红竖条）	7
标志 18	二级放射性物品	（黑色，底色：上黄下白，附两条红竖条）	7
标志 19	三级放射性物品	（黑色，底色：上黄下白，附三条红竖条）	7
标志 20	腐蚀品	（上黑下白，底色：上白黑下）	8
标志 21	杂类	（黑色，底色：白色）	9

第四节　商品包装装潢

包装物是商品包装装潢的载体，包装物和包装装潢是不可分的统一体，共同体现商品包装保护商品、美化商品的功能作用。

一、商品包装的装潢设计

商品包装装潢是对商品包装的装饰，包括对包装型体结构、图案、文字说明的整体设计的艺术表现和制造。包装物是商品包装装潢的载体，包装物和包装装潢是不可分的统一体，共同体现商品包装保护商品、美化商品的功能作用。

销售包装是包装装潢的主要研究对象。根据杜邦公司进行的市场调查即著名的杜邦定律，表明有 63％的消费者是根据商品的包装和装潢来决定是否购买某种商品的。由此可见，包装装潢已成为产品能否立足市场的一个重要因素。

（一）商品包装装潢的概念和要求

1．商品包装装潢概念

商品包装装潢是根据商品特性和销售对象，设计包装容器的造型结构，外表画面及文字说明，对商品进行科学的包装并力求装饰和美化便于商品的运输、储存、市场陈列展销、消费者使用和携带等。包装装潢是商品的重要组成部分，也是商品质量的一个方面。一个好的包装装潢，能够给人以美的感受，使之增加对商品的了解和对商品的购买兴趣。

2．包装装潢设计要求

（1）整体处理。在整体处理的包装设计时，要注意装运托盘的安全、数量和体积需要。在选择包装大小时应注意产地和销地市场要求的衔接。为稳定托盘负荷，应在整体包装上设计有堆叠拉手等。

（2）包装标准化。包装标准化是物流活动的基本内容。包装的规格适应“托盘”装卸。所谓“公制托盘”，即指托盘规格为长×宽=1 200mm×1 000mm，也有1 219mm×1 016mm规格的，产品包装大小规格建议为600mm×400mm、500mm×400mm、500mm×300mm、400mm×300mm。包装标准化在实际应用中，目前仍有不少困难和问题，但这是一个有潜力的领域。

（3）适合于各种环境条件的需要。包装遇到各种情况必须仍能保持良好状态，因此，包装物必须经特殊防潮湿处理或加强瓦楞板强度，以免包装损坏。

（4）销售和重复使用、便于检验。套筒式瓦楞包装除去盖后即可接受检查。

（5）包装物处置和重复使用。近年来有关包装物使用后处置的问题越来越严重。焚化处理只限于大多数城市区域。包装物的处置方式有多种，可根据包装物料的性质而定，如重复使用、重复改造和填土处理。某些木包装可重复改造后使用，瓦楞纤维板包装可重复循环使用，塑料泡沫包装材料则很少循环利用。塑料或泡沫包装和曾用塑料涂被或重蜡处理过的瓦楞纤维板包装，已成为主要的城市环境污染源。

因此，应制造可折叠、可回收的包装，以便重复使用，并应形成全国性或区域性网络来进行回收、复原、清洁和再利用，加速推进包装无公害化进程。

（二）商品包装装潢的设计内容

1．商品包装的装潢设计方案

商品包装装潢设计方案，从广义上讲包括两个部分，即包装设计和装潢设计。由于包装和装潢是统一体，因此，包装设计和装潢设计必须同时进行。包装装潢设计方案是包装装潢设计的基础。包装装潢是一种实用装饰技术，是表现商品、传达商品信息的载体。包装装潢设计方案则是实现表现商品、传达商品信息的设计构想，即装潢设计定位，或者说是装潢设计的目的。

装潢设计必须在三个方面定位，即品牌定位、产品定位和消费者定位。

（1）品牌定位

商品的品牌或商标是商品生产厂家的标示，是商品的代号，是商品形象的塑造。经注册后的品牌或商标，受法律保护，享有专利权。商品品牌或商标不仅表现产品质量水平，而且代表企业信誉和形象。商品的品牌或商标是商品信息的重要内容之一，因此，装潢设计定位首先是品牌定位。品牌定位包括生产厂家、产品命名、产品牌号的选定，包装标志、造型、图案、文字、色彩的选定和辨认等都有基本定位的要求。

（2）产品定位

产品定位是通过包装直接告诉消费者包装的是什么产品，产品的品质特性、功能用途、使用保管方法是什么，使消费者看到包装便想到商品，是为“卖”进行设计的。对不同种类、不同特点、使用功能不同的产品，产品定位的表现方法也是不同的。

（3）消费者定位

商品生产是为“卖”而生产，商品包装装潢是为了更好地“卖”而对商品包装进行的装饰。这种包装装饰要根据商品的功能用途，对消费者要有针对性。消费者定位包括消费对象的年龄、性别、职业、生活方式、风俗习惯、宗教信仰等，也包括消费区域对象的民族风俗、地理环境、气候条件等。特别是出口商品的包装装潢的设计更要根据国别的不同，对色彩、动植物等爱好、禁忌的东西慎重选定图案。

2．商品包装装潢的造型结构设计

要求从力学角度出发，设计出科学的结构，既保证容器的强度，又合理利用包装材料，降低包装成本，并根据包装在商品流通中所起的主要作用不同，设计不同的造型结构。

（1）适合于陈列、便于识别商品的包装造型

挂式造型包装是适应自选销售方式发展起来的，它能充分利用货架的空间陈列展销商品。目前在服装行业被广泛应用。

展开式造型包装又可细分为不同种类。其中有一种摇盖盒式，造型很别致，盒盖打开后，按设计好的折线翻转，并把盒舌插入盒内，则盒盖表面图案清晰可见，形成一小型宣传广告牌，具有良好的陈列和装饰效果。

堆叠式造型包装是便于商品在货架上堆叠陈列、节省货位的包装，不同包装之间的上下有相互咬合的装置，可以堆叠陈列。

透明包装有全透明和部分透明两种，开窗包装所开天窗也有大小之分，它们均能使消费者直接看清包装容器之内的商品。

惯用造型包装，是指这种商品的销售包装的造型已约定俗成，成了标明内装商品种类的标识，消费者一见到这种造型，就知道是何种商品。如牙膏用软管包装、鱼类罐头

用椭圆形金属盒包装等。

（2）便于消费者携带和使用的包装

目前，这类包装造型的容器越来越多，越来越合理，主要有各种便携式、各种易开式和喷雾式等。此外，还有配套包装、礼品包装、复用包装等多种使用功能的包装形式。

3．商品包装装潢的表面设计

（1）包装装潢中的图案、文字与色彩

包装装潢图案可采用照片、漫画、装饰纹样、浮雕等形式表现。装潢图案能使人产生各种联想，达到充分表现商品特征的目的。包装装潢画面中的照片、绘画、装饰纹样及浮雕等形式都称为包装画面的图案。其图案表现方法有写实、抽象和象征表现三种。

文字是包装装潢画面设计的重要组成部分，它是采用视觉方式最直观地传递商品信息的一种方法。包装装潢上的文字分主体文字和说明文字两种，主体文字是用以表示商品品牌、品名的标题字，是装潢画面的主体部分。主体文字设计应从各个方面，如文字内容、字体的选择、画面面积、位置、色彩、明暗程度等，表现出突出的视觉效果。说明文字用于说明商品的规格、品种、成分、产地、用途、使用方法等，它的作用是宣传商品、指导消费。说明文字不需要任何艺术加工，要求字体端正、规范、易于阅读识别，各种单位、术语要符合有关法规。

色彩是装潢画面中最富吸引力、诱惑力的无声语言，也是最富表现力、影响力的艺术表现方法。色彩直接影响包装装潢的整体效果。最新研究表明，消费者对物体的感觉首先是色，其后才是形。在最初接触商品的 20 秒内，人的色感占 80%，形感占 20%。

（2）各种标识性的图文符号

商品销售包装作为一种载体，承载着对内装商品身份、身价、质量等有说明作用的各种图文符号。这些图文符号是在总体设计时应纳入装潢总画面中的不可或缺的重要内容。它们主要是商标、商品条码、商品质量标志（合格标志、认证标志、商检标志）、各种识别标志和使用指导操作标志等。在国际贸易中，由于各国国情不同，文化的存在差异，对商品的包装材料、结构、图案及文字标识等的要求也不同。了解这些规定，对我国外贸出口大有裨益。例如，澳大利亚防疫局规定，凡用木箱包装（包括托盘木料）的货物进口时，均需提供熏蒸证明；沙特阿拉伯港口规定，凡运往该港的袋装货物，每袋重量均不得超过 50kg，否则不提供仓储便利，除非这些袋装货物附有托盘或具有可供机械提货和卸货的悬吊装置；美国食品药物局规定所有医疗、健身及美容药品都要具备能防止掺假、掺毒等防污能力的包装等。

二、色彩在装潢中的作用

在包装装潢中，色彩具有以下几个方面的作用。

（一）形象地突出商品特性的设计

用色彩突出商品特性是商品包装装潢最佳效果之一。装潢的图案、文字及底色都需要配色、以形象的色彩直观地表现商品特色，达到美的效果。如用暖色设计参茸补酒，体现其温和滋补之效；用粉红色、玫瑰色设计化妆品，体现富贵高雅；用红、蓝、黑设计五金、机械，体现坚实、精密、耐用等。

（二）可以影响人们的心理

色彩对人的感应作用是极其复杂的，它可以使人高兴、悲哀、沉思、愤怒、快乐，也可以使人烦躁、忧郁、紧张、轻松、安定；色彩受人的心理作用影响很大，又反过来对人的心理产生较大的作用。因此，色彩的选择与运用在装潢画面设计中是非常重要的。如婚庆用品采用红色包装会使人感到喜悦、吉庆；医药商品采用素雅的淡色包装，会使人感到清心、健康；文体用品采用红色、天蓝色或鲜艳色彩包装，会使人感到轻松、明快、精力充沛。色彩在包装装潢设计过程中要针对不同种类、不同用途、不同销售对象进行科学的设定，方能取得最佳的设计效果，否则整个包装装潢设计就是失败的。此外，包装装潢色彩的运用还应针对不同国家、不同地区、不同历史时期的流行色彩进行选择，以充分体现时代风貌与时代特色。

（三）有利于商品销售、增强商品的竞争力

商品包装装潢设计的最终目的是表现商品、美化商品、增强商品的竞争力，因此，商品包装装潢设计色彩的选择与运用，要采用引人注目的、具有鲜明格调的颜色，从而达到其独特的显示商品风采的突出效果。

三、商品包装装潢的设计原则

商品包装装潢的设计原则包括一致性原则、时代性原则、民族性原则和主体性原则。

（一）一致性原则

商品的质量特征、品质特性、功能作用、使用保管方法等是通过商品包装表现的，要最大限度达到宣传商品、促进商品销售的目的。在介绍商品性能特点、品质特征时，包装设计必须从内容到形式都建立在为消费者服务的基础上，真实地反映商品质量特征，坚持包装上的文字、图案的艺术表现与商品质量特征的一致性原则，使消费者通过包装便可清楚地了解内装物的特征、特性、功能作用及使用保管方法等，达到指导消费、促进销售的目的。包装标志、商品品牌等要清晰醒目，并具有强烈的宣传感染力。

（二）时代性原则

包装装潢设计要适应现代化生产、现代化生活方式的需要，体现时代风貌、时代风格和艺术特性。包装的型体结构、造型、容积、重量等方面的设计，要以便于消费者携带、使用和收藏为设计基础。在艺术表现上要突出包装形体美观、加工精致，具有鲜明的时代特征的特点，努力反映现实生活和时代风貌。

（三）民族性原则

商品包装装潢要反映和表现民族文化特色。包装装潢设计要按照商品销售地的民族风俗、风土人情进行设计与构思，突出地方特色，表现时代风貌。对出口商品的包装设计，要像设计商标一样，尊重不同国家、不同地区、不同民族的风俗习惯，采用适宜的文字、图案和色彩展示商品美，增加商品的附加价值。

（四）主体性原则

商品包装装潢是以商品为主体的实用装饰技术，其必须以产品为先导，以产品的形体结构、品质特征、功能作用、保管使用方法和销售目的作为创作设计基础，采用艺术手法表现商品的使用价值。

第五节　商品的销售包装与运输包装

一、商品销售包装

销售包装又称内包装或小包装，是直接接触商品并随商品进入零售网点、与消费者或用户直接见面的包装。销售包装充当着推销员的角色，所以装潢设计非常重要，可从图案、色彩、文字和包装造型的角度出发进行设计，但要求内容实事求是。

（一）销售包装特点

（1）便于陈列展销；

（2）便于识别商品；

（3）便于携带和使用；

（4）有利于增加销售。

（二）销售包装的设计策略

1. 求便心理

顾客购物都求方便，例如透明或开窗式的包装便于挑选、组合式包装的礼品篮便于使用、软包装饮料便于携带等，包装的方便，易用增添了商品的吸引力。国外流行的“无障碍”包装，如在罐装食品中设置“盖中部凹陷状证明未过保质期”的自动识别标志等，深得消费者的广泛喜爱，可见求方便是消费者普遍的消费心理。

2. 求实心理

产品，包括包装，它的设计必须能够满足消费者的核心需求，也就是必须有实在的价值。例如，在消费群体中，老年人最讲求质朴、实在，但是现在五花八门的老年人健康滋补品却普遍采用“形式大于内容”的过度包装，这些产品即使能够吸引到偶然的礼品购买，也难以赢得消费者的忠诚，缺乏长远发展的动力。

3．求新心理

特别是对于科技含量比较高的产品，包装的选材、工艺、款式和装潢设计都应该体现出技术的先进性。例如，采用凹凸工艺制作的立体式包装、无菌包装和防盗包装等可以通过新颖独特的包装来反映科学技术的优异成果，从而映衬出产品的优越性能。

4．求信心理

在产品上突出厂名、商标，有助于减轻购买者对产品质量的怀疑心理。特别是有一定知名度的企业，这样做对产品销售和企业宣传来说可谓一举两得。美国百威公司的银冰啤酒的包装上有一个企鹅和厂牌图案组成的品质标志，只有当啤酒冷藏温度达到适宜的时候，活泼的小企鹅才会显示出来，以向消费者保证货真价实、风味最佳，满足其求信心理。

5．求美心理

商品的包装设计是装饰艺术的结晶。精美的包装能激起消费者高层次的社会性需求，深具艺术魅力的包装对购买者而言是一种美的享受，是促使潜在消费者变为显在消费者，以及长久型、习惯型消费者的驱动力量。例如，大凡世界名酒，其包装都十分考究，从瓶到盒都焕发着艺术的光彩。这就是一种优雅且成功的包装促销。

6．求趣心理

人们在紧张的生活中尤其需要轻松和幽默。消费者的心是营销的终极市场。人们消费心理的多维性和差异性决定了商品包装必须有多维的情感诉求才能吸引特定的消费群体产生预期的购买行为。销售包装是推销策略的缩影，它不仅要从视觉上吸引特定的消费群体产生预期的购买行为，更要从心理上捕捉消费者的兴奋点与购买欲。

7．求异心理

特别是年轻人，喜欢与众不同，喜欢求异、求奇、求新，极力寻找机会表现自我。以这类消费者为目标的产品的包装可以大胆采用非常规用色，在造型上突破传统，在标识语中大肆宣扬“新一代的选择”，以求引导潮流，创造时尚。但是这类消费者的心理不稳定且难以把握，潮流变幻无常，因此对其进行包装促销是高风险、高回报的尝试。

消费者的心理还可以按生态心理和性别心理等标准细分。消费者心理市场细分的多层次性决定了包装促销也要从多角度进行。随着物质文化生活水平的提高，人们的消费观念也在不断地发展。今天的时尚可能明天就会过时，所以商品的销售包装必须不断改进，在继承传统与创意中寻求平衡、和谐与统一。

销售包装是保护功能和艺术美感的融合，是实用性和新颖性的创新结合。成功的包装促销是生产者的意念心理、创造者的思维心理和购买者的需求心理的共鸣。商品销售包装只有把握消费者的心理，迎合消费者的喜好，满足消费者的需求，激发和引导消费者的情感，才能够在激烈的商战中脱颖而出、稳操胜券。

（三）成功的销售包装应具备的条件

（1）能保护商品，延长货物寿命。

（2）能方便消费者使用。

（3）有独特的个性和吸引力。

（4）符合销售国的法令。

（5）成本经济合理。

（6）减少或不造成环境污染。

（7）白纸板是销售包装的主要材料。

二、商品运输包装

运输包装，是人们为了尽可能降低运输流通过程对产品造成的损坏、保障产品的安全、方便产品的储运装卸、加速产品的交接点验而进行的以运输储运为主要目的的包装。运输包装又称外包装，其主要作用在于保护商品，防止商品在储运过程中发生货损货差，并最大限度地避免运输途中各种外界条件对商品可能产生的影响，方便检验、计数和分拨。

（一）运输包装的特点

（1）具有足够的强度、刚度与稳定性。

（2）具有防水、防潮、防虫、防腐、防盗等防护能力。

（3）包装材料选用符合经济、安全的要求。

（4）包装重量、尺寸、标志、形式等应符合国际与国家标准，便于搬运与装卸。

（5）能减轻工人劳动强度，使操作安全、便利。

（6）符合环保要求。

（二）运输包装的形式

1. 内包装

易碎品内包装的最主要功能是提供给内装物固定和缓冲的作用。合格的内包装可以保护易碎品在运输期间免受冲撞及震动，并能恢复原来形状以提供进一步的缓冲作用。有多种内部包装材料及方法可供选择。

2. 衬板

衬板是目前最流行的内部包装形式，通常是使用瓦楞纸板通过彼此交叉形成一个网状结构，在尺寸上与外包装纸箱相匹配。根据所装物品的形状，对瓦楞纸衬板进行切割，然后将物品卡在其中即可。衬板的制作、切割和装箱等全过程都可以通过机械化操作完成，因此非常适合大批量的产品包装。

用瓦楞衬板作为内部包装可以提供良好的商品固定性能，能够避免易碎品之间的相互碰撞，降低破损率。并且，由于制作材料是瓦楞纸，与瓦楞纸箱材料一致，利于统一回收，符合环保需求，成本也很低。

与箱体底部接触的物品由于所承受压力较大，受损几率也较大。通常在箱底添加一层瓦楞纸隔板，以增强缓冲性能。目前市场上也出现了用塑料制作的隔板，它采用高密度聚乙烯（HDPE）或聚丙烯（PP）挤出或挤压成形，具有低成本、抗弯折、耐冲击、无污染、抗老化、耐腐蚀、防潮防水等多种优点，可以解决啤酒瓶、陶瓷等在大批量搬运过程中可能遇到的隔层包装问题。与瓦楞纸板相比，塑料隔板更能适应卸垛堆码机械化和仓储管理货架化等趋势，将得到越来越广泛的应用。

3．泡沫塑料及其替代品

作为传统的缓冲包装材料，发泡塑料具有良好的缓冲性能和吸振性能，有重量轻、保护性能好、适应性广等优势，广泛用于易碎品的包装上。特别是发泡塑料可以根据产品形状预制成相关的缓冲模块，应用起来十分方便。

聚苯乙烯泡沫塑料曾经是最为主要的缓冲包装材料。不过，由于传统的发泡聚苯乙烯使用的发现剂——氟里昂会破坏大气臭氧层，加上废弃的泡沫塑料体积大，回收困难等，聚苯乙烯发泡塑料逐渐被其他环保型缓冲材料所替代。

目前代替聚苯乙烯发泡塑料的主要有发泡 PP、蜂窝纸板及纸浆模塑产品等几类。发泡 PP 不使用氟里昂，但具有很多与发泡聚苯乙烯相似的缓冲性能，它属于软发泡材料，可以通过粘结组成复杂结构，是应用前景很好的一类新型缓冲材料。

蜂窝纸板具有承重力大、缓冲性好、不易变形、强度高、符合环保、成本低廉等优点。它可以代替发泡塑料预制成各种形状，适用于大批量使用的易碎品包装，特别是体积大或较为笨重的易碎品包装。

纸浆模塑制品也是可部分替代发泡聚苯乙烯的包装材料。它主要以纸张或其他天然植物纤维为原料，经制浆、模塑成型和干燥定型而成，可根据易碎品的产品外型、重量，设计出特定的几何空腔结构来满足产品的不同要求。这种产品的吸附性好，废弃物可降解，且可堆叠存放，大大减少了运输存放空间；但其回弹性差，防震性能较弱，不适用于体积大或较重的易碎品包装。

4．气垫薄膜

气垫薄膜也称气泡薄膜，它通过在两层塑料薄膜之间采用特殊的方法封入空气，使薄膜之间连续均匀地形成气泡，气泡有圆形、半圆形、钟罩形等形状。气泡薄膜能对轻型物品提供很好的保护效果，作为软性缓冲材料，气泡薄膜可被剪成各种规格，可以包装几乎任何形状或大小的产品。使用气垫薄膜时，要使用多层以确保产品（包括角落与边缘）得到完整的保护。

气垫薄膜的缺点在于易受其周围气温的影响而膨胀或收缩。膨胀将导致外包装箱和被包装物的损坏；收缩则导致包装内容物的移动，从而使包装失稳，最终引起产品的破损；而且其抗戳穿强度较差，不适合于包装带有锐角的易碎品。

5．现场发泡

现场发泡，主要是利用聚氨酯泡沫塑料制品，在内容物旁边扩张并形成保护模型，现场发泡特别适用于小批量、不规则物品的包装。

现场发泡的一般操作程序如下：首先在纸箱底部的一个塑料袋中注入双组分发泡材料，然后将被包装产品放在发泡材料上，再取一个塑料袋，注入适当分量的发泡材料覆盖在易碎品上，很快发泡材料就能充满整个纸箱，形成对易碎品的完美保护。

现场发泡最大的特点在于可在现场成形且不需用任何模具，因此其特别适宜于个别的、不规则的产品或贵重易碎品的包装，可广泛用于邮政、快递等特殊场合。

6．填料

在包装容器中填充各种软制材料做缓冲包装曾经被广泛采用。材料有废纸、植物纤维、发泡塑料球等多种。但是由于填充料难以填充满容器，对内装物的固定性能较差，而且包装废弃后，不便于回收利用，目前这一包装形式正在逐渐衰退。

（三）运输包装的方式

运输包装的方式和造型多种多样，用料和质地各不相同，包装程度也有差异，这就导致运输包装具有下列多样性。

1．按包装方式不同划分

可分为单件运输包装和集合运输包装。前者是指货物在运输过程中作为一个计件单位的包装；后者是指将若干单件运输包装组合成一件大包装，以更有效地保护商品、提高装卸效率、节省运输费用。在国际贸易中，常见的集合运输包装有集装包和集装袋。

2．按包装形状不同划分

可分为箱、袋、桶和捆等不同形状的包装。

3．按包装材料不同划分

可分为纸制包装，金属包装，木制包装，塑料包装，麻制品包装，竹、柳、草制品包装，玻璃制品包装和陶瓷包装等。

4．按包装质地划分

可分为软性包装、半硬性包装和硬性包装，究竟采用其中哪一种，需视商品的特性而定。

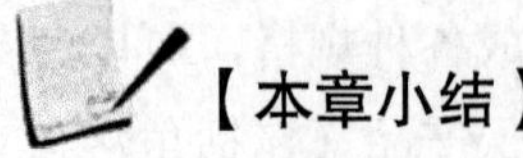

【本章小结】

本章主要介绍了商品包装的概念、商品包装材料和技法、商品包装标志、商品包装装潢及商品的销售包装与运输包装等知识点，从科学的角度分析了商品包装的功能、分类、商品包装技术、商品包装技术等；对商品包装标志使用说明书的特点、写作、要求及代号、含义、标志图示及图示作了详细说明，并增加了感性认识；同时对商品包装装潢的设计及原则、销售包装与运输包装的特点、设计策略与形式等也进行了简单介绍。

【复习思考题】

1. 包装具有哪些功能？
2. 常见的包装防护方法有哪些？
3. 如何写作商品使用说明书？
4. 包装装潢设计要求有哪些？
5. 简述商品包装装潢的设计原则。

【案例】

从商品包装中得到的教训

我国曾有一种出口产品——18 头莲花茶具，其本身质量非常好，但由于采用简易的瓦楞纸盒做包装，既容易破损，又不美观，且难以辨认给人以低档、廉价的感觉，所以销路一直不好。后来，一个精明的商人将其买走后，在原包装上加了一个精制的美术包装，并系上了一条绸带，从而使商品显得高雅华贵，一时销路大开、身价陡增。

再举个例子，A 地人在销售其特产榨菜时，一开始是用大坛子、大篓子将其卖给 B 地人；精明的 B 地商人将榨菜倒装在小坛子后，出口 C 国；在销路不好的情况下，C 国商人又将从 B 地进口的榨菜原封不动地卖给了 D 地商人；而爱动脑子、富于创新精神的 D 地商人，以块、片、丝的形式把榨菜分成真空小袋包装后，再返销 C 国。从榨菜的“旅行”过程中不难看出各方商人都赚了钱，但是靠包装赚“大钱”的还是 D 地商人。

案例讨论题

1. 结合实例说明商品包装的作用。
2. 讨论合理的包装对商品质量的影响。

【实践技能训练】

商品包装的市场调查

1.组织形式

以班级为单位，以学习小组为临时活动团队（4～5 组，每组 8～10 人）。

2. 实训内容

组织学生到本市的大型超市进行商品包装的市场调查。通过察看商品销售包装与运输包装的实际情况，了解各厂商对商品包装的设计及规范性，分析各种不同包装形式的优势和劣势，并能准确判断各包装属于哪种类型，进而分析良好的销售包装会带来什么样的好处。通过实践，亲身体验如何做到商品包装的合理化、规范化、标准化。

3. 实训方法

案例分析、角色扮演、情景模拟、公司系列实训、调查与访问、岗位见习、自我测试与评估、管理游戏、校园体验、网上互动等。

第八章　商品储运与养护

■知识目标

1. 掌握商品的物理机械变化、化学变化、生理生化等。
2. 了解影响商品质量变化的主要因素。
3. 熟悉仓库内外温湿度的变化规律、控制与调节方法。
4. 掌握商品发生霉腐、锈蚀、虫害以及老化的主要原因、仓储商品养护的各种技术方法。

■技术目标

1. 了解各种因素对商品质量的影响。
2. 熟悉仓库内外温湿度的变化规律。
3. 掌握仓库温湿度的控制与调节方法。

■能力目标

1. 能够分析商品发生霉腐、锈蚀、虫害以及老化等的主要因素。
2. 能够掌握商品防霉腐、防锈蚀、防虫害以及防老化等养护的技术方法。

储存在仓库里的物品，表面上看是静止不变的，但实际上每时每刻都在发生着变化。在一段时间内，物品发生的轻微变化，凭借人的感官是察觉不到的，只有当其发展到一定程度后才被发现。保管保养是仓库最基本的任务。因此对于管理人员来说，认识和掌握各种库存物变化的规律，才能采取相应的组织管理和技术管理措施，有效地抑制外界因素的影响，为库存物创造适宜的保管环境，最大限度地减缓和控制物品的变化速度和程度，维护库存物的使用价值和价值。

第一节　商品储运期间的质量变化

商品在储运期间，由于商品本身的性能特点以及外界因素的影响，可能发生各种各样的质量变化，归纳起来有物理机械变化、化学变化、生理变化等。研究商品的质量变化，了解商品质量变化的规律及影响质量变化的因素，对确保商品安全，防止、减少商品劣变或损失有十分重要的作用。

一、商品的物理机械变化

物理变化是指只改变物质的外表形态，不改变其本质，没有新物质生成的质量变化现象。商品的机械变化是指商品在外力作用下发生的形态变化。商品常发生的物理机械变化主要有挥发、溶化、熔化、渗漏、串味、冻结、沉淀、破碎与变形等。物理机械变化的结果包括数量的损失、质量的降低，以及失去使用价值。

（一）挥发

低沸点的液体商品或经液化的气体商品，在一定的条件下，其表面分子能迅速汽化而变成气体散发到空气中去的现象叫挥发。常见的易挥发商品有汽油、酒精、苯、香水、印刷油墨、液氨、液氮等。

挥发速度与商品中易挥发成分的沸点、气温的高低、空气流速以及与它们接触的空气表面积等因素有关。液体商品的挥发不仅会降低商品的有效成分、增加商品损耗、降低商品质量，有些燃点很低的商品还可能引起燃烧或爆炸；有些商品挥发的气体有毒性或麻醉性，容易造成大气污染，对人体有害；一些商品受到气温升高的影响，体积膨胀，使包装内部压力增大，可能发生爆破。

防止商品挥发的主要措施是加强包装的密封性。此外，要控制库房温度，高温季节要采取降温措施，保持在较低的温度条件下储存商品。

（二）溶化

溶化是指固体商品在保存过程中，吸收潮湿空气或环境中的水分达到一定程度时，会溶解变成液体的现象。常见的易溶化商品有食糖、食盐、明矾、硼酸、尿素、氯化钙、硝酸铵、烧碱等。

商品溶化后，商品本身的性质并没有发生变化，但由于形态改变，给储存、运输及销售部门带来很大的不方便。商品溶化与空气温度、湿度、堆码高度有密切关系。

对于易溶化的商品，应按其商品性能，分区分类存放在阴凉干燥的库房内，不适合与含水分较多的商品同储，在堆码时要注意底层商品的防潮与隔潮，垛底要垫得高一些，并采取吸潮和通风相结合的温湿度管理方法来防止商品吸湿溶化。

（三）熔化

熔化是指低熔点的商品受热后发生软化乃至化为液体的变化现象。熔化除受气温高低的影响外，与商品本身的熔点、商品中杂质种类和含量高低密切相关。熔点越低、杂质含量越高，越容易熔化。常见易熔化的商品有香脂、发蜡、蜡烛、复写纸、蜡纸、圆珠笔芯、松香、萘、硝酸锌、油膏、胶囊、糖衣片等。

商品熔化，有的会造成商品流失、粘连包装、沾污其他商品；有的因产生熔解热而体积膨胀，使包装爆破；有的因商品软化而使货垛倒塌。

预防商品的熔化，应根据商品的熔点高低，选择阴凉通风的库房储存。在保管过程中，一般可采用密封和隔热措施，加强仓房的温度管理，防止日光照射，尽量减少温度的影响。

（四）渗漏

渗漏主要是指液体商品发生跑、冒、滴、漏等现象。商品的渗漏与包装材料性能、包装容器结构及包装技术的优劣有关，还与仓储温度变化有关。如有些金属包装因焊接不严，受潮锈蚀；有些包装耐腐蚀性差；有的液体商品因气温升高、体积膨胀而使包装内部压力增大胀破包装容器；有的液体商品在低温或严寒季节结冰，也会发生体积膨胀引起包装破裂而造成商品损失。

因此，对液体商品应加强入库验收和在库商品检查及温湿度控制和管理。

（五）串味

串味是指吸附性较强的商品吸附其他气体、异味，从而改变本来气味的变化现象。具有吸附性易串味的商品，主要是因为它们的成分中含有胶体物质，以及具有疏松、多孔性的组织结构。商品的串味，与其表面状况、与异味物质接触面积的大小、接触时间的长短，以及环境中异味的浓度有关。

常见易被串味的商品有大米、面粉、木耳、食糖、茶叶、卷烟、饼干等。常见的易引起其他商品串味的商品有汽油、煤油、腌鱼腌肉、樟脑、肥皂、农药等。预防商品串味，应对易被串味的商品采取密封包装，在储存运输中不得与有强烈气味的商品共储混运，同时还要注意运输工具和仓储环境的清洁卫生。

（六）沉淀

沉淀是指含有胶质和易挥发成分的商品，在低温或高温条件下，部分物质凝固，进而发生下沉或膏体分离的现象。常见的易沉淀商品有墨水、墨汁、牙膏、雪花膏等。预防商品沉淀，应根据不同商品的特点，防止阳光照射，做好商品冬季保温和夏季降温等工作。

（七）沾污

沾污是指商品外表沾有其他脏物、染有其他污秽的现象。商品沾污，主要是生产、储运中卫生条件差及包装不严所致。对一些外观质量要求较高的商品，如绸缎呢绒、针织品、服装等要注意防沾污，精密仪器、仪表类也要特别注意。

（八）破碎与变形

破碎与变形是指商品在外力作用下所发生的形态上改变的机械变化。脆性较大或易变形的商品，如玻璃、陶瓷、搪瓷制品、铝制品等，因包装不良在搬运过程中，受到碰撞、挤压和抛掷而易破碎、掉瓷、变形等；塑性较大的商品，如皮革、塑料、橡胶等制品由于受到强烈的外力撞击或长期重压，易失去回弹性能，从而发生形态改变。对易发生破碎和变形的商品，要注意妥善包装，轻拿轻放，堆垛高度不能超过一定限度。

二、商品的化学变化

商品的化学变化是指构成物质的分子发生了变化，商品的外表形状和商品的本质都发生了改变，并生成了新的物质的变化现象。商品发生化学变化，严重时会使商品完全丧失使用价值。常见的化学变化有氧化、水解、分解、化合、裂解、老化、聚合、曝光、锈蚀等。

（一）氧化

氧化是指商品与空气中的氧或其他能放出氧的物质接触，发生的与氧相结合的化学变化。常见的易氧化的商品有某些化工原料、纤维制品、橡胶制品、油脂类商品等。棉、麻、丝、毛等纤维制品，长期受阳光照射会发生变色，也是由于织品中的纤维被氧化的结果。

商品发生氧化，不仅会降低商品的质量；有的还会在氧化过程中产生热量，发生自燃；有的甚至会发生爆炸事故。所以此类商品要储存在干燥、通风、散热和温度比较低的库房，才能保证其质量安全。

（二）水解

水解是指某些商品在一定条件下，遇水所发生分解的现象。商品的品种不同，在酸或碱的催化作用下发生的水解情况也是不相同的。如肥皂在酸性溶液中，能全部水解，而在碱性溶液中却很稳定；蛋白质在碱性溶液中容易水解，在酸性溶液中却比较稳定，所以羊毛等蛋白质纤维怕碱不怕酸。

易发生水解的商品在物流过程中，要注意包装材料的酸碱性，要清楚哪些商品可以或不能同库储存，以便防止商品的人为损失。

（三）分解

分解是指某些性质不稳定的商品，在光、电、热、酸、碱及潮湿空气的作用下，由一种物质生成两种或两种以上物质的变化现象。商品发生分解反应后，不仅使其数量减少、质量降低，有的还会在反应过程中，产生一定的热量和可燃气体而引起事故。如化工产品中的过氧化钠，如果储存在密封性好的桶里，并在低温下与空气隔绝，其性质非常稳定；但如果遇热，就会发生分解放出氧气。电石遇到潮气，能分解成乙炔和氢氧化钙，并能放出一定的热量，乙炔气体易于氧化而燃烧，要特别引起注意。这类物品的储存要注意包装物的密封性，库房中要保持干燥、通风。

（四）化合

化合是指商品在储存期间，在外界条件的影响下，两种或两种以上的物质相互作用，而生成一种新物质的反应。化合反应通常不是单一存在于化学反应中，而是两种反应（分解、化合）依次先后发生。如果不了解这种情况，就会给保管和养护此类商品造成损失。

（五）裂解

裂解是指高分子有机物（如棉、麻、丝、毛、橡胶、塑料、合成纤维等），在日光、氧、高温条件的作用下，发生了分子链断裂、分子量降低，从而使其强度降低，机械性能变差，产生发软、发黏等现象。例如，天然橡胶在日光、氧和一定温度的作用下，就会发软、发黏而变质。

所以，此类商品在保管、养护过程中，要防止受热和日光的直接照射。

（六）老化

老化是指含有高分子有机物成分的商品（如橡胶、塑料、合成纤维等）在储存过程中，受到光、氧、热等因素的作用，出现发黏、龟裂、变脆、强度下降等性能逐渐变坏的现象。易老化是高分子材料存在的一个严重缺陷。老化的原因主要是高分子物在外界条件作用下，分子链发生了降解和交联等变化。

容易老化的商品，在保管养护过程中，要注意防止日光照射和高温的影响，不能在阳光下曝晒。商品在堆码时不宜过高，以防止在底层的商品受压变形。橡胶制品切忌同各种油脂和有机溶剂接触，以防止发生粘连现象。塑料制品要避免同各种有色织物接触，以防止由于颜色的感染发生串色。

（七）聚合

聚合是指某些商品组成中的化学键，在外界条件的影响下，发生聚合反应，成为聚合体而变性的现象。例如，由于桐油中含有高度不饱和脂肪酸，在阳光、氧和温度的作用下，能发生聚合反应，生成桐油块，浮在其表面，使桐油失去使用价值。

所以，储存和保管养护此类商品时，要特别注意日光和储存温度的影响，以便防止发生聚合反应的发生，造成商品质量的降低。

（八）曝光

曝光是指某些商品见光后，引起变质或变色的现象。例如，石碳酸（苯酚）为白色结晶体，见光即变成红色或淡红色。

这些商品在储存过程中，要特别注意防止光线照射，并要防止空气中的氧和温湿度的影响，其包装要做到密封严密。

（九）锈蚀

腐蚀是指物质接触周围的介质（如酸、碱、氧气及腐蚀性气体等）其表面受到破坏的变化现象，金属的锈蚀也是其中的一种。

金属的锈蚀主要是发生了电化学腐蚀，在潮湿的空气中，金属制品通过表面吸附、毛细管（表面裂纹和结构缝隙）凝聚，特别是结露作用，可在金属表面形成水膜。水膜溶解表面的水溶性黏附物和空气中的氧气、二氧化碳、二氧化硫等气体，形成具有导电性的电解液。金属制品接触这种电解液后，引起电化学反应，反应中，金属原子成为离子不断进入电解液而被溶解，这种腐蚀称为电化学腐蚀。电化学腐蚀先在金属表面造成不规则的凹洞、斑点和溃疡，然后使破坏掉的金属变为金属氧化物或氢氧化物而附于金属表面，最后或快或慢地往里深入腐蚀，它是金属商品的主要破坏形式。

三、商品的生理生化变化及其他生物引起的变化

商品的生理生化变化是指有生命活动的有机体商品，在储存过程中，为维持自身的生命活动所进行的一系列变化，如粮食、水果、蔬菜、鲜蛋等商品的呼吸、发芽、胚胎发育和后熟等现象。

商品的生物学变化则是指由微生物、仓库害虫以及鼠类等生物所造成的商品质量的变化，如工业商品和食品商品的霉变、腐败、虫蛀和鼠咬等。

（一）呼吸作用

呼吸作用是指有机体商品在生命过程中，由于氧和酶的作用，体内有机物质被分解，并产生热量的一种缓慢的生物氧化过程。

呼吸作用可分为有氧呼吸和缺氧呼吸两种类型。不论是有氧呼吸还是缺氧呼吸，都要消耗营养物质，降低食品的质量。有氧呼吸热的产生和积累，往往使食品腐败变质。同时，有机体分解出来的水分，又有利于有害微生物生长繁殖，使商品的霉变加速。缺氧呼吸则会产生酒精积累，引起有机体细胞中毒，造成生理病害，缩短商品储存时间。对于一些鲜活商品，缺氧呼吸往往比有氧呼吸要消耗更多的营养物质。

保持正常的呼吸作用，有机体商品本身会具有一定的抗病性和耐储性。因此，鲜活商品的储藏应保证它们正常而最低的呼吸，利用它们的生命活性，减少损耗、延长储藏时间。

（二）后熟作用

后熟是指瓜果、蔬菜类食品脱离母株后继续成熟的现象。促使这类食品后熟的主要因素是高温、氧、以及某些有催熟作用的刺激性物质（如乙烯、乙醇等）的存在。瓜果、蔬菜等的后熟作用，能改进其色、香、味以及硬脆等食用性能。但当后熟作用完成后，则容易发生腐烂变质，难以继续储藏，甚至失去食用价值。因此，对于这类食品，应在其成熟之前采收并采取控制储藏条件的办法调节其后熟过程，以达到延长储藏期、均衡上市的目的。

为了延长后熟期，可采用低温储运和适当通风（散去成熟食品释放的乙烯气体）的方法。

（三）胚胎发育

胚胎发育主要指鲜蛋的胚胎发育。在鲜蛋的贮存过程中，当温度和供氧条件适宜时，胚胎会发育成血丝蛋、血环蛋。经过胚胎发育的禽蛋，其新鲜度和食用价值大大降低。为抑制鲜蛋的胚胎发育，应加强温湿度管理，最好是低温储藏或停止供氧。

（四）发芽和抽薹

这类现象是两年生的蔬菜，如马铃薯、大蒜、生姜、萝卜等，在储存时经过休眠期后的一种继续生长的生理活动。发芽和抽苔的蔬菜，因大量的营养成分供给新生的芽和茎，使组织粗老或空心，失去原有鲜嫩品质，并且不耐储藏。所以，储存这类蔬菜时应将温度控制在5℃以下，并防止光照，可抑制其发芽、抽薹。

（五）霉腐

霉腐是商品在霉腐微生物作用下所发生的霉变和腐败现象。在气温高、湿度大的季节，如果仓库的温湿度控制不好，储存的针棉织品、皮革制品、鞋帽、纸张、香烟以及中药材等许多商品就会生霉；鱼、肉、蛋类就会腐败发臭；水果、蔬菜就会腐烂；果酒变酸、酱油生白膜。无论哪种商品，只要发生霉腐，就会受到不同程度的破坏，严重霉腐可使商品完全失去使用价值。有些食品还会因腐败变质而产生有毒物质。

对易霉腐的商品在储存时必须严格控制温湿度，做好商品的防霉工作。

（六）发酵

发酵是某些酵母尤其是野生酵母和细菌所分泌的酶，作用于食品中的糖类、蛋白质而发生的分解反应。发酵广泛用于食品酿造业。但如果空气中的这些微生物自然地作用于食品而进行发酵，则不但破坏了食品中的有益成分，使其失去原有的品质，而且还会散发不良气味，甚至产生有害人体健康的物质。

常见的这类发酵有酒精发酵、醋酸发酵、乳酸发酵和酪酸发酵等。防止食品在储运中发酵，除了要注意卫生外，密封和控制较低温度也是十分重要的。

（七）虫蛀、鼠咬

商品在储运过程中，经常遭受仓库害虫的蛀蚀或老鼠的咬损，使商品体及其包装受到损坏，甚至完全丧失使用价值。除食品商品能提供仓库害虫和老鼠生活活动所需的营养物质外，很多用动、植物材料制成的工业品商品，如毛皮制品、皮革制品、丝毛织品、纸及纸制品、纤维制品等，都含有蛋白质、脂肪、淀粉、纤维素等仓库害虫所喜食的成分。纤维制品常成为老鼠觅取做窝的材料；而竹木制品、皮箱甚至聚氯乙烯制品等也成为老鼠咬啮的对象。

对虫蛀、鼠咬的防治，应熟悉虫、鼠的生活习性和危害规律，首先立足于防，即搞好运输工具和仓库的清洁卫生工作，加强日常管理，切断虫鼠的来源；其次采用化学药剂或其他方法杀虫、灭鼠，坚持经常治理与突击围剿相结合的方法来防治。

第二节　影响商品质量变化的因素及其控制措施

商品在储运过程中之所以发生质量变化，既与商品自身的成分、结构和性质有关，又与外界环境条件有关，特别是所有商品的质量变化几乎都与空气温湿度有密切关系。为保养维护好商品质量，就需要明确和掌握商品质量变化的内因与外因，特别是要明确和掌握如何正确地控制与调节仓库温湿度，维持良好的商品储存条件，以确保商品储运安全。

一、影响商品质量变化的因素

引起商品质量变化的因素有内因和外因两类，影响商品质量变化的内因主要是商品的成分、结构和性质。

（一）影响商品质量变化的内因

商品在储存期间发生各种变化起决定作用的是商品本身的内在因素，如化学成分、结构形态、物理化学性质、机械及工艺性质等。

1．商品的化学性质

物品的化学性质是指物品的形态、结构以及物品在光、热、氧、酸、碱、温度、湿度等作用下发生物品本质改变的相关性质。与物品储存紧密相关的物品的化学性质包括物品的化学稳定性、物品的毒性、腐蚀性、燃烧性、爆炸性等。不同的化学成分及其不同的含量既影响商品的基本性质，又影响商品抵抗外界自然因素侵蚀的能力。

2．商品的物理性质

商品的物理性质是由其化学成分和组织结构所决定的。商品的物理性质主要是指吸湿性、导热性、耐热性、透气性等。

（1）吸湿性。吸湿性是指物品吸收和放出水分的特性。物品吸湿性的大小、吸湿速度的快慢，直接影响该物品含水量的增减，对物品质量的影响极大，是许多物品在储存期间发生质量变化的重要原因之一。

（2）导热性。导热性是指物体传递热能的性质。物品的导热性与其成分和组织结构有密切关系，物品结构不同，其导热性也不一样。同时物品表面的色泽与其导热性也有一定的关系。

（3）耐热性。耐热性是指物品耐温度变化而不致被破坏或显著降低强度的性质。物品的耐热性，除与其成分、结构和不均匀性有关外，也与其导热性、膨胀系数有密切关系。导热性大而膨胀系数小的物品，耐热性良好，反之则差。

（4）透气性。物品能被水蒸气透过的性质称为透气性，物品能被水透过的性质叫透水性。这两种性质在本质上都是指水的透过性能，所不同的是前者指气体水分子的透过，后者是指液体水的透过。物品透气、透水性的大小，主要取决于物品的组织结构和化学成分。

3．商品的结构形态

物品的种类繁多，各种物品又有各种不同形态的结构，所以要求用不同的包装盛装。如气态物品，分子运动快、间距大、多用钢瓶盛装，其形态随盛器而变；液态物品，分子运动比气态慢，间距比气态小，其形态随盛器而变；只有固态物品，有一定外形。

物品形态概括起来可分为外观形态和内部结构两大类。物品的外观形态多种多样，所以在保管时应根据其体形结构合理安排仓容，科学地进行堆码，以保证物品质量的完好。物品的内部结构即构成物品原材料的成分结构，属于物品的分子及原子结构，是人的肉眼看不到的结构，必须借助于各种仪器来进行分析观察。物品的微观结构对物品性质往往影响极大，有些分子的组成和分子量虽然完全相同，但由于结构不同，性质就有很大差别。

4．商品的机械及工艺性质

商品的机械性质是指商品的强度、硬度、韧性、脆性、弹性等。商品的工艺性质是指其加工程度（毛坯、半毛坯、成品）和加工精度等。加工程度和加工精度不同的产品，在同等条件下，其变化的程度是不一样的。物品的这种性质与其质量关系极为密切，是体现适用性、坚固耐久性和外观的重要内容，它包括物品的弹性、可塑性、强力、韧性、脆性等。这些物品的机械性质对物品的外形及结构变化有很大的影响。

（二）影响商品质量变化的外因

影响商品质量的外界因素有氧、日光、微生物、害虫及空气的温度、湿度等。

1．空气中的氧

空气中含有 21%左右的氧气。氧能和许多商品发生作用，对商品质量的影响很大。如氧可以加速金属商品锈蚀；氧是好氧型微生物活动的必备条件，易使有机商品发生霉腐；氧是害虫生存的基础；氧是助燃剂，不利于危险品的安全储存；在油脂的酸败以及鲜活商品的分解、变质中，氧也都是积极参与者。因此，在养护中，对于受氧气影响较大的商品，要采取各种方法如浸泡、密封、充氮等，隔绝氧气。

2．日光

日光中含有红外线和紫外线等。一方面，日光能够加速受潮商品的水分蒸发，杀死杀伤微生物和商品害虫，在一定程度上有利于商品的保护；另一方面，某些商品在日光的直接照射下又会发生质量变化。如日光能使酒类浑浊、使油脂加速酸败、使纸张发黄变脆、使色布褪色、使药品变质、使照相胶卷感光等。因此，商品的养护中要根据各种不同商品的特征，注意避免或减少日光的照射。

3．微生物

微生物在生命活动过程中会分泌各种酶，利用它们把商品中的蛋白质、糖类、脂肪、有机酸等物质分解为简单的物质加以吸收利用，从而使商品受到破坏、变质，丧失其使用价值。同时，微生物异化作用中，在细胞内分解、氧化营养物质，会产生各种腐败性物质排出，使商品产生腐臭味和色斑霉点，影响商品外观，还会加速高分子商品的老化。

常见危害商品的微生物主要是一些腐败性细菌、酵母菌和霉菌。特别是霉菌，它是引起绝大部分日用工业品、纺织品和食品霉变的主要根源，它们对纤维、淀粉、蛋白质、脂肪等物质，具有较强的分解能力。

微生物的活动，需要一定的温度和湿度。没有水分，它是无法生活下去的；没有适宜的温度，它也不能生长繁殖。掌握这些规律，就可以根据商品的含水量，采取不同的温湿度调节措施，防止微生物的生长，以利商品储运。

4．空气温度

空气温度是指空气的冷热程度，简称气温。气温是影响商品质量变化的重要因素。一般商品在常温下都比较稳定；高温则能够促进商品的挥发、渗漏、熔化的物理变化和化学变化；而低温又容易引起某些商品的冻结、沉淀等变化；此外，温度适宜时，又会给微生物和仓虫的生长繁殖创造有利条件，加速商品的腐败变质和虫蛀。因此，控制和调节仓储商品的温度是商品养护的重要工作内容之一。

5．空气的湿度

空气的干湿程度称为空气的湿度。空气湿度的改变，能引起商品的含水量、外形或体态结构等的变化。空气湿度下降，将使商品因放出水分而降低含水量，发生变质。如水果、蔬菜、肥皂等失水会发生萎蔫或干缩变形；纸张、皮革、竹木制品等失水过多会发生干裂或脆损。空气湿度增高，使商品吸收水分而含水量增大，发生质变。如食糖、食盐、化肥等易溶性商品发生结块、膨胀或进一步溶化；金属制品生锈；纺织品、卷烟、竹木制品等发生霉变或被虫蛀等。湿度适宜，可以保持商品的正常含水量。所以，在商品的养护中，必须掌握各种商品的适宜湿度要求，尽量创造商品适宜的空气湿度。

6．卫生条件与仓库害虫

卫生条件是保证商品免于变质腐败的重要条件之一。卫生条件不良，不仅使灰尘、油垢、垃圾、腥臭等污染商品，而且还会为微生物、仓库害虫等创造活动场所。仓库害虫不仅蛀食各种商品和包装，破坏商品的组织结构，而且在生活过程中，吐丝结茧、做窝繁殖，排泄各种代谢废物沾污商品，影响商品的质量和外观。

7．有害气体

大气中的有害气体，主要来自煤、石油、天然气、煤气等燃料燃放出的烟尘和工业生产过程中的粉尘、废气。对空气的污染，主要是二氧化碳、二氧化硫、硫化氢、氯化氢和氮氧化物等气体。商品储存在有害气体浓度大的空气中，将受到污染和腐蚀，质量变化明显。

二、仓库温湿度的变化规律

（一）大气温湿度的变化

大气的变化即自然气候的变化，随地域、季节、时间等的不同，其变化规律有所不同。我国大气温湿度的变化规律一般如下。

1．温度变化的规律

一天之中，日出前气温最低，到午后2～3时气温最高。一年之内最热的月份，内陆一般在7月，沿海地区出现在8月。最冷的月份，内陆一般在1月，沿海在2月。

2．湿度变化的规律

绝对湿度通常随气温升高而增大，随气温降低而减小。相比绝对湿度，相对湿度更能正确反映空气的干湿程度。

空气的相对湿度变化与气温变化正相反，它是随气温的升高而降低。在一日之中，日出前气温最低时，相对湿度最大，日出后逐渐降低，到午后2～3时达到最低。在一年之中，相对湿度最高的月份一般是1月。

（二）仓库内温湿度的变化

仓库内温湿度变化规律和库外基本上是一致的，但是，库外气温对库内的影响，在时间上需要有个过程，同时会有一定程度上的减弱。所以，一般是库内温湿度变化，在时间上滞后于库外，在程度上小于库外。表现为夜间库内温度比库外高，白天库内温度比库外低。

库内温度的变化与库房密封性的好坏也有很大的关系，同时库内各部位的温度也因库内具体情况而有差异，工作中要灵活把握。

三、仓库温湿度的控制与调节

为了维护仓储商品的质量完好，创造适宜于商品的储存环境，当仓库内温湿度适宜商品储存时，就要设法防止库外气候对库内的影响；当库内温湿度不适宜商品储存时，就要及时采取有效措施调节库内的温湿度。实际工作中通常采用密封、通风和除湿相结合的方法控制与调节仓库的温湿度。

（一）密封

密封是将储存物品在一定空间，使用密封材料尽可能严密地封闭起来，使之与周围大气隔离，防止或减弱自然因素对物品的不良影响，创造适宜的保管条件。

密封的目的通常主要是为了防潮，但同时也能起到防锈蚀、防霉、防虫、防热、防冻、防老化等综合效果。密封是相对的，不可能达到绝对严密的程度。密封可用不同的介质在不同的范围内进行。

1．不同介质的密封

由于介质不同，密封可以分为大气密封、干燥空气密封、充氮密封和去氧密封等。

（1）大气密封。大气密封就是将封存的物品，直接在大气中密封，其间隙中充满大气，密封后基本保持密封时的大气湿度。

（2）干燥空气密封。干燥空气密封是在密封空间内充入干燥空气或放置吸湿剂，使空气干燥，防止物品受潮。干燥空气的相对湿度应在40%～50%。

（3）充氮密封。充氮密封是在密封空间内充入干燥的氮气，造成缺氧的环境，减少氧的危害。

（4）去氧密封。去氧密封是在密闭空间内，放入还原剂，如亚硝酸钠，吸收空气中的氧，造成缺氧的气氛，为封存物品提供更有利的储存条件。

2．不同范围的密封

按照密封的范围不同，密封可分为整库密封、小室密封、货垛密封、货架密封、包装箱（容器）密封、单件密封等。

（1）整库密封。对储存批量大、保管周期长的仓库（如战备物资仓库，大批量进口物资仓库)，可进行整库密封。整库密封主要是用密封材料密封仓库门窗和其他通风孔道。留作检查出入用的库门应加装两道门，有条件的可采用密闭门。

（2）小室密封。对于储存数量不大、保管周期长、要求特定保管条件的物品，可采用小室密封。即在库房内单独隔离出一个小的房间，将需要封存的物品存入小室内，然后将小室密封起来。

（3）货垛密封。对于数量较少、品种单一、形状规则、而长期储存的物品，可按货垛进行密封。货垛密封所用的密封材料，除应具有良好的防潮、保温性能外，还应有足够的韧性和强度。

（4）货架密封。对于数量少、品种多、不经常收发、要求保管条件高的小件物品，可存入货架，然后将整个货架密封起来。

（5）包装箱（容器）密封。对于数量很少，需要在特殊条件下保管，且具有硬包装或容器的物品（如精密仪器仪表、化工原料等)，可按原包装或容器进行密封，可封严包装箱或容器的缝隙，也可以将物品放入塑料袋内，然后用热合或黏合的方法将塑料袋封口，再放入包装箱内。

（6）单件密封。对于数量少、无包装或包装损坏、形状复杂、要求严格的精加工制品，可按单件密封。最简便且经济的方法是用塑料袋套封，也可用蜡纸、防潮纸或硬纸盒封装。

3．密封储存应注意的问题

（1）选择好密封时机。在一般情况下进行的密封，多为以大气为介质的密封。因此，密封时必须首先选择好密封时机。在进行以防潮为主要目的的密封时，最有利的时机是在春末夏初，潮湿季节到来之前，空气比较干燥的时节。在一日之内，也应选择绝对湿度最低的时刻。对整库密封来说，不但要选择好适宜的密封时间，而且要选择好有利的启封时间。过早地密封，将会失去宝贵的自然通风机会，过晚密封则可能使库内湿度上升。一般选择在库外绝对湿度大于库内绝对湿度，而库内相对湿度较低的情况下进行密封。启封时间应选择在库外温湿度下降、绝对湿度低于库内的时刻。

（2）做好密封前的检查。物品封存前，应进行一次全面地检查，看其是否有锈蚀、发霉、生虫、变质、发热、潮湿等异常情况，检查其包装是否良好，容器有无渗漏。如发现异常情况，应及时采取救治措施，待一切正常后，方可密封。

（3）合理选用密封材料。由于密封方式不同，所需要的密封材料也不同。按其作用可分为两大类：一是主体材料，包括油毛毡、防潮纸、牛皮纸、塑料薄膜等；二是涂敷粘结材料，如沥青、胶粘剂等。在选用上述材料时应注意其性能是否良好、料源是否充足、使用是否方便、价格是否低廉。

（4）密封必须同通风和吸湿相结合。密封储存不能孤立地进行，为了达到防潮的目的，必须与通风和吸湿结合运用。一般情况下，应尽可能利用通风防潮，当不适合通风时，才进行密封，利用吸湿剂吸湿。密封能保持通风和吸湿的效果，吸湿为密封创造适宜的环境。

（5）做好密封后的观察。因为一切密封都是相对的，不可能达到绝对严密。密封后，外界因素对封存物品自然会产生一定的影响，仍有发生变异的可能。因此，必须经常注意观察密封空间的温湿度变化情况及出现的某种异状，及时发现问题，分析原因，并采取相应的措施进行处理。

（二）通风

通风是根据大气自然流动的规律，有计划、有目的地组织库内外空气的对流与交换的重要手段，是调节库内温湿度、净化库内空气的有效措施。

1．通风方式

仓库通风按通风动力可分为自然通风和强迫通风两种方式。

（1）自然通风。自然通风是利用库内外空气的压力差，实现库内外空气交流置换的一种通风方式。这种通风方式不需要任何通风设备，因而也就不消耗任何能源，而且通风换气量比较大，是一种最简便、经济的通风方式。

为了更有效地利用自然通风，库房建筑本身应为自然通风提供良好的条件。

（2）强迫通风。强迫通风又称机械通风或人工通风，它利用通风机械所产生的压力或吸引力，即正压或负压，使库内外空气形成压力差，从而强迫库内空气发生循环、交换和排除，达到通风的目的。

2．通风时机

仓库通风必须选择最适宜的时机，如果通风时机不当，不但不能达到通风的预期目的，而且有时甚至会出现相反的结果。例如，想通过通风降低库内湿度，但由于通风时机不对可能反而会造成库内湿度的增大。因此，必须根据通风的目的确定有利的通风时机。

（1）通风降温。对于库存物品怕热而对大气湿度要求不严的仓库，可利用库内外的温差，选择适宜的时机进行通风，只要库外的温度低于库内，就可以通风。对于怕热又怕潮的物品，在通风降温时，除了要满足库外温度低于库内温度的条件外，还必须同时考虑库内外湿度的情况，只有库外的绝对湿度低于库内时，才能进行通风。由于一日内早晨日出前库外气温最低，绝对湿度也最低，所以是通风降温的有利时机。

（2）通风降湿。仓库通风多数情况下是为了降低库内湿度。降湿的通风时机不易掌握，必须对库内外的绝对湿度、相对湿度和温度等进行综合分析。最后通风的结果应使库内的相对湿度降低，但相对湿度是绝对湿度和温度的函数，只要绝对湿度和温度有一个因素发生变化，相对湿度就随之发生变化。如果绝对湿度和温度同时变化，情况就比较复杂了。 在温度一定的情况下，绝对湿度上升，相对湿度也随着上升，若温度也同时上升，则饱和湿度上升，相对湿度又会下降，这时上升和下降的趋势有可能互相抵销。如果因温度关系引起相对温度的变化，大于因绝对湿度关系而引起的相对湿度的变化，其最终结果是相对湿度将随温度的变化而变化。反之，如果绝对湿度关系引起的相对湿度的变化大于因温度关系而引起的相对湿度的变化，其最终结果相对湿度将随着绝对湿度的变化而变化。

3．仓库通风应注意的几个问题

（1）在一般情况下，应尽可能利用自然通风，只有当自然通风不能满足要求时，才考虑强迫通风。一般仓库不需要强迫通风，但有些仓库，如化工危险品仓库，必须考虑强迫通风，因库内的有害气体如不及时排除，就有发生燃烧或爆炸的危险，有的还会引起人身中毒，酿成重大事故。

（2）在利用自然通风降湿的过程中，应注意避免因通风产生的副作用。如依靠风压通风时，一些灰尘杂物容易随着气流进入库内，对库存物资造成不良影响，所以当风力超过五级时不宜进行通风。

（3）强迫通风多采用排出式，即在排气口安装排风扇。但对于产生易燃、易爆气体的仓库和产生腐蚀性气体的仓库，则应采用吸入式通风方式，因为易燃、易爆气体经排风口向外排放时，如排风扇电机产生火花，就有引起燃烧爆炸的危险；而腐蚀性气体经排风扇向外排放时，易腐蚀排风机械，降低机械寿命。若采用吸入式通风方式，可使上述问题得到解决。

（4）通风机械的选择，应根据实际需要与可能，并要考虑经济实用。通风机械分为轴流式和离心式两种。一般仓库可采用轴流式通风机，因为它通风量比较大、动力能源消耗少，其缺点是产生的空气压力差小，因此其适合在阻力较小的情况下进行通风。离心式通风机产生的空气压力差大，但消耗能量多，适合在阻力大的情况下进行通风。

（5）通风必须与仓库密封相结合。当通风进行到一定的时间，达到通风目的时，应及时关闭门窗和通风孔，使仓库处于相对的密封状态，以保持通风的效果。所以不但开始通风时应掌握好时机，而且停止通风时也应掌握好时机。另外，当库外由于天气的骤然变化，温湿度大幅度变化时，也应立即中断通风，将仓库门窗紧闭。

总之，库房通风方式的选择与运用，取决于库存材料的性质所要求的温湿度；取决于库房条件，如库房大小，门窗、通风洞的数量，以及地坪的结构等；同时还取决于地理环境和气象条件，如库房位于城市、乡村、高原、平地或江、河、湖和海畔等。因此，必须根据不同地区、不同季节和不同库房条件等，从物品安全角度出发，选择通风方式，因地、因物、因时制宜，正确地掌握与运用库房通风这一手段，以确保库存物品的质量完好。

（三）除湿

空气除湿是利用物理或化学的方法，将空气中的水分除去，以降低空气湿度的一种有效方法。除湿的方法主要有利用冷却方法使水汽在露点温度下凝结分离；利用压缩法提高水汽压，使之超过饱和点，成为水滴而被分离除去；使用吸附剂吸收空气中的水分。

1．冷却法除湿

这种方法是利用制冷的原理，将潮湿空气冷却到露点温度以下，使水汽凝结成水滴分离排出，从而使空气干燥的一种方法，也称为露点法，通常采用的是直接蒸发盘管式冷却除湿法。其原理是在冷却盘管中，直接减压蒸发来自压缩制冷机的高压液体冷媒，以冷却通过盘管侧的空气，使之冷却到所要求的露点以下，水汽凝结成水被除去。冷却除湿装置主要由压缩机、冷凝器、膨胀阀、冷却盘管等所组成。

2．吸湿剂吸湿

这种除湿方法是最常用的方法之一，可分为静态吸湿和动态吸湿。

（1）静态吸湿。这种方法是将固体吸湿剂静止放置在被吸湿的空间内，使其自然与空气接触，吸收空气中的水分，达到降低空气湿度的目的。常用的吸湿剂的特征分述如下。

① 氧化钙（CaO）：即生石灰，有很强的吸湿性，它吸收空气中的水分后，发生化学变化，生成氢氧化钙。生石灰料源充足，价格便宜，使用方便。其缺点是在吸湿过程中放出热量，生成具有腐蚀的碱性物质，对库存物有不良影响。当库存物品中有毛丝织品和皮革制品等时，不能使用。

② 氯化钙（$CaCl_2$）：分为工业无水氯化钙和含有结晶水的氯化钙。前者为白色多孔无定型晶体，呈块粒状，吸湿能力很强，每千克无水氯化钙能吸收 1～1.2kg 的水分；后者为白色半透明结晶体，吸湿性略差，每千克吸湿 0.7～0.8kg。氯化钙吸湿后即溶化为液体，但经加热处理后，仍可还原为固体，供继续使用。其缺点是对金属有较强的腐蚀

性，吸湿后还原处理比较困难，价格较高。

③ 硅胶（$mSiO_2 \cdot nH_2O$）：又称砂胶、硅酸凝胶，分为原色硅胶和变色硅胶两种。原色硅胶为无色透明或乳白色粒状或不规则的固体，变色硅胶是原色硅胶经氯化钴和溴化铜等处理，呈蓝绿色、深蓝色、黑褐色或赭黄色。吸湿后视其颜色的变化，判断是否达到饱和程度。硅胶每千克可吸收水分 0.4～0.5kg。吸湿后仍为固体，不溶化、不污染、也无腐蚀性，而且吸湿后处理比较容易，可反复使用。其缺点是价格高，不宜在大的空间中使用。

④ 木炭（C）：具有多孔性毛细管结构，有很强的表面吸附性能，若精制成活性炭，还可以大大提高其吸湿性能。普通木炭的吸湿能力不如上述几种吸湿剂。但因其性能稳定，吸湿后不粉化、不液化、不放热、无污染、无腐蚀性。吸湿后经干燥可反复使用，而且价格比较便宜，所以仍有一定的实用价值。

静态吸湿的最大特点是简便易行，不需要任何设备，也不消耗能源，一般仓库都可采用，是目前应用最广泛的除湿方法。它的缺点是吸湿比较缓慢，吸湿效果不够明显。

（2）动态吸湿。这种方法是利用吸湿机械强迫空气通过吸湿剂进行吸湿。通常是将吸湿剂（$CaCl_2$）装入特制的箱体内，箱体有进风口和排风口，在排风机械的作用下，将空气吸入箱体内，通过吸湿剂吸收空气中的水分，从排风口排出比较干燥的空气。这样反复循环吸湿可将空气干燥到一定的程度。这种吸湿方法的吸湿效果比较好，但需要不断补充 $CaCl_2$，吸湿后的 $CaCl_2$ 需要及时得到脱水处理。比较理想的情况是设置两个吸湿箱体，每个箱体内都有脱水装置。一个箱体利用干燥的吸湿剂吸收空气中的水分，而另一个箱体内的饱和状态的吸湿剂进行脱水再生。两个箱体交互吸湿，达到吸湿的连续性。这种连续式的吸湿方法只需花费较少的运转费，就能进行大容积的库内吸湿，因为 4～8 小时即可使吸湿剂再生一次，因此需要的吸湿剂量较少。两个箱体可实现自动切换，不需要人工操作，但这种设备的结构相对比较复杂，成本比较高。

吸湿剂用量是根据库房内空间总含水量和所使用的吸湿剂的单位重量的最大吸水量确定的。

第三节　商品养护的技术方法

商品在储存运输过程中，由于各种外界因素的影响，会发生多种质量变化，如霉变、锈蚀、老化、虫蛀、溶化、熔化、挥发、破损与形变等。本节分别对商品的霉腐、锈蚀、虫害和老化进行重点探讨。

一、储存商品的霉变腐烂的防治技术

商品的霉腐是由微生物的作用所引起的商品变化，商品的生霉、腐败、发酵变质都

是由霉腐微生物侵染造成的。因此，防止商品在储存中发生霉腐是商品养护工作的主要内容之一。

（一）霉腐微生物的生长条件

引起商品霉变的霉腐微生物主要有霉菌、细菌、酵母菌。这些霉腐微生物的生长繁殖需要一定的条件，当这些条件得到满足时商品就容易发生霉变。霉腐微生物生长的外界环境条件如下。

1．水分和空气湿度

当湿度与霉腐微生物自身的要求相适应时，霉腐微生物就生长繁殖旺盛；反之则处于休眠状态或死亡。各种霉腐微生物生长繁殖的最适宜相对湿度，因微生物不同略有差异。多数霉菌生长的最低相对湿度为 80%～90%。在相对湿度低于 75%的条件下，多数霉菌不能正常发育。因而通常把 75%这个相对湿度叫做商品霉变的临界湿度。

2．温度

霉腐微生物的生长繁殖有一定的温度范围，超过这个范围其生长会滞缓甚至停止或死亡。高温和低温对霉腐微生物生长都有很大影响，低温对霉腐微生物生命活动有抑制作用，能使其休眠或死亡；高温能破坏菌体细胞的组织和酶的活动，使细胞的蛋白质凝固变性，从而使其失去生命活动的能力或死亡。霉腐微生物大多是中温性微生物，其最适宜的生长温度为 20℃～30℃，在 10℃以下不易生长，在 45℃以上停止生长。大多数微生物在 80℃以上会很快死亡。

3．光线

日光对于多数微生物的生长都有影响，主要是日光中的紫外线能强烈破坏微生物细胞和酶。大多数霉腐微生物在日光直射 1～4 小时即能大部分死亡。

4．空气成分

有些微生物特别是霉菌，需要在有氧条件下才能正常生长，二氧化碳浓度的增加不利于微生物生长，甚至导致其死亡；也有一些微生物是厌氧型的，它们不能在有氧气或氧气充足的条件下生存。通风可以防止部分商品霉腐，但主要是防止厌氧型微生物引起的霉腐。

（二）商品霉腐的原理

1．易霉腐的商品及霉腐特征

商品发生霉变是由商品本身成分决定的，这是商品发生霉腐的内在因素，微生物在自然界中到处都有，只有具备了微生物所需养料的商品才可能发生霉变。易霉腐的商品主要有下面几类。

（1）以糖为主要成分的商品

属于这类商品的主要有棉麻织品、纸张、竹木、食品、果蔬等商品，它们的主要化学成分是纤维素、半纤维素、木质素、淀粉、双糖等糖类物质，而霉菌能分泌大量的酶，把糖类最终分解为二氧化碳和水、同时放出大量的热量。

（2）以蛋白质为主要成分的商品

属于这类商品的主要有丝织品、毛织品、毛皮制品、皮革制品、皮胶、骨胶等，它们的主要化学成分是天然蛋白质。这些商品与蛋白质分解菌接触，在水解蛋白酶的作用下，最后产生醇、氨和二氧化碳，聚合度大大降低，被破坏的商品带有浓厚的腐臭气味，商品质量大大降低，从而失去使用价值。

（3）以其他有机物为主要成分的商品

橡胶、塑料以及一些日用化学品、工艺美术品、文娱体育品等，都含有大量的适宜于霉腐微生物生长的有化合机物，一旦温湿度适宜，微生物就会在上面生长繁殖，从而对商品质量产生严重破坏。

2．商品霉腐过程

商品霉腐的过程就是微生物新陈代谢的过程。

（1）微生物的呼吸作用

多数霉菌进行有氧呼吸，受好氧微生物霉菌作用的商品常有发热现象，受厌氧微生物侵蚀的商品常有酒味产生。

（2）酶及酶的作用

酶是有机体中一类具有特殊催化作用的蛋白质，自然界中一切生命活动都与酶的活动有关，有机体的新陈代谢都是在酶的作用下进行的，如果离开酶，新陈代谢就不能进行，生命就会停止。所以酶都是在活的细胞中形成的，死亡的细胞就不能再形成酶。

酶的催化速度快。酶的另一个特性是专一性，如淀粉酶只对淀粉有催化作用。所有酶均不耐热，40℃～50℃最适合酶的活动，超过这个温度，由于酶分子中的蛋白质受热易变性，使酶失去应有的催化作用。

（3）商品霉变过程

微生物的生存必须以有机物质为营养，糖、淀粉、蛋白质、纤维素、木质素、脂肪等物质都是它的养料。用有机物质加工制成的商品，在外界条件适合微生物生长的情况下，微生物新陈代谢作用使商品原有结构破坏、发生霉腐变质，轻则影响商品外观，严重时导致商品全部损坏，最后失去使用价值。

（三）商品霉腐的防治方法

1．加强库存商品的管理

（1）加强入库验收。易霉腐商品入库，首先应检验其包装是否潮湿，商品含水量是否超过安全水分。

（2）加强仓库温湿度管理。根据商品的不同性能，正确地运用密封、吸潮及通风相结合的方法，控制好库内温湿度。特别是梅雨季节，要将相对湿度控制在不适宜于霉菌生长的范围内。

（3）选择合理的储存场所。易霉变商品应尽量安排在空气流通、光线较强、比较干燥的库房，并应避免与含水量大的商品共储。

（4）合理堆码，下垫隔潮。商品堆码不应靠墙靠柱，下垫防潮物质隔潮。

（5）将商品密封储存。

（6）做好日常的清洁卫生工作。

2．化学药剂防霉腐

防霉最主要的方法是使用防霉剂。防霉剂能使微生物菌体蛋白质变性、凝固，使酶失去活性。低浓度防霉剂能抑制霉腐微生物，高浓度会使其死亡。有实际应用价值的防霉剂具有低毒、高效、长效、使用方便、价格低廉等特点，能适应商品加工条件和应用环境，不降低商品性能，在储存运输中稳定性好。

防霉剂的使用方法主要有以下几种。

（1）添加法。将一定比例的药剂直接加入到材料或制品中去。

（2）浸渍法。将制品在一定温度和一定浓度的防霉剂溶液中浸渍一定时间后晾干。

（3）涂布法。将一定浓度的防霉剂溶液用刷子等工具涂布在制品表面。

（4）喷雾法。将一定泥度的防霉剂溶液均匀地喷洒在材料或制品表面。

（5）熏蒸法。将挥发性防霉剂的粉末或片剂置于密封包装内，通过防霉剂的挥发防止商品生霉。

3．防霉的其他方法

（1）气调储藏防霉。在密封条件下，通过改变空气成分，主要是创造低氧（5%以下）环境，抑制微生物的生命活动和生物性商品的呼吸强度。

（2）紫外线防霉。用紫外线辐射灭菌，作用强而稳定，但紫外线穿透力弱，易被固形物吸收，使用范围受到限制。

（3）微波防霉。微生物吸收微波后引起温度升高，使蛋白质凝固，菌体成分破坏，水分汽化排出，促使菌体迅速死亡。

（4）红外线防霉。微生物吸收红外线，使细胞内温度迅速升高，造成蛋白质凝固、核酸被破坏、菌体内水分汽化脱水而死亡。

（5）低温储防霉。低温对微生物活动具有抑制作用，用冷库储藏可以防止霉变。

（6）干燥防霉。保持商品自身、商品包装和仓库环境的干燥，可以抑制微生物霉菌的活动。

对已经发生霉变但可以救治的商品，应立即采取晾晒、烘烤、加热消毒等方法处理，以免霉变继续发展而造成更加严重的损失。

二、金属商品的锈蚀防治技术

金属材料制成的商品如保管不好，很容易发生锈蚀而影响外观，严重时将失去使用价值。因此，做好金属商品的防锈工作是十分重要的。

（一）金属锈蚀的基本原理

金属与周围介质接触时，由于发生化学作用或电化学作用而引起的破坏叫做金属的腐蚀，一般也称锈蚀。

金属的腐蚀主要有两种，即化学腐蚀和电化学腐蚀。

1．化学腐蚀

金属与气体（如 O_2、H_2S、SO_2、Cl_2 等）接触时，在金属表面生成相应的化合物而受到破坏，称为化学腐蚀。这种腐蚀在低温情况下不明显，但在高温时就很显著。

2．电化学腐蚀

在潮湿环境中，金属与水及溶解于水中的物质接触时，因形成原电池而发生电化学反应所受到的腐蚀，称为电化学腐蚀。这种腐蚀作用可以连续进行，以致金属由表及里受到严重损坏。电化学腐蚀的本质是：在原电池作用下，金属原子放出电子，其他物质接受电子，金属以离子状态进入溶液，然后形成氢氧化物或氧化物而发生锈蚀，使金属受到损坏。电化学腐蚀是金属商品腐蚀的主要形式，这种腐蚀速度也是惊人的，不容忽视。

（二）影响金属商品锈蚀的主要因素

1．影响金属生锈的内在因素

（1）金属本身不稳定。金属是由金属原子所构成，其性质一般较活泼。金属原子易失去电子成为阳离子而发生腐蚀，这是金属生锈的主要内在原因。

（2）金属成分不纯。生产日用工业品的金属，一般都含有杂质，金属成分不纯，在大气环境下表面形成电解质薄膜后，金属原子与杂质之间容易形成无数原电池，发生电化学反应而使金属受到腐蚀。

（3）金属结构不均匀。金属在机械加工过程中，也会造成变形不均匀，一般在金属材料的划伤处、焊接处、弯扩部位、表面不完整处等，都容易发生电化学腐蚀。

2．影响金属生锈的外界因素

（1）空气相对湿度的影响。金属的锈蚀主要是电化学腐蚀，电化学腐蚀是在表面上形成极薄的一层液膜下进行的。因此，空气中相对湿度是影响金属腐蚀的主要因素。当相对湿度超过 85%时，金属表面就易形成电解质液膜，从而构成了电化学腐蚀的条件。

（2）空气温度的影响。通常情况下，温度越高金属商品腐蚀速度越快。当空气气温变化大时，金属表面容易出现“出汗”现象，形成电解质液膜，加剧金属锈蚀，这对五金商品的安全储存和运输是一个很大的威胁。

（3）腐蚀性气体的影响。空气中的二氧化碳对金属腐蚀危害很大；此外，硫化氢、氯化氢、二氧化硫、氨气、氯气等气体对金属都具有强烈的腐蚀性。

（4）空气中杂质的影响。空气中的灰尘、煤烟、沙土等杂质，附着在金属表面易产生原电池反应，造成金属商品的腐蚀。

（三）金属商品的防锈技术

金属商品的锈蚀主要是电化学腐蚀所造成的。因此，金属商品的防护主要是防止形成原电池反应。

1．控制和改善储存条件

金属商品储存的露天货场应选择地势高、不积水、干燥的场地，要尽可能远离工矿区，特别是化工厂。

较精密的五金工具、零件、仪器等金属商品，应选择便于通风和密封、地潮小、库内空气温湿度容易调节和控制的库房储存，严禁与化工商品、含水量较大的商品同库储存。

金属商品入库时，必须对商品质量、包装等进行严格验收，合理安排好仓位、货架和货垫，并定期检查。仓库要保持干燥，相对湿度不要超过 75%，防止较大的温差，以免使金属商品出现“出汗”现象。

2．涂油防锈

涂油防锈是目前应用比较普遍的一种防锈方法，是在金属表面涂（或浸、喷）一层防锈油薄膜，使金属商品与大气中的氧、水以及其他有害气体隔离。涂油防锈方法简便，一般效果也较好，但它属于短期防锈法，随着时间的推移，防锈油逐渐消耗，或者由于防锈油的变质，而金属商品又有重新生锈的危险。常用的防锈油有凡士林、黄脂油、机油和防锈油等。

3．气相防锈

一些具有挥发性的化学药品在常温下会迅速挥发出气体物质，这些气体物质吸附在金属表面，可以防止和延缓金属商品的锈蚀。气体可充满包装所有的空间，因此它适应于结构复杂、不易为其他防锈涂层所保护的金属材料商品。

4．可剥性塑料封存

可剥性塑料是用高分子合成树脂为基础原料，加入矿物油、增塑剂、防锈剂、稳定剂以及防霉剂等制成的一种防锈包装材料。可剥性塑料有热熔型和溶剂型两种，前者加热熔化后，浸涂于金属商品表面，冷却后能形成一层塑料薄膜层；后者用溶剂溶解后，浸涂于金属表面，溶剂挥发后也能形成一层塑料薄膜层。这两种薄膜层都有阻隔外界环境不良因素防止金属商品生锈的效用，启封时用手即可剥除。

三、储存商品的虫害防治技术

仓储商品中，很多是以动物毛皮和植物为原料制成的，这些商品含有蛋白质、淀粉、纤维素等为害虫所喜好的成分，因而常易遭受害虫的危害。认真做好储存商品的虫害防治工作也是极为重要的。

（一）仓库害虫的主要来源

1．由商品或包装带入

有些商品如竹木制品、毛皮、粮食等商品，害虫已在原材料上产卵或寄生，以后在加工过程中，又未采取杀灭措施，进仓后遇到适宜的条件，就会孳生起来。

2．商品和包装在加工或储存过程中感染害虫

商品和包装原材料在加工时，接触的加工设备、运输工具隐藏着害虫，或与已生虫的商品堆放在一起受到感染等都会把害虫带入仓库。

3．库房不卫生

仓库的墙壁、梁柱、门窗、垫板等缝隙中隐藏的害虫，以及库内的杂物、垃圾等未清干净而潜伏的害虫，在商品入库后危害商品。

4．库外害虫侵入仓库

仓库外部环境中的害虫飞入或爬入库房内，在库内生长繁殖，危害商品。

（二）仓库害虫的生活特性

仓库害虫长时期生活在库房内，形成了一些特殊的生活习性。

1．耐干性

干燥是商品仓储养护的要求之一，因此仓库害虫必须具备耐干的能力，才能适应这种环境。掌握仓虫在一定温度下，对一定商品的耐干能力是仓虫防治的有效办法之一。

2．耐热、耐寒性

仓库害虫能忍受的极限最高温度是48℃～52℃，这种状态如果继续延持，仓虫可以致死，但若不久温度下降到适宜温度，虫体仍可保持生命。

仓虫对低温的适应性较强，当温度低于生长发育要求时，它就采取休眠的办法，一旦温度适宜，就又活动起来。

3．耐饥性

仓虫的耐饥性很强，有的仓库害虫耐饥能长达两三年。由于长期挨饿不死，它们就有可能在长时间没有食物的情况下被带到别处，等到环境适宜时又能繁殖发育。

4．食性广而杂

真正的仓虫是多食性和杂食性的，可以植物、动物、无机物和有机物为食。

5．繁殖能力强

多数仓虫在适宜的环境中一年四季能不断地繁殖，仓虫个体小、体色深，故数量少

时不易发现，一旦发生则难以根除，稍不注意很快就会蔓延开来，对仓库商品造成巨大损失。

（三）仓库害虫的防治技术

仓库害虫的防治，应贯彻“以防为主，防治结合”的方针，掌握仓虫的发生规律和季节，根据商品的性质，做好防治工作。

1．仓库害虫的预防

要想截断仓库害虫的来源、杜绝它们的传播，必须做好以下几点。

（1）搞好清洁卫生，使害虫无藏身之处，库外“三不留”（不留垃圾、不留杂草、不留污水），库内墙壁、梁柱无缝隙。

（2）对入库商品严格检查验收和处理，防止带虫或虫伤商品、商品包装及工具器材等进入仓库。

（3）做好库房消毒工作，空仓可用消毒杀菌药剂等喷洒、熏蒸杀菌消毒。对已被害虫感染的商品、器材、包装、库房等认真处理，做好消毒工作。

2．仓库害虫的药物防治

使用各种化学杀虫剂，通过胃毒、触杀或熏蒸等杀灭仓库害虫，这是当前防治仓库害虫的主要措施。其优点是杀虫力强，防治效果好；缺点是对人畜有毒。在使用时要注意安全，并要注意不能损伤商品质量。常用的防虫、杀虫药剂有以下几种。

（1）驱避剂。驱避剂的驱虫作用是利用易挥发并具有特殊气味和毒性的固体药物，使挥发出来的气体在商品周围经常保持一定浓度，从而达到避害虫的目的。这类药物常用的有樟脑精、二氯化苯、萘等。

（2）熏蒸剂。熏蒸剂能气化放出剧毒气体，通过呼吸系统毒杀机理，杀死害虫。熏蒸剂挥发的气体渗透力很强，不仅能杀死商品外表的害虫，甚至能杀死商品内部的害虫，有的还对害虫的卵、幼虫、蛹、成虫等各个虫期都有效。属于这类药剂的有氯化苦、溴甲烷、磷化铝等。

（3）胃毒剂和触杀剂。通过胃毒、触杀作用杀灭害虫，有的也兼有熏蒸作用。常用于仓库和环境消毒杀菌的有敌敌畏、敌百虫等药剂。

仓库害虫的防治技术，除了药物防治外，还有气调防治法、高低温防治法、物理防治法、生物防治法及辐射防治法等各种方法。

四、储存商品的老化防治技术

以橡胶、塑料、合成纤维等高分子材料为主要成分的商品，在储存或使用过程中性能逐渐变坏，以致最后丧失使用价值的现象称为“老化”。老化的主要特征是高分子商品出现发黏、龟裂、变脆、失去弹性、强度下降等性能改变现象。老化的实质是在外界条件作用下，组成高分子材料主要成分的高聚物分子链发生了降解或者交联等变化。

老化是一种不可逆的变化，它与高分子商品的成分、结构及储存使用环境等有着密切的联系。

（一）商品老化的内在因素

影响高分子商品老化的内在因素主要有以下几方面。

（1）高分子化合物分子组成与结构的影响。组成高分子材料的高分子化合物分子链结构中，存在着不饱和的双键或大分子支链等，在一定条件下，易发生分子链的交联或降解。

（2）其他添加剂组分的影响。塑料中的增塑料剂会缓慢挥发或促使霉菌滋生；着色剂会产生迁移性色变；硫化剂会产生多硫交联结构，降低橡胶的耐老化能力等。

（3）组分中杂质的影响。在高分子化合物的单体制造、缩合聚合及高分子与添加剂的配合过程中，会带入极少量的杂质成分，它们对高分子商品的耐老化性有较大的影响。

（4）加工成型条件的影响。高分子材料在加工成型的过程中，由于加工温度等的影响，使材料结构发生变化而影响商品的耐老化性能。

（二）商品老化的外部因素

影响高分子商品老化的外部环境因素主要有以下几方面。

（1）阳光。阳光（特别是光线中的紫外线）对高分子分子链及材料中各组分的老化起催化作用。

（2）空气中的氧气。氧气特别是臭氧也能加速高分子商品的老化。

（3）温度的变化。温度过高，使高分子材料变软或发黏；温度过低，使高分子材料变硬或发脆。

此外，水分和湿度、微生物、昆虫排泄物、重金属以及重金属盐等，也会对高分子商品的老化产生加速作用。

（三）商品防老化的方法

根据影响商品老化的各种内外因素，高分子商品的防老化可以采用以下方法。

（1）改变高分子化合物的工艺配方，以达到改变高分子化合物的结构性能，可提高高分子商品的抗老化性。

（2）添加助剂。根据不同高分子材料所产生老化现象的机理，加工时在原料中添加抗氧剂、紫外线吸收剂、热稳定剂等各种防老剂，用以延缓高分子商品的老化。

（3）表面处理。在高分子材料表面浸喷涂料、金属粉末、蜡等作保护层，使之与空气、阳光、水分、微生物等隔绝，以达到延长老化时间的目的。

（4）加强管理、严格控制仓储条件，也是高分子商品防老化的有效方法。

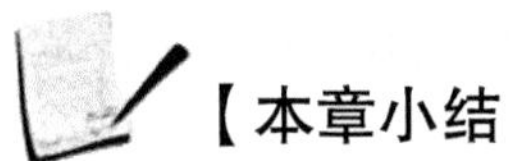

【本章小结】

商品储运期间的质量变化主要有物理机械变化、商品的化学变化、商品的生理生化变化及其他生物引起的变化。物理机械变化具体包括挥发、溶化、熔化、渗漏、串味、沉淀、沾污、破碎与变形；商品的化学变化具体包括分解、水解、氧化、老化、腐蚀；商品的生理生化变化及其他生物引起的变化具体包括呼吸作用、后熟作用、胚胎发育、发芽和抽薹、霉腐、发酵、虫蛀、鼠咬。影响商品质量变化的因素主要有空气中的氧、日光、微生物、空气温度、空气的湿度、卫生条件与仓库害虫、有害气体。商品霉腐的防治方法主要有加强库存商品的管理、化学药剂防霉腐、气调储藏防霉、紫外线防霉、微波防霉、红外线防霉、低温储防霉、干燥防霉等。

【复习思考题】

1. 商品储存过程中常见的质量变化有哪些？
2. 影响库存商品质量变化的因素有哪些？
3. 霉腐微生物的生长要求哪些条件？商品的防霉腐主要有哪些方法？
4. 仓库害虫有哪些特性？主要有哪些来源？
5. 影响金属商品锈蚀的因素和常见的防锈蚀方法有哪些？
6. 影响高分子商品老化的因素有哪些？常见的防老化措施有哪几种？

【案例】

超市生鲜食品的冷藏养护

鲜蛋的冷藏养护

鲜蛋进库后要合理堆垛，否则就会缩短贮存时间、降低蛋的品质。蛋箱、蛋篓之间要保持空隙，码垛不宜过大过高，一般不超过 2 ~ 3kg，高度要低于风道口 0.3m，要留缝通风，墙距 0.3m，垛距 0.2m，保持温度均衡。鲜蛋不能同水分高、湿度大、有异味的商品同仓间堆放。特别是一、二类蛋要专仓专储。满仓后即封仓。每个堆垛要挂货卡，严格控制温湿度是鲜蛋储存中质量好坏的关键，最佳仓温度为 −1℃ ~ 1.5℃，±0.5℃。相对湿度以 85% ~ 88%为宜，±2%。

果蔬的冷藏养护

1. 降温。进仓后应逐步降温，因为果蔬经采摘后，还存在一定的热量，若这时未经冷却而直接放入仓间，易使商品产生病害，达不到保质的目的。

2. 温度调节。果蔬进仓后，将继续发展成熟。其外界原因有以下三个方面。

（1）温度：温度高，会加快商品的成熟及衰老，如果温度适宜，则能有效减慢其成熟速度，降低物质消耗水平，延长储藏时间。

（2）氧气：空气中的含氧量约为21%，适当降低含氧量，可抑制商品的成熟或衰老。

（3）二氧化碳：适当提高仓间CO_2量，也可抑制商品成熟和衰老，延长贮藏时间。

3. 湿度调节。果蔬中含有大量的水分，其在储存过程中，水分将逐渐蒸发，大部分果蔬当水分消耗超过5%时，就会出现枯萎等现象，鲜度明显下降，价值也随之下降。因此，对于果蔬储存的仓库来说，湿度调节很重要，一般以90%的湿度为宜。

4. 堆垛。不论是箱装或筐装，果蔬的堆垛最好采用“骑缝式”方法，垛与垛、垛与墙、垛与顶之间应有一定距离，以便于冷风流通。

案例讨论题

1. 从超市生鲜食品的冷藏养护方法中我们得到什么启示？
2. 讨论合理的维护保管对超市的影响。

【实践技能训练】

仓储养护的参观见习

1. 组织形式

以班级为单位，组织学生到大型配送中心、物流基地的库房或大型超市进行参观见习。

2. 实训内容

查看配送中心、物流基地库房或大型超市库房主要商品保管设施设备的情况，了解商品维护保养的方法与具体措施，分析这些设备及方法的优缺点，并提出合理化建议。

3. 实训方法

以观察、咨询、了解、交谈、访问、网上互动等形式提高对仓储养护的感性认识，对了解的情况进行归纳、总结，为今后的工作奠定基础。

下篇

商品学实务

第九章　商品检验

■知识目标

1. 理解商品检验、商品抽样、商品品级的概念，商品检验的分类。

2. 掌握商品检验、商品抽样、商品品级确定的基本方法。

■技术目标

1. 在商品检验中确定具体抽样的方法。

2. 通过感官检验法初步鉴定商品质量。

■能力目标

能够利用所学商品检验的方法判定生活常见商品质量。

第一节　商品检验概述

一、商品检验的概念

商品检验是指商品的卖方、买方或者第三方在一定条件下，借助于某种手段和方法，按照合同、标准或国家的有关法律法规、惯例，对商品的质量、规格、数量以及包装等方面进行检查，并作出合格与否或通过验收与否的判定，或为维护买卖双方合法权益，避免或解决各种风险损失和责任划分的争议，便于商品交接结算而出具各种有关证书的业务活动。其中，商品的质量检验是商品检验的中心内容，狭义的商品检验即指商品的质量检验，是根据商品标准规定的各项质量指标，运用一定的检验方法和技术，综合评定商品质量优劣，确定商品品级的活动。

商品的质量检验在早期质量管理的发展阶段发挥了保证商品质量的“把关”作用，在全面质量管理不断发展、完善的今天，由于预防、控制并非总是有效，所以商品检验仍然是商品质量保证工作的一项重要内容。

二、商品检验的目的与任务

商品检验的目的是运用科学的检验技术和方法，正确地评定商品质量。其任务是从商品的用途和使用条件出发，分析和研究商品的成分、结构、性质及其对商品质量的影响，确定商品的使用价值；拟定商品质量指标和检验方法，运用各种科学的检测手段评定商品质量，并确定其是否符合规定标准的要求；研究商品检验的科学方法和条件，不断提高商品检验的科学性、精确性、可靠性，使商品检验工作科学化、现代化；探讨提高商品质量的途径和方向，促进商品质量的提高，并为选择适宜的包装、保管和运输方法提供依据。

在进出口贸易中商品检验尤为重要，所以国家设立专门商检机构依法对进出口商品实施检验与管理。商检机构依法对进出口商品实施检验与管理的主要目的与任务一是把关，二是服务。

（一）把关作用

国家设立商检部门，其主要目的就是加强进出口商品检验工作，保证进出口商品的质量，维护对外贸易相关各方的合法权益，促进对外贸易的顺利发展。因此，把关是商检工作的首要作用。

（二）服务作用

商检机构的服务作用十分明显，主要体现在以下几个方面。

1．促进进出口商品质量的提高

商检机构通过检验和监督管理，把好进出口商品质量关，防止不合格的商品进出口，有力地维护了良好的进出口秩序。

2．对进出口商品提供检验证明

在国际经济贸易活动中，有关各方经常需要一个第三者，作为出证鉴定人对进出口商品进行检验或鉴定，并提供检验证明，供有关各方进行交接、计费、索赔、理赔、免责之用。这是一种技术和劳务相结合的服务工作，商检机构凭借自身的性质、技术条件和信誉，长期以来在这一重要领域发挥着自己的特长和优势，起着积极的作用。

3．收集和提供与进出口商品质量检验有关的各种信息

由于工作关系，商检机构经常能够接触到国内外大量的商品质量、性能、价格、分布等方面的情况。及时收集整理这些情况，提供给有关部门参考，也是国家对于商检工作的要求。

三、商品检验的分类

根据不同的目的及要解决的任务，商品检验可以有各种不同的形式和种类。

（一）根据检验主体及其目的的不同划分

根据检验主体及其目的的不同，商品检验可分为第一方检验、第二方检验和第三方检验。

1．第一方检验

第一方检验，即自检，也称出厂检验或生产检验。它是商品生产者为了控制产品质量，维护企业信誉，达到保证质量的目的，对原材料、半成品和成品进行检验的活动。这种检验是企业质量管理的职能之一，也是企业质量体系的基本要素之一，经检验合格的商品应有“检验合格证”标识。

2．第二方检验

第二方检验，又称验收检验或买方检验。验收检验是商品的买方（如商业、外贸部门和工业用户）为了维护自身及顾客的利益，保证其所购商品满足合同或标准要求所进行的检验活动。目的是及时发现问题，反馈质量信息，促使卖方纠正问题或改进商品质量。在实践中，商业或外贸还常派“驻厂员”对商品质量形成的全过程进行监控，对发现的问题，及时要求生产方予以解决。

3．第三方检验

第三方检验是指处于买卖利益之外的第三方（如专职监督检验机构）以公正、中立和权威的非当事人身份根据有关法律、合同或标准所进行的检验活动，如质量鉴定、仲裁检验、国家质量监督检验等。目的在于维护买卖双方合法权益和国家利益，协调矛盾，促使商品交换活动正常进行。第三方检验由于具有公正性、权威性，其检验结果被国内外所公认，因此具有法律效力。

（二）根据检验有无破坏性划分

根据检验有无破坏性，商品检验可分为破坏性检验和非破坏性检验。

1．破坏性检验

破坏性检验是指为了取得必要的质量信息对商品进行各项技术指标的测定、试验，经测定、试验后的商品遭受破坏性的检验，如对食品罐头、饮料以及茶类的检验等。

2．非破坏性检验

非破坏性检验是指经测定、试验后的商品仍能够正常使用的检验，也称无损检验，如对电器类、纺织品类商品及黄金首饰的检验等。

（三）根据检验数量的不同划分

根据检验数量的不同，批产品检验可分为全数检验、抽样检验和免于检验。

1．全数检验

全数检验是对受检批中的所有单位产品逐个（逐件）进行的检验，也称全面检验或百分之百检验。这种方法可提供较多的质量信息，给人以心理的安全感；缺点是由于检验量大，其费用高，易造成检验人员疲劳而导致漏检或错检。这种检验可以提供较多准确的信息，但这种方法只适用于批量小、质量特征单一、精密、贵重和重型的关键产品，不适用于批量大、价廉、质量特性复杂和需要进行破坏性检验的产品。

2．抽样检验

抽样检验是根据预先确定的抽样方案，从受检批中随机抽取少量单位产品，组成样本，再对样本中的单位产品逐一进行测试，将结果与标准或合同规定比较，最后从样本质量状况统计中推断出整批产品质量状况的检验方法。抽样检验占用人力、物力和时间较少，具有一定的科学性和准确性，是比较经济的检验方式；但抽样检验也存在着提供的质量信息少，有可能误判和不适用于质量差异程度较大的产品批等缺点。事实已经证明，只要预先注意和控制住抽样中可能犯的错误，其可靠性甚至优于全数检验。

3．免于检验

免于检验即对于生产技术水平高和检验条件好、质量管理严格、成品质量长期稳定的企业生产出来的商品，经企业自检合格后，商业和外贸部门可以直接收货，免于检验。我国在进出口商品免检办法中规定，对于法定检验的进出口商品，凡具备下列情况之一者，申请人可以申请免检：在国际上获质量奖（未超过三年时间）的商品；经国家商检部门认可的国际有关组织实施质量认证，并经商检机构检验质量长期稳定的商品；连续三年出厂合格率及商检机构检验合格率达百分之百，并且没有质量异议的出口商品；连续三年商检机构检验合格率及用户验收合格率百分之百，并且获得用户良好评价的出口商品。

（四）根据商品内、外销售情况划分

根据商品内、外销售情况划分，商品检验有内销商品检验和进出口商品检验两种。

1．内销商品检验

（1）工厂签证，商业免检。工厂生产出来的产品，经工厂检验部门检验签证后，销售企业可以直接进货，免于检验程序。该检验形式多适用于生产技术条件好、工厂检测手段完善、产品质量管理制度健全的生产企业。

（2）商业监检，凭工厂签证收货。商品监检是指销售企业的检验人员对工厂生产的半成品、成品及包装，甚至原材料等，在工厂生产全过程中进行监督检验，销售企业可凭工厂检验签证验收。该形式适用于比较高档的商品质量检验。

（3）工厂签证交货，商业定期、不定期抽验。某些工厂生产的质量稳定的产品、质量信得过的产品或优质产品，一般是工厂签证后便可交货，但为确保商品质量，销售企业可采取定期、不定期抽验的方法。

（4）商业批检。商业批检是指销售企业对厂方的每批产品都要进行检验，否则不予收货。此种检验形式适用于质量不稳定的产品。

（5）行业会检。对于多个厂家生产同一种产品的情况，产品由工商联合组织行业会检。一般做法是联合组成产品质量评比小组，定期或不定期地对行业产品进行检验。

（6）库存商品检验。库存商品检验是指仓储部门对贮存期内易发生质量变化的商品所进行的定期检验，其目的是及时掌握库存商品的质量变化状况，以达到安全贮存目的。

2．进出口商品检验

（1）法定检验。法定检验是根据国家法令规定，对指定的重要进出口商品执行的强制性检验。其方法是根据买卖双方签订的经济合同或标准进行检验，对合格商品签发检验证书，作为海关放行凭证；未经检验或检验不合格的商品，不准出口或进口。

（2）公证检验。公证检验是不带强制性的，完全根据对外贸易关系人的申请，接受办理的各项鉴定业务检验。商品检验机构以非当事人的身份和科学公正的态度，通过各种手段检验与鉴定各种进出口商品是否符合贸易双方签订的合同要求或国际上的有关规定，得出检验与鉴定结果、结论，或是提供有关数据，以便签发证书或其他有关证明等。

（3）委托业务检验。委托业务检验是我国商检机构与其他国家商检机构，开展的相互委托检验业务和公正鉴定工作。目前，各国质量认证机构实行相互认证，大大方便了进出口贸易。

四、商品检验的内容

（一）包装检验

包装检验是根据购销合同、标准和其他有关规定，对进出口商品或内销商品的外包装和内包装以及包装标志进行的检验。

包装检验首先要核对外包装上的商品包装标志（标记、号码等）是否与有关标准的规定或贸易合同相符。检验进口商品时主要检验其外包装是否完好无损，包装材料、包装方式和衬垫物等是否符合合同规定要求。外包装破损的商品要另外进行验残，以查明货损责任方以及货损程度。发生残损的商品要检查其是否由于包装不良所引起。对出口商品的包装检验，除包装材料和包装方法必须符合外贸合同、标准规定外，还应检验商品内外包装是否牢固、完整、干燥、清洁，是否适于长途运输和保护商品质量、数量的要求。

商检机构对进出口商品的包装检验，一般采用抽样检验或在当场检验，或进行衡器计重的同时结合进行。

（二）品质检验

品质检验亦称质量检验，指运用各种检验手段，包括感官检验、化学检验、仪器分析、物理测试、微生物学检验等，对商品的品质、规格、等级等进行检验，确定其是否符合贸易合同（包括成交样品）、标准等规定的活动。

品质检验的范围很广，大体上包括外观质量检验与内在质量检验两个方面；外观质量检验主要是对商品的外形、结构、花样、色泽、气味、触感、疵点、表面加工质量、表面缺陷等的检验；内在质量检验一般指有效成分的种类、含量、有害物质的限量、商品的化学成分、物理性能、机械性能、工艺质量、使用效果等的检验。

（三）卫生检验

卫生检验主要是根据《中华人民共和国食品卫生法》、《化妆品卫生监督条例》、《中华人民共和国药品管理法》等法规，对食品、药品、食品包装材料、化妆品、玩具、纺织品、日用器皿等进行的卫生检验，检验其是否符合卫生条件，以保障人民健康和维护国家信誉。如《中华人民共和国食品卫生法》规定："进口的食品、食品添加剂、食品容器、包装材料和食品用工具及设备，必须符合国家卫生标准和卫生管理办法的规定。进口上述所列产品，由国家食品卫生监督检验机构进行卫生监督检验。进口单位在申报检验时，应当提供输出国（地区）所使用的农药、添加剂、熏蒸剂等有关资料和检验报告。海关凭国家卫生监督检验机构的证书放行。"又规定："出口食品由国家进出口商品检验部门进行卫生监督、检验。海关凭国家进出口商品检验部门的证书放行。"

（四）安全性能检验

安全性能检验是根据国家规定和外贸合同、标准以及进口国的法令要求，对进出口商品安全性能方面的项目进行的检验，如对易燃、易爆、易触电、易受毒害、易受伤害等项目进行检验，以保证生产使用和生命财产的安全。目前，除进出口船舶及主要船用设备材料和锅炉及压力容器的安全监督检验，根据国家规定分别由船舶检验机构和劳动部门的锅炉、压力容器安全监察机构负责监督检查外，其他进出口商品涉及安全性能方面的项目，由商检机构根据外贸合同规定和国内外的有关规定和要求进行检验，以维护人身安全和确保经济财产免遭侵害。

（五）数量和重量检验

商品的数量和重量是贸易双方成交商品的基本计量计价单位，是结算的依据，直接关系到双方的经济利益，也是贸易中最敏感而且容易引起争议的因素之一。商品的数量和重量检验包括商品的个数、件数、长度、面积、体积、容积、重量等检验项目。

第二节　商品抽样

一、商品抽样概述

产品的质量情况是通过检验来获得的，检验时所耗用的产品叫做样品。显然，不可能对每件产品都实施检验，只可能从受检的产品中，按规定抽取一定数量且具有代表性的部分产品。抽取的部分产品（仅占整批产品中极少比例）要能代表整批产品的真实情况，即所取样品应该是具有高度代表性的平均样品，否则分析结果再准确也是毫无意义的。

（一）抽样的概念

商品抽样是根据标准或合同规定的要求，从被检验商品中按照一定的方法采集样品的过程。即在检验整批商品质量时，用一定的方法，从中抽取具有代表性的、一定数量的样品，作为评定这批商品的质量依据，这种抽取样品的工作，称为商品抽样，又称拣样、扦样等。

（二）商品抽样的原则

要从一大批被测物品中采取到能代表整批被测物品质量的少量样品必须遵守一定的规则，掌握适当的方法，并要防止在采样过程中造成某种成分的损失、外来成分的污染等情况的发生。被检物品的状态可能有不同形式，如固态的、液态的或固液混合的等。固态的可能因颗粒大小、堆放位置不同而带来差异；液态的也可能因混合均匀的程度或是否分层、部分混合而带来差异。采样时，这些情况都要予以考虑。因此，商品抽样要遵循以下原则。

1．代表性原则

绝大多数商品的鉴定都应遵守代表性原则。由于鉴定方法的破坏性以及考虑到经济和效率等因素，不可能取全部商品进行鉴定，而只能从被鉴定商品中抽取一部分进行鉴定，这些从被鉴定商品中抽取的样品，是鉴定工作的对象，也是决定商品质量的主要依据，因而要求抽取的样品必须具有代表性。否则，即使鉴定所用的仪器设备再精密、鉴定方法再科学、鉴定结果再准确，也是毫无意义的，甚至还会给生产和消费带来不应有的损失。

2．典型性原则

针对所要达到目的而抽取的能充分说明这一目的的样品称为典型样品。典型样品一般在发现或怀疑商品有腐败、污染、掺杂、伪造以及含有某些毒物等情况时采集抽取。此时，所采集抽取的样品应当是可疑的商品，而不能用均匀的样品，以保证所抽样品具有典型性。当一批商品中只有局部或部分由于运输、储存不当而造成品质劣变时，必须好次分开，分别抽样鉴定，以免相互影响或掩盖真相而造成鉴定结果的失真。典型样品的抽取，在食物中毒鉴定和掺伪鉴定中尤为重要。

3．适时性原则

由于很多商品的组成、成分和含量等会随着时间的推移而发生迅速的变化，因而要求鉴定者要及时抽样并及时进行鉴定。例如，水果和蔬菜中各类维生素含量的鉴定、粮油等农副产品熏蒸杀虫剂残留量的鉴定等，都必须注意适时性。

（三）抽样要求

商品抽样是商品检验工作的重要环节，由于商品数量多、检验时间长，有些商品检验带有一定的破坏性，所以，除批量太少的商品或绝对不允许有不合格品存在而必须百分之百检验的商品外，其他商品都采用抽样检验。商品抽样的结果可能会出现以下两种情况：一是样品的质量大于被测商品的质量，这样会使被测商品等级高于实际商品质量，损害消费者的利益；二是样品的质量小于被测商品的质量，这样会使被测商品等级低于实际商品质量，同样会损害生产者的利益。因此，正确的商品抽样方法是保证获得准确检验结果的重要前提。为了使抽出的样品具有代表性，抽样工作要求注意以下几个方面。

1．抽样工具与样品容器

抽样应当依据抽样对象的形态和性状，合理选择抽样工具与样品容器。抽样工具和容器必须清洁，不含被检验成分，供微生物检验的样品应为无菌操作。

2．相关证件

对于外地调入的产品，抽样前应先检查其有关证件，如商标、货运单和质量检验证明等；然后检查包装以及起动日期、整批数量和产地、厂家等情况。

3．样品均匀性

要按各类商品的抽样要求抽样，注意抽样部位分布均匀，每个抽样部位的抽样数量（件）保持相同。

4．抽样记录

抽样的同时应做好抽样记录。抽样记录的内容包括抽样单位、地址、仓位、车间号、日期、样品名称、样品批号、样品数量和抽样者姓名等。

5．及时检验

抽取的样品应妥善保存，保持样品原有的品质特点，抽样后及时检验。

抽样鉴定除了要求有一定的样品数量要求和一定的方法外，还必须要求抽样者了解被抽样商品的生产、加工工艺过程以及运输、储存期间的质量变化规律。只有这样，才能正确抽样，才能保证所抽样品符合鉴定要求。

（四）样品的保留与说明

一般样品在检验结束后应保留一个月以备需要时复查，保留期限从检验报告单签发日起计算；易变质食品不予保留。保留样品应加封存放在适当的地方，并尽可能保持其原状。

对于在检验中发现有理化指标不合格的产品，应按该产品标准中检验规则的要求，重新抽样复核，复检时的抽样量一般规定为正常抽样量的两倍，即加倍量。

食品检验取样一般是取可食部分，以所检验样品计算。如送检样品感官检验已不符合食品卫生标准或已明显腐败变质，则可不必再进行理化检验。

二、商品抽样的方法

抽样的目的在于尽可能用少的样本来反映待检商品批量的真实质量水平，所以抽样时所抽取的样品必须具有普遍性。因此，用什么方法抽样对准确评定整批商品的质量至关重要，既要尽可能避免抽样的系统误差，即排除倾向性抽样，又要尽量减少随机误差。商品抽样的方法很多，应用最为普遍的是随机抽样。所谓随机抽样是指商品群体中的每一个体都有同样被拣取的机会，抽样者完全用偶然的方法拣取，事先并不考虑或选择应拣取哪一个样品。随机抽样的具体方法主要有以下几种。

（一）简单随机抽样

简单随机抽样是在同一批同类商品中不加挑选地抽取若干作为样品，以做到对批中全部商品完全随机化，任何商品都有被抽出的机会。这种方法简单，随机性强，对发现商品的共同性缺陷行之有效，适用于批量不大商品的抽样。简单随机抽样在具体执行时又有直接抽样法、抽签法和随机数表法等形式。

（二）分层随机抽样

分层随机抽样先将一批同类商品划分为若干部分，然后从每部分中随机拣取若干试样。商品在生产过程中发生质量缺陷往往是间隔出现的，采取分层随机抽样法，能克服单纯随机抽样法可能会漏掉集中性的缺陷。

商品生产的时间不同，产品的质量可能会有差别。因此，利用分层随机抽样，可以先按不同班次将商品分层，再在每个班次生产的商品中随机抽取试样。

（三）多段随机抽样

多段随机抽样是把一批同类商品先划成若干部分，用简单随机抽样法随机拣取几个部分；然后再从所拣出的每个部分中随机拣取若干个商品；最后将上述拣出的所有商品集中起来即为试样。此法适用于一个大包装内有几个独立小包装商品的抽样。

（四）规律性随机抽样

规律性随机抽样是按一定规律从整批同类商品中拣取样品的抽样方法。首先，对同批或同类商品按顺序进行编号，即按自然数 1，2，3，4，5…进行排列；其次，按简单随机抽样法从 0~9 中确定一个中选号码作为样品的第一个；最后，通过公式 S=总商品个数/样品个数，确定抽样距离 S。例如，首选号码为 5，则被选出的样品号码为：5，5+S，5+2S，5+3S，…，5+（n－1）S。

对于在生产流水线上运动的产品，其抽样方法是固定一个间隔时间，每隔该定额时间抽取一个样品。规律性随机抽样由于分布均匀，因而代表性较好。

商品标准对商品抽样的方法和拣取样品的数量都有明确的规定，商品抽样要按照商品标准所规定的要求和条件进行，否则，即使进行了精确的测试和分析，其结果也因没有代表性而失去实际意义。

第三节　商品检验方法

由于商品种类繁多，检验项目各异，因而就有了商品的各种检验方法。但不管商品属于哪类，其检验的基本方法却是一致的，不外乎感官检验法、理化检验法和生物检验法三大类。

一、感官检验法

（一）感官检验法的基本概念

感官检验法是借助人体正常的感觉器官，结合平时积累的实践经验对商品进行检验的方法。

感官检验具有简便、快速、经济和实用的优点，是其他检验方法不可替代的，因而感官检验法在商品检验中有着广泛的应用。任何商品对消费者来说总是先用感觉器官来进行质量评价的，所以感官检验十分重要。但是，感官检验法也有其局限性，主要用于检验色泽、气味、滋味、形状、音响、硬度和弹性等商品的外部特征，并且检验结果容易受检验者生理、心理、受教育水平、习惯爱好以及检验的时间、空间等因素的影响，因而也被认为科学性不强。因此，从事感官检验者应多加实践、总结经验，经常将感官检验结果与其他检验方法的检验结果相对照，以使感官检验结果更为客观和科学。

不同的商品会引起人们对它们的不同感觉；即使是同一种商品，也会同时存在不同的感觉。例如，我们吃不同品种的水果罐头，如梨和苹果的感觉当然不一样；而苹果中，又会同时存在甜感、酸感及其他感觉，在这些不同的感觉之间，有时会引起许多现象。在感官检验中，这种感官与刺激之间的相互作用、相互影响，应引起充分的重视，以免造成误差。

（二）感官检验法的基本知识

1．视觉检验法

商品的视觉识别，即“第一印象”，在感官检验中占有重要的位置。

视觉检验法是利用人的视觉器官观察物体的外观、外形、对光的透过或反射、色泽以及有无杂质等各种视觉现象来检验商品质量的一种方法。通过眼睛观察，评价商品的色泽、形状、结构、整齐度、光洁度、新鲜度、表面疵点、包装和标签等是否符合标准要求。观察时，一般可以先集中某点、某一部位或某一个体看，形成印象；然后再推广开去看样品总体，与原先形成的印象对照，并修正原先形成的印象；最后做客观评价。

视觉检验应在相同的光照条件下进行，并且要避免光线直射进入眼睛，以免造成眼睛疲劳。色盲或色弱及视力不正常的人员不宜做视觉检验人员。

在实际应用中，对商品进行感官检验时，首先要进行视觉检验，看其表面特征是否正常。如果视觉检验通不过，其他指标都无考虑的必要。如某些蔬菜和水果，只要看它的外形和颜色就能确定它的成熟度和新鲜度；对玻璃和搪瓷，其外观疵点是确定其质量的先决条件。对色泽的检验，要根据检验要求选择光的来源、光的强弱和光的照射方向，因为上述条件均会影响视觉对色泽的判断的准确性。如检验茶叶的色泽和汤色需要在反射光线下进行；用照射法检验鸡蛋品质时，则需在较强的直射光线下进行。

视觉检验应注意以下几点。

（1）为使检验者对商品外观评定有所依据，应制定相应的样品标准。

（2）检验者应具备丰富的感官检验的知识和经验，并熟悉标准样品各等级的条件、特征和界限。

（3）光线强度应适中。由于视觉检验是用肉眼观察评定商品的外观质量，因此鉴定场所的光线强弱是直接影响鉴定结果的重要条件。

2．嗅觉检验法

嗅觉检验法是利用人的嗅觉器官（鼻）来鉴定商品气味，评定商品品质的检验方法。嗅觉是由于商品体散发在空气中的物质颗粒作用于鼻腔嗅觉细胞，产生兴奋，传入大脑皮层引起的。嗅觉检验主要用于有气味商品的感官检验，它是通过闻商品的气味来评价商品的质量的。

人的嗅觉器官是鼻腔，人的嗅觉灵敏度因人而异且差别很大，而且与外界条件如温度、湿度和大气压等有关。此外，人的健康情况也影响嗅觉。如感冒、身体疲倦或营养不良都会引起嗅觉功能的降低；有些生理周期的变化也会对嗅觉功能产生影响。嗅觉极易疲劳，长期或短期的强刺激会使嗅感受到抑制，气味感消失，也就是对气味产生了适应性。

嗅觉检验法可检验食品、洗涤用品和化妆品等商品。凡是品质优良的商品，均具有特定的纯正气味或优美的香气；凡品质低劣的商品，均具有异常的或难闻的气味。嗅觉检验对检验变质发霉的商品特别有效，没有任何仪器能替代人的嗅觉功能。

商品的气味来源于商品挥发出来的气体分子，这些由商品挥发出来的气体分子在空气里扩散到人的嗅觉器官，使人产生感觉。一般成分含有低分子物的商品有一定的气味，因为低分子物质易于挥发或升华。进行嗅觉检验时，应注意检验场所和检验器具的清洁卫生，防止异味的干扰，否则会影响检验的准确性。嗅觉检验法尤其适宜于食品与化妆品等商品的质量检验。对于气味较浓的商品，可以直接闻嗅；对于气味较淡的商品或低温季节检验时，液态商品可滴一滴在左手掌上，用右手食指快速摩擦后闻嗅；需要鉴别食品等商品深部气味时，可用新削竹签刺入，拔出后立即闻嗅，根据气味的程度和种类判断商品的新鲜度或劣变程度。

在进行食品嗅觉检验时，吸气要注意离物品先远后近、先轻后重，最后将食物送入口内，通过咀嚼和吞咽，香气出鼻咽部进入鼻道，再一次体会气味特征。

3．味觉检验法

味觉检验法是利用人的味觉器官来检验商品质量的一种方法，它主要用于食品商品的检验，它通过品尝食品的滋味和风味来评价食品的质量和人们的嗜好。质变严重的食品不得做口味检验。

人的味觉器官主要是舌。舌之所以能感觉各种味觉，是因为舌面上分布有不同形状的味觉乳头，味觉乳头中包含有味蕾，味蕾是味的感受器。软腭及咽后壁上也有少量味蕾。位于不同种类乳头上的味蕾，对不同味的敏感性不同。其中，舌尖处对甜味最敏感；舌前部两侧对咸味敏感；舌两侧边缘酸味敏感；舌根则对苦味最敏感。

味觉产生过程是：可溶性呈味物质进入口腔后，在舌头肌肉运动作用下呈味物质与味蕾相接触，然后呈味物质刺激味蕾中的味细胞，这种刺激再以脉冲的形式通过神经系统传至大脑，经分析后产生味觉。

酸、甜、苦和咸是味觉中的四种基本味道，称作生理四原味。除此之外，还有鲜、辣、涩、碱和金属味等，其中辣味也被认为是热觉、痛觉和味觉的混合。

食品的滋味和风味是决定食品质量的重要因素。正常的食品应该具有特定的滋味和风味。食品品种不同，其滋味和风味不同；食品的加工方法不同，其滋味和风味也不同；食品的新鲜程度不同，其滋味和风味也有所不同。因此，味觉检验是食品检验的重要方法之一。

食品的滋味和风味的来源是由其本身的化学成分和结构决定的，因为商品的化学成分和结构决定商品的性质；食品的滋味和风味还受消费习惯的影响，不同地区和不同民族对食品的滋味和风味也有不同要求；食品的滋味和风味还受温度的影响，人的味觉有一个较敏感的温度范围；此外，进行味觉检验时，口中要无异味，否则，会影响到商品检验的准确性。味觉的敏感度同样与检验人员的身体状况、精神状态、味觉嗜好，以及样品的品温等因素有关。

味觉检验应注意被检样品的温度要与对照样品的温度一致，在一些检验细节上必须严格遵循检验规程，如检验前后必须漱口等。

4．触觉检验法

触觉检验法是利用人的触觉器官来检验商品质量的一种方法，它主要是通过手触及商品时的感觉来评价商品的质量，因此通常称手感。

手是人体触及商品最方便而又敏感的部位，手的皮肤表面长有密集的神经末梢和各种感应点，能对商品的冷暖感、软硬度、弹塑性和平滑程度等特征，产生一定的感觉。检验时，根据检验对象采用手按、拉、捏、揉、摸、折和弯等手段进行。如通过感觉棉花的冷暖可判断其含水量，通过手感可判断纺织品的柔软性和弹性等。

食品尝味时，除可感觉味感外，还可感觉温感、冷感、触感和压感，这些都属于机械或物理能刺激皮肤的感觉，称为触觉。它表现为食品的机械特性和物理特性。

食品的口感是指味觉以外的物理特性。一般认为食品的味道基本上是化学性的，而口感主要包括食品的硬度、弹性、脆性和咀嚼性，对于液状流质态食品，则主要包括有流动性、附着力、凝结性、黏性、粗糙感、粒感、均匀感和温度等物理特性对口腔的刺激性。

食品的口感非常复杂，常由多种因素综合在一起产生的一种复合感觉。

5．听觉检验法

听觉检验法是利用人的听觉器官来检验商品质量的一种方法。听觉检验法通过商品在外力触动下产生的声音以及声音的清脆与沉闷程度来评价商品的质量。

听觉检验法主要用于检验各种乐器音质的好坏，各种机械用具和家用电器等运行的是否正常、有无噪音，玻璃、搪瓷、陶瓷和金属等的质量有无损伤，粮食含水的多少，西瓜是否成熟等。如人们在购买鸡蛋时，常将鸡蛋放在耳边轻轻摇动，若有明显晃动声发出，则说明鸡蛋放置时间较长。又如罐头“打检”，检验人员手持打检杆，轻敲罐盖，若发出清脆的叮叮声则说明品质正常，若发出混浊的声音则说明为次品。听觉检验需要适宜的环境条件，力求安静，尽量避免外界因素对听觉灵敏度的影响。

利用听觉检验商品质量，要根据商品的性能和特点选择具体的技术方法，同时要求环境安静，听力集中，商品的放置要妥当等，否则会影响到检验的准确性。

以上五类检验方法各有特点，但决不是相互孤立的，鉴定商品质量时应当综合运用、相互补充。

（三）感官检验的要求

按感官指标进行的产品感官检验以及同类产品评比时的感官检验，都属于分析型感官检验。其主要任务是验出样品与标准品或样品与样品之间的差异、差异程度，并客观评价出样品的特性。这就要求检验员应有良好的素质、丰富的实践经验和一定的评比环境条件。

1．检验员的要求

感官检验员是感官检验的测量工具。要做好这项工作，检验员应具备如下基本条件。

（1）敏感性。感官检验员必须具有正常的视觉、嗅觉和味觉敏感性。色盲、嗅盲和味盲的人员不得担任感官检验员。过度的敏感也不是优点。

（2）健康情况。健康是保证正常的感官感觉的基础，检验员不能有病痛和过敏等疾病，也不能有特殊嗜好与偏爱，更不允许有明显的个人气味。

（3）表达能力。感官检验的结果靠检验员用恰当的语言来表达，因此，感官检验员需要有一定的语言表达能力和语文理解能力。

（4）知识和才能。检验员必须具有一定的理解和分析能力，熟悉产品生产的专业知识，集中精力不受外界影响的能力。

2．感官检验的环境条件

（1）采光和照明。光线决定人的视觉敏感性，过亮、过暗及直射等不适的光线都将导致视觉的疲劳和误差。最好以人眼最适宜的自然光线 200～400 勒克斯为宜，也可用日光灯或白炽灯照明，但照明应均匀、无阴影。

（2）减少噪音。检查室环境噪音应低于 40 分贝，安静的环境有助于提高注意力。

（3）温度、湿度适宜。适宜的温度和湿度给人以舒适感。最适宜的室温为 21℃～25℃，相对湿度约为 60%。

（4）换气。感官检验区必须是无味的，最好有换气设备，有一个清新的空气环境。

二、理化检验法

理化检验是指借助仪器设备、化学试剂，通过测定商品的物理、化学或物理化学性质来确定商品的化学组成、成分、含量以及化学结构的一类分析方法。理化检验往往在实验室或专门场所进行，故也称实验室检验法。这是一类应用广泛、技术先进、科学性强、结果准确的检验方法，理化检验法分为化学检验法和物理检验法。

（一）化学检验法

化学检验法是运用化学原理与方法，应用化学试剂与仪器对商品化学成分和含量进行测定的一类检验方法。商品的化学成分和性质是决定商品质量的重要因素。测定商品化学成分的种类和性质是评价商品的生产质量以及在购销运存过程中商品质量变化的主要依据。化学检验的方法很多，按商品检验的目的可分为定性分析法和定量分析法两类。

1．定性分析法

定性分析法是测定商品化学成分的种类和性质的方法。定性分析的目的在于检验某一物质是否存在，它根据被检验物的化学性质，经适当的分离后与一定的试剂产生化学反应，根据反应所呈现的特殊颜色或特定状态的沉淀来判定其物质存在与否。

如通过测定食品的营养成分和有害成分，判断食品的营养价值和危害性；通过测定纺织品纤维的成分，判断其纤维的种类和纺织品的质量；通过测定玻璃、塑料和日化商品的特殊成分，判断商品的性能和特殊用途。

2．定量分析法

商品的性能和用途，不仅决定于商品化学成分的种类和性质，还取决于商品中各种化学成分的含量。许多商品的质量指标都是用某些化学成分的含量来表示的，例如食品的营养成分、钠的含量和食品器皿的微量成分等，国家标准中都有明确的规定。

定量分析法是测定商品成分含量的方法。定量分析的目的在于检验某一物质的含量，它是在商品定性分析的基础上对商品化学成分进行的量的分析。可供定量分析的方法颇多，除利用称量和容量分析方法外，近年来，特别是计算机技术应用到分析仪器上以后，定量分析正向着快速、准确、微量的仪器分析方向发展，如光学分析、电化学分析等。

（1）称量分析。它是将被测成分与样品中的其他成分进行分离，然后称量该成分的质量，计算出被测物质的含量的。如糕点及糖果中水分、脂肪含量的测定都采用称量分析法。

（2）容量分析。将已知浓度的标准溶液，用滴定管加到被测溶液中，直到所用标准溶液的物质的量与被测成分的物质的量相等时为止。反应的终点可借助指示剂的变色观察，根据标准溶液的浓度和消耗标准溶液的体积计算出被测成分的含量。

（二）物理检验法

物理检验法也称度量衡检验法。物理检验法是根据物理学原理，利用各种仪器或机械来检验商品物理性质的方法。商品的物理性质是商品质量的重要标志，商品的物理量是商品质量优劣的重要标志。如棉纤维的长度可以决定纺出纱的支数；小麦容重可以反映出小麦的质地和出粉率；液态食品的密度可以判断其纯度；水果体积与重量大小也是评价其质量高低的重要指标。

1．度量衡检验法

度量衡检验法是通过各种度量衡器具对商品的长度、细度、体积和重量等物理量的测定来确定商品质量的方法。商品的某些物理量如棉花的长度、革毛的细度等与商品的品质关系密切，商品检验中度量衡应用广泛。

2．光学检验法

光学检验法是通过各种光学仪器对商品的色泽、成分、结构和性质的测定来确定商品质量的方法。主要的光学仪器有显微镜、放大镜、折光仪、旋光计和光谱分析仪器等。例如，用显微镜可观察纺织纤维的形态及食品中的微生物含量；用放大镜可观察纺织品的织纹组织和结构；用旋光计可测定糖的旋光度；用气相色谱、液相色谱、原子吸收分光光度可分析商品的成分及含量等。

3．热学检验法

热学检验法是通过各种热学仪器对商品的熔点、凝固点、沸点、保温性和耐寒耐热性的测定来确定商品质量的方法。热学检验法通过对商品的加热或降温处理来检验商品是否发生破损、性能是否发生变化以及物态变化时的温度等，并以此来判断商品质量。其主要用来分析商品在一定的温度下，商品状态和机械性能的变化。如搪瓷制品的耐热性测定是将搪瓷制品加热到一定温度后，将其迅速投入冷水中，以珐琅层在突然受冷时不致炸裂和脱落的温度表示，温度差越大，耐热性越好。

4．力学检验法

力学检验法也称机械性能检验法，是通过各种器械对商品施加一定的外力来测定商品的机械性能、确定商品质量的方法。商品机械性能包括强度、硬度、弹性、脆性、伸长率、耐磨性、透气性和透水性等项目的检验，多用于工业品和材料的品质评价。例如，纺织纤维、纱、纺织品、纸张、橡胶、金属的抗拉强度；钢材、水泥、橡胶、矿物的硬度；橡胶、皮革的耐磨性；热水瓶胆的耐压性检验等都是机械性能检验。

商品的力学性能与商品的耐用性密切相关。如水泥的抗压强度是用水泥试样被压碎时，试样单位面积（平方厘米）所承受的外力表示的，其单位为千克/平方厘米（kg/cm^2）。水泥标号表明水泥具有的抗压强度，如普通水泥有225、295、325、425、625等标号。

理化检验法能探明某些商品的内部结构和疵点，检测商品的化学成分和理化性质，说明商品的质量情况。理化检验法的检验结果比感官检验精确客观，它不受检验人员的主观意志的影响，检验的结果可用具体数值来表示；但理化检验法也需要一定的设备和技术，仪器设备投资较大，检验时间长且多数为破坏性检验。

随着科学技术的发展，电子技术的应用扩大了理化检验的种类和应用范围，更进一步提高了理化检验的精确性和灵敏度。理化检验法既可以对商品进行定性分析，又可以进行定量分析，且分析结果准确、客观，是感官检验所不能办到的。但理化检验对于商品的某些感官指标，如色、香、味等的检验是无能为力的。

三、生物检验法

生物检验法主要是指微生物检验法，它是食品质量检验的重要内容之一。在各类食品的卫生指标中，总含有微生物指标，总要通过检验判断食品被细菌、霉菌污染的程度并预测食品的保质期。生物学检验法是食品类、药类和日用工业品类商品质量检验常用的方法之一，一般运用于测定食品的可消化率、发热量和维生素的含量、细胞的结构与形状、细胞的特性、有毒物品毒性的大小等。生物学检验法包括微生物学检验法和生理学检验法两种。

（一）微生物学检验法

微生物学检验法是采用微生物技术手段检测商品中有害生物的存在与否以及数量多少的方法。需要进行微生物检验的商品有食品及其包装物、化妆品、卫生用品等。微生物检验法不同于感官检验法和理化检验法，它包括培养基的制备、灭菌、接种、培养和检验等基本环节。培养基制备是用人工的方法将多种营养物质按微生物生长的需要而调制营养基质的过程，培养基供微生物生长利用；灭菌是指完全杀死检验所用器具和检验场所所有微生物的过程，包括加热灭菌、紫外线灭菌等方法；接种是将食品等商品样品经破碎或稀释等处理后移植到培养基上的过程，这是微生物检验工作中的重要操作，整个过程要求在无菌条件下进行；培养是将接好种的培养基在一定温度、湿度和氧气条件下放置一定的时间，使其生长、繁殖，以便识别、检验；检验是微生物检验法的最后环节，它将培养后的微生物经涂片或染色后借助显微镜进行形态观察、检验，以确定微生物的种类、数量。

（二）生理学检验法

生理学检验法是以特定的动物或人群为受试对象，测定食品的消化率、发热量以及某一成分对集体的作用、毒性等。

在实际生活中，影响商品质量变化的因素很多，商品质量的下降往往是很多因素作用的综合结果。无论是理化检验还是生物学检验，都是在特定条件下进行的，检验只是考虑了一个或几个因素。为了更好地模拟商品实际情况，对商品进行试用以综合评定商品在交际使用中的质量表现也是一种常用的质量评价方法。

第四节　商品品级确定

一、商品品级的概念

商品品级是表示商品质量优劣的一种标志，它是指对同一品种的商品，按其达到商品质量标准的程度所确定的等级。划分商品等级的工作，即按一定的质量指标，将同种商品划分成若干等级的工作。商品分级是商品检验的重要内容之一。

商品品质通常用“等”或“级”的顺序来表示，如一等、二等、三等或一级、二级、三级，有的也用甲、乙、丙等或级来表示。商品品级的设置，不同的商品根据其数目的多少不同，少则两个，多则六七个。如棉花、茶叶、卷烟分七级，纺织品、农副产品、土特产分四级，白砂糖分三级等。

二、商品质量等级的划分原则

按照国家《工业产品质量分等导则》有关规定，商品质量水平划分为优等品、一等品和合格品三个等级。

1．优等品

优等品是指商品的质量标准必须达到国际先进水平，且实物质量水平与国外同类产品相比达到近五年内的先进水平。

2．一等品

一等品指商品的质量标准必须达到国际一般水平，且实物质量水平达到国际同类产品的一般水平。

3．合格品

合格品指按照我国一般水平标准组织生产，实物质量水平必须达到相应标准的要求。

商品质量等级的评定，主要依据商品的标准和实物质量指标的检测结果，由行业归口部门统一负责。优等品和一等品等级的确认，须有国家级检测中心、行业专职检验机构或受国家、行业委托的检验机构出具的实物质量水平的检验证明。合格品由企业检验判定。

三、商品品级的划分

商品品级的划分是以商品标准规定的质量指标为准绳，以商品检验的结果为依据，通过对商品外观质量和内在质量指标的检验，确定商品的品级。

不同的商品分级的具体要求以及确定分级的方法各不相同，例如，茶叶按感官质量指标分级；食糖、食盐按化学成分分级；有些工业品按其外观疵点的多少和疵点对商品质量影响的程度分级；有的商品则按其性能与标准偏差的程度分级。

划分商品品级的方法很多，归纳起来商品的品级划分主要有以下两种方法。

（一）百分记分法

百分记分法常用于食品的品级划分与评定。它将商品的各项指标的标准状况规定为一定的分数，重要的指标占分数高，次要的指标占分数低。如果各项指标均完全合乎标准要求，则总分为 100 分；如果某一项质量指标不合乎标准要求，就对该项的分值酌情扣分，最后根据总分高低按分数段来分等级。百分记分法分数越高，商品质量越高。以酒为例，其评分方法如表 9-1 所示。

表 9-1 酒的评分方法 （单位：分）

酒类	色泽	香气	滋味	风格	泡沫
白酒	10	25	50	15	—
葡萄酒	10	30	40	20	—
啤酒	10	25	40	—	25

（二）限定法

1．限定记分法

限定记分法常用于纺织商品的品级划分。它将商品的各种疵点规定为一定的分数，以疵点分数划分分数段来分等级。商品的缺陷越多，分数的总和越高，商品的品级越低。如纺织品以长 40 m、宽 1.1 m 的本色棉布的布面上的疵点情况来打分、评分累积限度如表 9-2 所示。

表 9-2 纺织商品的限定记分法 （单位：个）

等级	一等品	二等品	三等品	等外品
限定记分	≤10	10～20	20～60	≥60

2．限定数量和程度法

在标准中规定商品每个等级限定疵点的种类、数量和疵点的程度。如日用工业品中全胶鞋质量指标共有 13 个感官指标，其中，鞋面起皱或麻点在一级品中规定“稍有”，二级品中规定“有”；鞋面砂眼在一级品中规定“不许有”，而在二级品中砂眼直径不超过 1.5 mm、深不超过鞋面厚度等规定。又如，钻石的净度等级分为五级，如表 9-3 所示。

表 9-3　钻石的净度等级限定划分

净度级别	LC 级	VVS 级	VS 级	SI 级	P 级
表达方式	无暇级	极微瑕级	微瑕级	有瑕级	重瑕级

【本章小结】

本章介绍了商品检验的概念和分类、商品抽样、商品检验的方法和商品品级的确定，其中，简单介绍了商品检验的概念和分类，重点介绍了商品抽样、商品检验的方法以及商品品级的确定。

【复习思考题】

1. 商品检验如何进行分类？
2. 商品抽样主要遵循哪些原则？
3. 商品抽样的方法有哪些？
4. 商品检验的方法有哪些？
5. 商品品级如何确定？

【案例】

手机电池充电器合格率 30%

某地对市面上的手机电池充电器进行了质量监测，25 家生产企业的样品经检验不合格的有 18 批次，批次合格率仅 30%。发现手机电池充电器不合格的项目主要是耐异常热、电气绝缘、电气间隙、爬电距离和绝缘穿透距离、抗电强度。

手机电池充电器质量不合格，容易在使用的过程中发生爆炸和起火，严重危害使用者的生命和财产安全。对此，工商部门对监测中被判定为质量不合格的商品，责令经销商下架，对多次经销不合格产品的经营者，按相关法律法规处理，情节严重的，吊销营业执照。并且在下年度的商品质量监测中，对今年判定为不合格的商品重新进行抽检，以敦促企业改善商品质量。

案例讨论题

1. 手机充电器有哪些常见的不合格项目？
2. 不合格的手机充电器在使用过程中易发生哪些危险事故？

【实践技能训练】

利用课余时间对服装市场进行调研，按下列标准对服装进行检验，写出调查报告。

一、总体要求

1. 面料、辅料品质优良，符合客户要求，获得客户的认可。

2. 款式配色准确无误。

3. 尺寸在允许的误差范围内。

4. 做工精良。

5. 产品干净、整洁、外观质量好。

二、外观要求

1. 门襟顺直、平服、长短一致；前袖平服、宽窄一致，里襟不能长于门襟；有拉链唇的应平服、均匀不起皱、不豁开；拉链不起浪；纽扣顺直均匀、间距相等。

2. 线路均匀顺直、左右宽窄一致。

3. 口袋方正、平服，袋口不能豁口。

4. 领尖大小一致，驳头平服、两端整齐，领窝圆顺、领面平服、松紧适宜、外口顺直不起翘，底领不外露。

5. 肩部平服、肩缝顺直、两肩宽窄一致，拼缝对称。

6. 袖子长短、袖口大小、宽窄一致，袖袢高低、长短宽窄一致。

7. 背部平服、缝位顺直、后腰带水平对称，松紧适宜。

8. 摆部圆顺、平服、橡根、罗纹宽窄一致，罗纹要对条纹车缝。

9. 各部位里料大小、长短应与面料相适宜，不吊里、不吐里。

10. 要求对条对格的面料，条纹要对准确。

三、调查表

调查后填制调查表，调查表如下表所示。

服装调查表

服装品牌		款式		型号	
门襟		袖部		口袋	
领部		肩部		背部	
摆部		接缝		衬里	
评价	写出对所调查服装的总体评价				

第十章　食品商品与质量检验

■知识目标

1. 熟悉有关食品的相关概念。
2. 了解食品卫生与安全。
3. 熟悉酒类、茶叶两例典型相关的商品知识。

■技术目标

1. 掌握食品商品质量的基本要求。
2. 掌握评价食品营养价值最基本的指标。

■能力目标

1. 熟练操作对酒类商品的感官质量检验。
2. 熟练操作对茶叶商品的感官质量检验。

第一节　食品商品概述

目前市场上流行着许多有关食品的概念，如绿色食品、无公害食品、转基因食品、有机食品等。这些食品的概念是相关部门从不同角度强调的食品的特性，在使用这些名词时应区别其含义。

一、食品商品

1．食品

《中华人民共和国食品安全法》对食品的定义是：食品是指各种供人食用或者饮用的成品和原料以及按照传统既是食品又是药品的物品，但是不包括以治疗为目的的物品。

在进出口食品检验检疫管理工作中，通常还把“其他与食品有关的物品”列入食品的管理范畴。

2．绿色食品

1990 年 5 月，我国农业部正式规定了绿色食品的含义：绿色食品是指遵循可持续发展原则，按照特定生产方式生产，经专门机构认定，许可使用绿色食品标识的无污染的安全、优质、营养类食品。绿色食品是对无污染的安全、优质、营养类食品的总称。类似的食品在其他国家被称为有机食品、生态食品、自然食品。

3．无公害食品

无公害农产品（食品）是指产地环境、生产过程和最终产品符合无公害食品标准和规范，经专门机构认定，许可使用无公害农产品标识的食品。无公害农产品生产过程中允许限量、限品种、限时间地使用人工合成的安全的化学农药、兽药、渔药、肥料、饲料添加剂等。

4．新资源食品

新资源食品是指在我国首次研制、发现或者引进的，无食用习惯或者仅在个别地区有食用习惯的，符合食品基本要求的物品。新资源食品的试生产、正式生产由卫生部审批，发给“新资源食品试生产卫生审查批件”，批准文号为“卫新食试字（XX）第X号”，试生产的新资源食品在广告宣传和包装上必须在显著的位置上标明“新资源食品”字样及新资源食品试生产批准文号。

5．转基因食品

转基因食品是指利用基因工程技术改变基因组构成的动物、植物和微生物生产的食品和食品添加剂，包括转基因动植物、微生物产品，转基因动植物、微生物直接加工品，以转基因动植物、微生物或者其直接加工品为原料生产的食品和食品添加剂。

6．有机食品

有机食品是一种国际通称，是从英文 Organic Food 直译过来的，其他语言中也有叫生态或生物食品等。

“有机”不是化学上的概念，而是指采取的一种有机的耕作和加工方式。有机食品是指来自于有机农业生产体系，根据有机农业生产要求和相应的标准生产加工的，即在原料生产和产品加工过程中不使用化肥、农药、生长激素、化学添加剂等化学物质，不使用基因工程技术，并通过独立的有机食品认证机构认证的一切农副产品，包括粮食、蔬菜、水果、奶制品、畜禽产品、蜂蜜、水产品、调料等。

二、保健食品

国家标准（GB16740-1997）《保健（功能）食品通用标准》对保健食品的定义为：保健（功能）食品是食品的一个种类，具有一般食品的共性，能调节人体的机能，适于特定人群食用，但不以治疗疾病为目的。

保健食品的保健作用在当今社会中逐渐被人们所接受，但是在产品的宣传上不能夸大其疗效，也不能出现有效率、成功率等相关词语。保健食品不同于药品，不能直接用于治疗疾病，它只是人体机理调节剂、营养补充剂；而药品需要经过国家有关部门的严格审查，并通过药理、病理和病毒的严格检查及多年的临床观察，经有关部门鉴定批准后，方可投入市场用于治疗疾病。

保健食品与一般食品不同，保健食品含有一定量的功效成分，能调节人体的机能，具有特定的功效，适用于特定人群。一般食品不具备特定功能，无特定的人群适用范围。但保健食品也不是营养品，它只是具有特定保健功能、只适宜特定人群的食品，它的营养价值并不一定很高。

三、健康食品

健康食品具有一般食品的共性，其原材料主要取自天然的动植物，经先进生产工艺将其所含丰富的功效成分作用发挥到极致，从而能调节人体机能，适于有特定功能需求的相应人群食用。健康食品按功能可分为营养补充型、抗氧化型（延年益寿型）、减肥型、辅助治疗型等。其中，营养素补充剂的保健功能是补充一种或多种人体所必需的营养素；而功能性健康食品，则是通过其功效成分，发挥具体的、特殊的调节功能。但无论是哪种类型的健康食品，都是以保健为目的，不能速效，而需要长时间服用方可使人受益。

第二节　食品商品质量基本要求

随着生活水平的不断提高，人们对食品的质量要求随着消费水平的提高而转变，从是否吃饱转向是否吃好、是否安全、是否健康。目前，根据食品的作用和消费习惯，人们对食品质量的形成因素及要求主要从食品卫生与安全、食品的营养价值和食品的色香味形三个方面进行分析与评价。

一、食品卫生与安全

食品卫生与安全关系到广大人民群众的身体健康，甚至会直接影响到人们的生命安全，从而影响到国民经济的发展和社会稳定。世界上越来越多的国家把食品安全视为国家公共安全的重要组成部分，不断加强食品安全的保障体系建设。食品安全关系到国计民生，提高民众的食品安全意识、增强食品生产经营者的食品安全法规观念、倡导安全科学的饮食风尚，是食品安全工作的一项重要任务，也是建设我国食品安全保障体系重要的基础性工作。

（一）食品卫生

我国于 1995 年 10 月 30 日颁布实施了《中华人民共和国食品卫生法》，该法规定由国务院卫生行政部门主管全国食品卫生监督管理工作，国务院有关部门在各自的职责范围内负责食品卫生管理工作。

凡在中华人民共和国领域内从事食品生产经营的，对食品的卫生，食品添加剂的卫生，食品容器、包装材料和食品用工具、设备的卫生，食品卫生标准和管理办法的制定，食品卫生管理，食品卫生监督，法律责任等都必须遵守食品卫生的相关规定。

对违反食品卫生相关规定的行为，任何人都有权检举和控告。国家鼓励和保护社会团体和个人对食品卫生的社会监督。

（二）食品安全

世界卫生组织对食品安全的定义是：食品安全指食品无毒、无害，符合应当有的营养要求，对人体健康不造成任何急性、亚急性或者慢性危害。食物中有毒、有害物质对人体健康的影响是公共卫生问题。食品安全也是一门专门探讨在食品加工、存储、销售等过程中确保食品卫生及食用安全，降低疾病隐患，防范食物中毒的一个跨学科领域。

为了适应新形势发展的需要，从制度上解决现实生活中存在的食品安全问题，更好地保证食品安全，我国于 2009 年 6 月 1 日颁布实施了《中华人民共和国食品安全法》，为保证食品安全、保障公众身体健康和生命安全提供了法律保障。食品安全法制定的标准内容包含以下几个方面。

（1）对食品相关产品的致病性微生物、农药残留、兽药残留、重金属、污染物质以及其他危害人体健康物质的限量规定。

（2）对食品添加剂的品种、使用范围及用量的规定。

（3）专供婴幼儿的主辅食品的营养成分要求。

（4）对与食品安全、营养有关的标签、标识、说明书的要求。

（5）对与食品安全有关的质量要求、食品检验方法与规程等的规定。

长期以来，由于食品安全的概念不清、观念不强，我们将食品卫生与食品安全混为一谈。实际上，食品卫生与食品安全是有着根本的差异的。食品安全意味着结果安全和过程安全的统一，而食品卫生则仅关注生产和流通过程的安全。食品安全的范围涵盖“从田头到餐桌”，建立了食品安全追溯制度、食品安全应急处理制度、食品安全风险评估制度、食品安全信用制度以及食品安全信息发布制度等，以利于我国食品安全法律体系的完善。

（三）食品污染

大多数食物本身一般并不含有害成分，但是在食物的生产、加工、运输、储存、烹饪直到食用全部过程的所有环节，都有可能受到某些有害因素的污染，产生腐败变质甚至含有有毒、有害物质，以致降低食品的卫生质量。食用被污染的食品后，将给人体造成不同程度的危害，影响人体健康，甚至造成重大食品安全事故。食品污染按照性质的不同可分为生物性污染、化学性污染和放射性污染三大类。

1．食品的生物性污染

食品的生物性污染主要指食品在生产、加工、运输、储存、烹饪、销售等环节中受到微生物、寄生虫、寄生虫卵和昆虫等生物的污染。

（1）微生物污染。微生物污染主要指自然界中的细菌、霉菌及其毒素的污染。微生物污染食品的途径是多方面的，常见的有通过水污染、空气污染、人与动物污染、工具及杂物污染等。

（2）寄生虫及虫卵的污染。寄生虫可寄生于人体引起各种寄生虫病。寄生虫种类繁多，有蠕虫、原虫和昆虫三大类。这些寄生虫或虫卵可经人体排泄的废物污染水源、肉类、乳类、水产品及蔬菜等食物，从而引起食物中毒。

（3）昆虫污染。粮食及其他食品在储存时如保管不善，容易孳生各种有害昆虫。如粮食中的甲虫和蛾类、蛋白质食品及酱菜类的蛆蝇、食糖中的螨虫类等。这些有害昆虫污染食品后破坏了食品的外观形状、组成成分，使食品的感官质量恶化，营养价值降低甚至完全消失。

2．食品的化学性污染

食品的化学性污染主要指食品在生产、加工、运输、储存、烹饪、销售等环节中受到有害化学物质的污染。由于近代食品工业的大规模发展，化学性食品添加剂的广泛使用，使得食品受化学性物质污染的问题更加突出，并日益为人们所关注。有害化学物质可通过不同途径直接或间接地蓄积于农作物、蔬菜、水果及动物体内，在人食用后又可蓄积于人体内，从而引起慢性或急性食物中毒。目前能引起食物化学性污染的来源主要是化学农药的污染、有毒金属的污染、N-亚硝基化合物的污染及多环芳烃类化合物的污染等。

（1）化学农药污染。农药在食用作物上大量残留，会给人体造成极大的伤害。农药对食物的污染途径主要是直接喷洒污染、农作物吸收污染、其他途径转移及运输、销售过程中污染等。

（2）有毒金属污染。能引起人体中毒的金属元素多由污染而来，它们通过自然环境、食品加工、农药使用及工业三废排放等途径污染食品从而进入人体。金属毒物在人体及生物体内不易分解、排除，易于在体内蓄积，形成对人体的危害。从食品卫生学的角度看，汞、铬、铅、砷为最主要的有毒金属。

（3）N-亚硝基化合物的污染。N-亚硝基化合物又名亚硝胺，是一类致癌性很强的化学物质，在已研究的200多种N-亚硝基化合物中，约有80%以上对动物有致癌性。亚硝酸盐主要存在于腌菜、泡菜及添加硝的香肠、火腿中。仲胺、酰胺主要来自动物性食品如肉、鱼、虾等的蛋白质分解物，尤其当这些食品腐败变质时，仲胺等可大量增加。此外，霉变食物由于霉菌的作用，可以促进N-硝基化合物的合成，在霉变食物中，含有较多的前体和亚硝基化合物。

（4）多环芳烃类化合物的污染。食物中多环芳烃主要存在于熏制的食物和香烟烟雾中。其中一种稠环芳烃3，4苯并芘是强致癌物。食品加工储存过程是造成3，4苯并芘污染产生的主要因素。在烟熏、焙烤和粮食烘干过程中，食品中的脂肪在高温热解或胆固醇受热作用时可生成多环芳烃。

3．食品的放射性污染

放射性污染的来源有人为的放射性污染、天然本底放射性污染以及意外事故核泄漏造成的污染。

（1）人为的放射性污染。原子能工业排放的放射性废物，核武器试验的沉降物以及医疗、科研排出的含有放射性物质的废水、废气、废渣等都可能造成放射性污染。

（2）天然本底放射性污染。食品中的放射性物质也有来自地壳中的放射性物质，称为天然本底。由于生物体和其所处的外环境之间存在固有的物质交换过程，在绝大多数动植物性食品中都不同程度的含有天然放射性物质，亦即食品的放射性本底。天然放射性本底是指自然界本身固有的，未受人类活动影响的电离辐射水平。它主要来源于宇宙射线和环境中的放射性核素。

（3）意外事故核泄漏造成的污染。例如，2011 年 3 月发生在日本的强震海啸导致福岛核电站大爆炸，大量核物质泄漏，致使大量海洋生物遭受到放射性元素的污染。

放射性对生物的危害十分严重，对此应予以重视。

二、食品的营养价值

食品的营养价值指在特定食品中的营养素及其质和量的关系。一般认为，含有一定量的人体所需营养素的食品就具有一定的营养价值，含有较多营养素且质量较高的食品则营养价值较高。不同食物的营养价值是不同的，不同时期对食品营养价值的评价也是不同的。一般来说，食品的营养素、可消化吸收率、发热量三个方面是评价食品营养价值最基本的指标。

（一）营养素

营养素是指食物中可给人体提供能量、机体构成成分和组织修复以及生理调节功能的化学成分。凡是能维持人体健康以及提供生长、发育和劳动所需要的各种物质均称为营养素。现代医学研究表明，人体所需的营养素不下百种，其中一些可由自身合成、制造，但约有 40 余种无法自身合成、制造，必须由外界摄取。这些营养物质经细分后可概括为六大营养素，分别是蛋白质、脂肪、糖、无机盐（矿物质）、维生素和水。不同的食品含有的营养成分不同，它们对人体所起的营养功能也不同。因此，在质量要求上也有所区别。这是因为食品商品的种类非常多，很少有某一种食品能够包含全部营养物质。所以人们需要从多种食品中获得各种营养成分，以维持正常生长和健康的需要。

健康的继续是营养，营养的继续是生命。不论男女老幼，皆为生而食，为了延续生命现象，必须摄取有益于身体健康的食物。

（二）可消化吸收率

食品的可消化吸收率是指食品在食用后能被消化吸收的百分率，是反映食品中营养成分被人体消化吸收程度的指标。食品被食用后，其营养成分便被人体消化和吸收。在人体内消化和吸收的程度越高，食品营养成分发挥的作用就越大，食品的营养价值就越高。

食品中的营养成分中除了水、矿物质及部分维生素能直接被人体吸收外，糖类、蛋白质、脂肪等营养成分，只有在被人体分解消化后，才能被人体吸收并发挥其基本作用。如淀粉在人体内通过水解可以产生葡萄糖。不同的营养成分被人体消化吸收的程度各不相同。在相近与相同的食品中，即便含有同种营养成分，由于原料来源、加工方式等不同，可消化率也会不同。一般说来，动物食品消化率高于植物食品消化率。表 10-1 列出了几种不同食物的消化率。

表 10-1　几种不同食物的消化率　（单位：%）

食物	鸡蛋	乳品	牛肉	肉鱼	面粉	大米	大豆	玉米
消化率	97±3	97±3	95±3	94±3	96±4	88±4	86±7	85±6

（三）发热量

发热量是指食品营养成分经人体消化吸收以后在人体内能够产生的热量，它是反映营养价值的基本指标。人体每天都需要一定的能量，而人体能量的源泉就是食物中的营养成分。人体对食品的需求量，通常是用能产生热量的糖类、蛋白质和脂肪这三种主要营养成分的发热值来计算的。虽然这三类营养成分均会产生能量，但三者产生的热量是不同的。1 克糖类经消化或完全氧化后产生的热量约为 4 千卡，1 克蛋白质经消化或完全氧化后产生的热量也约为 4 千卡，1 克脂肪产生的热量约为 9 千卡。如果已知食品中主要营养成分含量，即可以算出该食品的发热量。

三、食品的色、香、味、形

食品的色、香、味、形，是指食品的颜色、香气、滋味和总体风格，它们是评价食品质量的感官指标。通过分析食品的色、香、味、形，可以鉴别食品的新鲜度、成熟度、加工精度、品种特征以及质量变化等。

（一）食品的色泽

食品的色泽是人靠视觉器官评价食品品质的一个重要因素。不同的食品显现着各不相同的颜色，食品色泽有三个主要来源：一是天然色泽，如菠菜的绿色、苹果的红色、胡萝卜的橙红色等，这些颜色是食品中原本就固有的；二是食品加工过程会形成的色泽，如糕点的烘烤产生的褐色；三是人为加入的天然色素和人工合成色素，如汽水中多加入合成色素。

一般可以通过观察食品的颜色的明暗程度与饱和度判断和鉴别食品的质量优劣。如食品的明亮度与饱和度越高，食品的新鲜度也就越高；食品明亮度与饱和度的降低则往往意味着食品不新鲜，如氧化、酸败、霉变或其他原因使食品变质时，食品的色泽常发暗甚至变黑。

（二）食品的气味

食品的气味指食品本身所固有的、独特的气味，即食品的正常气味。食品的气味主要靠人的嗅觉来检验。

（三）食品的滋味

食品中的可溶性物质溶于唾液或液态食品直接刺激舌面的味觉神经，才发生味觉。当人们对某种食品的滋味产生好感时，则各种消化液分泌旺盛而食欲增加。

（四）食品的风味

食品的风味是指摄入口腔的食物使人的感觉器官包括味觉、嗅觉、痛觉、触觉和温觉等所产生的感觉印象。感觉印象即食物客观性使人产生感觉印象的总和，或者是指食品的形态、色泽、气味物（挥发物）、口味物（可溶物）等刺激人们的嗅觉、味觉、触觉、视觉、听觉器官所产生的各种感觉现象，它是食品质量的一个重要方面。

第三节　食品商品分类

食品分类方法很多，一般有以下几种。

一、根据食品摄入人体后的代谢状况分类

根据食品摄入人体后的代谢状况分类，可分为碱性食品和酸性食品等。人体吸收的矿物元素，由于它们的性质不同，在生理上有酸性和碱性的区别。属于金属元素的钠、钾、钙、镁等，在人体内氧化生成带阳离子的碱性盐，如 Na^+、K^+、Ca^{2+}、Mg^{2+} 等，含这些带阳离子金属元素较多的食品，在生理上称为碱性食品。

大部分蔬菜、水果和豆类都属于碱性食品。水果中虽然含有各种有机酸，在味觉上呈酸性，但这些有机酸在人体内经氧化生成二氧化碳和水而排出体外，所以水果在生理上并不显酸性；而水果中存在的矿物元素属于碱性元素，所以水果在生理上属于碱性食品。

食品中所含的另一类矿物元素为非金属元素，如磷、硫、氯等。它们在人体内氧化后，生成带阴离子的酸根，如 $(PO_3)^{3-}$、$(SO_4)^{2-}$、Cl^- 等。含有带阴离子非金属元素较多的食品，在生理上称为酸性食品。

大部分的肉、鱼、禽和蛋等动物食品中含有丰富的含硫蛋白质，而主食中的米、面及其制品中含磷较多，所以它们均属于酸性食品。

二、根据食品经营管理需要分类

根据食品经营管理需要分类是目前使用范围最广、最适于市场管理的食品分类方法。为从食品生产加工的源头上确保食品质量安全，保障食品市场的稳定性，目前我国制定出一套符合社会主义市场经济要求、运行有效、与国际通行做法一致的食品质量安全监

管制度。表 10-2 所示是纳入国家食品质量安全市场准入制度的 28 个大类食品。

表 10-2　市场准入食品分类

序号	食品大类	主要品种
1	粮食加工品	小麦粉、大米、挂面、其他粮食加工品等
2	食用油、油脂制品	食用植物油、食用油脂制品、食用动物油脂等
3	调味品	酱油、食醋、味精、鸡精调味料、酱类、调味料产品等
4	肉制品	腌腊、酱卤、熏烧烤肉、熏煮香肠火腿、发酵等肉制品
5	乳制品	液体乳、乳粉、其他乳制品、婴幼儿配方乳粉等
6	饮料	矿泉水、碳酸饮料、茶饮料、果汁及蔬菜汁、固体饮料等
7	方便食品	方便面、其他方便食品等
8	饼干	韧性饼干、油酥饼干、夹心饼干等
9	罐头	畜禽水产罐头、果蔬罐头、其他罐头等
10	冷冻饮品	冰淇淋、雪糕、雪泥、冰棍、食用冰、甜味冰等
11	速冻食品	速冻面米食品、速冻肉制品、速冻果蔬制品等
12	膨化食品	膨化食品、薯类食品等
13	糖果制品	糖果、巧克力及巧克力制品、果冻等
14	茶叶及制品	茶叶（茶叶、边销茶）、含茶制品和代用茶
15	酒类	白酒、葡萄酒及果酒、啤酒、黄酒、其他酒等
16	蔬菜制品	酱腌菜、蔬菜干制品、食用菌制品、其他蔬菜制品等
17	水果制品	蜜饯、水果制品（水果干制品、果酱）等
18	炒货及坚果制品	烘炒类、油炸类、其他类
19	蛋制品	再制蛋类、干蛋类、冰蛋类、其他类
20	可可及咖啡产品	可可制品、焙炒咖啡等
21	食糖	白砂糖、绵白糖、赤砂糖、冰糖、方糖、冰片糖等
22	水产制品	水产加工品、其他水产加工品等
23	淀粉及制品	淀粉及制品、淀粉糖（葡萄糖、饴糖、麦芽糖等）
24	糕点	烘烤类、油炸类、蒸煮类、熟粉类、月饼、元宵等
25	豆制品	发酵性豆制品、非发酵性豆制品、其他豆制品等
26	蜂产品	蜂蜜、蜂王浆、蜂花粉、蜂产品制品等
27	特殊膳食食品	婴幼儿及其他配方谷粉等
28	其他食品	

此外，人们根据食品的生产方法及其与人和环境的关系还可将食品分为绿色食品、无公害食品、有机食品及一般食品等。

第四节　酒类商品与质量检验

凡是含有0.5%～75.5%酒精成分的任何适宜饮用的饮料都称为饮料酒；与此相对的是无酒精饮料（如碳酸饮料等），俗称软饮料。

一、饮料酒的分类

饮料酒的分类方法很多，一般有下列三种。

（一）按酿酒方法

按酿酒方法的不同，饮料酒可以分为蒸馏酒、酿造酒（或称发酵原酒）和配制酒。

（1）蒸馏酒。酒度较高，划分刺激性较强，如白兰地、威士忌、中国的各种白酒等均属此类。

（2）酿造酒（或称发酵原酒）。酿造酒的酒精含量较低，而固形物含量较多，刺激性小，具有一定的营养价值，如啤酒、黄酒和果酒等均属此类。

（3）配制酒。各种露酒和药酒等都属于配制酒，如杨梅烧酒、人参酒等。

（二）按酒精含量划分

按酒精含量划分，饮料酒可以分类高度酒（酒精含量≥40°）中度酒（酒精含量为20°～40°及低度酒（酒精含量≤20°）。

（三）按商品经营习惯划分

我国通常采用商业经营的分类方法，将酒分为白酒、啤酒、黄酒、果酒、药酒五类。

二、白酒的化学成分

白酒是多种化学成分的混合物，水和酒精是其主要成分。除此之外，还有各种有机物。这些有机物包括高级醇、甲醇、多元醇、醛类、羧酸、酯类、酸类等。这些决定酒的质量的成分往往含量很低，占1%～2%，但种类很多，同时其含量的配比非常重要，对白酒的质量与风味有着极大的影响。

（一）酒精

酒精的学名是乙醇，乙醇是白酒中除水之外含量最多的成分，有较强的刺激性。乙醇含量的高低决定了酒的度数，含量越高，酒度越高，酒性越烈。酒精有极强烈的溶解能力，可溶解酸、碱和其他有机成分，并能与水以任意比例相互混溶。

（二）酸类

乙酸和乳酸是白酒中含量最大的两种酸，它们不但是白酒的重要香味物质，而且是许多香味物质的前体，与其他香味物质共同组成白酒所特有的芳香。含酸量少的酒，酒味寡淡，后味短；但如果酸味较大，则酒味粗糙。适量的酸在酒中能起到缓冲作用，可消除饮后上头、口味不协调等现象。优质白酒中酸的含量约超过普通液态酒的两倍。一般规定白酒含酸量最高不超过 0.1g/100ml。

（三）酯类

白酒中的香味物质数量最多，影响最大的是酯类。白酒中的酯类主要包括乙酸乙酯、丁酸乙酯、乙酸戊酯、丁酸戊酯、乳酸乙酯等。

白酒因其主体香的种类不同，因而形成不同的香型。浓香型白酒以乙酸乙酯和丁酸乙酯为主体香气；清香型白酒以乙酸乙酯、乳酸乙酯为主体香气；酱香型白酒的主体香气目前还未能确认，其酯类成分最为复杂。

白酒中多种酯类的生成进行比较缓慢，一般发酵期长的优质白酒酯的含量较高，因此，酒有“越陈越香”之说。优质白酒的酯类含量要求为 0.2～0.6g/100ml，而普通白酒一般在 0.1g/100ml 以下。

（四）醛类

白酒中的醛类包括甲醛、乙醛、糠醛、丁醛和戊醛等。经储存后，醛类经挥发含量会减少。微量的乙醛是白酒中产生清香气味的成分，对增强口味感有一定的作用；但是过高的醛类则使白酒具有强烈的刺激味与辛辣味，饮用能引起头晕。一般白酒中醛类的总含量不能超过 0.01g/100ml。

（五）杂醇油

白酒中杂醇油是高分子醇的混合物，杂醇油含量的多少及各种醇之间的组成比例，白酒的风味有重要的影响。适量的杂醇油是白酒中不可缺少的香气成分和口味成分，能使酒类产生水果芳香气味和口味；但杂醇油含量过高，则会使酒产生刺鼻的气味和不良的苦涩味，使饮酒者产生头晕和呕吐现象。因此，白酒中杂醇油的含量不能超过 0.15g/100ml。

（六）甲醇

白酒中的甲醇是一种麻醉性较强的无色液体，能无限地溶于水或酒精中。甲醇有酒精一样的外观，气味也和酒精差不多，和酒精混合在一起不易区别。甲醇不会给酒带来什么特殊的香味或异味，但它毒性大，尤其对视觉神经有较大的影响。误饮 5～10ml 能双目失明，大量饮用会导致死亡，致死量为 30ml 以上。因此，酒中其含量应严格限制，最高限量为 0.04g/100ml。

三、常见饮料酒的分类和特点

（一）白酒的种类

根据白酒不同的风味特点，可以将白酒分为五种香型。

1．酱香型

酱香型风味特点是酱香突出、幽雅细致、酒体醇厚、柔和绵长、回味悠长。酱香的主体香成分比较复杂，我国酱香型白酒的种类不多，典型代表为茅台酒。

2．浓香型

浓香型的风味特点是窖香浓郁、绵柔甘冽、香味谐调、尾净余长，可以概括为“香、甜、浓、净”四个字。浓香型白酒可以稍带一点酱香，但不过头。这类酒的主体香成分是乙酸乙酯和适量的丁酸乙酯，典型代表为泸州老窖特曲。

3．清香型

其风味特点是清香纯正、诸味谐调、微甜绵长、余味爽净。其主体香成分是乙酸乙酯和乳酸乙酯。典型代表是杏花村汾酒。

4．米香型

其风味特点是蜜香清雅纯正、入口柔绵、落口甘冽、回味怡畅。其主体香成分是乳酸乙酯为主，乙酸乙酯稍低。小曲酒多数属于米香型，以广西桂林三花酒为代表。

5．其他香型

其特点是闻香、口香和留香各有不同香气，具有一酒多香的风格，所以亦称为兼香型。如有的带有药香，如董酒；有的具有芝麻香气，如景芝白干。

（二）啤酒的种类

1．根据是否杀菌划分

（1）鲜啤酒。鲜啤酒没有经过杀菌，酒中存在活酵母，一般发酵时间较短，稳定性差，如存放温度稍高或时间稍长，酒中活酵母仍会繁殖而出现浑浊，所以其保存期短。

（2）熟啤酒。啤酒装瓶或装罐后，经过杀菌工序即为熟啤酒。这种酒的稳定性好，保存期可达 60 天以上，有利于远运外销。

2．根据麦汁浓度不同划分

（1）低浓度啤酒。发酵前麦汁的浓度为 6°～8°（巴林糖度计），酒精含量约为 2%。适合于夏天作为清凉饮料。它的稳定性差，要控制好保管期和保管条件。

（2）中浓度啤酒。原麦汁浓度在 10°～12°，以 12°啤酒最为普遍，酒精含量为 3.1%～3.4%。

（3）高浓度啤酒。原麦汁浓度一般在 14°～20°，酒精含量为 4.9%～5%，这种啤酒稳定性较好，适宜储存和远销。很多高级啤酒和黑啤酒均属这一类。

3．根据颜色的深浅划分

（1）黄啤酒。黄啤酒因用短麦芽作为原料，口味较鲜爽，是啤酒中最主要的品种。

（2）黑啤酒。黑啤酒呈咖啡色而有光泽，是用焦香麦芽为原料，麦汁浓度较高，固形物含量高，口味比较醇厚。黑啤酒在我国消费尚不普遍。

（三）黄酒的种类

黄酒是中国的民族特产，也称为米酒（ricewine），属于酿造酒，在世界三大酿造酒（黄酒、葡萄酒和啤酒）中占有一席之地。黄酒的主要原料有糯米、粳米、灿米和黍米等，黄酒没有经过蒸馏，酒精含量低于 20%。不同种类的黄酒根据主要原料、曲药和酿酒方法的不同，大致可划分为以下四种。

1．绍兴酒

绍兴酒是用糯米或大米作主要原料，以酒药和麦曲为糖化发酵剂酿制而成的低度酒。绍兴酒酒质醇厚，色、香、味都高于一般黄酒，存放时间越长越好。绍兴酒由于原料比以及酿造工艺不同，形成了具有不同品质和风味的品种，主要有绍兴元红酒、绍兴加饭酒和善酿酒等。

2．福建黄酒

福建黄酒是用糯米或大米作主要原料，以红曲和白曲为糖化发酵剂酿制而成的低度酒。这类酒气味芬芳，酒味醇和柔润。它以风格独特的福州老酒和龙岩沉缸酒最为著名。

3．山东黄酒

山东黄酒是用黍米作主要原料，以天然发酵的块状麦曲为糖化发酵剂酿制而成的低度酒。东北黄酒也属此类。山东黄酒香气浓郁，清香爽口，在黄酒中别具一格，主要品种有即墨老酒等。

4．清酒

清酒是用大米作主要原料，以纯种米曲酶为糖化发酵剂酿制而成的低度酒。

另外，根据酒的含糖量（每 100 毫升酒中含葡萄糖的克数），黄酒大体分为干型黄酒（＜0.5g/100ml）、半干型黄酒（0.5～3.0g/100ml）、半甜型黄酒（3.1～10g/100ml）、甜型黄酒（＞10g/100ml）。

（四）葡萄酒

葡萄酒、果酒是将果实直接发酵制成的低度原汁酒，具有果实天然的色泽和香甜的滋味。

葡萄酒可以按以下标准分为多种。

1．按色泽分

葡萄酒按色泽的不同，可分为红葡萄酒和白葡萄酒。

（1）红葡萄酒。红葡萄酒是用红色或紫红色葡萄为原料，采用皮肉混合发酵方法制成。酒液中溶有葡萄的色素，经氧化而呈红色或暗红色。

（2）白葡萄酒。白葡萄酒是用黄绿色葡萄或用红皮白肉的葡萄汁为原料，一般采用皮肉分离发酵而成，酒的色泽多为麦秆黄色。

2．按含糖量分

葡萄酒按含糖量的不同，可分为干葡萄酒（含糖量<0.4g/100ml）、半干葡萄酒（含糖量为 0.4～1.2g/100ml）、半甜葡萄酒（含糖量为 1.2～5.0g/100ml）和甜葡萄酒（含糖

量>5.0g/100ml）。

3．按酒精含量

葡萄酒按酒精含量的不同，可分为低度葡萄酒（酒度<10° ）和高度葡萄酒（酒度为 10° ～18° ）。

4．按加工方法分

葡萄酒按加工方法的不同，可分为原汁葡萄酒、半汁葡萄酒、加工葡萄酒和蒸馏葡萄酒。原汁葡萄酒是指全部由葡萄发酵的产品；半汁葡萄酒是指一半为原汁葡萄酒，其他是添加食用酒精、糖分和配料混合而成的产品；蒸馏葡萄酒是指用葡萄酒或果汁发酵后蒸馏成原白兰地，经过陈酿调配为白兰地，酒度在 40° 左右。

四、酒类的感官质量检验（实验教学）

根据酒类的感官质量要求，通过视觉、嗅觉、味觉、触觉等感觉器官对各类酒进行感官质量审评。

（一）实验目的

学习酒类的感官质量审评方法、步骤，根据各种酒的感官质量要求，对酒的质量进行品质鉴定。

（二）实验用具

高脚酒杯、大肚小口酒杯、漱口杯、标签、纸、笔等。

（三）实验材料

以五种香型白酒的典型代表及任一品牌葡萄酒和啤酒的典型代表为样酒。

1．白酒

酱香型：郎酒（52° ±1° ）；浓香型：泸州老窖特曲（52° ±1° ）；清香型：汾酒（52° ±1° ）；米香型：桂林三花酒（52° ±1° ）；兼香型：董酒（52° ±1° ）或一品景芝（52° ±1° ，芝麻香型）等。

2．葡萄酒

天然甜红葡萄酒、干红葡萄酒、白兰地等。

3．啤酒

青岛啤酒、雪花啤酒等。

（四）实验内容和步骤

1．白酒

（1）实验内容。根据白酒的感官质量指标，对样酒进行色泽（指颜色和透明度）、香气和滋味的审评，看是否符合产品质量标准要求。

（2）实验步骤。按照先轻后重的原则，将样酒按清香型、浓香型、酱香型、兼香型的顺序依次将汾酒、泸州老窖特曲、郎酒、三花酒和董酒 5～10ml 分别倒入五个高脚酒杯中，贴好标签，于明亮处观察酒体的色泽（颜色和透明度），然后闻其香气，再品尝滋味，并将感官鉴定结果记录下来。

注意：在检验白酒的香气时，最好将白酒注入杯中稍加摇晃，用鼻子在杯口附近仔细闻香，或倒几滴在手掌上，稍搓几下，再嗅手掌，即可判别香气的浓淡与香型是否正常；品滋味时，品完第一种后，用温水漱口，稍作停留，再鉴别下一种样酒。

（3）白酒的感官质量要求

色泽：白酒的正常色泽应是无色、透明、无悬浮物和沉淀物。

香气：白酒的香气从溢香、喷香和留香三个方面评价。

滋味：要求纯正，无强烈的刺激性，不辛辣刺喉，各味应协调。

风格：风格是白酒的色、香、味、体的综合体现，要对白酒的质量进行整体评价。

2．葡萄酒

葡萄酒的感官质量审评内容与步骤基本与白酒相同，按照干红葡萄酒、天然红葡萄酒、白兰地的顺序依次将样酒倒入大肚小口酒杯中分别进行审评。

葡萄酒的感官质量要求如下。

色泽：葡萄酒要求具有原果实真实的色泽。

透明度：酒液澄清透明，无悬浮物和沉淀。

香气：具有酒液醇香和果实的清香。

滋味：酸甜适口，醇厚软润，无明显酸涩味。

3．啤酒

先将瓶装啤酒置于明亮处观察其透明度，再将瓶装啤酒轻轻倒置，观察酒液中有无杂质下沉、有无悬浮物等，然后再倒入酒杯内在白色背景下观察其颜色。对啤酒进行感官检查时，应首先注意啤酒的色泽有无改变，失光的啤酒往往意味着质量的不良改变。开瓶注入杯中时，要注意其泡沫的密聚程度与挂杯时间。啤酒的气味与滋味是评价酒质优劣的关键性指标，这种检查和品评应在常温下进行，并应在开瓶注入杯中后立即进行。

啤酒的感官质量要求如下。

透明度：酒液澄清透明，透析度高，无悬浮物和沉淀。

色泽：黄啤酒色泽趋向于越淡越好，黑啤酒呈咖啡色。

香气和滋味：黄啤酒具有酒花香和爽口的苦味；黑啤酒具有麦芽香，口味醇厚。

泡沫：泡沫细腻洁白，盖满酒面，并能挂杯，缓慢消失。

（五）实验结果

将以上根据感官质量判断的实验结果随时填在表 10-3 中，并进行数据统计处理。按照百分计分法的品级划分方法确定样酒的等级。等级确定可参考如下标准。

（1）特级：96～100 分，与感官指标完全对应。

（2）优秀：90～95 分，具有高级品味特征和口感。

（3）优良：80～89 分，口感纯正，制作优良。

（4）一般：70～79 分，略有瑕疵，但口感尚无大碍。

（5）合格：60～69 分，口感平淡，不值得推荐。

（6）次品：50～59 分，不合格产品，但不是假酒。

说明：一般品级划分范围是 50～100 分，最低 50 分。

表 10-3a 白酒感官质量审评实验结果 （单位：分）

白酒名称	白酒感官质量指标				总分	品级
	色泽 10	香气 25	滋味 50	风格 15		

表 10-3b 葡萄酒感官质量审评实验结果 （单位：分）

葡萄酒名称	葡萄酒感官质量指标				总分	品级
	色泽 10	香气 30	滋味 40	风格 20		

表 10-3c 啤酒感官质量审评实验结果 （单位：分）

啤酒名称	啤酒感官质量指标				总分	品级
	色泽 10	香气 25	滋味 40	泡沫 25		

第五节　茶叶商品与质量检验

茶叶、咖啡和可可是世界性的三大饮料，而饮茶的历史最久、饮用地区最广、消费数量最大。我国产茶历史悠久，产茶地区分布广阔，全国约有19个省（区）生产茶叶。

一、茶叶的分类

茶叶的分类方法很多，目前常见的分类方法有如下几种。

（一）按采摘季节分类

按茶叶的采摘季节可分为春茶、夏茶、秋茶和冬茶。

1．春茶

春茶指当年3月下旬到5月中旬之前采制的茶叶。春季温度适中，雨量充分，再加上茶树经过了半年的休养生息，使得春季茶芽肥硕、色泽翠绿、叶质柔软且含有丰富的维生素，特别是氨基酸含量充沛。这不但使春茶滋味鲜活且香气怡人，而且使得春茶富有保健作用。春茶主要采新长出的梢上的幼芽和嫩叶，因而春茶是生产高级茶的主要原料。如我国的一些名茶（黄山毛峰、龙井和碧螺春等）要求鲜叶细嫩，一般采一芽一叶或一芽二叶，而内外销的大多数红、绿茶一般采一芽二三叶或一芽三四叶。乌龙茶采摘不宜太嫩，过嫩的鲜叶制成的乌龙茶，不能显出乌龙茶的特色。

2．夏茶

夏茶指5月初至7月初采制的茶叶。夏季天气炎热，茶树新的梢芽叶生长迅速，使得能溶解茶汤的水浸出物质含量相对减少，特别是氨基酸等的减少使得茶汤滋味、香气多不如春茶强烈，由于带苦涩味的花青素、咖啡因、茶多酚含量比春茶多，不但使紫色芽叶色泽不一，而且滋味较为苦涩。

3．秋茶

秋茶指8月中旬以后采制的茶叶。秋季气候条件介于春夏之间，茶树经春夏两季生长，新梢芽内所含水浸出物质相对减少、叶片大小不一、叶底发脆、叶色发黄，滋味和香气显得比较平和。

4．冬茶

冬茶大约在10月下旬开始采制，所以是秋芽冬采。由于冬茶是在秋茶采完后，气候逐渐转冷后生长的，生长环境较极端，通常是时值低温又干旱的冬季，新梢芽生长缓慢，产量低。而茶树需在冬季调养树势，进行养分回流而休眠，以待提高明年春茶的质量与产量，因而尽量不进行冬茶采制。

（二）按茶叶的加工方法分类

茶叶按照加工过程可分为不发酵的绿茶、全发酵的红茶、半发酵的乌龙茶、再加工窨制的花茶和紧压茶五类。

1．绿茶（不发酵）

绿茶初制过程：鲜叶—杀青（炒或蒸）—揉捻—干燥—毛茶。

杀青是制绿茶的主要环节。杀青的目的是破坏鲜叶中酶的活性，防止茶多酚氧化和叶绿素分解，保持鲜叶原有的绿色，同时蒸发部分水分，便于揉捻成型，散发鲜叶的青草气味，使茶叶特有的香气和滋味显露出来。

2．红茶（全发酵）

红茶初制过程：鲜叶—萎凋—揉捻—发酵—烘干—红毛茶。

发酵是制红茶的主要环节。鲜叶揉捻时使叶细胞破裂，茶汁外流，再按一定厚度放在发酵盘内进行发酵。发酵的目的是增强酶的活性，促进茶多酚充分氧化，使叶色转红，减小苦涩味，增加香气，形成红茶特有的色、香、味品质。

3．乌龙茶（半发酵）

乌龙茶初制过程：鲜叶—萎凋（晾或晒）—摇青—炒青—揉捻—干燥。

其制法介于绿茶和红茶之间。摇青是制造乌龙条的关键环节。它是将萎凋茶叶放在竹筛内摇动，叶边缘相互摩擦，使细胞破裂，叶汁流出，茶多酚氧化变红，然后适时地进行杀青，使其形成“绿叶红镶边”的特点。

4．花茶（窨制）

花茶是用干燥的茶坯加鲜花窨制而成的再制茶。

花茶的窨制原理是利用茶叶里含有的高分子棕榈酸和烯萜类化合物具有吸收异味的特点，通过窨制能使茶坯充分吸收鲜花的香气，以提高茶叶品质。花茶有茉莉花茶、玉兰花茶、珠兰花茶、玳玳花茶和柚子花茶等。

5．紧压茶（压制）

紧压茶是用黑茶、红茶末和绿茶做原料，经蒸软后压制成的紧体茶。

紧压茶的原料主要有红茶、绿茶、乌龙茶和黑茶，多数品种比较粗老，干茶色泽黑褐，汤色澄黄或澄红。其特点是保持原茶类的品质，防潮性能好，便于携带、运输和储存。主要销往边远地区，因而又称边销茶。

（三）按茶叶的颜色分类

有些地区习惯按茶叶的色泽分类，可将中国茶分为绿茶、黄茶、白茶、青茶、红茶、黑茶六大茶系。

1．绿茶

绿茶是我国产量最多的一类茶叶，其花色品种之多居世界首位。绿茶由于较多地保留了鲜叶内的天然物质，其中茶多酚、咖啡碱保留鲜叶的85%以上，叶绿素保留50%左右，维生素损失也较少，从而形成了绿茶“香高、味醇、形美、耐冲泡、清汤绿叶”的特点。

2．黄茶

黄茶属于微发酵的茶。在制茶过程中，杀青之后经过闷堆渥黄，因而形成黄叶黄汤的特点。黄茶分“黄芽茶”（君山银芽、蒙顶黄芽、霍山黄芽）、“黄小茶”（沩山毛尖、平阳黄汤、鹿苑）、“黄大茶”（大叶青、霍山黄大茶）三类。

3．白茶

白茶属于轻度发酵茶。它加工时不炒不揉，只将细嫩、叶背满茸毛的茶叶晒干或用文火烘干，而使白色茸毛完整地保留下来。白茶主要产于福建，有“银针”、“白牡丹”、“贡眉”、“寿眉”四种。

4．青茶

青茶即乌龙茶，属于半发酵的茶，是介于绿茶与红茶之间的一种茶类。它既有绿茶的鲜浓，又有红茶的甜醇。典型代表有铁观音、大红袍、台湾冻顶乌龙茶等。

5．红茶

红茶属于全发酵的茶。红茶主要有小种红茶、工夫红茶和红碎茶三大类。

6．黑茶

黑茶属于后发酵的茶。原料粗老，加工时堆积发酵时间较长，使叶色呈暗褐色，压制成砖。黑茶主要品种包括云南“普洱茶”、湖南“黑茶”、湖北“老青茶”、广西“六堡茶”、四川“边茶”等。

二、茶叶的药效成分

茶叶鲜叶中存在的化学成分很多，主要含水分、矿物质、茶多酚、咖啡碱、芳香油、色素、碳水化合物、蛋白质、氨基酸、维生素等，是人体健康不可缺少的营养物质。其中茶多酚、咖啡碱和芳香油与茶叶的质量及功效关系最为密切，称为茶叶的药效成分。

（一）茶多酚

又名茶单宁、茶鞣质，是茶叶中多酚类物质的总称。它不仅和茶叶的色香味质量密切相关，而且是茶叶中具有保健功能的主要成分之一。茶多酚在茶叶中的含量一般在20%～35%，其中儿茶素类物质的含量约占茶多酚总量的70%。茶多酚略呈酸性，具有收敛性的涩味。在氧化酶的作用下容易氧化，制茶的术语称为“发酵”。经过“发酵”的茶叶茶多酚含量相应地有所降低。

（二）咖啡碱

咖啡碱属于生物碱，有强烈的苦味。茶叶中咖啡碱含量决定于制茶的强度，红茶和乌龙茶比其他茶的咖啡碱含量高。咖啡碱与茶叶的色、香、味无直接关系，在冷水中微溶，随水温增高其溶解度逐渐增加。当茶汤冷却后，往往出现乳浊现象，这叫茶汤的“冷浑浊”。一般幼芽嫩叶中咖啡碱的含量多，老叶含量少。

（三）芳香油

茶叶中与香气有关的成分主要是芳香油。芳香油是形成茶叶香气的最主要的成分，是一种很复杂的混合物，包括醇类、脂类、醛类、酸类、酚类和酮类等。鲜叶中的芳香油气味特征以青草气味占主导地位，经过初制后，这些芳香油的含量和组成都发生了变化，不同的茶具有的香气不同。芳香油在茶叶中含量虽然很少，但它决定茶叶的香气。嫩茶和高山茶芳香油含量多、品质好、香气高、因而春茶和高山茶是加工名茶的主要原料。

（四）色素

茶叶的色、香、味、形是决定茶叶质量的主要因素，这些因素都与其成分有密切的关系，是各种成分的综合反映。茶叶的色泽（干茶的色泽、叶底的色泽、茶汤的色泽）是由不同的化学成分决定的。红茶干茶和叶底的色泽主要是茶多酚的氧化产物；茶汤色泽主要是由水溶性的茶红素、茶黄素和少量的茶褐素形成的；绿茶干茶和叶底的色泽主要是叶绿素反应产生的类黑素，绿茶的汤色主要是由茶多酚中的黄酮类产生的黄绿色素形成的。

茶叶的滋味是多种成分综合的反映。与茶叶滋味有关的化学成分除了茶多酚中的儿茶素之外，还有少量氨基酸和糖分。制茶过程中蛋白质水解后产生的氨基酸使茶汤滋味鲜爽，淀粉水解后产生的糖使茶汤味甜，咖啡碱和花青素使茶汤具有苦味，因而赋予茶汤具有鲜爽、苦涩、芳香、回甜之感。

一般来说，茶叶的外形与内质也有密切的关系。外形较粗松的茶叶，其色、香、味等质量必然较差，相反外形紧细的茶叶一般具有较好的色、香、味。

三、茶叶的种类和特点

目前，我国的商品茶可分为红茶、绿茶、乌龙茶、花茶和紧压茶五大类。

（一）绿茶类

绿茶按其干燥和杀青方法的不同，一般分为炒青、烘青和晒青绿茶等。

1．炒青绿茶

炒青绿茶因干燥方式采用炒干而得名。其品质特点是条索紧结，色泽绿润，香高持久，滋味浓郁，汤色、叶底黄亮。炒青茶的主要品种有珍眉、龙井、旗枪、碧螺春、日照绿茶等。

2．烘青绿茶

烘青绿茶是用烘笼进行烘干的，烘青毛茶经再加工精制后大部分作窨制花茶的茶坯，香气一般不及炒青高。烘青绿茶外形完整稍弯曲、茶条尚紧结、锋苗显露、干色墨绿，以其外形亦可分为条形茶、尖形茶、片形茶和针形茶等。香气浓郁、汤色微黄、叶底泛翠绿鲜嫩色。烘青绿茶主要名贵品种有黄山毛峰、信阳毛尖、六安瓜片、太平猴魁等。

3．晒青绿茶

晒青绿茶是用太阳晒干或晒后烘干或炒干的茶。晒青绿茶品质比炒青和烘青差，一般香气低闷、汤色和叶底乌暗，多作为紧压茶的原料，主要产于湖北、湖南、贵州、云南、四川和福建等省，晒青绿茶的主要品种有滇青、黔青、川青、粤青等。

（二）红茶类

红茶产品的质量特点是干茶色泽乌润，汤色红亮，具有红茶特有的香气和滋味。

红茶类的商品茶主要有以下几类：

1．功夫红茶

功夫红茶以做工精细而得名，是我国传统的出口商品。功夫红茶原料细嫩，制工精细，外形条索紧直、匀齐，色泽乌润，香气浓郁，滋味醇和而甘浓，汤色、叶底红艳明亮，具有形质兼优的品质特征。功夫红茶的主要品种有滇红、祁红、闽红、宁红等。

2．碎红茶

碎红茶特点是色泽红艳明亮，香高，味“强、浓、鲜”，经一次冲泡能将大部分有效成分浸出，在国际市场上颇受欢迎。碎红茶以云南、广东和广西等地所产的大叶种碎红茶质量最好。

3．小种红茶

小种红茶是福建省的特产，外形比功夫红茶松散粗大，味烈爽口。初制基本与功夫红茶相同，因烘干采用松木烟熏，所以它带有松木烟的香气。较为著名的小种红茶是正山小种。正山小种外形条索肥实、色泽乌润、泡水后汤色红浓、香气高长、带松烟香、滋味醇厚、带有桂圆汤味。

（三）乌龙茶类

乌龙茶的香气、滋味兼有绿茶的鲜浓和红茶的甘醇。品尝后齿颊留香，回味甘鲜。乌龙茶外形松散粗壮，茶汤棕红明净，叶底“绿叶红镶边”。乌龙茶的品种有 40～50 种，主要品种有武夷岩茶、安溪铁观音和凤凰水仙、台湾冻顶乌龙等。

（四）花茶类

花茶是我国主要茶产品之一，因其香气芬芳幽雅，持久耐贮而深受消费者青睐。茶叶经花窨后，不仅香气增加，并且吸收了鲜花的香桂油。花茶主要产于福建、浙江、江苏和安徽等省。窨花茶、香片茶等窨花用的原料茶叶称为茶胚或者是素胚，以绿茶数量最多，少数也用红茶和乌龙茶。绿茶中以烘青绿茶窨制花茶品质最好。花茶因为窨制时所用的香花不同而分为茉莉花茶、玉兰花茶、珠兰花茶、玳玳花茶、柚子花茶、桂花花茶、玫瑰花茶、金银花茶和米兰花茶等。各种花茶各具特色，它们中的上品茶都具有香气鲜灵、浓郁、纯正，滋味浓醇鲜爽，汤色清亮艳丽等特色。

（五）紧压茶类

紧压茶是以黑毛茶、老青茶及其他毛茶为原料，经过渥堆、蒸、压等典型工艺过程加工而成的茶饼、茶砖、茶团等。紧压茶喝时需用水煮，时间较长，茶味浓郁，滋味浓烈，茶汤中鞣酸含量较高。紧压茶中的代表品种有云南沱茶、普洱方茶、老青砖、茯砖、六堡砖、湘尖、金尖、米砖茶、竹筒香茶、黑砖茶、湘砖茶、花砖茶、康砖和青尖、分包茶和圆荣（七户饼茶）。

四、茶叶商品感官质量检验（实验教学）

（一）实验目的

学习茶叶的审评方法、步骤，了解各类典型茶叶的质量状况和标准。

（二）实验用具

审茶盘、审茶碗、茶道、茶海、水壶、纸、笔、计时器等。

（三）实验样品

红茶：祁红、立顿碎红茶。

绿茶：龙井、碧螺春。

乌龙茶：铁观音、冻顶乌龙。

花茶：茉莉花茶、玉兰花茶。

紧压茶：沱茶、普洱茶。

（四）实验内容及步骤

1．茶叶的外形审评

通过检查、观察各种茶叶的外形（指条索、整碎）、嫩度、净度和干茶色泽，看茶叶是否合乎标准规格的要求。

分别称取标样茶及样茶250g，放入审茶盘中，双手转动茶盘，使茶叶平伏于茶盘中。由于茶叶的轻重程度不同，能把大小、长短、碎末等有次序地分布在不同层次。一般粗大的茶叶，浮于上层，叫面张茶；重实较细小的茶叶或碎末多分布于下层，叫下盘茶；而中层多为较匀整的茶叶，叫中段茶。用此法可以检查下脚茶、粗老茶占的比例，并通过检查观察茶叶的外形（指条索、整碎）、嫩度、净度和干茶色泽，看是否合乎标准规格要求。

（1）条索。条索主要是评比茶叶条索的紧结粗松、重实轻飘、匀整花杂、挺直弯曲以及芽头多少，有否锋苗，以确定原料的老嫩和做工的精细程度。例如，龙井茶要求外形扁平挺直。

（2）色泽（指干茶）。一般首先看色泽是否纯正，即是否符合该茶类应有的色泽。然后再看色泽的深浅、枯润、明暗、鲜陈以及是否调和或花杂等。例如，祁红的色泽以乌黑油润、芽尖呈金黄色者为优。凡色泽调和一致、光泽明亮、油润鲜活的茶叶，通常为原料细嫩或做工精良的产品，其品质优良；色泽花杂、死灰枯暗的茶叶，多为原料粗老或制作粗糙的产品，其品质较次。

（3）整碎。整碎主要指茶叶匀齐程度，也就是在茶叶拼配时，使用的面张茶、中段茶和下盘茶的比例是否恰当。面张茶使用过多，汤色滋味必然较淡；下盘茶太多，则茶叶断碎、茶汤较暗、滋味偏涩。一般要求上、中、下三档茶搭配适当，平伏匀齐，不脱节。

（4）净度。茶叶是供人们饮用的商品，加工要求符合卫生质量规定。对非茶类夹杂物或严重影响品质的杂质，必须拣剔干净，绝对严禁混入。此外，对于茶梗、茶籽等，也要根据其含量的多少，评定品质优劣。

将上述检查项目与标样茶一一对照，看是否符合标样茶的标准规格要求，再将检查结果填写在后面的表格中。

2．茶叶的内质审评

通过检查茶叶的香气、汤色、滋味和叶底，看茶叶的内在质量是否合乎质量指标。

先从审茶盘中在不同的部位称取一定数量的茶样，茶样的重量是根据茶类和沏水量的不同而有所区别，对于同一种茶，审茶杯的规格、容量要一致。

- 红茶、绿茶、花茶取茶样标准是每种样茶称取 2.5g，每克沏水量为 50～60m1。
- 乌龙茶取样茶标准是称取样茶 5g，每克沏水量为 80ml。
- 紧压茶取样茶标准是称取样茶 3～5g，每克沏水量为 150～400ml，且采取煮茶法。

将称量好的茶样倒入审茶杯中，用新煮沸的水依次进行冲泡、盖盖。静置 5 分钟，然后将茶水倾于审茶碗中，叶底留在杯内，并按以下顺序审评茶叶的香气、汤色、滋味和叶底。

（1）茶叶香气审评。茶叶的香气虽用干闻也能辨别，但不及湿闻更为明显。湿闻茶叶的香气是闻留在杯中的茶叶，闻香时不要把杯盖完全掀开，只需稍稍掀开杯盖，把它接近鼻子，闻后仍旧盖好，放在原位。 茶叶的香气在热、湿、冷时的差别很大，一般情况下热时香气高，区别比较明显，但湿冷时闻香，可以闻到其特殊的香气和香气的持久性。但每次不能过久，否则易使嗅觉迟钝。

香气的审评主要区别香味高低、持续时间的长短、是否纯正、有无异味等。

（2）茶叶汤色审评。茶叶的汤色主要取决于茶多酚和叶绿素的变化，经过“发酵”的茶叶，茶多酚受到不同程度的氧化聚合而产生数量不等的茶红素、茶黄素和茶褐素，所以汤色主要评比深浅、明暗、清浊、新陈以及色泽的性质。如红茶的汤色以红亮清澈者为优；绿茶的汤色以碧绿清澈者为优；乌龙茶以橙黄或金黄明亮者为优；花茶以浅黄明亮者为优；紧压茶的汤色因原料不同而有所区别，以明亮浓者为优；沱茶、方普洱茶则以黄亮者为优。

（3）茶叶滋味审评。茶叶的滋味是由多种成分形成的，其中最主要的茶多酚和咖啡碱，氨基酸和糖也起着积极的作用。另外茶叶的香气也与滋味密切相关。品尝茶汤的滋味，不要直接咽下，用舌头在口腔内打转二三次后再吐出，质量好的茶叶，其滋味入口后稍有微苦涩之感，但很快就有甘甜清爽的感觉。如红茶以醇厚甘甜为优；绿茶先感稍涩，而后转甘，如含橄榄一般；乌龙茶无红茶的苦味，也无绿茶的涩味，兼有红绿茶的甜甘醇厚的感觉；花茶的滋味与绿茶类似，但因鲜花香气明显，使滋味鲜爽；紧压茶因原料各有不同，应以醇厚者为优。审评汤色时应及时进行，茶汤冷却后，不仅色泽转深，而且还会出现“冷却浑”即“冷浑浊”现象。

（4）茶叶的叶底审评。叶底包括色泽和嫩度两方面内容。评比色泽时，先检视其是否具有该茶类应有的色泽特征，而后辨别其明亮、枯暗、有无花杂等。嫩度是评比叶张的软硬、粗嫩、芽的多少以及匀齐程度。

从茶叶的叶底色泽和软硬，可以反映出鲜叶原料的老嫩，叶底的色泽还与汤色有密切关系，叶底色泽鲜亮与浑暗，往往和汤色的明亮和浑浊是一致的。茶叶叶底柔软者，说明鲜叶比较细嫩；粗老的鲜叶，其叶底比较粗硬。如红茶的叶底以鲜红明亮者为优；绿茶以淡黄绿色为正常色泽，细嫩的鲜叶在叶底有白色茸毛；乌龙茶的叶底应是绿叶红镶边，但乌龙茶的鲜叶嫩度稍差，所以叶底的色泽不够鲜明；花茶的叶底与绿茶类似，以黄绿均匀为优；紧压茶的叶底虽因原料不同，色泽有所区别，但都以柔软鲜明者为优。总之，优良的叶底必有“亮、嫩、厚、卷”等几个或全部因素。

（五）实验结果

将上述茶叶感官审评的结果填写在表 10-5 中。

表 10-4　茶叶感官审评结果　（单位：分）

茶叶名称	外形审评				内质审评				评语
	形状 10	色泽 25	嫩度 10	净度 5	香气 10	汤色 10	滋味 25	叶底 15	
龙井									
碧螺春									
祁红									
立顿									
铁观音									
冻顶乌龙									
茉莉花茶									
玉兰花茶									
沱茶									
普洱茶									

【本章小结】

本章较系统地归纳了食品的概念、食品安全的相关内容，根据食品的作用和消费习惯，从食品卫生与安全、食品的营养价值和食品的色香味形三个方面分析与评价食品质量的主要形成因素，为普及营养学知识、科学膳食奠定了基础。

本章还介绍了几种食品的常见分类方法，分析了两种典型商品——酒和茶叶的分类、主要成分、主要品种、特点及感官质量检验方法，以增强学生的实际操作能力。

【复习思考题】

1. 食品、保健食品和药品有何区别？目前市场上有哪些新型食品？
2. 食品商品质量有哪些方面的基本要求？
3. 食品卫生与食品安全有何区别？
4. 按照食品污染的性质分析有哪几种食品污染？
5. 评价食品营养价值有哪几方面的基本指标？
6. 碱性食品和酸性食品是怎样形成的？介绍它们的食物来源。
7. 酒类中的白酒有几种香型？各自有什么风味特点？有哪些代表品种？
8. 目前我国对白酒的品质要求主要是从哪几个方面来评定的？
9. 茶叶有几种分类方法？按照加工方法可以将茶叶分为几大类？
10. 茶叶的感官质量审评有哪几项指标？

【案例】

A 国的氯霉素风波

2001 年，欧盟检验出来自 A 国的褐虾中含有氯霉素，并确定 A 国动物饲料中含有欧盟禁用药物。欧盟因此发出全面禁止从 A 国进口动物源性食品的禁令。在欧盟对 A 国的动物源性食品下达禁令以后，德国对从 A 国进口的动物源性食品开始进行抽样检测。2002 年初，德国检验检疫人员对来自 A 国的 400 吨蜂蜜进行了抽样检测，并在受检蜂蜜中发现抗生素残留物，正式检测结果显示，这 400 吨来自 A 国的蜂蜜氯霉素的含量在每公斤 3.5～5.6mg 之间。次日，德国把检测结果报告欧盟，欧盟立即通知了所有欧盟成员国。这便是人们经常听说的提前预警系统。

案例讨论题

1. 查阅我国国家强制性标准 GB2760-1996《食品添加剂使用卫生标准》，尝试找到我国关于氯霉素是如何规定的。

2. 发达国家对食品的质量安全要求越来越严格，结合实际，谈谈自己对我国食品质量安全监管的意见和建议。

【实践技能训练】

酒类推销

一、酒类推销目的

根据本章掌握的酒类知识，尝试酒类推销活动，检验自己对酒类知识的掌握，强化团队精神。

二、推销内容

设想某个酒类品牌，选择5个以上不同性别或不同年龄的消费者，根据其对酒类的饮食习惯、消费种类、消费数量及用途，了解消费者对酒类的质量意识及鉴别能力，并向其推销你准备代理的酒类产品。

三、推销步骤

1. 以5～6人为小组设计推销计划

（1）确定品牌：确定质量稳定、有市场潜力的酒类作为品牌代理。

（2）确定顾客：确定酒类消费较大的群体，或在酒类专柜随机确定顾客。

（3）确定销售计划：每人每次推销出一个单位的酒品。

2. 研究产品

（1）研究拟推销的产品种类特点与功能。

（2）研究拟推销的产品生产情况或市场销售情况。

（3）研究拟推销的产品感官质量指标及质量鉴别方法。

3. 推销产品

按照确定的推销对象所在范围进行酒类推销，注意掌握顾客类型，把握顾客消费心理，重点介绍产品的质量及特点，现场对酒类样品进行感官质量鉴别，增加消费者的信任度。

四、实训报告

以小组为单位写出酒类推销报告，并在班级中进行报告交流。

第十一章　纺织品、服装商品与质量检验

■知识目标

1. 熟悉纺织品和服装的质量要求。
2. 掌握纺织纤维的种类及特点。

■技术目标

1. 熟悉服装号型的应用。
2. 掌握纺织纤维鉴别的方法。

■能力目标

1. 能够感官判定服装的质量状况。
2. 能通过感官鉴别法鉴别纤维种类。

第一节　纺织品商品质量基本要求

纺织品是人们日常生活中不可缺少的生活资料，随着社会的发展，纺织品的款式、品质日趋新颖、丰富，其功能已不再是简单的御寒遮体，而是增加了舒适、卫生、安全、美观、大方、流行、具有时代性等方面的要求。对纺织品商品的质量要求，一般从其原料、组织结构、机械性能和服用性能等方面来评价。

一、材料选择的适宜性

纺织品的基本性能及其外观特征，主要由其所用的纤维材料决定，纤维材料的种类、品质对纺织品的性能有重要影响。不同种类的纤维如棉、麻、丝、毛、涤纶、腈纶等，具有不同的性质，其织品的性能特点也各有不同。因此，对纺织品的基本要求之一是材料选择要适宜。

二、组织结构的合理性

纺织品的组织结构，主要包括织物的纱线和织纹组织、织品的重量和厚度、织物的紧度和密度、幅宽、匹长及织物歪斜等。纺织品的组织结构对织物的外观和机械性能有较大的影响，如织品的纱线和织纹组织可以变换纺织品的花色品种，织品的厚度和紧度等可影响其透气性、保暖性、柔软性和硬挺性等。

三、良好的机械性能

织物的机械性能是指在外力作用下，织物产生的应力与形变之间的关系，主要指断裂强度、断裂伸长率、撕裂强度、耐磨强度、抗疲劳强度等指标。强度是衡量纺织品耐用性能的指标，某些机械强度还会直接影响织物的尺寸稳定性、手感以及成品风格。在检验中对这些指标应从织物的经向和纬向分别进行考察。

四、适宜的服用性能

纺织品的服用性能主要是指织品在穿用过程中舒适、美观、大方。服用性能涉及多个方面，其一是纺织品的缩水率、刚性、悬垂性要符合规定标准；其二是吸湿性、透气性要符合卫生要求及有关标准；其三是起毛起球、花型、色泽、色牢度及外观疵点处理等方面也要符合有关标准。

纺织品的吸湿性可使人体排出体外的汗液很快被衣服吸收，是织物透气的前提，是衣着用品舒适性的基础之一。表 11-1 列出了标准状态下各种纤维的吸湿情况。

表 11-1　标准状态下各种纤维的吸湿情况

名称	回潮率（%）	名称	回潮率（%）
羊毛纤维	16	维纶纤维	5
粘胶纤维	12~14	锦纶纤维	4.5
富强纤维	12	腈纶纤维	1.2~2.0
蚕丝纤维	9	涤纶纤维	0.4~0.5
棉纤维	7	丙纶、氯纶纤维	0~0.1

五、良好的工艺性能

工艺性能是指纺织品面料在形成的过程中要经过纺纱、缫丝、织造、印染、整理等工序，且所有工序都需严格达到质量要求，以方便裁剪缝制、洗涤、熨烫、定型、染色牢固等。

第二节　纺织纤维的种类与特点

纺织品是利用纺织纤维经纺纱、织造而成的。纺织品的质量主要取决于织品的原料纤维和织品的组织结构。

纤维通常是指长度达到数十毫米以上，具有一定柔软性和弹性的纤细物质。

纤维的种类很多，通常把用来制造纺织品的纤维称为纺织纤维。纺织纤维应具备一定的强度，一定的长度和细度，较好的吸湿性、保温性、饱和性、染色性等适纺性能。

一、纺织纤维分类

纺织品所用的原料可以分为天然纤维和化学纤维两大类。常见的纺织纤维分类如图 11-1 所示。

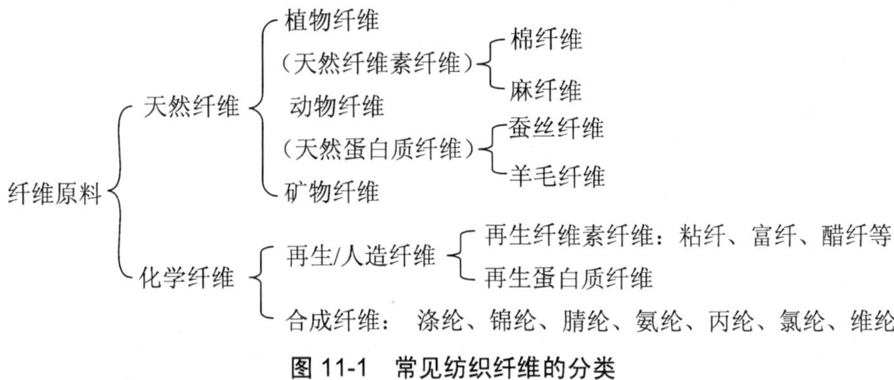

图 11-1　常见纺织纤维的分类

1．天然纤维

天然纤维是人类直接从自然界取得的一类纤维材料，有植物纤维、动物纤维和矿物纤维。植物纤维因其主要组成物质是纤维素，又称天然纤维素纤维，包括棉纤维和麻纤维两类；动物纤维因其主要组成物质是蛋白质，又称天然蛋白质纤维，包括羊毛纤维和蚕丝纤维两类。

2．化学纤维

化学纤维是利用天然的高分子物质或合成的高分子物质，经化学工艺加工而取得的纺织纤维总称，有人造纤维和合成纤维两类。

（1）人造纤维。又称再生纤维，它是利用有纤维素或蛋白质的天然高分子物质如木材、蔗渣、芦苇、大豆和乳酪等为原料，经化学和机械加工而成。人造纤维包括人造纤维素纤维（如粘胶纤维）、人造蛋白质纤维（如酪素纤维）等。

（2）合成纤维。合成纤维是采用石油化工工业和炼焦工业中的低分子物，经聚合和机械加工而成的。合成纤维包括聚酯纤维（涤纶）、聚酰胺纤维（锦纶）、聚丙烯烯纤维（腈纶）、聚乙烯醇缩甲醛纤维（维纶）、聚丙烯纤维（丙纶）和聚氯乙烯纤维（氯纶）等。

二、各种纤维主要成分及其性能特点

（一）棉纤维的主要成分及其性能特点

1．棉纤维的主要成分

棉纤维的主要成分是纤维素。成熟的棉纤维在正常状态下含有 6%～8%的水分。完全失去水分的棉纤维含有 94.5%的纤维素，其次还有少量含氮物、果胶质、矿物质及其他有机物等。棉纤维是一种近于纯纤维素的纺织纤维，因而纤维素的性质也就决定了棉纤维的理化性质。

2．棉纤维的主要性能特点

① 吸湿性。棉纤维的吸湿性主要取决于纤维素的结构。因为棉纤维是一种多孔性的物质，它不仅具有中腔，而且在纤维素填充层之间也存在很多孔隙，使棉纤维具有吸湿性。同时，由于纤维素的分子结构中存在亲水基团，也使棉纤维具有较强的吸水性。

棉纤维的水分含量可用含水率和回潮率表示。含水率指棉纤维中水分含量占未干燥棉样重量的百分数；回潮率指棉纤维中水分含量占干燥棉样重量的百分数。含水率与回潮率的互换关系式如下：

含水率（%）＝[回潮率／（1＋回潮率）]×100%

回潮率（%）＝[含水率／（1－含水率）]×100%

棉纤维在标准状态下的回潮率为7%，当温度为20℃、相对湿度为95%时的回潮率为24%～27%。由于棉纤维吸湿性好，其织物服用性能好且不易产生静电、吸尘和沾污。

② 热性能。纤维素本身是热的不良导体，而棉纤维又是多孔性物质，内有中腔，这样就使纤维间存在大量的空气，使得棉纤维及其制品具有良好的保温性能。

棉纤维具有良好的耐热性和热稳定性，无热塑性，受高温作用不软化、不熔融。其织物抗融性好，与热体接触时不会产生融孔现象，燃烧时不会发生因熔融粘结而伤害皮肤的现象。由于棉纤维耐湿热性良好，因此可用热水浸泡和熨烫。

③ 导电性。棉纤维是电的不良导体，干燥的棉纤维介电常数较低，所以棉纤维随着吸收水分的增加而介电常数相应增大、导电性能增强。由于棉纤维在一般的大气环境中能保持一定的吸湿水平，故有一定的导电性，不易积蓄静电，用棉纤维与合成纤维混纺可减少合成纤维织物在加工和使用过程中的静电现象。

④ 酸碱的作用。棉纤维的化学性能比较稳定，对碱的抵抗能力强，对酸的抵抗能力弱，不溶于一般的溶剂。

棉纤维耐酸性能较差，在无机酸的作用下，纤维素发生水解。纤维素水解后使棉纤维强力下降，化学稳定性变差。影响纤维素水解速度的因素是酸的种类、浓度、温度及作用时间。酸性越大、浓度越高、温度越高，纤维素水解速度越快，作用的时间越长，水解破坏得越严重。

棉纤维对碱的抵抗能力很强，即使是热的弱碱溶液对纤维素的破坏也很缓慢。工业上常利用棉纤维的耐碱性处理棉织品或棉混纺织品，以改变织品的光泽，生产加工丝光棉。

（二）麻纤维的主要成分及其性能特点

1. 麻纤维的化学成分

麻纤维的化学成分主要也是纤维素，以苎麻为例，其成分含量约占78.79%，果胶和木质素含量比棉纤维高，约占6%。因而麻纤维比棉纤维强度大，粗糙发硬。我国种植的麻纤维有很多种，作为纺织主要是苎麻和亚麻。苎麻、亚麻是优良的麻种，其纤维没有木质化，强度高，伸长小，柔软细长，可纺性能好，是织造夏季衣料的良好材料，用它们织成的织物挺括、吸汗、不贴身、透气、凉爽。黄麻、大麻、洋麻等纤维粗且短，适宜于包装材料，如麻袋、麻绳等。麻纤维纤维素含量愈多，麻纤维品质愈好；胶质含量愈多，则麻纤维既粗糙发硬又易于折断；木质素含量愈多，在日光照射下受潮时容易变色。因此，麻纤维的成分对其品质和性质有较大的影响。

2．麻纤维的主要性能特点

① 强度。麻纤维在天然纤维中强度最大，其中苎麻强度居麻纤维之首，其次为亚麻。麻纤维的湿态强度是干态强度的 110%～130%。麻纤维的强度使麻织品具有耐磨、耐穿的特性。

② 吸湿性。麻纤维是空隙性纤维，具有毛细管效应，其吸湿性比棉还要强，散湿速度快，有手感干燥的感觉。

③ 介电性能及热性能。麻纤维是电的不良导体，有很好的电绝缘性。麻纤维散热很快，比棉纤维快 25%左右。穿着麻织品时凉爽感，在湿热的情况下以苎麻耐热性最好。

④ 耐酸和耐碱性。麻纤维不耐酸，若经碱处理则可增加柔软和洁白，亦可与化学纤维混纺。用苎麻制成的衣服穿着凉爽、吸湿透气、挺括。苎麻纤维与涤纶混纺是目前市场上较受欢迎的涤麻衣料，它具有挺括、不皱的特点。

⑤ 耐磨性。亚麻耐磨性好，主要用于帆布、军用织品等。

（三）羊毛纤维的主要成分及其性能特点

1．羊毛纤维的化学成分

羊毛纤维的化学成分主要是由角质蛋白质组成。角质蛋白质在羊毛纤维中的平均含量在 97%以上，组成角质蛋白质的元素是碳、氢、氧、氮、硫。在羊毛中硫的含量愈多，其强度和弹性也愈高。

2．羊毛纤维的主要性能

羊毛分为无髓毛和有髓毛。无髓毛由鳞片层和皮质层组成；有髓毛由鳞片层、皮质层和髓质层三部分组成。无髓毛和有髓毛对羊毛纤维性质及其特点有着直接影响。一般来说，羊毛纤维越细，其鳞片数目越多。皮质层是羊毛纤维最主要的一层，它直接影响羊毛的物理机械性能，如强度、弹性和耐折皱性等。皮质层越厚，其强度、伸度和弹性等就越好。毛髓位于纤维中心部位，有很多孔隙，含有一些空气，在潮湿环境中，可提高羊毛的含湿量；毛髓大，则羊毛的强度、弹性、柔软性及着色力等降低，影响其使用价值。因此，无髓毛纺织价值较高，有髓毛纺织价值较小。

① 强伸度、弹性及密度。正常情况下，羊毛的相对强度较其他天然纤维低。羊毛的回弹率高，当拉伸 2%时，回弹率为 99%；拉伸 20%时，回弹率为 63%。由于羊毛纤维柔软、弹性好，其织物不易产生折皱；又由于羊毛较其他天然纤维粗，尽管相对强度低，但单纤维强度并不差，使其织品较其他天然纤维织品耐磨、坚固耐用。羊毛的密度为

1.32g/cm³，较其他天然纤维轻。

② 热性能。羊毛的保暖性好。羊毛纤维是热的不良导体，其导热系数较低，比棉纤维低20%左右；加之羊毛纤维蓬松柔软，在纤维内及纤维之间存在着许多不流动空气，使毛织品具有较好的保暖性能。

一般来说，羊毛的耐高温性能较低而耐低温性能良好。在干燥状态下加热羊毛时，当温度升高到110℃时，纤维变黄，长时间处理达30小时以上，分解出硫化氢和氨，使纤维强度下降、弹性变坏；温度135℃是羊毛的分解点；当温度达到160℃～170℃时，纤维产生显著分解，可嗅出臭味；温度达到 220℃时，纤维发焦趋于炭化，明显失重；温度达到300℃以上时，纤维燃烧。

羊毛耐低温性能较好，在-60℃～-50℃的低温条件下，纤维仍保持其柔韧性，强度与常温时相仿。羊毛能经受一般的湿热处理，强度和重量损失不大。

③ 吸湿性强。羊毛是吸湿性较强的纤维材料，在标准状态下的回潮率为16%左右，最高吸湿能力可达到40%以上。这是由其化学成分及纤维结构决定的。为了确定羊毛的真实重量、合理计价，羊毛及其制品在收售业务中须规定公定回潮率，羊毛的公定回潮率为15%。此外，当羊毛的吸湿量达到一定程度后，在高温高湿情况下会促使微生物繁殖，不利于保管。

④ 可塑性。在沸水或100℃的蒸汽作用下，羊毛纤维会逐渐膨胀、毛质变软。此时若施加一定的压力将羊毛压成各种形状，待一定时间后冷却并除去外力，则被压成的形状保持不变。毛织物的熨烫便是基于这个原理。

⑤ 缩绒性。羊毛纤维及其制品在湿、热和缩绒剂的条件下，经过机械外力的反复作用，羊毛纤维相互穿插纠缠，使纤维的集合体逐渐收缩紧密、交编毡化，这一性能称为羊毛的缩绒性。毛织物缩绒后，其表面积收缩，厚度和紧度增加，表面露出一层绒毛，手感丰厚柔软，保暖性提高，且坚韧耐用。

⑥ 介电性能。干燥的净羊毛是电的不良导体，由于摩擦会使羊毛带有静电，给纺织加工带来困难，并使纱条发毛，因此，为便于纺织加工，常在羊毛中加入一定量的抗静电剂或毛油，并适当提高环境的相对湿度。

⑦ 酸和碱的作用。羊毛对酸有较高的稳定性，因而可在酸性条件下进行染色加工。酸对羊毛的作用因酸的种类、浓度、温度及作用时间而异。强酸对羊毛角朊的破坏作用较弱酸大。在常温或低温时，弱酸或稀的强酸对角朊无明显的破坏作用，但是随着浓度和温度的提高及作用时间的延长，角朊被破坏的程度会越来越严重。

羊毛对碱的作用较敏感，对碱的抵抗能力比纤维素纤维要差得多，碱对羊毛具有破坏作用。羊毛受到碱的破坏后，其纤维的强度下降、颜色变黄、光泽暗淡、手感粗糙、含硫量下降、弹性变坏、抵抗化学药剂的能力变差，以致在碱中产生部分溶解。碱对羊毛的破坏的程度取决于碱的种类、浓度、温度及作用的时间。强碱的破坏作用大于弱碱，碱的浓度、温度及作用时间的提高使破坏作用加剧。

（四）蚕丝的化学成分及其性能特点

1．蚕丝的化学成分

蚕丝是一种化学成分复杂的天然蛋白质高分子化合物，每根蚕丝都由两条平行的单丝组成。蚕丝的主要成分是丝素或丝胶，在蚕丝中丝素含量为72%～80%；四周包有丝胶，占18%～25%；还有少量的色素、脂肪和灰分等。丝素和丝胶都是蛋白质，蛋白质水解后最终产物为多种氨基酸。

2．蚕丝的主要性能特点

① 吸湿性。蚕丝具有较好的吸湿性。蚕丝中有许多可以吸收气体的空隙和能吸附水分子的亲水性基团，使干燥的蚕丝在潮湿的环境中能吸湿、潮湿的蚕丝在干燥的环境中能放湿。

② 介电性和耐热性。蚕丝是电的不良导体，是电器的绝缘材料。另外，蚕丝具有一定的耐热性，当温度为110℃时失去水分；150℃时，纤维强力下降；温度达235℃时，立即燃烧并发出烧毛臭味。

③ 光泽。蚕丝的外观有柔和润亮的光泽，是其他纤维材料所不能相比的，这是由它的表面性质和截面形状对光线的综合反射作用形成的。生丝经精炼脱胶后即为熟丝，外观更为明亮、光洁、滑糯和美观。

④ 与酸、碱、盐的作用。蚕丝是一种弱酸性物质，耐酸性较好，稀酸处理可增加丝的光泽，也可进行皱缩加压处理制成凹凸花纹；蚕丝对碱比较敏感，使用中不宜用碱性大的肥皂或洗涤剂洗涤；蚕丝受盐的作用，如丝绸织物受汗水浸蚀，会出现黄褐色的斑点，降低强力，影响其穿用寿命。

（五）粘胶纤维的化学成分及其性能特点

1．粘胶纤维的化学成分

粘胶纤维的化学成分是再生纤维素，其纤维素和棉花相似，因而具有棉纤维的性质，俗称人造棉。

2．粘胶纤维的性能特点

由于粘胶纤维是经过化学工艺处理的纤维，其性质又不完全同于棉纤维，主要有以下几个方面。

① 光泽。粘胶纤维虽不如蚕丝那样柔和悦目，但是用它织出来的丝绸精致美现，富有光泽。

② 吸湿性。粘胶纤维在化纤中吸湿性是最强的，为12%～13%。粘胶纤维的吸湿性比棉花高，仅次于羊毛。吸湿性大的纤维，缩水率一般都比较大，粘胶纤维缩水率一般在10%左右；另外，纤维吸湿大，衣料排汗畅通，避免了汗液刺激皮肤，具有较强的舒适感。

③ 染色性。粘胶比棉纤维容易上色，并且容易获得鲜艳的颜色。一般棉布用的燃料都可用于人造纤维布。

④ 强力。粘胶纤维强力是各种常见纤维中强力最差的一种。粘胶纤维在干态时强力接近棉纤维，但是在湿态时强力下降明显。

⑤ 弹性。粘胶纤维弹性较差，形态稳定性差，织物不挺括，易起皱变形。

（六）涤纶纤维的化学成分及其性能特点

1．涤纶纤维的化学成分

涤纶是一种高聚物，其化学成分是聚对苯二甲酸乙二酯，因此，其化学名称为聚对苯二甲酸乙二酯，商业名称叫聚酯纤维，我国的俗称为涤纶，国外称为达可纶、特丽纶等。

2．涤纶纤维的性能特点

涤纶纤维的优点在于抗皱性好，织品做成的衣物挺括不皱、保型性极佳，且其强度高、耐热性能好。涤纶纤维吸湿性低，不易吸水，也不缩水，同样也不吸汗，纺织工业常将涤纶纤维和天然纤维或其他化学纤维进行混纺，以提高织品的吸湿能力。涤纶纤维的强度是羊毛的三四倍，耐磨性比羊毛高三倍多，回弹性好，所以涤纶衣料结实耐穿。

（七）锦纶纤维的化学成分及其性能特点

1．锦纶纤维的化学成分

锦纶也是一种合成纤维，学名为聚酰胺纤维，它是合成纤维中发展最早的一种纤维。由于这种纤维具有很多优良特性，所以发展很快。近年来由于聚酯纤维和改性化纤发展迅速，锦纶纤维已退居第二位。

2．锦纶纤维的性能特点

锦纶纤维的优点在于它强力大、耐磨性强，有“强力大王”之称。锦纶纤维的耐腐蚀性好，可用来做防腐蚀的工作服和渔网。锦纶的耐日晒性能很差，长时间在阳光下照晒会使纤维强度降低、褪色发黄。锦纶的耐热性能也很差，在170℃时开始软化，到215℃就会熔化，因此，最高熨烫温度不能超过150℃，否则锦纶衣服就有粘结熔化的危险，同时还要防止火星落到衣服上烧成孔洞。

（八）腈纶纤维的化学成分及其性能特点

1．腈纶纤维的化学成分

腈纶的学名是聚丙烯腈纤维，1950年开始工业化生产，在合成纤维中问世较晚。从柔软、保暖、卷曲和蓬松等特性来看，腈纶可以和羊毛媲美，但比羊毛轻、牢固、不易虫蛀、耐洗，故有“合成羊毛”之称。

2．腈纶纤维的性能特点

腈纶的主要优点是耐晒，它对日光与气候作用的抵抗力强。它的耐热性较好，在125℃高温下持续一个月，强度仍不变，还可在180℃～200℃下短时间应用。腈纶纤维蓬松、卷曲、质轻丰满，利用现代染色技术可以染成五颜六色，鲜艳似锦。

（九）维纶纤维的化学成分及其性能特点

1．维纶纤维的化学成分

维纶学名叫聚乙烯醇缩甲醛纤维，没有染色的维纶洁白如雪、柔软如棉，有“合成棉花”之称。

2．维纶纤维的性能特点

维纶的优点是吸湿性能较好，一般条件下，吸湿性可达5%；维纶的耐磨性较高，若在棉花中掺上一半维纶纤维，它的耐磨牢度要比条件相同的棉布高出两倍以上；维纶的耐晒性也较好。但维纶纤维的弹性与耐热性较差，衣服易出现皱褶，不易染成漂亮颜色，更不能沸煮。

（十）氨纶纤维的化学成分及其性能特点

1．氨纶纤维的化学成分

氨纶译名“斯潘德克斯”，是一种弹性纤维，学名叫聚氨甲酸乙酯，我们常称之为“氨纶”。

2．氨纶纤维的性能特点

氨纶具有高度弹性，能够拉长6～7倍，但随张力的消失能迅速恢复到初始状态。它的最大特点是弹性优良、回弹性高，可与橡皮筋相比。当伸长50%时，弹性恢复率达95%～99%，故穿着舒服、柔软性好。氨纶的化学稳定性、耐磨性、抗虫性良好，但吸湿性较差。它既可纯纺也可混纺，广泛应用于针织品中，同时还大量用于各种服装的松紧部位。

（十一）天丝纤维的化学成分及其性能特点

1．天丝纤维的化学成分

天丝纤维又称“莱赛尔”，是一种人造纤维素纤维，其是以针叶树为主的木浆、水和溶剂氧化胺混合，加热至完全溶解，在溶解过程中不会产生任何衍生物和化学作用，经除杂而直接纺丝制成的，其分子结构是简单的碳水化合物。整个制造过程无毒、无污染，被称为“21世纪的绿色纤维”。

2．天丝纤维的化学成分及其性能特点

天丝纤维织物具有良好的吸湿性、舒适性、悬垂性、硬挺度，且其染色性好，回潮率为11%，加之又能与棉、毛、麻、腈、涤等混纺，因此该纤维在内外成衣制作中是一种理想的面料。

第三节　纺织纤维的鉴别

纺织纤维的鉴别主要包括感官鉴别法、燃烧鉴别法、显微镜鉴别法、溶解法。

一、感官鉴别法

感官鉴别法即手感目测法。感官鉴别是靠人的感觉器官，主要是通过眼看、手摸来观察纤维的种类。眼看是鉴别纤维的外观、色泽、长度、粗细及弯曲等状态。手摸是鉴别纤维的弹性、褶皱、柔软、凉爽、温暖、粗糙及平滑等性能特点。

（一）常见纤维的特征（表 11-2）

表 11-2 常见纤维的特征

纤维种类	纤维外观特征
棉	纤维具有天然卷曲，纤维较细而短，长度可达 38mm 左右，弹性较差，手感柔软，光泽暗淡
麻	纤维细长，强度大，质地粗糙，缺少弹性与光泽。其织品手感粗硬，有冷凉感
羊毛	纤维粗长，呈卷曲状态，弹性好，有光泽，手感温暖。其织品揉搓时不易褶皱，手感滑爽挺括
蚕丝	蚕丝在天然纤维中最长最细（柞蚕丝比桑蚕丝略粗），强度较好，手感柔软而光滑细腻，手摸时有冷凉感，在干燥和湿润状态下拉断蚕丝时所用的力无明显区别
涤纶	爽而挺，强力大，弹性较好，不易变形
锦纶	纤维强度高，回复伸长率大，不易拉断，织物弹性较人造丝、蚕丝好，手感粗糙
腈纶	织物蓬松性好，手感柔软，有毛料感，但色泽不柔和，手感干燥，弹力较低
维纶	织物弹性较差，易折易皱，手感较硬，色泽不鲜艳

（二）常见织物的特征（表 11-3）

表 11-3 常见织物的特征

织物种类	织物特征
棉织物	具有天然棉的光泽，柔软但不光滑，坯布布面还有棉籽屑等细小杂质
麻织物	硬而爽
毛织物	精纺呢绒类呢面光洁平整，织纹清晰，光泽柔和，富有身骨，弹性好，手感滑糯；粗纺呢绒类呢面丰厚，紧密柔软，弹性好，有膘光
丝织物	绸面明亮、柔和，色泽鲜艳，细薄飘逸
涤纶织物	手感挺爽、弹性好，不易起皱，在阳光下有闪光
锦纶织物	手感比涤纶糯滑，但比涤纶易起皱
腈纶织物	手感膨松，伸缩性好，类似毛织物，但没有毛织物活络
维纶织物	类似棉织物，但不及棉织物细柔，色泽不鲜绝

有时候还可利用某些纤维的特殊性能加以鉴别，例如，粘胶纤维湿强仅为干强的40%～60%，湿强与干强间的差异比任何纤维都大，所以如果用水沾湿纤维，沾湿的纤维强力明显下降则可判断其为粘胶纤维。又如，涤纶纤维与锦纶纤维外观十分相似，较难以手感目测鉴别。这时可根据锦纶纤维受力易伸长变形，而涤纶纤维在同样大小的力作用下，不易变形，以及锦纶纤维易被蓝墨水沾污，而涤纶纤维却不易被沾污等不同特性进行鉴别。

二、燃烧鉴别法

燃烧法是鉴别纺织纤维大类的一种快速而简便的方法。它是根据纤维燃烧特征的不同来粗略区分纤维的。鉴别的方法是取一小束未知的纤维，用镊子夹持，慢慢接近火焰，观察纤维靠近火焰、接触火焰、离开火焰时的燃烧状态，以及燃烧时散发的气味和燃烧后残留物的特征来粗略地鉴别纺织纤维。燃烧法只能鉴别纯纺产品，混纺产品不能用此法鉴别。

棉、麻、粘胶等纤维素纤维，接触火焰立即燃烧，且燃烧速度较快，并能自动蔓延，有烧纸味，灰烬呈灰白色且轻飘。蚕丝、羊毛等蛋白质纤维，接触火焰会产生收缩，然后燃烧，离开火焰后仍能继续燃烧，但燃烧速度不如纤维素纤维快，燃烧时发出焦毛羽气味（如烧头发的臭味），灰烬呈黑色易碎圆球状物体。合成纤维一般接近火焰时先收缩，后熔融，然后燃烧，燃烧时发出各种气味，如锦纶发出芹菜味、涤纶发出芳香味、丙纶有蜡味、醋酸纤维（属再生纤维素纤维，也有人称之为半合成纤维）有醋酸味。由于各种纺织纤维的化学组成不同，对热和燃烧的反应特征也不同，因此可以利用这一特征对纤维进行鉴别。常见纤维的燃烧状态概述如表11-4所示。

表11-4　常见纤维的燃烧状态表

纤维名称	燃烧性	燃烧状态			燃烧时的气味	灰烬残留物的特征
		接近火焰	在火焰中	离开火焰		
棉纤维	易燃	软化、不熔、不缩	立即快速燃烧，不熔融	继续迅速燃烧	烧纸臭味	灰烬很少，呈细而柔软灰黑絮状
麻纤维	易燃	软化、不熔、不缩	立即快速燃烧，不熔融	继续迅速燃烧	烧纸臭味	灰烬很少，灰粉末状，呈灰或灰白絮状
毛纤维	可燃	熔并卷曲，软化收缩	一边徐徐冒烟，一边微熔、卷缩、燃烧	燃烧缓慢，有时自熄	烧毛发臭味	灰烬多，呈松脆而有光泽的黑色块状，一压就碎
粘胶纤维	易燃	软化，不熔，不缩	立即燃烧，不熔融	继续迅速燃烧	烧纸臭味	灰烬少，呈浅灰色或灰白色
涤纶	可燃	软化、熔融，卷缩	熔融，缓慢燃烧，有黄色火焰，焰边呈蓝色，焰顶冒黑烟	继续燃烧，有时停燃而自熄	略带芳香味或甜味	灰烬呈硬而黑的圆球状，用手指不易压碎

（续表）

纤维名称	燃烧性	燃烧状态			燃烧时的气味	灰烬残留物的特征
		接近火焰	在火焰中	离开火焰		
锦纶	可燃	软化收缩	卷缩，熔融，燃烧缓慢，产生小气泡，火焰很小，呈蓝色	停止燃烧而自熄	芹菜气味	灰烬呈浅褐色透明圆珠状，坚硬不易压碎
腈纶	易燃	软化收缩，微熔发焦	边软化熔融边燃烧，燃烧速度快，火焰呈白色，明亮有力，有时略冒黑烟	继续燃烧，但燃烧速度缓慢	类似燃煤焦油的鱼腥（辛辣）味	灰烬呈脆性不规则的黑褐色块状或球状，用手指易压碎
氯纶	难燃	软化，收缩	一边熔融一边燃烧，燃烧困难，冒黑浓烟	立即熄灭，不能延燃	有刺激的氯气味	灰烬呈不定型的黑褐色硬球块，不易压碎
丙纶	可燃	软化、卷缩、缓慢熔融呈蜡状	熔融，燃烧缓慢，冒黑色浓烟，有焦状熔融物滴落	能继续燃烧，有时会熄灭	有类似烧石蜡的气味	灰烬呈不定型硬块状，略透明，似石蜡颜色，不易压碎
维纶	可燃	软化并迅速收缩，颜色由白变黄到褐色	迅速收缩，缓慢燃烧，火焰很小，无烟，当纤维大量熔融时，产生较大的深黄色火焰，小气泡	继续燃烧，缓慢地停燃，有时会熄灭	带有电石气的刺鼻味	灰烬呈松而脆的不规则黑灰色硬块，用手指可压碎

上述所列燃烧情况为单一纤维的燃烧特征，而混纺织品是几种纤维的综合燃烧情况，所以在试验观察单一纤维燃烧时，应仔细观察不同纤维混纺后的不同燃烧特征，同时还应注意整理剂对纤维燃烧特征的干扰。

三、显微镜鉴别法

各种纤维的横向形态和纵向形态都有它们各自的特点。在手感目测、燃烧法鉴别后，还没有把握断定时，可进一步用显微镜进行鉴别，用显微镜来观察纤维的横截面形状和纵向的形态。表 11-5 是常见纤维显微镜下的横向形态、纵向形态的特征。

表 11-5　显微镜下常见纤维的特征

纤维种类	横向形态特征	纵向形态特征
棉	腰圆有中腔	扁平，有天然转曲
亚麻	多角形，中腔较小	横节，竖纹

（续表）

纤维种类	横向形态特征	纵向形态特征
苎麻	腰子形，有中腔裂缝	横节，竖纹
羊毛	圆形或椭圆，有时有毛髓	有鳞片
丝	不规则三角形	平直
粘胶	锯齿形	有沟槽
合成纤维	圆形或近圆形	平滑

四、溶解法

溶解法是利用各种纤维在不同的化学溶剂中的溶解性能来鉴别纤维的方法，它适用于各种纺织纤维，包括染色纤维或混纺成分的纤维、纱线与织物。此外，溶解法还广泛用于分析混纺产品中的纤维含量。

对单一成分的纤维，鉴别时可将少量待鉴别的纤维放入试管中，注入某种溶剂，用玻璃棒搅动，观察纤维在溶剂中的溶解情况，如溶解、微溶解、部分溶解和不溶解等几种情况。若为混合成分的纤维或纤维量极少，则可在显微镜载台物上放上具有凹面的载玻片，然后在凹面处放入试样，滴上溶剂，盖上玻璃片，直接在显微镜中观察，并根据不同的情况判别纤维类别。有的溶剂需要加热，此时要控制一定的温度。

由于溶剂的浓度和加热温度不同，对纤维的溶解性能也表现不一，因此在用溶解法鉴别纤维时，应严格控制溶剂的浓度和温度，同时也需要注意纤维在溶剂中的溶解情况，如溶解、微溶解、部分溶解和不溶解等几种。

五、纺织纤维的鉴别（实验课）

（一）感官法鉴别纺织纤维

1．实验目的

（1）熟悉和掌握用感官法鉴别纤维形态特征和基本性能。

（2）体会利用人的感觉器官鉴别纺织纤维的方法和特点。

2．实验原理

人的感觉器官很多，在使用感官鉴别纤维时经常使用的是眼、手、耳和鼻。各种纺织纤维都具有一定的外观形态，如光泽、长短、粗细、曲直、软硬、弹性、强度等特征。利用人的感觉器官来鉴别纺织纤维的方法既直接又简单，无需使用任何仪器和化学药品，是物理鉴别方法中经常使用的一种方法。采用感官法鉴别纤维时的依据包括各种纺织纤维的外观形态。

3．实验材料及仪器

（1）材料：各种天然纤维及化学纤维各 1 小片织物或散纤维。

（2）仪器及用具：感觉器官。

4．实验步骤

（1）试样的准备

使用感官法鉴别纺织纤维时，需要准备一定数量的试样。对散纤维而言，试样数量应多一些，以提高鉴别的准确度；鉴别纱线或织物中的纤维类别时，应分别抽出经纱和纬纱各若干根，然后将纱线在捻度仪上进行解捻，使纱线中的纤维呈平行无捻状态，以便于感官鉴别。

确定纤维所属的大类是天然纤维还是化学纤维；对化学纤维而言，是再生纤维还是合成纤维。在确定纤维所属大类后，再来确定具体品种。一般而言，天然纤维是在自然界生长过程中形成的，其形态与性能往往受气温、日照等环境影响较大；化学纤维是在工厂里采用化学和机械的方法制造出来的，不受气候和环境的影响，外观形态特征比较相似。

（2）目测

这是鉴别纺织纤维的第一步。运用眼睛的视觉效应，观看织物或散纤维的形态特征，如织物的光泽、纤维的长短、粗细、有无卷曲等。

（3）手感

手感是利用皮肤的感触来鉴别纤维的方法之一，人的手部皮肤布满了大量的神经末梢，要比其他部位的敏感性强，因此，手感是运用手的触觉效应来感觉织物或散纤维的软硬、弹性、光滑或粗糙、细致、洁净、冷和暖等。用手还可以感知纤维及纱线的强度和伸缩长度。

（4）耳听

耳听是运用耳朵的听觉效应，根据纤维、纱线或织物产生的某种声响来鉴别纤维的方法。各类纤维的纺织在撕裂时会发出不同的声响，如蚕丝和丝绸具有丝鸣声等。

（5）鼻闻

鼻子也常用来鉴别某些纤维或织物，如腈纶虽常被人称作“合成羊毛”，但腈纶和羊毛（或其他特种动物毛绒）及其织物在气味上有一定的差别，鼻嗅不失为利用嗅觉效应来鉴别某些纤维的一种方法。

（二）燃烧法鉴别纺织纤维

1．实验目的

（1）掌握不同纤维燃烧的特征。

（2）了解燃烧法鉴别纤维的优点。

2．实验原理

各种纤维的化学组成不同，其燃烧特征也不同。通过观察纤维接近火焰、在火焰中和离开火焰后的燃烧特征、散发的气味及燃烧后的残留物，来区分纤维的种类。燃烧法最适合鉴别不同类别的纤维，但难以鉴别相同类别的不同品种。

3．材料

需要样品材料：棉、毛、麻、粘胶纤维、锦纶、腈纶、涤纶、维纶、氨纶、丙纶织物或纤维。

4．鉴别器具

主要有酒精灯、镊子、放大镜、剪刀、打火机等。

酒精灯中的酒精要求纯度高，点燃后火焰本身不能有特殊的气味，否则会掩盖试样燃烧时散发出的气味，容易造成判断上的错误。

镊子和酒精灯应清洁无污染，否则会带入试样，影响到试样的正常燃烧而使燃烧现象失真，同样会造成判断上的错误。

5．试样步骤

（1）试样的准备

将纤维取出后，制成小纤维束，如是纱线需先解捻，使之成为平行的纤维束；若是织物，则应从织物中抽取数根经纱和纬纱分别解捻成纤维束；如果发现试样存在不匀性，则应按每个不同的部位取样，做成均匀的试样，以提高鉴别的准确性。

（2）取一小束待鉴别的纤维，用镊子夹住，缓慢地靠近火焰，仔细观察接近火焰、在火焰中、离开火焰时的现象。

① 将 10mg 纤维用手捻成细束，如是纯纺纱线或织物，也可取一小段纱线或是一小块织物，用镊子夹住试样，徐徐靠近燃烧器（酒精灯），自下观察试样对热的反应情况，看有无发生收缩及熔融现象。

② 再将纤维束移入火焰中，观察纤维在火焰中的燃烧情况，然后将试样离开火焰，注意观察燃烧情况，观其是继续燃烧还是阴燃或是自熄，同时用鼻子闻试样燃烧刚熄灭的气味。

③ 待试样熄灭冷却后，观察残留物灰分的状态，用右手拇指与食指搓捻一下残留物灰烬，以确定残留物是否为硬块，能否捏成松软粉末，并察看一下灰烬的颜色。

④ 将试样在燃烧过程中发生的详细情况记录下来。

6．结果分析

将实验结果与表 11-4 对照，根据每种纤维燃烧的特征，说明纤维的类型。

（三）显微镜观察法鉴别纤维

1．实验目的

通过实验，了解各种纺织纤维的特点，掌握利用显微镜鉴别纤维的方法，同时了解普通生物显微镜的构造及使用方法。

2．实验用具、仪器

显微镜、酒精灯、镊子、卷尺、打火机等。

3．纤维材料

纯棉咔叽、纯毛花呢、桑蚕丝、粘胶纤维、涤纶咔叽、腈纶咔叽、锦纶咔叽等。

4．实验内容与结果

利用显微镜配合切片器方法，观察纤维的纵向外观和横截面形态来鉴别纤维，并与表 11-5 进行对照，进而确定所测纤维的种类。

第四节　服装商品知识

一、纺织品和服装使用说明概述

国家标准 GB5296.4-1998 规定了以下服装商品概念。

1．纺织品

纺织品是指经过纺织、印染或复制等加工，可供直接使用或需进一步加工的纺织工业产品的总称，如纱、线、绳、织物、毛巾、被单、毯、袜子和台布等。

2．服装

服装是指穿于人体，起保护和装饰作用的制品。

3．使用说明

使用说明是指向使用者传达如何正确、安全使用产品的信息工具，通常以书、标签和标识等形式表达。

4．耐久件标签

耐久性标签是指一直附着在产品身上，并能承受该产品使用说明中规定的使用过程，保持字迹清楚易读的标签。

二、纺织品和服装使用说明的内容

国家标准 GB5296.4-l998 对纺织品和服装使用说明的内容规定为：制造者的名称和地址、产品名称、产品号型和规格、采用原料的成分和含量、洗涤方法、使用和贮藏条件的注意事项、产品使用期限、产品执行的标准编号、产品质量等级及产品质量检验合格证。下面就几项重要内容进行介绍。

（一）制造者的名称、地址和产品名称

标准规定制造者的名称和地址应标明纺织品和服装制造者经依法登记注册的名称和地址。进口纺织品和服装应用中文标明该产品的原产地（国家或地区）以及代理商或者进口商或者销售商在中国依法登记注册的名称和地址。

产品名称应当标明产品的真实属性，国家标准、行业标准对产品名称有规定的，应采用国家标准、行业标准规定的名称；国家标准、行业标准对产品名称没有规定的，应当使用不会引起消费者误解和混淆的常用名称或者俗名等。

（二）服装号型

标准规定纺织品的号型或规格的标注应符合有关国家标准、行业标准的规定。服装产品应按 GB/T1335 的要求标注。

1．服装号型的概念

（1）号。号指人体的身高，以厘米为单位表示，是设计和选购服装长度的依据。

（2）型。型指人体的上体胸围或下体腰围，以厘米为单位表示，是设计和选购服装肥瘦的依据。

（3）体型。体型以人体的上体胸围与下体腰围的差数为依据来划分。体型分为四类，分类代号分别为 Y、A、B、C。体型分类代号及代表的意义如表 11-6 所示。

表 11-6 体型分类代号

体型	胸围一腰围	
	男子	女子
Y	17～22cm	19～24cm
A	12～16cm	14～18cm
B	7～11cm	9～13cm
C	2～6cm	4～8cm

2．服装号型系列与标志

（1）号型系列。服装的号型系列以各体中间体为中心，向两边依次递增或递减组成。我国标准规定身高以 5 厘米分档组成号系列；胸围以 4 厘米、3 厘米分档组成型系列；腰围可以 4 厘米、3 厘米或 2 厘米分档。上装以身高和胸围构成“号”和“型”，所以上装组成有 5.4 系列和 5.3 系列。下装是以身高和腰围构成“号”和“型”，所以下装组成有 5.4 系列、5.3 系列和 5.2 系列。

（2）服装号型标志。服装上、下分别标明号型。号型表示方法是号与型之间用斜线分开，后接体型分类代号。例如，上装 160/84A，其中，160 代表号，84 代表型，A 代表体型类别；下装 160/68A，其中，160 代表号，68 代表型，A 代表体型类别。

（3）针织服装的规格。针织服装除有男、女、儿童之分外，还有内衣、外衣之分。针织外衣规格一般参照服装号型规定。针织内衣、羊毛衫、运动衫一般以胸围、臀围作为规格依据。我国采用公制规格以圆筒形计算，每档相差 5cm。例如，50cm、55cm、60cm 的为儿童规格，65cm、70cm、75cm 的为少年规格，80cm 以上的为成人规格。

（三）采用原料的成分和含量

标准要求应表明产品采用原料的成分名称及其含量。纺织纤维含量的标注应符合FZ/I01053 的规定，皮革服装应标明皮革的种类名称。种类名称应符合产品的真实属性，有标准规定的应符合有关国家、行业或企业标准。

（1）由一种类型纤维加工制成的纺织品和服装应符合相应产品标准（国家标准、行业标准）的规定。例如“100％棉”或“纯棉”，如例 1 所示。

例 1：

100%棉　　或　　纯棉

（2）由两种及两种以上的纤维加工制成的纺织品和服装，一般情况下，可按照含量比例递减的顺序、列出每种纤维的通用名称，并在每种纤维名称前，列出该种纤维占产品总体含量的百分比。如例 2、例 3 所示。

例 2：

80%涤纶
20%粘纤

例 3：

55%棉
35%涤纶
10%粘纤

（3）如果有一种或一种以上纤维的含量不足 5％，则按下列方法之一标明其纤维含量：列出该纤维的名称和含量；集中标明为“其他纤维”字样和这些纤维含量的总量；若这些纤维的总量不超过 5％，则可不提及，如例 4、例 5 所示。

例 4：

50%棉
48%涤纶
2%氨纶

例 5：

90%羊毛
10%其他纤维

（4）由底组织和绒毛组成的纺织品和服装，应标明产品所有纤维含量的百分率，或分别标明绒毛和基布的纤维含量，如例 6 所示。

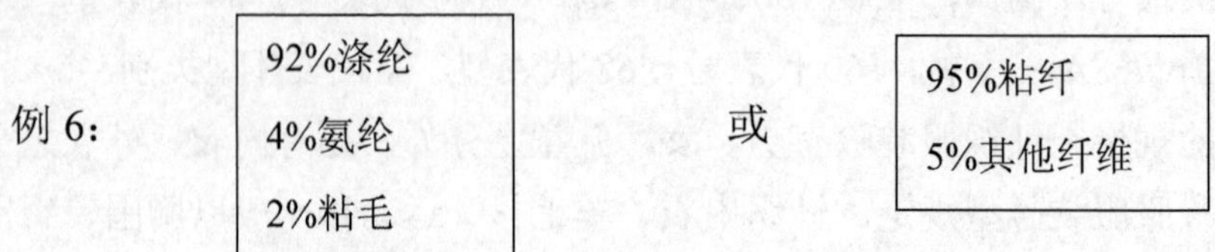

（5）有衬里的纺织品和含有衬里的服装产品应标明衬里的纤维含量，如例 7、例 8、例 9 所示。

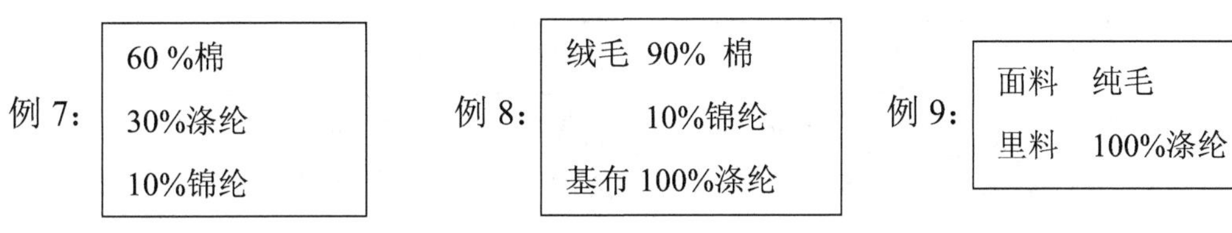

例 7：

60 %棉
30%涤纶
10%锦纶

例 8：

绒毛 90% 棉
10%锦纶
基布 100%涤纶

例 9：

面料　纯毛
里料　100%涤纶

（6）含有填充物的产品应标明填充物的种类和含量；羽绒填充物应标明含绒量和充绒量，分别如例 10、例 11 所示。

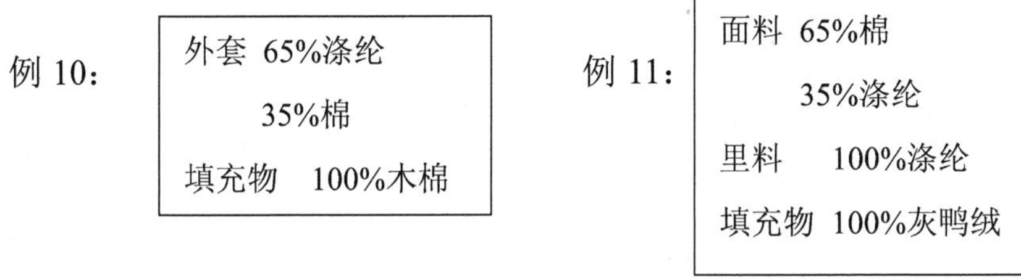

例 10：

外套 65%涤纶
35%棉
填充物　100%木棉

例 11：

面料 65%棉
35%涤纶
里料　100%涤纶
填充物 100%灰鸭绒

出两种或两种以上不同质地的原料构成的纺织品和服装，应分别标明每部分面料的纤维名称及含量，如例 12 所示。

例 12：

身　100%丙纶
袖　100%腈纶

（四）纺织品和服装使用说明图形符号

1．使用说明的图形符号（按 GB 8685 标注）

在用 GB 8685 规定图形符号时，可同时加注与图形符号相对应的简单说明性文字，当图形符号满足不了需要时，可用简练文字予以说明，但不得与图形符号含义的注解并列。纺织品和服装使用说明图形符号以及含义如表 11-7 所示。

表 11-7　纺织品和服装使用说明的部分图形符号

名称	图形符号与说明			
水洗	不可水洗	可水洗	95 最高水温：95℃（常规）	95 最高水温：95℃（小心）
氯漂	不可氯漂	可以氯漂		

（续表）

名称	图形符号与说明				
熨烫	不可熨烫	可以熨烫	蒸汽熨烫	熨斗底板最高温度：150℃	垫布熨烫
干洗	不可干洗	可以干洗			
水洗后干燥	悬挂晒干	滴干	平摊干燥	阴干	不可拧干

表中的图形符号可根据不同对象选择使用。当基本图形满足不了要求时，可以用简练的文字辅助说明。服装的使用说明标准还对使用说明的表达方式、在商品上的附着位置、尺寸大小等方面做了明确规定。

2．使用说明的内容

服装使用说明的主要内容包括：商标和制造单位；服装号型规格；采用原料成分，必要时还应标明特殊辅料的成分；产品的特殊使用性能，如阻燃性、防蛀、防火、防缩等；洗涤条件，包括说明能否水洗、水洗的方法及水温；洗涤剂的选择及脱水的方法；是否干洗和干洗剂的选择；熨烫方法和温度；穿用或使用时的注意事项；储藏条件、方法等。

（五）纺织品和服装使用说明的形式与安放位置

1．使用说明的形式

使用说明要根据产品的特点采用以下形式：直接印刷或制造在产品身上；缝合、粘贴或悬挂在产品身上；直接印刷或粘贴在产品包装上；附在产品提供的资料中。

产品的号型或规格、采用原料的成分和含量、洗涤方法等内容应使用耐久性标签。其中采用原料的成分和含量、洗涤方法易组合标注在一张标签上。如某产品有使用上的限制，如布匹、绒线及缝纫线和袜子等，则可不使用耐久性标签。

若产品被袋装、陈列或卷折，消费者不易发现产品本身上使用说明标注的信息，则还应附加其他形式的使用说明标注该信息。当几种形式的使用说明同时出现时，应保证其内容的一致性。

2．使用说明的安放位置

纺织品和服装的使用说明应附在产品上或包装上的明显部位或相关部位，使用说明应以单件产品或销售单元为单位。耐久性标签应永久性地附在产品本身上且位置要适宜。

（1）服装产品的标签位置。服装产品的号型标识或规格等标签一般可缝于后衣领居中。其中大衣、西装等的也可缝于门襟里袋的上沿或下沿；裤子、裙子的可缝于腰部里子的下沿。

衣衫类产品的原料成分和含量、洗涤方法等标签一般可缝于左摆中下部；裙、裤类产品的可缝于腰部里子的下沿或左边裙缝、裤缝的上部。

（2）其他产品的标签位置。围巾、披肩类产品的标签可缝于边角处；领带的标签可缝于背面宽头接缝或窄头接缝处；家用纺织品（桌布、床单和毯子等）的标签可缝于边角处；布匹的使用说明可以标签或吊牌的形式附着在织物卷包末端或印刷/织在布匹上；绒线和缝纫线的使用说明可标注在吊牌上或线卷、线球、线束的箍带上；袜子的相关说明可标注在封口签上；特殊工艺产品的标签可根据需要设置。

（六）基本要求

纺织品和服装使用说明的内容应清晰、简要、醒目。图形、符号应直观、规范，文字、图形、符号的颜色与背景或底色应为对比色。

使用说明所用文字应为国家规定的规范文字，可同时使用相应的汉语拼音、外文或少数民族文字，但汉语拼音和外文的字体不应大于相应的汉字。

使用说明应由适当材料和方式制作，在产品使用寿命期内保持清晰易读。缝制在产品上的标签，所用材料应具有与基础物接近的缩水性。

（七）其他要求

对易因使用不当造成本身损坏的产品，应标明使用注意事项；有贮藏要求的产品也应简要标明贮藏方法。

需限期使用的产品，应按年、月、日顺序标明生产日期和有效使用期。

应标明产品执行的国家标准、行业标准或企业标准的编号；产品标准中明确规定质量（品质）登记的产品，应按有关产品标准的规定标明产品质量等级；国内生产的合格产品，每单件产品（销售单元）应有产品出厂质量检验合格证明。

三、服装的分类及性能特点

（一）按服装的功能分类

1．礼服

礼服指各种正式礼仪活动所穿的服装。礼服按性别的不同而有所区别。

（1）男子礼服。按西方的习惯，男子礼服分为第一礼服、正式礼服、日常礼服三级。

在着装追求舒适型、个性化的今天，在国内社交场合中式开襟衫和中山装也是出现频率较高的礼服。

（2）女子礼服。女子礼服分晚礼服和晨礼服。

2．生活服装

生活服装分为家居服和外出服。

（1）家居服。家居服指在家庭环境中穿着的服装，包括家常服装、围裙衣、浴衣、睡衣、晨衣等。

（2）外出服。外出服指闲暇户外活动时穿着的各式服装。

3．工作服

工作服一般包括防护服、标志服和办公服三大类。

（1）防护服。防护服即为劳动保护服，是一类保证特殊环境下工作的从业人员操作方便和生命安全的服装，如钢铁工人的石棉服、宇航员的宇航服、潜水员的潜水衣等。

（2）标志服。标志服是有明显标志作用的服装，分职业服和团体服。职业服是指公务人员按有关惯例和国家制度规定穿着的一定形式的服装的总称，亦称制服，如军服、警服、海关服等。此类服装整体风格适合职业特点，并配以专用标志标明穿着者的职业权限和身份。

团体服是某些集团内部相对统一、具有鲜明特征的服装，广泛应用于商业、餐饮业、证券业等行业，以及学校、公司和其他集团。团体服要求的是整体美、秩序美，目的在于通过统一的着装树立团体形象，并唤起成员的责任感、自信心。

（3）办公服。办公服是一类没有统一固定款式的服装，泛指白领阶层上班时穿着的服装。这是一类集大众要求与个人爱好于一体的服装。

4．运动服

运动服包含职业运动装和休闲运动装。

（1）职业运动装。职业运动装指运动员和裁判员在训练和比赛时穿着的服装。其特点是简练、舒适、美观，既适合不同运动的特点，又能起到防护作用。

（2）休闲运动装。休闲运动装是指品种多样、大众化的运动服，休闲运动装笼统地适合于各种运动场合，而不再细分项目。

（二）按经营习惯分类

1．西装

西装亦称洋装，一般指男西式套装，是男子必备的国际性服装，有两件套（上下装）、三件套（上下装和背心）和单上衣（上下装异料或异色）等组合。西装选料要求织物平挺洁净、手感丰满、弹性好、尺寸稳定性佳。

2．中山装

中山装是我国有代表性的服装。这种服装实用性强，四季皆宜。衣料可选用各色咔叽、花呢、中长华达呢等。

3．旗袍

旗袍是我国富有民族特色的女装，既可作为礼服，又可作为日常便服。如果作为礼服穿着，旗袍的面料选用必须十分讲究，一般以丝绒和各类真丝为宜。

4．夹克

夹克是流行的中青年服装，既可做日常便服，也可做工作服。衣料宜选用府绸、细支纱卡、灯芯绒、中长花呢以及混纺织物、毛织物等。

5．大衣

大衣的种类很多，款式变化多样，有春秋大衣、冬大衣和风雪大衣等。大衣按长度的不同又分为长大衣、中长大衣、短大衣等。大衣选料一般要求厚实、柔软、挺括、保暖，以毛料较为合适。

6．羽绒服

羽绒服是一种新型防寒服装。鹅、鸭羽绒可提供较传统絮料更为良好的保暖性能，而且质轻，不易被水浸湿，不易黏结，便于清洗。羽绒服已逐渐取代了传统的棉衣，成为冬季御寒的主要服装。现在通过面料、絮料的改进，羽绒服又增加了许多以短纤维织物做面料、以锦纶和涤纶絮片为填充材料的新型羽绒服。这些新型羽绒服因已不含羽绒成分，所以可改称为防寒风衣。

7．风衣

风衣是流行的御风外衣，是带有装饰性的、可防风寒且美观实用的加大衣类服装。风衣衣料要求手感厚实柔软、有弹性，身骨紧密结实，保暖防风性能好，保形性好，抗折皱性好，具有挺括、新颖、美观等风格特点。

8．女士套装

套装是近年女性穿着最广泛的服装，包括西服套装、时装套装，款式大体，可归纳为上短下长（上衣短小、裙子长大）、上长下短（上衣肥大宽松、裙子狭短）和上下适中三种类型。女士套装的可选面料范围十分广泛。

9．裙子

裙子四季均可穿着，面料选用也很广泛。夏季裙料要求舒适飘逸，冬季裙料则对保暖性的要求较高。

（三）按年龄及性别分类

1．成人服装

成人服装有男装、女装和中老年服装之分。

2．儿童服装

儿童服装分婴儿服、幼童服、中童服、大童服等。

3．青年服装

青年服装是适合特殊年龄群消费者穿着的服装。不把它归为成年组是因为青年人是追求个性、独树一帜的特殊群体。

第五节　服装商品质量检验

从广义上来说，服装的质量包括了服装的产品质量、服装产品赖以形成的工作质量以及服务质量。从影响服装产品的基本因素来看，有人（生产全过程的参与者）、设备、材料、方法、检验与环境六个方面。因此，服装的质量评价是个很宽泛的概念。在这里，我们具体讨论服装商品质量评价的方法与检验两个方面。这里所说的方法，主要以介绍质量标准为主。

一、服装的各项质量标准

（一）服装号型标准

号型标准是为适应服装工业化生产的要求和消费者需要而制定的服装尺寸统一标准。我国现通用的服装号型系列，依据的是 1992 年 4 月 1 日实施的 GB1335-91《服装号型系列标难》（以下简称《标准》）。《标准》是在对全国各类消费者体形进行大量抽样调查基础上，将我国消费者的体形规律进行科学分析而制定的。标准内容主要有服装号型定义、号型标志、号型系列和号型应用。号型标准分男子、女子、儿童三部分。

（二）服装的技术标准

对服装产品的质量要求除了色彩流行、款式新颖、符合时尚外，还要求其具有适宜性、可靠性、经济性、安全性。不同品种、不同材料、不同档次的成衣制定的质量要求和指标就是成衣的技术标准或质量标准。服装的技术标准既是生产者与销售商订货、交货的依据，又是服装厂生产、检验该产品的依据。服装技术标准包括以下六个方面的内容。

1．号型规格系列

服装号型规格系列必须按照《标准》规定设计号型，主要部位规格不能超过标准中允许的公差范围。

2．辅料规定

服装辅料使用衬布要与面料的性能相适宜，有收缩性的衬布必须预先进行缩水处理。缝线要与面料的颜色、缩水率等相适应。纽扣的色泽质地要与面料相称。

3．技术要求

服装技术要求是标准的重点。一般也包括六个方面：对条、对格；倒顺毛使用的规定；表面拼接范围；色差情况；外观疵点情况；缝制规定、整烫外观。这些要求是服装质量评价中最重要的因素。

4．等级划分

服装等级划分是衡量产品质量优劣的一把尺子。成品等级以件为单位，分为合格品、不合格品。合格品必须要符合所有技术要求指标。

5．检验规定

服装检验包括检验工具、规格测定、缝制测定、外观测定、等级标志、抽验规定六个方面的内容，是检验时的具体步骤和检验方法。

6．包装标志

服装包装成品必须有号型标志；必须有商标、产地等标志；包装要整齐、牢固，数量准确，注明各项内容；外包装符合合同规定。未列入标准的可另行规定。

（三）服装的质量标志

服装的质量标志包含服装商标、使用说明标志、质量认证标志、吊牌等。

1．商标

商标是标明商品"身份"的法定标志，无论国内还是国际，无商标的服装商品一律不准上市。商标可表示商品出处，向消费者传递有关服装商品质量保证方面的信息，既可保护企业信誉，又能维护消费者利益。如今服装商品极其繁多，同用途、近外观的服装越来越多，给消费者选购带来一定的困难，这就需要人们用信得过的商标作为选样依据。

2．使用说明标志

使用说明标志，即在成品服装或服装包装上以不同方式标注的使用说明及图形符号。使用说明标志是商品质量标志的重要组成部分。标志的制定是针对具有一般常识但缺乏专业知识的消费者的，同时也考虑到社会服务部门，如洗染店等。作为质量标志，使用说明标志必须与产品质量实际相符。使用说明标志在欧、美、日等国也属法定标志，没有使用说明标志的服装不准上市。

3．质量认证标志

质量认证不是所有服装生产厂家都必须履行或都有能力通过的，因此质量认证标志属推荐性质量标志，非强制使用。纯羊毛标志即属认证标志，通过认证的毛纺织品及服装可以使用此标志。这是由国际羊毛局为保持天然优质羊毛纤维身价于 1964 年推出的标志，纯羊毛标志由三个绒线团构成，如图 11-2 所示。

图 11-2　纯羊毛标志

4．吊牌

吊牌是对商品进一步说明的标志，如商标和使用说明标志难以表达的产品特性说明、合格水平、规格、使用方法、条码等。吊牌可以帮助消费者获得更多的有关商品质量特性的信息。吊牌的使用，也是一种促销手段。

二、服装质量检验

这里所说的服装质量检验，是指产品进入市场销售之前，生产企业或订货方根据质量标准或订货合同对服装的质量评价。这样的工作需严格按照服装技术标准在特定的环境条件与设备上，按规定的方法与程序完成，从抽样开始直至评出质量等级。服装质量检验的基本程序及核心内容分述如下。

（一）检验顺序

在很短时间内，要对服装的质量做出准确评价，就必须遵循科学合理的检验顺序：先上后下，先左后右（或先右后左），从前到后，从面到里。基本操作要求是不漏检，动作不重复、多余，达到既好又快的工作效果。

（二）检验项目

主要有规格检验、疵点检验、色差检验、缝制质量检验和外观质量检验。

1．规格检验

规格检验是用卷尺测量成衣各部位的尺寸，对照质量标准来判定是否符合要求。通常测量的方法和部位有：领大，领子摊平横量，立领量上口，其他领量下口；衣长，由前身左侧肩缝最高点垂直量至底边；胸围，扣好纽扣或拉好拉链，将衣服前后身摊平，沿袖窿底缝横量；袖长，从袖最高点量至袖口边中间；总肩宽，由肩袖缝交叉处横量；裤（裙）长，从腰上门测侧缝，摊平垂直量到脚口或下摆边；腰围，扣上裤扣，以门襟为中心握持两侧，用软尺测量裤腰的中线尺寸；臀围，从侧缝裳下门处前后身分别横量。

2．疵点检验

服装成品的疵点可以分为三大类：原料疵点、尺寸偏差及其他。疵点按其对服装质量的影响大小可再分为三大类，即次要疵点、主要疵点和重要疵点。次要疵点可被接受，它们对服装的可用性及销售价格等的影响不大。主要疵点的存在会影响服装的可用性及售价，存在主要疵点的服装必须进行修补或当做次品出售。重要疵点的修补非常困难，甚至不能修补，只能当做次品处置。

3．色差检验

色差规定是对原料的要求，即对衣服面料的要求。根据有关国家标准对色差的规定，服装的上衣领、袋面料、裤侧缝是主要部位，色差高于四级，其他表面部位四级。服装产品的色差检验，其方法是借用“染色牢度褪色样卡”。该样卡是原纺织工业部制定的国家标准之一。样卡用五对灰色标样组成，分为五个等级。五级代表褪色牢度最好，色差等于零，从四级到一级代表褪色相对递增的程度，其中，一级表示最严重。

4．缝制质量检验

服装缝制在针距密度中规定明线（包括不见明线的暗线）的针距为每 3 厘米 14～18 针。由于服装面料的品种很多，为保证产品的外观和牢固，不同的面料应选用不同的针距。例如，硬质面料的针距一般可以稀一点，质地松软的面料一般针距可以密一点。线路顺直是指各缝制部位的线路不准随便弯曲，要符合服装造型的需要；线路要整齐，不重叠，无跳针、抛线，针迹清晰好看，缝制的起止回针要牢固，搭头线的长度要适宜，无漏针、脱线现象，缝线松紧要与面料厚薄、质地相适应。缝制质量中的对称部位要求基本一致。对成衣缝制质量的检查除看针迹外，还应看拼接和夹里。拼接主要看裤腰、下裆拼角处拼接是否合理，再看内部如挂面、领里等拼接是否符合要求。对有夹里的衣服应检查夹里的长短和肥瘦，以及里、面是否平伏。

5．外观质量检验

这一检验项目主要从整体上对服装的造型要求做出评判。对服装外观进行质量检验与判断时主要看产品是否整洁、平伏，折叠是否端正，左右是否对称，各部位熨烫是否平整，要保证产品无漏烫、无死褶、无线头、无纱毛，各部位都要符合标准要求。线与面料应相适应，在色泽、质地、牢度、缩水率等方面，两者都应大致相同，以能保证服装的内在质量与外观质量为准。纽扣的色泽也应与面料色泽相称。

由于服装种类广泛，进行不同类型的服装外观质量鉴别评价时，应按各自具体要求进行。

【本章小结】

本章介绍了纺织品质量的形成因素以及纺织纤维和服装相关知识，重点介绍了纺织纤维的种类及各自的特性、纺织纤维的鉴别方法，服装质量检验及服装的选购，简要介绍了纺织品形成的因素。

【复习思考题】

1. 纺织品质量的基本要求有哪些？
2. 天然纺织纤维主要包括哪些类别？各自的主要特点是什么？
3. 化学纺织纤维主要包括哪些类别？各自的主要特点是什么？
4. 纺织纤维有哪些常用的鉴别方法，各自应如何鉴别？
5. 如何对服装进行分类？

6. 根据所学内容测定自己的体型。

【案例】

产品质量监督抽查制度是质检部门的一项重要职能。我国质检总局每年都会对上万家企业生产的产品开展产品质量监督抽查，主动发现并依法查处质量违法问题，努力提升产品质量水平。

20××年一季度，国家质检总局对休闲服装进行了国家监督抽查，共抽查了 12 个省市 300 家企业生产的 300 种产品。抽查显示，有 266 种产品符合标准规定，有 34 种产品不符合标准规定，不合格项目涉及纤维成分含量不符、色牢度不达标等。其中，有 2 种产品被检出禁用偶氮染料，1 种产品甲醛含量超标。对不合格企业和产品，国家质检总局已责成企业所在地质量技术监督部门依法进行处理。国家监督抽查的具体信息，同时发布在国家质检总局网站，供消费者查询。

此外，质检总局从 2011 年 1 月 1 日起，将部分进口服装纳入强制监管范畴。全国出入境检验检疫部门对查出的不合格服装产品均按规定采取了退运、销毁等措施。

案例讨论题

1. 纺织品服装加工中有哪些常用的纺织纤维的种类？
2. 如何感官鉴别纺织纤维的种类？

【实践技能训练】

服装市场调查

一、服装市场调查的目的

根据本章掌握的服装商品知识，调查目前服装市场消费者选购服装时的影响因素，培养自己的实际动手能力和调研分析能力。

二、基本要求

利用课余时间进行调查，搜集相关资料。

三、调查问卷内容

服装市场调查问卷

根据以下内容选择答案，在所选内容右侧括号打“✓”(根据问卷内容可多选)。

1. 您的性别：A. 男（ ） B. 女（ ）

2. 您的年龄：A. 18～21 岁（ ） B. 21～24 岁（ ） C. 24～27 岁（ ） D. 27～30 岁（ ）

3. 您比较偏好的品牌服饰类型：A. 运动服饰（　）　B. 休闲服饰（　）　C. 职业服装（　）　D. 牛仔服饰（　）　E. 其他服饰（　）

4. 您比较偏好款式的影响因素：A. 个人喜好（　）　B. 彰显个性（　）　C. 追逐潮流（　）　D. 朋友建议（　）

5. 您穿着服装偏爱色系：A. 红（　）　B. 黄（　）　C. 蓝（　）　D. 绿（　）　E. 灰（　）　F. 白（　）　G. 黑（　）　H. 其他（　）

6. 您选服装偏爱的面料：A. 纯毛（　）　B. 纯棉（　）　C. 纯麻（　）　D. 纯化纤（　）　E. 混纺（　）

7. 您平时买服装商店的类型：A. 专卖店（　）　B. 高档商店（　）　C. 中档商店（　）　D. 个体摊位（　）　E. 其他（　）

8. 您最感兴趣的促销方式：A. 打折优惠（　）　B. 购物返券（　）　C. 幸运抽奖或有奖销售（　）　D. 会员活动（　）　E. 赠送礼品或相关产品（　）　F. 购物积分（　）　G. 购满某一定额赠优惠卡（　）　H. 其他（　）

9. 您平时了解有关服装信息的渠道：A. 电视（　）　B. 杂志（　）　C. 广播（　）　D. 网络（　）　E. 报纸（　）　F. 其他（　）

10. 您在购买服装时主要考虑的因素：A. 款式美观（　）　B. 价格合理（　）　C. 质量好（　）　D. 服装品牌（　）

11. 您购买衣服的原因：A. 适应季节变化（　）　B. 原有的衣服出现问题（　）　C. 追赶潮流（　）　D. 社交需要（　）　E. 随心情变化而改变形象（　）　F. 受营业员劝说（　）　G. 广告影响（　）　H. 正在减价（　）

12. 服装店最吸引您的是：A. 服装店的整体色彩（　）　B. 店内的促销广告（　）　C. 店内模特的吸引力（　）　D. 服装店内的背景音乐（　）　E. 导购员的促销（　）　F. 服装店内的商品（　）

四、对搜集的资料进行分析，完成调研报告。

第十二章　日用工业品商品与质量检验

■知识目标

1. 熟悉塑料、玻璃、日用化学品的主要分类和组成。
2. 了解塑料、玻璃、日用化学品的种类及主要品种特点。

■技术目标

1. 熟悉日用工业品各类商品的感官质量基本要求。
2. 了解玻璃的性能、洗涤剂表面活性剂的作用、化妆品的乳化性质。

■能力目标

1. 能用较熟练的语言介绍各类日用品的分类及各类日用品的特点。
2. 学会用感官检验法对塑料、化妆品商品进行初步质量审评。

日用工业品是指满足人们日常使用的工业产品，俗称日用百货。日用工业品是人们日常生活中不可缺少的一大类商品，其种类繁多，主要包括塑料制品、玻璃制品、陶瓷制品、铝制品、洗涤制品、化妆品、箱包及玩具等种类。由于日用工业品不同种类的组成、结构、性质等不同，其质量要求、经营特点、保管条件及使用要求等方面也有很大不同。本章主要介绍几种超市常见的日用百货商品。

第一节　塑料制品与质量检验

一、塑料的组成与分类

（一）塑料的组成

塑料是一种以高分子的合成树脂为主要成分，在一定的温度和压力下塑制成型，当外力解除后，能在常温下保持形状不变的材料。塑料一般有如下几种组成成分。

1. 合成树脂

合成树脂是塑料的主要成分。塑料中合成树脂的含量一般占总量的40%～100%。合成树脂是以煤、石油、天然气以及一些农产品为主要原料，由具有一定条件的低分子化合物，通过化学或物理方法加工而成的高分子材料。合成树脂中的高分子在一定的温度下具有较好的黏结力，能把塑料所有的组成成分黏结在一起，是塑料的黏结剂，也是决定塑料工艺性质和性能特点的内在因素。

2．塑料助剂

在塑料中加入一些塑料助剂的目的主要是为了改善加工性能、提高使用性能和降低成本等。常见的塑料助剂有如下几种。

（1）增塑剂。又称塑化剂、可塑剂，是一种增加高分子材料的柔软性或使材料液化的添加剂，能增加塑料的柔软性、可塑性、韧性，降低塑料的流动温度，从而提高其稳定性。增塑剂是迄今为止产耗量最大的塑料助剂，主要用于 PVC 软制品及混凝土、水泥与石膏等建筑工业材料。塑化剂种类多达百余种，同一种塑化剂使用在不同的对象上效果往往并不相同。目前使用最普遍的增塑剂是邻苯二甲酸酯类的化合物。

（2）热稳定剂。热稳定剂是塑料加工助剂中的重要类别之一，主要用于 PVC（聚氯乙烯）树脂加工中，与 PVC 树脂、PVC 中软硬制品的比例有密切关系。由于 PVC 能和许多其他材料如增塑剂、填料及其他聚合物相容，因而被认为是最通用的聚合物之一。由于 PVC 热稳定性差，因而需要添加热稳定剂以改变聚氯乙烯的物理外观和工作特性，有效地阻止、减少甚至基本停止原材料的降解。

（3）抗氧剂。抗氧剂是抑制聚合物树脂热氧化降解的助剂，是塑料稳定化助剂中最主要的类型，几乎所有的聚合物树脂都涉及到抗氧剂的应用。抗氧剂以捕获聚合物过氧自由基为主要功能，涉及芳胺类化合物和受阻酚类化合物两大系列产品，主要包括芳基苯并呋喃酮类化合物、双酚单丙烯酸酯类化合物、受阻胺类化合物和羟胺类化合物等。应当指出，胺类抗氧剂具有着色污染性，多用于橡胶制品，而酚类抗氧剂及其与辅助抗氧剂、碳自由基捕获剂构成的复合抗氧体系则主要用于塑料及色彩鲜艳的橡胶制品。

（4）填充剂。填充剂是能提高塑料加工性能、改进物化性质、增加容积、降低成本的物质，可分为增量填充剂（或增量剂）和增强填充剂（或增强剂）两类。一般来说，塑料填充剂用作增量剂时较多。填充剂要求具有性能稳定，耐水、耐酸碱、耐氧化、耐候性强，质轻、价廉、可以大量填充等特点。填充剂分无机填充剂（如碳酸钙、陶土、滑石、硅藻土、二氧化硅、云母粉、石棉等）和有机填充剂（如热固性树脂中空球、木粉、粉末纤维素等）两种。

除此之外，塑料助剂还有润滑剂、阻燃剂、发泡剂、着色剂、交联剂等。不同的塑料助剂有着不同的作用，在此不一一赘述。

（二）塑料的分类

目前工业生产的塑料已有几百种，其中常用的也有 60 多种，塑料常见的分类方法如下。

1．按塑料受热后的性能表现划分

（1）热固性塑料

该类塑料在一定的温度下，经过一定时间的加热或加入固化剂后即固化成型。固化后的塑料质地坚硬，而且不溶于任何溶剂，也不能用加热的方法使其再次软化，加热温度过高就会分解。常见的热固性塑料有酚醛（电木）、脲醛（电玉）、密胺（三聚氰胺甲醛）等。

（2）热塑性塑料

该类塑料的特点是受热软化，冷却变硬，加工过程中一般只有物理变化而保持其化学本性。该类塑料的树脂多为加聚而成。常见的热塑性塑料有聚乙烯塑料、聚丙烯塑料、聚苯乙烯塑料、聚氯乙烯塑料、硝酸纤维塑料、聚酰胺塑料、聚碳酸酯塑料等，如我们常见的矿泉水瓶、塑料袋、乒乓球等。

2．按塑料的应用范围划分

（1）通用塑料

该类塑料主要是指产量大、用途广、价格低的一类塑料，它们占塑料总产量的 80%左右，主要品种有聚乙烯、聚氯乙烯、聚丙烯、聚苯乙烯、酚醛和密胺塑料等。

（2）工程塑料

一般是指能在工程技术中作为结构材料的塑料。该类塑料显著的特征是机械强度高，耐化学腐蚀和耐高温性能强，可替代金属或做其他特殊的用途。主要品种有聚酰胺、聚碳酸酯、聚甲醛、聚砜、ABS、聚苯醚、氟塑料等。

3．按可燃程度划分

（1）易燃性塑料

该类塑料遇明火后剧烈燃烧，不易熄灭，如硝酸纤维塑料等。这类塑料被列为危险品。

（2）可燃性塑料

此类塑料遇明火燃烧，无自熄性，且燃烧速度较快，如聚乙烯、聚丙烯等。

（3）难燃性塑料

这类塑料在较强的明火中可燃烧，离火后很快熄灭，如酚醛塑料、醋酸纤维塑料、聚氯乙烯塑料等。

二、塑料的主要品种及特点

（一）聚乙烯塑料（PE）

聚乙烯塑料具有质轻、无毒、无味、无臭、不易脆化、绝缘性好、化学稳定性强、有一定的透气性等特点。聚乙烯根据密度的不同可分为高密度聚乙烯、中密度聚乙烯和低密度聚乙烯三种。

1．低密度聚乙烯（LDPE）

低密度聚乙烯其外观呈乳白色半透明状，比重为 0.910 9，使用温度为 80℃～100℃，具有较好的柔软性、耐冲击性和伸长率，适合热塑性成型加工制造较柔软的塑料制品，主要用途是制作薄膜产品、注塑制品，如医疗器具、药品和食品的包装材料，以及吹塑制品，如奶瓶、杯子等。

2．高密度聚乙烯（HDPE）

高密度聚乙烯是一种结晶度高、非极性的热塑性树脂。原态 HDPE 的外表呈乳白色不透明状，比重为 0.9096，使用温度可达 100℃，质地刚硬，耐热性、耐寒性都较好，抗拉强度高，不吸湿并具有好的防水蒸汽性，适合制造较刚硬的塑料制品如管道、包装箱等。HDPE 具有很好的电性能，特别是绝缘介电强度高，很适用于制作电线电缆、中空容器、电绝缘制品等。

3．中密度聚乙烯（MDPE）

中密度聚乙烯性能介于低密度聚乙烯和高密度聚乙烯之间，可用挤出、注射、吹塑、滚塑、旋转、粉末成型等加工方法，生产工艺参数与 HDPE 和 LDPF 相似，常用于管材、薄膜、中空容器及水桶、面盆、热水瓶壳等的制造。

（二）聚氯乙烯塑料（PVC）

聚氯乙烯塑料色泽鲜艳、不易破裂、结构较紧密，比重高达 3 左右，耐腐蚀、耐老化、电绝缘性和气密性较好，机械强度高，硬度和刚性都比聚乙烯大，有较好的阻燃性。但聚氯乙烯耐热性差，遇冷易变硬发脆，使用温度最好在 40℃以下；另外，聚氯乙烯的耐光性也较差。聚氯乙烯塑料有硬质和软质两种。

1．硬质聚氯乙烯塑料

其质地坚硬、机械强度高、耐水性好，能制成各种颜色、透明、半透明及带有珠光的制品，适合制造皂盒、梳子、文具盒及各种农用桶、勺等。

2．软质聚氯乙烯塑料

其质地柔韧、有弹性、强度高、透光性及气密性好、不透水，是较好的农用薄膜。它适合制造雨衣、台布、窗帘、手提袋等，还适合制造发泡或不发泡的塑料鞋及人造革等制品。

此外，PVC 材料具有污染性。常规 PVC 材料的电线电缆是相当严重的污染源，在制造、使用及废弃处理时，会产生大量的二恶英、卤氢酸、铅等有害物质；PVC 材料燃烧时会产生很大的浓烟，并产生有害的 HCL 气体；而且大部分 PVC 材料中都含有 Pb（铅）、Cd（镉）等（用作电缆稳定剂的）多种有害重金属，会对人体健康造成一定的危害，焚烧或掩埋后会造成对土壤和水源的污染。

（三）聚丙烯塑料（PP）

聚丙烯塑料是目前塑料中最轻的一种，外观呈乳白色半透明状，比重为 0.9091，无毒，无味，有较好的强度、硬度、弹性，耐冲击，耐磨，耐腐蚀，耐热，且绝缘性和气密性好，有较好的耐弯曲性能。使用温度可达 100℃并能长期使用而不变形；但其耐老化和耐寒性较差，低温时变脆、不耐磨、易老化。聚丙烯塑料适合制造各种日用容器、家电外壳，尤其是各种绳索。由于常见的酸、碱有机溶剂对它几乎不起作用，所以其可用于制作食具。

（四）聚苯乙烯塑料（PS）

聚苯乙烯塑料是一种无色透明的热塑性塑料，具有高于 100℃的转化温度，因此经常被用来制作各种需要承受开水温度的一次性容器如一次性泡沫饭盒等。聚苯乙烯硬度高，质轻，表面光滑、富有光泽，耐水，无毒，无味，具有较好的化学稳定性和电绝缘性，透光率仅次于有机玻璃。

聚苯乙烯包括普通聚苯乙烯（PS）、发泡聚苯乙烯（EPS）、高抗冲聚苯乙烯（HIPS）及间规聚苯乙烯（SPS，一种工程塑料）。普通聚苯乙烯树脂为无毒、无臭、无色的透明颗粒，似玻璃状脆性材料，其制品具有极高的透明度，透光率可达 90%以上，电绝缘性能好，易着色，加工流动性好，刚性好及耐化学腐蚀性好等。普通聚苯乙烯的不足之处在于其性脆，冲击强度低，易出现应力开裂，适合制造各种纽扣、酒杯、玩具、梳子、牙刷柄、学生用尺、电器外壳等。

（五）有机玻璃（PMMA）

有机玻璃的化学名称叫聚甲基丙烯酸甲酯，是由甲基丙烯酸酯聚合成的高分子化合物，是一种性能良好而且较为贵重的热塑性塑料。其优点是质轻、强度好、脆性小、气候性好、透明度高（透光率可达 92%）、外观优越、表面光滑、色彩艳丽、比重小、强度较大、耐腐蚀、耐湿、耐晒、绝缘性能好、隔声性好；缺点是表面硬度低、耐磨耐热性差，使用温度超过 100℃时即发生软化变形。

有机玻璃除在商业上用于制造眼镜架、发夹、伞柄、纽扣、文具等外，在轻工、建筑、化工等方面及广告装潢、沙盘模型上应用也十分广泛。

（六）赛璐珞塑料（CN）

赛璐珞又称硝酸纤维素塑料，由胶棉（低氮含量的硝化纤维）和增塑剂（主要是樟脑）、润滑剂、染料等加工制成，是日用塑料中唯一不用合成树脂而用天然纤维为原料进行生产的塑料。其特点是质量轻，弹性特别好，是制造乒乓球最理想的原型。赛璐珞着色性好，透明度高，旧称“假象牙”，可以制成各色透明或半透明的、夹色及带珍珠花纹的成品，也可以染成各种颜色，制造儿童玩具、发夹、灯罩、眼镜架等。赛璐珞的化学稳定性较差，长期储存或常在日光下暴晒，容易使制品变色、老化；它有樟脑毒性，容易燃烧，当温度升高到 130℃时会冒烟，升高到 170℃左右时会全部分解，若积热不散还会引起自燃。因此，赛璐珞塑料属于易燃物，在使用及保管中要特别注意安全。

（七）酚醛塑料（AF）

酚醛塑料俗称电木，是苯酚和甲醛聚合而成的高分子材料。它具有轻质、防火、遇明火不燃烧、无烟、无毒、无滴落等特点，酚醛塑料使用温度范围广（−196℃～+200℃），低温环境下不收缩、不脆化，是暖通制冷工程理想的绝热材料，其泡沫素有“保温材料之王”的美称，是新一代保温、防火、隔音材料。目前，已广泛应用于建筑、国防、外贸、贮存、能源等领域。酚醛塑料表面硬度高，电绝缘性、耐腐蚀性好，不易老化，对各种溶剂和油类的作用有较强的抵抗力。但其色泽较暗、脆性大、吸水性大，受潮后易发生霉变或产生裂纹而破碎。由于原料中的酚和醛都有毒性，因此酚醛塑料不宜做盛放食品的容器和饮食用具，只适合制造纽扣、锅壶把手、电话机、台灯等。

（八）脲醛塑料（UF）

脲醛塑料俗称电玉，是由尿素与甲醛为原料，经缩聚反应得到脲醛树脂，再加填料、着色剂、润滑剂、增塑剂等加工成压塑粉（电玉粉），再经加热、模压而成。它表面硬度大，有一定的机械强度，不易变形，但脆性较大；无臭、无味，着色力强，色彩鲜艳，形似美玉；耐热性好，不易燃烧；耐酸、耐碱，耐水性较差，吸水性较大，电绝缘性良好。

脲醛塑料可制多种制品，如日用品、电器元件等，还可制成漂亮的包装盒、包装盘、瓶盖等。因其原料甲醛有一定的毒性，故不宜用于食品包装。在脲醛树脂中加入发泡剂，用机械方法使其发泡，可得脲醛泡沫塑料。脲醛泡沫塑料质轻、价廉、保温性好、耐腐蚀，是广为使用的缓冲包装材料。

（九）密胺塑料（MF）

密胺的学名叫三聚氰胺甲醛树脂，俗称密胺，被用作化工原料。密胺在常温下性质稳定，耐受温度为-30℃～120℃，有较好的强度、耐热性、耐水性、耐冲击性及良好的成型性。因此，密胺可用于制作飞机、船舶、汽车等交通工具的部件、开关等电器器件，也可作为装饰板、黏接剂等，用于纸、布的树脂加工，如用于地图的表面处理，可防水、防皱。

在品种繁多、琳琅满目的塑料制品中，密胺制品以其无毒、耐热、耐冲击、外观似瓷、容易去污、容易印刷等优点而独树一帜，用密胺制造的各种餐具、水果盆、咖啡杯等比玻璃或瓷器轻巧，不易打碎，因此特别受消费者欢迎。此外，由于密胺耐氧化、耐磨、难燃烧，符合牢固、美观、安全、轻巧的要求，也适合用来制作电器开关、电话机零件、装饰板等。

（十）聚碳酸酯塑料（PC）

聚碳酸酯是一种新型的热塑性塑料，透明度达 90%，被誉为透明金属。刚硬而有韧性，具有高抗冲击性，高度的尺寸稳定性和范围很宽的使用温度，良好的绝缘性及耐热性和无毒性，吸水率低，收缩率小，尺寸精度高，对光稳定，耐候性好，熔融黏度和注射温度较低，因而易于加工成型。

聚碳酸酯的三大应用领域是玻璃装配业、汽车工业和电子、电器工业，其次还应用于工业机械零件、光盘、包装、计算机等办公室设备、医疗及保健、薄膜、休闲和防护器材等领域。PC 可用来制作门窗玻璃，也可用来制作各种标牌、光盘、PC 瓶等。PC 瓶（容器）透明、重量轻、抗冲性好，耐一定的高温和腐蚀，可回收利用。PC 及 PC 合金可做计算机架、外壳及辅机、打印机零件等。改性 PC 可进行高能辐射杀菌、蒸煮和烘烤消毒，可用于制作采血标本器具、外科手术器械。

三、塑料制品的感官鉴别

塑料制品的种类繁多，其结构和性质较复杂。日用塑料制品的质量要求主要是指对制品的外观和物理机械性质方面提出的要求，此外，还要考虑其化学性能或卫生性能的要求。

（一）塑料制品的外观质量要求

由于塑料制品的品种和加工方法等不同，各种塑料制品产生的表面缺陷和外观疵点也不同。

1．表面结构

塑料制品在外形结构、表面缺陷等方面，一般要求制品外形不应有翘曲缺角，尺寸要符合一定的偏差规定。装配制品的部件尺寸要相互配合得当，中空制品要厚薄均匀。制品的色泽要求鲜明，不应有变色、色调不匀、平光、银纹等现象。

2．表面缺陷

塑料制品的表面缺陷和可能产生的外观疵点主要有裂印、水泡、杂质点、拉毛、起雾、肿胀、小孔、麻点等，具体可以参照各种塑料制品的产品标准的规定进行比对。

（二）塑料制品的内在质量要求

1．塑料制品的内在质量

塑料制品的内在质量主要指物理机械性能的要求，并由此来测定制品的适用性和耐用性。由于塑料制品的种类多、用途广，涉及日用塑料制品的性能指标主要有比重、拉伸强度、冲击强度、撕裂强度、硬度、耐热性、耐寒性、收缩性、透明性、透湿性、透气性、耐磨性及耐老化性等。对于某一具体塑料制品，应根据其类型和用途特点等来确定其内在质量要求。

2．塑料制品的卫生安全性要求

塑料制品的卫生安全性要求主要是对某些用途的塑料制品，如食品袋、玩具等的特定要求。这些塑料制品必须无毒、无味，各项助剂的质与量均应符合国家标准规定的指标，产品及其废弃物对人身健康、财产安全、环境保护等均应达到一定的标准。

（三）塑料制品的感官鉴别

常用的塑料制品鉴别方法主要有外观鉴别法、燃烧鉴别法等。

1．外观鉴别法

外观鉴别法主要是通过塑料的外观特征，如色泽、透明度、光滑度、手感、表面硬度及放入水中的现象等来判断和区分塑料的种类。

（1）聚乙烯。乳白色半透明，手摸时有石蜡滑腻感，质地柔软、能弯曲，放在水中能浮于水面，放入沸水中软化显著。

（2）聚丙烯。乳白色半透明，手摸时有润滑但无滑腻感，质地硬挺、有韧性，能浮于水面，沸水中软化不显著。

（3）聚氯乙烯。硬制品坚硬平滑，敲击时声音发闷，色泽较鲜艳；软制品较软、弹性好，薄膜透明度较高，放在水中下沉，遇冷变硬，有特殊气味。

（4）聚苯乙烯。表面较硬、有光泽，透明度较高，敲击时声音清脆如金属声，色彩鲜艳，折拗时容易碎裂。

（5）酚醛。表面较硬、质脆易碎，断面结构松散，均为黑色、棕色的不透明体，敲击时声音如敲木板声。

（6）脲醛。表面较硬、质脆易碎，断面结构较紧密，多为浅色半透明体。

（7）密胺塑料。表面坚韧结实，外观手感似瓷器，断面结构紧密，沸水中不软化。

2．燃烧鉴别法

不同的塑料燃烧时会产生不同的化学反应，表现出不同的反应状态。根据塑料燃烧时所产生的现象特征，可以鉴别塑料的种类。各种常见塑料燃烧时的特征如表 12-1 所示。

表 12-1　各种常见塑料的燃烧特征

塑料	燃烧难易	燃烧时	离开火	气味
聚乙烯	易燃	火焰尖部黄色，底部蓝色，烟少	继续燃烧	与蜡燃烧气味相同
聚丙烯	易燃	同上	继续燃烧	特殊的气味
聚氯乙烯	不易燃	软化，火焰尖部黄色，底部绿色，烟大	离火后即灭	刺激性氯化氢臭味
聚苯乙烯	易燃	软化、起泡，边熔边燃，火焰橙黄色，冒黑烟	继续燃烧	略有芳香气
密胺	难燃	与火焰接触部分发黄或烧焦，黄色火焰	离火后熄灭	特殊的气味

第二节　日用玻璃制品与质量要求

一、日用玻璃制品的分类与特点

（一）日用玻璃制品的分类

1．按用途分类

按用途可以分为玻璃板、玻璃杯、玻璃酒具、保温瓶、花瓶、镜子、果盘、灯具等小类。

2．按加工成型的方法分类

按加工成型的方法可以分为吹制品、拉制品、压制品等。

3．按装饰方法分类

按装饰方法可以分为喷花、刻花、印花、琢磨等。

（二）日用玻璃制品的特点

日用玻璃制品具有光泽好、透明度大、色泽鲜艳、易于洗涤和抗腐蚀性强等优点，另外，还具有原料来源多、制品易于成型、价格低廉等优点。目前，日用玻璃制品工业正在迅速发展，随着玻璃钢化技术的不断进步，一些耐热性好的烹饪器皿和餐具以及新的日用玻璃制品也在不断问世。

二、日用玻璃制品的性质

玻璃的化学成分极其复杂，并因所用原料的不同而性质不同。玻璃的性质主要表现在以下几个方面。

（一）机械性质

机械性质是决定玻璃坚固耐用性的重要因素，它主要包括玻璃的抗张强度、抗压强度、硬度和脆性等。

1．抗张强度

抗张强度即抗拉伸强度、扯断强度。表示材料或构件单位面积抵抗拉伸荷重的能力，可用强度极限来表示，公式如下：

强度极限 = 最大应力/ 横断面积

玻璃的抗张强度受多种因素的影响，玻璃成分中含有氧化硅和氧化钙时能提高玻璃的抗张强度，而含有氧化钠和氧化钾时则降低玻璃的抗张强度。当玻璃表面存在裂纹或伤痕时，在外力作用下易于断裂。

2．抗压强度

抗压强度表示材料或构件单位面积所承受的最大荷重。

玻璃是一种脆性材料，其抗压强度比其抗张强度要高得多，约为抗张强度的十多倍，因此容易破碎。它与抗张强度一样，因其组成成分的不同或玻璃有无缺陷而不同。

3．脆性

玻璃的脆性较大，易于破损，其大小可由冲击强度来表示。经过钢化处理后的玻璃其冲击强度可以提高 57 倍。另外，玻璃内部若存在不均匀的应力，或其表面带有裂纹，都会降低玻璃的冲击强度。

4．硬度

玻璃的硬度常用相对硬度即摩氏硬度来表示，摩氏硬度是一种刻划硬度。玻璃的硬度在摩氏硬度表上分为 4 级至 8 级。铅玻璃最软，硬度为 4 级；普通玻璃为 5 级：含氧化硼达 15%的玻璃硬度最大。

（二）热稳定性

玻璃经剧烈的温度变化而不会导致破裂的性能，称为玻璃的热稳定性或耐温急变性。玻璃的热稳定性用最大的温度差来表示。

玻璃的热稳定性不仅与热膨胀系数、导热性、热容量、抗张强度等物理机械性能有关，而且与玻璃制品的形状、受热情况以及是否存在缺陷等有密切关系。同一成分的玻璃制品，越薄热稳定性越好。当玻璃制品局部骤然受热或受冷时，容易破裂。

（三）化学稳定性

玻璃的化学稳定性是指玻璃抗水、酸、碱、大气中的水汽或其他气体，以及各种化学因素作用的能力。玻璃具有较高的化学稳定性，玻璃对水和酸具有较强的抵抗性，但抗碱性较差。实践证明，水汽比水溶液具有更大的侵蚀性。普通玻璃制品长期使用后出现的表面光泽消失，甚至出现斑点和油脂状薄膜等现象，就是由玻璃中的碱性氧化物在潮湿空气中与二氧化碳反应生成碳酸盐造成的。这一现象称为玻璃的风化或发霉，它能降低玻璃的透明度，影响玻璃制品的质量。通常，通过改变玻璃的化学成分或对玻璃进行热处理以提高玻璃的化学稳定性。

（四）玻璃的光学性质

光线照射到玻璃表面可以产生透射、反射和吸收三种情况。光线透过玻璃称为透射；光线被玻璃阻挡，按一定角度反射出来称为反射；光线通过玻璃后，一部分光能量损失在玻璃内部称为吸收。玻璃中光的透射随玻璃厚度增加而减少；玻璃中光的反射对光的波长没有选择性；玻璃中光的吸收对光的波长有选择性。因此，可以在玻璃中加入少量着色剂，使其选择吸收某些波长的光；还可以通过改变玻璃的化学组成来对可见光、紫外线、红外线、射线进行选择吸收。

透明度是决定玻璃具有广泛用途的重要性能之一，对一般玻璃而言，光线被透过的越多，被吸收得越少，其质量就越好。

玻璃具有较大的折光性，这一性能特点使它在光学上具有重要的用途，如制成赏心悦目的艺术品和优质的日用玻璃器皿等。

三、日用玻璃制品的质量要求

日用玻璃主要包括玻璃瓶罐、玻璃器皿、玻璃工艺品和水晶玻璃制品。其中，玻璃瓶罐属于中间产品，是为酿酒、食品、饮料、医药等消费品提供包装配套的，属于整个消费品产业链中不可或缺的一环，而器皿等本身就是最终消费品。和其他包装材料或制品相比，日用玻璃制品有其独特的优势，因此很多国家立法规定了在涉及健康和安全的产品中只允许使用日用玻璃制品，例如婴儿奶瓶等。日用玻璃制品质量的基本要求主要有具有正确的规格和形状，必要的坚固性和耐热性，外观美观、图案清晰、卫生安全等。

（一）规格

日用玻璃制品的规格通常是从材料、尺寸、重量、容量等方面来要求，根据不同的种类有不同的要求。

1．按玻璃材料分类

玻璃制品的材料主要是白玻璃，如高白料、普白料、青白料、乳白料等。各种白料玻璃制品的规格有小口瓶、广口瓶以及各种型号的异型瓶。

2．按玻璃制品用途分类

按玻璃制品用途的不同，玻璃制品的规格有玻璃摆设瓶、酒瓶、罐头瓶、饮料瓶、咖啡瓶、香水瓶、工艺品瓶、奶瓶、玻璃器皿等。

（二）结构

结构是指日用玻璃制品的形状、厚度以及主件和附件的配合情况。结构不良不仅影响美观，而且会造成使用不便，降低制品的坚固性和耐热性。玻璃制品的结构一般要美观大方、周正规则、线条流畅等。

（三）色泽

1．无色玻璃制品

无色玻璃制品应透明、洁净而富有光泽。

2．有色玻璃制品

有色玻璃制品应色泽鲜艳、赏心悦目、深浅均匀。

3．带有彩色图案和花样的玻璃制品

该种玻璃制品要求花纹清晰、形象逼真、色彩调和。

（四）耐温急变性

耐温急变性是决定玻璃杯和保温瓶等玻璃制品的重要指标。现行标准规定，将制品放于15℃环境中静置5分钟，取出后立即投入沸水中而不炸裂的为合格品。

（五）耐水性

日用玻璃制品特别是盛水器皿，应有较强的耐水性。玻璃制品在使用过程中容易失去光泽，发生失光现象，严重者会因易溶物的溶入而对人体健康有害。

（六）外观疵点

外观疵点是目前划分玻璃制品的主要依据，较常见的外观疵点主要有以下几种类型。

1．砂粒

砂粒是指玻璃体内所存在的透明或不透明粒状的物质，主要是由于个别未能熔化的石英砂或原料中含有难熔杂质造成的。砂粒的存在不仅会影响玻璃制品的美观，而且由于砂粒和玻璃的膨胀系数不一致，还会显著降低玻璃制品的耐温急变性。

2．斑纹

斑纹是指存在于玻璃制品体内的完全不熔于玻璃熔体中的凝块，一般呈波浪状、山形状或滴形状等，有无色、黄色和绿色等多种颜色。斑纹会严重影响玻璃制品的美观，会形成玻璃成分和厚度的不一致，从而降低玻璃制品的耐温急变性。

3．气泡

气泡是指玻璃体内的气泡包含物。小气泡的产生主要是由于制造时未能将产生的气泡完全排除；大气泡则主要是由于空气卷入造成的。气泡除了影响美观外，还会降低玻璃制品的耐温急变性和坚固性。

4．装饰疵点

装饰疵点主要有图案不准确、色彩不调和、研磨不平整、图色不牢靠等，影响玻璃制品的美观。

（七）卫生安全性

卫生安全性主要是对于玻璃饮食用具的要求，按照规定，玻璃饮食用具不得含有可溶于食品中的、对人体健康有害的物质。由国家环保总局发布并于 2004 年 5 月 31 日实施的《与食物接触的陶瓷、微晶玻璃和玻璃餐具制品环境标志产品认证技术要求》中规定了铅、镉溶出量限值。

四、日用玻璃行业准入条件

传统的日用玻璃行业具有双高特性（高耗能、高排放），为此，加快转型升级成为行业准入条件的重中之重。为防止盲目投资和低水平重复建设，加强节能减排，保护生态环境，提高资源综合利用效率，2011 年 3 月 1 日，工业和信息化部发布的《日用玻璃行业准入条件》正式实施，为相关部门和企业在日用玻璃项目建设及质量、安全监管等方面的工作提供了依据。准入条件在质量方面给出了具体的规定，日用玻璃制品质量必须符合国家标准或行业标准；企业应建立产品质量可追溯和责任追究体系，有健全的产品质量保证体系。

“十二五”期间，我国玻璃行业将向高品质、绿色化、多功能、高附加值、高科技含量的加工制品化方向发展，为此，相关规定在鼓励企业生产开发更多高质量的环保新产品的同时，也提高了我国日用玻璃行业的环保准入门槛。

第三节　日用化学制品与质量要求

日用化学制品属于精细化工，包括肥皂、合成洗涤剂、化妆品等。

一、肥皂

肥皂是指用油脂与碱经过皂化作用制成的高级脂肪酸盐，并辅以各种原料而成的产品。

（一）肥皂的分类

1．根据肥皂的原料成分分类

根据肥皂原料成分的不同；肥皂可分为碱金属皂（如钠皂、钾皂）、有机碱皂（如丝光皂）和金属皂。金属皂一般不溶于水，不能用于洗涤，主要用于工业。

2．根据肥皂的硬度分类

根据肥皂的硬度，肥皂可分为硬皂（主要是钠皂）、软皂（主要是钾皂）。

3．根据肥皂使用领域分类

根据肥皂使用领域，肥皂可分为家庭用皂和工业用皂。

（二）肥皂的品种及特性

1．洗衣皂

洗衣皂通常也称为肥皂，主要用来洗涤衣物。肥皂的主要原料是天然油脂、脂肪酸与碱生成的盐。肥皂在软水中去污能力强，但在硬水中与水中的镁离子、钙离子生成不溶于水的镁皂、钙皂，去污能力会明显降低，还容易沉积在基质上，难以去除。另外，在冷水中其溶解性较差。

2．香皂

香皂是指具有芳香气味的肥皂。香皂质地细腻，主要用于洗手、洗脸、洗发、洗澡等。制造香皂要加入香精，香精性质温和，对人体无刺激，使用时香气扑鼻，并能去除机体的异味，用香皂洗涤衣物能使衣物保持一定时间的香气。

3．透明皂

透明皂因其感官好，既可以当香皂用，又可以当肥皂用。其脂肪酸介于肥皂和香皂之间，采用纯正浅色的原料，如牛油、椰子油和松香油等，采用甘油、糖类和醇类等透明剂制作而成。

4．药皂

药皂也称为抗菌皂或去臭皂。由于在制作过程中加入了一定量的杀菌剂，因而其对皮肤有消毒、杀菌、防止体臭等作用。药皂常用于洗手、洗澡等。

5．液体皂

液体皂是近年来受到消费者欢迎的一个新品种。用于皮肤的液体皂呈中性，与人体皮肤 PH 值较接近，对皮肤、眼睛无刺激性，有泡沫和黏度，也有一定的去污能力。

（三）肥皂的质量要求

1．肥皂的感官质量指标

（1）组织结构。洗衣皂应硬度适中、不发黏、不分离、不开裂，香皂应细腻均匀、无裂纹、气泡、斑点、剥离、冒汗等现象。

（2）色泽。洗衣皂颜色应均匀洁净，香皂色泽应均匀稳定。

（3）形态。洗衣皂形状应端正、收缩均匀，不得有歪斜、变形、缺边、缺角等现象；香皂可以压成各种形状，也不得有歪斜、变形、缺边、缺角及字迹模糊等现象。

（4）气味。洗衣皂应无不良气味，香皂应具有各种天然或合成香料配成一定类型的持久香味。

2．肥皂的理化质量指标

肥皂的理化指标以包装上标明的净含量计，如表 12-2 所示。

表 12-2　肥皂的理化指标

项 目 名 称	单位	理化指标	
		Ⅰ型	Ⅱ型
干皂含量	%	≥54	43～54
氯化物含量（以 NaCl 计）	%	≤0.7	≤1.0
游离苛性碱含量（以 NaOH 计）	%	≤0.3	≤0.3
乙醇不溶物	%	≤15	—
发泡力（5 min）	mL	≥400	≥300

注：测定发泡力用 1.5 mmol/L 钙硬水，按包装上标注的净含量直接配制 1 %的皂液。

二、合成洗涤剂

（一）合成洗涤剂的主要成分及其作用

合成洗涤剂主要是由表面活性剂和各种辅助剂按一定比例配制而成的。

（1）表面活性剂。表面活性剂是一种能在低浓度下，降低溶剂表面张力的物质。表面活性剂是洗涤剂的主要成分，它的分子结构中含有亲水基团和亲油基团，加入很少量即能显著降低溶剂的表面张力，改变体系界面状态，从而产生润湿或反润湿、乳化或破乳化、起泡或消泡、增溶等一系列作用。

（2）辅助剂。辅助剂是指在去污过程中能增加洗涤剂作用的辅助原料。它们可以使洗涤性能得到明显改善或降低表面活性剂的使用量，是洗涤剂的重要组成部分。常见到助剂有硬水软化剂（三聚磷酸盐）、泡花碱（硅酸钠）、抗再沉积剂（高分子胶体）、过氧酸盐（漂白去渍）、酶制剂等。

（二）合成洗涤剂的主要品种

目前，市场销售的合成洗涤剂有合成洗衣粉、液体合成洗衣剂、浆状洗衣粉、块状洗涤剂、发用洗涤剂、餐具洗涤剂、住宅用洗涤剂等品种。

1．合成洗衣粉

合成洗衣粉是合成洗涤剂中的主要大类，花色较多。其特点是空心粉粒状、易溶解、干爽、流动性好、耐保存、不易结块。

2．液体合成洗衣剂

液体合成洗衣剂是合成洗涤剂中的第二大类。其洗涤表面活性剂是阴离子和非离子型，用量在5%～40%。棉麻类液体洗涤剂的pH值约为10；通用类液体洗涤剂的pH值为7～9。毛织物洗后有柔软感，合成纤维织物洗后有短期抗静电效果。

3．浆状洗衣粉

浆状洗衣粉是一种均匀而黏稠的胶体。其洗涤效果与同类洗衣粉相同，但由于组分中减少了填充剂用量，提高了含水量，因此价格较为便宜。

4．块状洗涤剂

块状洗涤剂是添加了一定量松香、石蜡、滑石粉等黏合剂的块状制品，外观平滑光亮，色泽洁白或微黄，去污力强，携带方便。

5．发用洗涤剂

发用洗涤剂主要是指洗发香波，是以能够去除头发污垢为目的的专用洗涤剂。其性质较柔和，不会过多除去发表皮脂，不刺激头皮。

6．餐具洗涤剂

餐具洗涤剂指专门用于洗涤碗碟和水果蔬菜的合成洗涤剂，属轻役型。其一般为液体洗涤剂，碱性小、泡沫多、使用方便，各种成分的无毒安全性均符合国家食品卫生法及有关卫生法规的规定。

7．住宅用洗涤剂

住宅用洗涤剂指专门用来清洁门窗、瓷砖、浴盆、家具等硬表面污垢的洗涤剂，如厨房浴室清洁剂等。这种洗涤剂的表面活性剂含量不高，一般加入相当量的有机溶剂，属于碱性洗涤剂。有液状和粉粒状之分。

（三）合成洗涤剂的质量要求

合成洗涤剂内在质量决定其综合性能好坏，衡量的指标主要有活性物含量和不皂化物含量、沉淀杂质含量、磷酸盐含量、泡沫力、去污力、生物降解率等。

1．活性物含量和不皂化物含量

活性物是合成洗涤剂的主要成分，是确定洗涤剂使用类型的一种尺度。不皂化物含量亦即中性油含量，它的含量高低直接影响洗衣粉的洗涤效能。活性物含量应与要求一致，误差不大于1%，不皂化物含量不大于活性物的2%～3%，总体含量则因品种不同而有所不同。

2．沉淀杂质含量

沉淀杂质含量指洗衣粉中不溶于水的杂质含量，通常不大于0.1%。沉淀杂质含量用水洗、过滤、烘干、称重等方式进行测定。

3．pH值

pH 值表示溶液的酸、碱度。pH 值的大小直接影响其用途。一般轻役型洗涤剂的 pH 值应接近中性；重役型洗涤剂的 pH 值可达 9～10.5。

4．磷酸盐含量

磷酸盐是洗涤剂的重要助洗剂，它的含量用五氧化二磷的百分含量表示。可用光电比色计进行快速比色测定。

5．泡沫力

泡沫力的多少虽然与洗涤剂的去污力没有直接关系，但习惯上仍作为洗衣粉的一项性能指标。泡沫性用生成泡沫体积表示发泡性能，用 5 秒后泡沫消失的程度表示泡沫的稳定性。

6．去污力

去污力的大小是衡量洗涤剂实际性能的一项重要指标。

7．生物降解率

生物降解率指洗涤剂活性物在一定条件下被微生物分解的程度。生物降解率是以活性物在 7～8 天后被微生物分解的百分率来表示的。分解率在 90%以上者为较软洗涤剂，90%以下的为硬性洗涤剂。

8．抗再沉淀性能

抗再沉淀性能是洗涤剂防止污垢重新沉淀在织物上的一项特性。这与洗涤剂活性物分散力及悬浮性有关。抗再沉淀性较差的洗涤剂，白布洗涤后的白度就差。此性能可通过加入抗再沉淀剂加以改善。

三、化妆品

化妆品是一种修饰人们的外貌、增加容貌美观或具有芳香气味的日用品。它是由脂肪性原料、甘油、碱类、香料、色料、营养物质、药物、水等各种成分，按不同配方经过化学方法加工制成的具有不同用途的一类日用品。我国《化妆品卫生监督条例》中给化妆品下的科学定义是：“化妆品指以涂擦、喷洒或其他类似的方法，散布于人体表面任何部位（皮肤、毛发、指甲、口唇等），以达到清洁、消除不良气味、护肤、美容和修饰目的的日用化学工业产品。”

（一）化妆品的作用

1．清洁作用

化妆品能温和地祛除皮肤、毛发、口腔、牙齿上面以及人体其他部位在分泌和代谢过程中所产生的不洁物，使之保持健康状态。例如，牙膏、洗发水、洁面乳等。

2．保护作用

化妆品能温柔地保护皮肤，使之光滑、柔润、防燥、防裂；保护毛发使之光泽柔顺，防枯、防断。使皮肤和毛发光滑、柔软、富有弹性。例如，发乳、护发素等。

3．营养作用

化妆品能维系皮肤及毛发的水分平衡，补充易被皮肤和毛发吸收的营养物质及清除致衰老因子，增加人体组织的活力，减少皮肤皱纹和防止脱发。例如，面霜、营养面膜、生发水等。

4．美化作用

化妆品经涂抹后，可美化面部皮肤（包括口唇、眼周）及毛发（包括眉毛、睫毛）和指甲（趾甲），使之色彩耀人、富有立体感和青春魅力。例如，唇膏、发胶、口红、香水等。

5．防治作用

药物化妆品能预防和治疗皮肤、毛发和口腔疾病，具有防晒、祛斑、育发、脱毛、健美、减肥、去痤疮等特殊用途。例如雀斑霜、生发剂、药物牙膏等。

（二）化妆品的种类

化妆品的种类繁多，国内外对化妆品没有统一的分类方法，一般常用的分类方法有以下几种。

1．按化妆品的功能分类

（1）清洁类。它是用以除去皮肤、毛发上污染物的化妆品，如洗面奶、清洁霜、浴液香波、清洁面膜、磨砂膏、去死皮膏等。

（2）保护类。它是用以保护皮肤及毛发的化妆品，它能在其表面形成薄膜（或脂膜），防止皮肤粗糙干裂，使毛发光泽、易梳理。例如，各种化妆品水（露）、乳（蜜）、霜、脂、护发素、发油、发乳等。

（3）营养类。它是用以营养皮肤及毛发，保护皮肤角质层含水量，增进血液循环，清除过剩的氧自由基，延缓皮肤衰老的各类化妆品。倒如，添加了维生素、水解蛋白、中草药、透明脂酸等生物活性成分的霜、乳、露等。

（4）美容类。它是用于美化皮肤及毛发的化妆品。例如，粉底、遮盖霜、唇膏、胭脂、眼影、眉笔、发胶、摩丝、彩色焗油等。

（5）芳香类。它是用于身体及毛发，能散发芳香气味的化妆品。例如，香水、花露水、古龙水等。

（6）特殊用途类。其介于化妆品和药物之间，用于助长毛发生长，减少脱发、断发，改变毛发颜色、弯曲程度，减少、消除体毛，消除腋臭，减轻皮肤表面色素沉着及因日晒引起的皮肤损伤等的功能性化妆品。例如，各种生发灵、染发剂、冷烫精、脱毛露、丰乳霜、减肥霜、腋下香露等。

2．按化妆品的乳化性质分类

化妆品按其乳化性质可分为 W/O 型（即油包水型）和 O/W 型（即水包油型）两种。

（1）油包水型。W/O 型体系有一些固定的缺点，如油项高、不易制作清爽型配方、肤感油腻、稳定性差；但 W/O 型体系的优点也很显著，抗菌性好，在高 SPF 值的防晒产品、保湿功能的护肤产品、洁面功能的粉底产品等中应用效果好，特别是近期出现的新乳化剂和油脂使得 W/O 型的乳化剂油腻感变得越来越轻。因此，预计将来 W/O 型体系的应用会越来越广泛。

（2）水包油型。O/W 型体系的乳化剂含水量在 10%～80%，具有一定的流动性，形状颇似蜜，因而又称乳液类和蜜类。乳液含水量较大，能为皮肤补充水分；乳液还含有少量的油分，又可以滋润皮肤。乳液具有去污、补充水分、补充营养三个方面的作用。去污是指乳液可以代替洁面剂清除面部污垢；补充水分，由于乳液中含有 10%～80%的水分，因此，可以直接给皮肤补充水分，使皮肤保持湿润；补充营养，由于乳液中含有少量油分，当皮肤缺水发紧时，乳液中的油分可以滋润皮肤，使皮肤柔软。

3．按产品形态分类

（1）液态化妆品。常见的液态化妆品有化妆水、各种乳剂和油剂，它们是由水、油或酒精配入其他物质制成的，为了促进加入物质的溶解，还常常加入助溶剂。

（2）固体化妆品。固体化妆品最基本的类型有膏类、霜类、粉类、胶冻状、硬膏状（如唇膏）、块状（如粉饼、胭脂、香皂）、锭状、笔状、胶囊状和纸状等。

（三）化妆品的质量要求

1．化妆品卫生标准

（1）《化妆品卫生监督条例》

1989 年 11 月 13 日我国卫生部发布了《化妆品卫生监督条例》，条例对化妆品生产的卫生监督、化妆品经营的卫生监督及化妆品卫生监督机构与职责均做了详细规定。

① 化妆品生产的卫生监督中第八条规定，“生产化妆品所需的原料、辅料以及直接接触化妆品的容器和包装材料必须符合国家卫生标准”。化妆品所用的原料、辅料、包装材料等要求必须保证对人体不造成伤害，对不同类型的化妆品所禁止使用的原料及限定使用的着色剂也应符合国家标准。

② 化妆品经营的卫生监督中第十三条规定，化妆品经营单位和个人不得销售的化妆品有未取得《化妆品生产企业卫生许可证》的企业所生产的化妆品，无质量合格标记的化妆品，标签、小包装或者说明书不符合规定的化妆品，未取得文号的特殊用途化妆品及超过使用期限的化妆品。

③ 化妆品卫生监督机构与职责中强调各级卫生行政部门行使化妆品卫生监督职责，对进口化妆品、特殊用途的化妆品和化妆品新原料进行安全性评审，对化妆品引起的重大事故进行技术鉴定等。

另外，对违反本条例有关规定的行为作出了相应的罚则。

（2）化妆品禁用物质和限用物质

国家《化妆品卫生规范》规定了禁用 1 286 种、限用 313 种添加剂，其标准和规范分别采用欧盟的化妆品标准和国内制定的卫生标准和卫生规范。化妆品中使用禁用物质或超量使用限用物质，会对人体健康造成多种急性或慢性的损害。如使用激素可造成人体皮肤和机体的多种激素变化；抗菌素的使用将会破坏皮肤表面的正常菌群；汞和汞化合物的使用会造成人体汞蓄积，甚至汞中毒，危及生命。过量使用防腐剂、防晒剂都会对人体造成多种危害，所以化妆品生产厂家应按照国家《化妆品卫生规范》严格配方，推出更多安全、有效、环保绿色的产品，美化人们的生活。

2．化妆品的质量要求

化妆品的质量要求主要有以下几个方面。

（1）化妆品包装及标签的要求

化妆品的包装材料应无毒、清洁，包装应整洁美观、封口严密不泄漏。直接印在化妆品容器上或用标签粘贴在容器上的产品说明以及文字、图表和绘图等形式的其他有关说明都必须符合规定。化妆品标签除标有产品名称外，还应注明厂名、厂址、生产企业卫生许可证编号，小包装或说明书上应该注明生产日期和有效期限。特殊用途的化妆品还应注明批准文号。对含药物的化妆品或可能引起不良反应的化妆品还应注明使用方法和注意事项等。

（2）化妆品的感官质量要求

对化妆品的感官质量要求主要是对其色泽、组织形态、气味的具体要求。具体要求如下。

① 色泽。无色固状、粉状、膏状、乳状化妆品应洁白有光泽，液体应清澈透明；有色化妆品应色泽均匀无杂色。例如，若发现化妆品变色或出现红、黑、绿等颜色的霉斑或化妆品颜色暗淡，则说明是过期货或制造时添加色素有误，不能出售或使用。

② 组织形态。固状化妆品应软硬度适宜；粉状化妆品应粉质细腻，无粗粒或硬块；膏状、乳状化妆品应稠度适当，质地细腻，不得有发稀、结块、龟裂干缩和分离出水等现象；液状化妆品应清澈均匀，无颗粒等杂质。在检验或挑选时如发现外观混浊，油水分层或出现絮状物，膏体干缩、裂纹，则不能出售或使用。

③ 气味。化妆品必须具有幽静芬芳的香气，香味可根据不同的化妆品呈现不同的香型，但必须幽美持久，没有强烈的刺激性。如嗅之有变味、异味或刺鼻的怪味，则不能出售或使用。

（四）化妆品的检验

1．化妆品的卫生检验

（1）化妆品必须有良好的感官质量，光泽明亮，气味正常，不得有任何异臭味，不得对皮肤和黏膜产生刺激和损伤，必须无感染性，使用安全。

（2）化妆品原料中不得使用国家标准规定禁用的 1 286 种、限用的 313 种添加剂，其中包括一些新禁用和限用的防腐剂、防晒剂、着色剂等，如巯基乙酸、间苯二酚、苯并[α]芘、水杨酸、酮麝香、八种邻苯二甲酸酯、4-氨基偶氮苯、联苯胺、4-氨基联苯及其盐。这些物质对人体健康或多或少都有一些危害。

（3）严格控制化妆品中有毒有害物质的用量，如表 12-3 所示。

表 12-3　化妆品中有毒有害物质的限量

有毒有害成分	汞（Hg）	铅（Pb）	砷（As）	甲醇（CH_3OH）
限量（PPM）	1	40	10	0.2

2．化妆品标签检验

国家质量监督检验检疫总局和国家标准化管理委员会于2008年发布的GB 5296.3-2008《消费品使用说明—化妆品通用标签》，规定了化妆品销售包装通用标签的形式、基本原则、标注内容和标注要求。

（1）标签的形式

根据化妆品的包装形状或体积，可以选择以下标签形式。

① 印或粘贴在化妆品的销售包装上。

② 印在与销售包装外面相连的小册子或纸带或卡片上。

③ 印在销售包装内放置的说明书上。

（2）基本原则

① 化妆品标签所标注的内容必须真实。所有文字、数字、符号、图案都应正确。

② 化妆品标签所标注的内容必须符合现行国家法律和法规的要求。

（3）必须标注的内容

① 化妆品的名称。化妆品的名称应反映化妆品的真实属性，简明易懂。名称应标注在销售包装展示面的显著位置，如果因化妆品销售包装的形状或体积的原因而无法标注在销售包装的展示面位置上时，可以标注在其可视面上。系列产品的序号或色标号允许标注在销售包装的可视面上。

② 生产者的名称和地址。应标注经依法登记注册并承担化妆品质量责任的生产者名称和地址。委托生产或加工化妆品的生产者名称和地址的标注按国家质检总局令[2005]第 80 号规定执行。进口化妆品应标注原产国或地区的名称和在中国依法登记注册的代理商、进口商或经销商的名称和地址，可以不标注生产者的名称和地址，生产者、代理商、进口商或经销商的名称和地址应标注在销售包装的可视面上。

③ 净含量。定量包装的化妆品应按国家质检总局令[2005]第 75 号规定标注净含量。

净含量应标注在化妆品销售包装的展示面上，如果因化妆品销售包装的形状或体积的原因，无法标注在销售包装的展示面位置上时，可以标注在其可视面上。

④ 化妆品成分表。在化妆品销售包装的可视面上应真实地标注化妆品全部成分的名称。成分名称应采用《国际化妆品原料命名（INCI）中文译名通则》中的名称。标注顺序应按加入量的降序列出。

⑤ 保质期。保质期应按生产日期和保质期或生产批号和限期使用日期两种方式之一标注。生产日期按四位数年份和 2 位数月份及二位数日的顺序，如标注“生产日期 20100112”或标注“生产日期见包装”并在包装上印“20100112”，表示 2010 年 1 月 12 日生产；保质期采用“保质期×年”或“保质期××月”格式标注；生产批号的标注由生产企业自定；限期使用日期的标注采用“请在标注日期前使用”或“限期使用日期见包装”等引导语，如标注“20131105”，表示在 2013 年 11 月 5 日前使用。

⑥ 企业的生产许可证号、卫生许可证号和产品标准号。产品标准号可以不标注年代号。没有实行生产许可证或卫生许可证的产品不需标注生产许可证号或卫生许可证号。生产许可证号、卫生许可证号必须标注在化妆品销售包装的可视面上。

⑦ 进口非特殊用途化妆品应标注进口化妆品卫生许可备案文号。

⑧ 特殊用途化妆品应标注特殊用途化妆品批准文号。

⑨ 凡国家有关法律和法规有要求或根据化妆品特点需要时，应在化妆品销售包装的可视面上标注安全警告用语。安全警告用语应以“注意：”或“警告：”等作为引导语。

（4）基本要求

① 化妆品标签的内容必须清晰，必须保证消费者在购买时醒目、易于辨认和阅读。

② 化妆品标签所用的文字除依法注册的商标外，必须是规范的汉字。

③ 标准所规定的标签内容允许同时使用汉语拼音或少数民族文字或外文，但必须拼写正确。

（五）化妆品的保管

1．防晒

强烈的紫外线有一定的穿透力，容易使油脂和香料产生氧化现象和破坏色素，因此，化妆品应避光保管。

2．防潮

潮湿的环境易于微生物的繁殖，使化妆品发生变质，因此，化妆品应放在通风干燥处保管，相对湿度以不超过 80%为宜。

3．防冻

温度过低会使化妆品中的水分结冰，乳化体遭到破坏，从而失去化妆品的效用，还会对皮肤产生刺激。化妆品保存适宜的温度是 5℃～30℃。

4．合理摆放

化妆品应放在清洁卫生的地方，搬运时应轻拿轻放、堆码不宜过高或挤压，防止化妆品受到污染。

5．保质期

化妆品储存期限一般不宜超过一年，要先进先出。

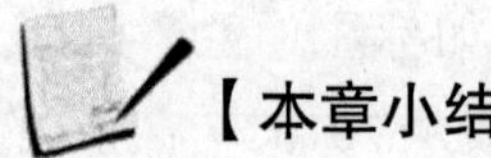

【本章小结】

本章介绍了几种超市常见日用百货商品（如塑料制品、玻璃制品及日用化学制品等）的组成成分、分类、主要品种特点及质量要求。

塑料制品介绍了常见的塑料制品的主要组成、性能、分类、代号及应用。根据塑料制品的内外质量指标，介绍了塑料制品外观鉴别法及燃烧鉴别法两种感官质量检验的方法与过程。

日用玻璃制品由于化学组成复杂，其制品的物理机械性能、化学性能及光学性能等也有所不同。本章重点对日用玻璃制品的卫生安全性进行了说明，并对行业准入条件进行了简单介绍。

日用化学制品分别介绍了肥皂、合成洗涤剂的质量要求及去污原理，还介绍了化妆品的作用、分类类别、质量要求、质量检验、选用及保养维护。其中，重点强调了化妆品卫生标准，介绍了中国化妆品卫生管理的相关条例。

【复习思考题】

1．简述塑料制品的主要品种及性能特点。

2．简述日用玻璃制品的主要性质及质量要求。

3．简述洗衣粉的主要组成及作用。

4．简述化妆品的感官质量要求。

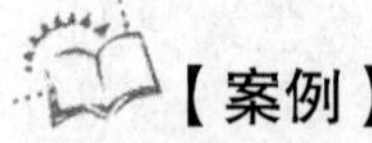

【案例】

塑料包装制品回收标志的含义

我们常用的塑料餐盒、饮料瓶等的底部都会有三角形符号和数字，这就是目前国际上通用的塑料制品的回收标志，它可以帮助我们了解塑料制品的生产材质及其使用条件。

塑料回收标志是一个三角形符号，一般在塑料容器底部。三角形里有 1～7 的数字，每一个数字都代表不同的材料，如果制品是由几种不同材料制成的，则标示制品的主要和基本材料。标志示例如图 12-1 所示。

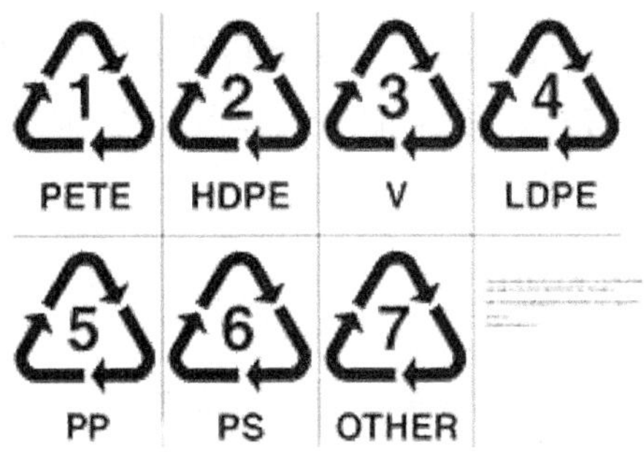

图 12-1　塑料瓶底的回收标志

上图中标志的具体含义如下。

1——PET，学名聚对苯二甲酸乙二酯，别名涤纶、达克纶等。作为饮料瓶，其耐热度在70℃以下，只适合装暖饮或冷饮，装高温液体或加热则易变形，有对人体有害的物质溶出。同时，这种塑料制品连续使用 10 个月后，可能释放出致癌物。因此，饮料瓶等用完后最好不要再反复使用。

2——HDPE，学名高密度聚乙烯，主要用于制作盛装清洁用品、沐浴产品的塑料容器，超市中使用的塑料袋也多由此种材质制成，可耐 110℃高温。但这类容器通常不好清洗，残留原有的清洁用品，变成细菌的温床，因此不宜循环使用。

3——PVC，学名聚氯乙烯，具有防火、耐热、电绝缘性能，被广泛用于电线外皮和光纤外皮、日用塑料制品、手套等。PVC 塑料易老化，在遇到高温和油脂时容易析出有毒物质，因此，目前这种材料的容器已经比较少用于包装食品。另外，在 PVC 塑料制品本体底部或包装上须列明成分，以便消费者及回收商便于识别。

4——LDPE，学名低密度聚乙烯，主要用途是制作薄膜产品，还用于注塑制品、医疗器具、药品和食品包装材料、吹塑中空成型制品等。日常生活中使用的保鲜膜、塑料膜等都是这种材质。该材料耐热性不强，通常在温度超过 110℃时会出现热熔现象，留下一些人体无法分解的塑料制剂，因此食物入微波炉，先要取下包裹着的保鲜膜。

5——PP，学名聚丙烯，适于制作一般机械零件、耐腐蚀零件和绝缘零件。常见的酸、碱有机溶剂对它几乎不起作用，可用于食具和医疗器具。微波炉餐盒也是采用这种材质制成，耐 130℃高温，是唯一可以放进微波炉的塑料盒。

6——PS，学名聚苯乙烯，经常被用来制作泡沫塑料制品、日常生活中常见的各种一次性塑料餐具、透明 CD 盒等。PS 透明度好但不耐高温，因此容器放入微波炉前应先把盖子取下，另外，应尽量避免用 PS 塑料盒打包滚烫的食物，以免其因温度过高而释出化学物。

7——PC 及其他 PC，学名聚碳酸酯，多用于制造奶瓶、太空杯等，但在 2011 年 3 月，PC 在食用瓶中已被欧美国家禁用，因为含有双酚 A 而备受争议。我国卫生部等部门也发布公告称，2011 年 9 月 1 日起禁止进口和销售 PC 婴幼儿奶瓶和其他含双酚 A 的婴幼儿奶瓶。虽然理论上只要在制作PC的过程中，双酚A百分百转化成塑料结构，便表示制品完全没有双酚A；但若是有小量双酚A没有转化成PC的塑料结构，则可能会释出而进入食物或饮品中。因此，在使用此塑料容器时要格外注意。

案例讨论题

1. 什么塑料可以回收再利用？其代号有何共同标志？
2. 塑料回收符号中的1～7各代表什么成分？哪些成分有安全隐患？

【实践技能训练】

塑料制品的感官鉴别

一、实验目的

通过实验，了解各种塑料制品的性能特征，掌握实际生活中常用的两种鉴别塑料制品的方法。

二、实验用具

水盆、清水、剪刀、 酒精灯、火柴、镊子。

三、实验样品

标有1-PET、2-HDPE、3-PVC、4-LDPE、5-PP、6-PS、7-PC等字样的塑料制品。

四、实验方法

（一）外观鉴别法

1. 步骤和方法

将鉴别的塑料试样剪切成小块，通过手摸、弯曲、声音、放入水中等现象观察各种塑料外观特征。

2. 各种塑料的外观特征和鉴别

从各种塑料的外观特征如光泽、透明度、手感、硬度、敲击声及放入水中等来区分和判断塑料种类。

3. 将各种塑料的外观鉴别结果用文字叙述填在下面的表12-4中。

表12-4　塑料制品外观鉴别结果

塑料制品	光泽	透明度	手感	敲击	硬度	水中
1-PET						
2-HDPE						

（续表）

塑料制品	光泽	透明度	手感	敲击	硬度	水中
3-PVC						
4-LDPE						
5-PP						
6-PS						
7-PC						

（二）燃烧鉴别法

1. 实验步骤和方法

将欲鉴别的塑料试样剪切成小块，用镊子夹住，放在火焰上部，仔细观察其燃烧时的变化情况。

2. 各种塑料的燃烧特征和鉴别

塑料燃烧有不同的特征，根据燃烧难易、烟色、焰色、气味等特征区分和判断塑料的种类。

3. 将实验中的实测结果汇总于下面的表12-5中。

燃烧法鉴别塑料制品测试结果

塑料制品	燃烧难易	火焰色	烟色	气味	燃烧时性状
1-PET					
2-HDPE					
3-PVC					
4-LDPE					
5-PP					
6-PS					
7-PC					

第十三章　医药商品与质量管理

■知识目标

1. 熟悉医药商品的常见类别。
2. 掌握药品的质量特征及我国对医药商品的质量管理。

■技术目标

1. 熟悉药品质量的基本要求。
2. 掌握影响药品质量的因素和保管方法。

■能力目标

1. 具备一定的药品质量管理能力。
2. 学会药品的保管、养护和验收能力。

第一节　医药商品概述

药品是一种特殊商品，是人类共同需求的商品。我国的医药产业发展迅速，改革开放以来，整个制药行业保持年平均17%左右的增长速度，市场前景广阔。

一、药品概念及其特殊性

（一）药品的概念

《中华人民共和国药品管理法》（以下简称《药品管理法》）规定，药品是指“用于预防、治疗、诊断人的疾病，有目的地调节人的生理机能并规定有适应症或者功能主治、用法和用量的物质，包括中药材、中药饮片、中成药、化学原料药及其制剂、抗生素、生化药品、放射性药品、血清、疫苗、血液制品和诊断药品等”。

（二）药品商品的特殊性

药品是以货币交换的形式到达患者手中的，所以它也是一种商品，但药品又是以治病救人为目的的，所以它是一种特殊的商品。药品的特殊性表现在以下方面。

1．专属性

药品的专属性表现在对症治疗，患什么病用什么药上。药品不像一般商品可以相互替代。药品是直接关系到人体健康和生命安危的特殊商品，它与医学紧密结合、相辅相成。

2. 两重性

药品的两重性是指药品有防病治病的一面，也有不良反应的另一面。药品不良反应，是指合格药品在正常用法用量下出现的与用药目的无关的有害反应。我国已建立了《药品不良反应报告和监测管理办法》。

药品管理有方、使用得当，可以达到治病救人的目的；反之，则可能危害人体健康甚至致命。例如链霉素，使用得当可以抗菌治病，使用不当则会导致永久性耳聋。

3. 质量的重要性

由于药品与人们的生命有直接关系，因此确保药品质量尤为重要。《药品管理法》规定："药品必须符合国家药品标准。"也就是说，法定的国家药品标准是保证药品质量和划分药品合格与不合格的唯一依据。药品只有符合法定质量标准的合格品才能保证疗效，允许销售，否则不得销售。

此外，药品质量的重要性还表现为国家推行 GLP、GCP、GMP、GSP、GAP 等质量管理制度，以规范药品的研制、生产、流通、使用等行为，对其实行严格的质量监督管理，确保药品质量。

4. 时限性

人们只有防病治病时才需要用药，但药品生产、经营企业平时应有适当数量的生产和储备，只有药等病，不能病等药；另外，药品均有有效期，一旦有效期到达，即行报废销毁；有的药品虽有效期很短、用量少且无利可图，但也要保证生产、供应、适当储备，以防急用。

二、药品的分类

药品由于其特殊性，从生产、使用等方面可以分为不同的类别。从总体来讲，药品可以分为原料药和成品药。原料药又分为化学原料药和中药材，他们经过一定的工艺和标准加工生产为成品药；成品药又分为西药和中成药。

按照几种常用的标准，药品可以分为以下几种类别。

（一）以剂型为基础的综合分类

1. 片剂

片剂是药物与赋形剂混合压制成片状的固体剂型，是目前使用最广泛和销售量最大的剂型。片剂按制备方法的不同可以分为以下四类：

（1）单压片（素片）

单压片是指药物与赋形剂混合后一次压制而成的片剂。一般的内服片均为单压片，有扁形与凸形之分，如维生素 C 片等。

（2）多层片

多层片是将两种或两种以上的药物与赋形剂混合后经过一次以上的压制而制成的片剂。

（3）包衣片

包衣片指在压制片外面包上一层物料，有保护片剂、改善片剂某些确定的作用的功能。包衣片常见的有以下几种。

① 糖衣片。糖衣片的包衣物料主要是甘蔗和食用色素，有掩盖苦、臭等不良气味及美化片剂、便于识别的作用。

② 肠溶衣片。肠溶衣片的包衣物料主要为酸不溶、碱易溶的高分子化合物，能使片剂安全通过胃部，以减少对胃的刺激并可避免药物在胃液中分解、破坏。

③ 薄膜衣片。薄膜衣片的包衣物料主要为不透水、不透气及具有抗热、遮光能力的有机化合物，有防潮、防霉等作用。

（4）纸型片（薄型片）

纸型片是指将一定剂量的药物均匀地吸附在一定大小的可溶性滤纸片上所制成的一种内服剂型。

2．注射剂

该类药品疗效迅速、剂量准确，适用于一些不宜口服的药品。一般盛装于 1ml、2ml、5ml、10ml、20ml 的曲径安瓶或有橡胶塞的玻璃瓶中，是使用最广泛的剂型之一，其销量仅次于片剂类。按形态可分为液体注射剂与固体注射剂，输液剂也列入本类。

（1）液体注射剂

液体注射剂适用于制备一些遇热或在水溶液中稳定性较高的药品。

（2）固体注射剂（注射用无菌粉末）

固体注射剂适用于制备一些遇热或在水溶液中稳定性较差的药品，临用前用适当溶剂溶解后供注射用。

（3）输液剂

输液剂是指通过静脉滴注方式输入人体的大剂量注射液。在用法与用量、生产工艺、质量要求、包装规格等方面与一般注射剂有所不同。除了传统的电解质、糖类、代血浆输液剂外，还有复方氨基酸注射液和静脉脂肪乳等新型输注液。

3．丸剂和滴丸剂

丸剂是中药传统制剂，是指一种或一种以上的药物与赋形剂混合制成的圆球形或椭圆形的固体制剂。滴丸剂是在丸剂基础上发展起来的新剂型，是指固体或液体药物与基质加热溶化成溶液或混悬液后滴入不相混溶的冷凝液中，由于界面张力的作用，冷凝收缩而制成球形、扁球型或圆片型的丸剂。可供内服，亦可供局部应用。

4．膜剂

膜剂是指药物溶解或均匀地分散在多聚物种制成的薄膜状固体制剂。按给药剂途径可分为含膜、口腔贴膜、口服膜、眼用膜等。

5．胶囊剂

胶囊剂是指药物装于空胶囊中制成的制剂，此种剂型不仅外表美观、整洁，还可掩盖药品不适的苦味、异味，生物利用度较高。空腔囊的主要原料为明胶，也有以甲基纤维素、海藻酸钙或钠盐为原料的。胶囊剂根据胶囊的形状与硬度可分为硬胶囊与软胶囊。

（1）硬胶囊

硬胶囊是将药物粉末或颗粒填充于空心硬胶囊中制成的。一般市售硬胶囊有八种规格，从大到小的排列依次是000号、00号、0号、1号、2号、3号、4号、5号，质地坚硬而富有弹性。

（2）软胶囊（胶丸）

软胶囊是将药物（固体或液体）密封于球形或椭圆形的软质囊材中制成的。

6．液体制剂

液体制剂一般包括芳香水剂（如薄荷水、杏仁水）、溶液剂（如过氧化氢水溶液、硝酸甘油溶液）、糖浆剂（如硫酸亚铁糖浆）、醋剂（如樟脑酯）、凝胶剂（如氢氧化铝凝胶）、乳剂（如乳白鱼肝油）等。

此外，按给药途径及应用方法还可分为洗剂、搽剂、滴眼剂、滴耳剂、滴鼻剂、滴牙剂等。

7．半固体制剂

半固体制剂是将药物加入适宜基质中制成的具有适当稠度的外用制剂，包括乳膏剂、糊剂。

8．栓剂

栓剂是指将药物和基质均匀混合制成的专供人体不同腔道使用的固体制剂，其形状与大小因用途不同而异，有局部用栓剂及全身用栓剂。

9．气雾剂

气雾剂主要供吸入治疗用（也有皮肤黏膜用及环境消毒用）。

10．粉剂

粉剂类包括粉状原料、冲剂、散剂等。

11．新型载药系统与新剂型简介

（1）分散片

分散片放在水中可迅速崩解，分别形成均匀的混悬液或溶液，服用方便，生物利用度高。分散片制备工艺同普通片，成品可于水中分散后口服或吞服、咀嚼和含服。

（2）缓释制剂

也称“延效制剂”，指能使短作用药品变为长作用药品的制剂。缓释制剂包括口服制剂、注射剂、外用制剂，近年来发展最快的是口服制剂。

（3）微型胶囊

简称“微囊”，可看做是一种将药品包裹于囊膜内而形成的微型无缝胶囊，外观呈粒状或圆球形。微型胶囊可直接制成制剂如扑热息痛微囊供药用；也可作为原料制成其他剂型，如制成散剂、胶囊剂、软膏剂、栓剂、注射剂、膜剂等；还可选用不同囊材制成的囊膜制成释放速度不同的长效制剂。

（4）脂质体

也称类小球，是一种类似微型胶囊的新制剂。作为一种药品载体，是将药品包封于类脂质双分子层形成的薄膜中所制成的超微型球状体。脂质体可作为原料制成不同的剂型，如口服液、注射液、软膏、霜剂、洗剂、眼用制剂等。

（5）单克隆抗体

也称肿瘤“生物导弹”。有些单克隆抗体本身就能杀伤肿瘤细胞，但大多数单克隆抗体被用作抗恶性肿瘤药品的载体。

（二）按药品的来源分类

1．动物性药物

动物性药物指利用动物的部分脏器或分泌物制成的药。一些来源于动物的药现已可人工合成，如肾上腺素。

2．植物性药物

植物性药物是指利用植物制成的药，如吗啡、黄连素、三尖杉酯碱等。许多源于植物的药现已人工合成，如黄连素等。

3．矿物性药物

矿物性药物是指直接利用矿物或经过加工而制成的药，如硫磺、硼砂等。

4．生物药物

生物药物是用微生物及其代谢物、动物毒素、人或动物的血液或组织等经加工制成的，目的是预防、诊断、治疗疾病。生物药物最重要的一类是抗生素，其他如牛痘苗、破伤风抗毒素、人血白蛋白等。近年来，由于基因工程的进展，生物制品也可来自人工合成的化合物，如基因重组胰岛素等。

5．人工合成药

人工合成药是指用化学方法合成的药。该类药可分为全人工合成品和半人工合成品。

（三）按医药商业保管的习惯分类

这种分类方法是在药品剂型分类的基础上，根据医药商品的仓储保管及店堂商品的陈列习惯，将品种繁多的商品简单地分为片、针、水、粉四大类。

此种分类方法在医药商业中被普遍采用。

1．针剂类

针剂类包括注射液、注射用粉针剂、输液剂。

2．片剂类

片剂类包括片剂、丸剂及胶囊剂。

3．水剂类

水剂类包括液体制剂、半固体制剂、栓剂、气雾剂。

4．粉剂类

粉剂类包括原料药、冲剂、散剂等。

（四）按我国药品管理制度分类

1．非处方药品与处方药品

（1）非处方药

非处方药品是指消费者不经医生处方可以自行判断、购买和使用的药品。

非处方药一般必须具备下列基本因素。

第一，包装上有“OTC”的明显标识，即国家非处方药专用标识，如图 13-1 所示。说明书内容详细，通俗易懂，按说明书使用时既安全又有效。根据药品的安全性，非处方药又分为甲、乙两类，原则上是将处方药中安全性更高的一些药品划分为乙类，乙类非处方药除可在零售药店出售外，还可在经药品监督管理部门批准的超市、宾馆和百货商店等处销售。

图 13-1　非处方药专有标识（甲类为红底白字，乙类为绿底白字）

第二，有明确的适应症，应用于小毛病的自我治疗时疗效迅速，能缓解小毛病的初始症状或防止其进一步恶化。

第三，不良反应发生率极低（如不会诱发抗药性及药物的依赖性），有助于保持健康或促进健康。

（2）处方药

处方药是指消费者必须经医生处方才能购买、调配和使用的药品，如青霉素等。全世界药品销售额绝大部分来自处方药。

非处方药主要来自处方药。一般情况下，如果处方药经长期（通常 6～10 年）临床实践被证明安全有效、使用方便、价格低廉，即使是非医疗专业人员也能使用，则经药政部门批准后即可转为非处方药。

2．国家基本药物与非基本药物

（1）国家基本药物

国家基本药物是指从我国目前临床应用的各类药品中经过科学评价而遴选出的在同类药品中具有代表性的药品。其特点是疗效好，不良反应小，质量稳定，价格合理，使用方便等。由于基本药物既应满足人民群众防病治病的基本需求，又应使国家有限的卫生资源得到合理的应用，故应以国产药品为主，同时也包括一些进口的新药。

（2）非国家基本药物

非国家基本药物是指未列入“国家基本药物”，但国家仍允许继续发展、生产使用的药品，如土霉素、硫酸卡那霉素等。

（五）按药理作用和临床用途分类

这种分类方法的缺点是每类药品剂型复杂，给储存与保管带来不便，医药零售门市部一般不采用这种方法；其优点是可以指导医患者使用，使治疗不同疾病的药品名目清晰。

三、常见抗生素药物简介

我国卫生部于 2012 年 2 月 13 日颁发了《抗菌药物临床应用管理办法》（于 2012 年 8 月 1 日起执行）。下面就常见的抗生素药物做一下简单介绍。

抗生素是指治疗细菌、支原体、衣原体、立克次体、螺旋体、真菌等病原微生物所致感染性疾病的药物。抗生素药物有许多不良反应，主要有：毒性反应，如对神经系统、造血系统、肾脏、肝脏及胃肠道的毒性；过敏反应，最多见为皮疹和药热，其他还有过敏性休克、血管神经性水肿等，严重的可危及生命；二重感染，也称菌群失调症，由于长期应用广谱抗菌药后，敏感细菌受抑制，而被抑制的细菌和外来菌乘机繁殖而引起新的感染；细菌耐药性是指细菌对抗菌药的耐受性，一旦产生耐受性，抗菌药品的作用就会降低或消失。

抗生素主要是从微生物的培养液中提取或者用合成、半合成方法制造的。抗生素的分类有以下几种。

（一）β-内酰胺类

这是品种最多，用得最多、最广的一类，此类包括两部分。

1．青霉素类

常用的品种有青霉素钠、青霉素钾、氨苄西林钠、阿莫西林、哌拉西林、青霉素 V 钾等。青霉素是最早应用于临床的抗生素，由于它具有杀菌力强、毒性低、价格低廉等优点，迄今仍是处理敏感菌所致各种感染的重要药品。但青霉素有不耐酸、抗菌谱窄和容易引起过敏反应等缺点，因此在临床应用中受到一定的限制。常见剂型有粉针剂、胶囊、片剂等。随着一些耐酸、耐霉、广谱青霉素类药物的产生和发展，它们在临床上的应用越来越广泛。

2．头孢菌素

头孢菌素是一类半合成抗生素，具有抗菌谱广、抗菌作用强、疗效高、毒性低、过敏反应较青霉素类少见、使用安全等优点。头孢菌素可分为四代。

第一代头孢菌素类抗生素，临床常用的是头孢拉定、头孢氨苄、头孢羟氨苄等，并且可以口服。

第二代头孢菌素，常用的有头孢呋辛和头孢克洛。

第三代头孢菌素，常用药物有头孢哌酮等。

第四代孢菌素，常用药物有头孢吡肟。

（二）氨基糖甙类

常用品种有链霉素、庆大霉素、卡那霉素、阿米卡星、小诺米星等。氨基糖苷类抗生素主要用于治疗敏感需氧革兰阴性杆菌所致的全身感染如脑膜炎、呼吸道、泌尿道、皮肤软组织、胃肠道、烧伤、创伤及骨关节感染等。19 世纪 60 年代到 19 世纪 70 年代曾经非常广泛地使用，但是由于此类药物常有比较严重的耳毒性和肾毒性，故使其应用受到一定限制，正在逐渐淡出一线用药的行列。

（三）四环素类

常见的有四环素、土霉素、多西环素等。四环素为抑菌性广谱抗生素，但小儿服用此类药物会发生牙齿变黄，孕妇服用后其产儿可能发生牙齿变色，骨骼生长受抑制。因此小儿和孕妇应慎用或禁用此药。

（四）大环内酯类

常见的是红霉素，此外还有阿奇霉素、罗红霉素、克拉霉素、泰利霉素等。其特点是抗菌谱与红霉素大致相同，但抗菌活性较强，对酸稳定性较好，口服生物利用度以及血药浓度较提高，组织渗透力较强，有的还可进入细胞内，从而加强其抗菌活性和扩大应用范围，不良反应较少，故可用于多种感染性疾病的治疗。

（五）氯霉素类

常用的品种即氯霉素。氯霉素为广谱抗生素，由于其对血液系统的毒性较大，故已较少使用。可外用其滴眼剂防治眼部感染。

（六）其他主要抗细菌的抗生素

常用的有林可霉素、克林霉素、去甲万古霉素、磷霉素、利福平等。

（七）抗真菌抗生素

常用的品种有两性霉素 B、灰黄霉素、制霉菌素、克念菌素等。

（八）抗肿瘤抗生素

常用的有丝裂霉素、阿霉素等。

（九）有免疫抑制作用的抗生素

如环孢素等。

第二节　药品质量管理和药品监督检验

药品质量的差异直接关系到人体的生命安危，因此，为保障人体用药安全、维护人民身体健康和用药的合法权益，药品监督管理部门制定了一系列质量保证制度，来规范药品的研制、生产、经营、使用等行为。

一、药品质量与标准

药品商品质量是指能满足规定要求和需要的药物商品的特征总和。药品的质量特征包括以下五点。

（一）效用

效用指药物商品在规定的适应症、用法和用量条件下，能达到的药品使用功能。药品的有效性是评价药品质量最重要的指标之一。药物商品有效程度的表示方法，在国外采用“完全缓解”、“部分缓解”、“稳定”等来区别，国内则采用“痊愈”、“显效”、“有效”予以区别。

（二）安全

安全是药物商品在按规定的适用症、用法和用量使用的情况下，对使用者生命安全的影响程度。安全性是评价药品质量最重要的指标之一。安全性是药物商品的基本特征。

（三）药品稳定

药品稳定指药物商品在规定的条件下保持其有效性和安全性的能力。规定的条件包括药物商品的有效期限以及药物商品生产、储存、运输和使用的要求。稳定性是药物商品的重要特征。

（四）药物组分均一

药品的每一单位产品（制剂的单位产品，如一片药、一支注射剂等；原料药的单位产品，如一箱药、一袋药等）都符合有效性、安全性的规定要求。均一性也是药物商品的重要特征。

（五）药品的利润

药品的利润是药物商品的生产、流通过程形成的药品的价格水平。若成本价格过高，超过人们的承受能力，则不能作为药品供普通患者使用，而只能供少数人使用；若成本低，则可提高企业的经济效益。

对药品的质量指标、生产工艺和检验方法所作的技术要求和规定称为药品标准。药品标准的内容包括药品的名称、成分或处方的组成；含量及其检查、检验方法；制剂的辅料；允许的杂质及其限量要求以及药品的作用、用途、用法、用量；注意事项；储藏方法等。

《药品管理法》规定，由国家食品药品监督管理局批准颁布实施的《中华人民共和国药典》（以下简称《中国药典》）和药品标准为国家药品标准。根据《中华人民共和国标准化法》规定和国际惯例，国家标准是市场准入的最低标准，原则上行业标准应高于国家标准，企业标准应高于行业标准。所以，药品注册标准不得低于《中国药典》的规定。药品研制、生产、经营、使用和监督管理均应以《中国药典》为法定依据。

药品注册标准，是指国家食品药品监督管理局批准给申请人特定药物的标准，生产该药品的药品生产企业必须执行该注册标准。

二、药品的监督检验

国家对药品质量的监督管理采取监督检验，这种监督检验与药品生产检验、药品验收检验的性质不同。药品监督检验具有第三方检验的公正性，因为它不涉及买卖双方的经济利益，不以盈利为目的。药品监督检验是代表国家对研制、生产、经营、使用的药品质量进行的检验，具有比生产和验收检验更高的权威性。药品监督检验是根据国家的法律法规规定进行的检验，在法律上具有更强的仲裁性。

药品质量监督检验根据其目的和处理方法的不同，可以分为抽查检验、注册检验、指定检验和复验等类型。

（一）抽查检验

抽查检验是由国家的药品检验机构依法对生产、经营和使用的药品质量进行抽查检验，分为评价抽验和监督抽验。抽查检验结果由国家和省级药品监督管理部门发布药品质量公告，国家药品质量公告应当根据药品质量状况及时或定期发布。对由于药品质量严重影响用药安全、有效的，应当及时发布；对药品的评价抽验，应给出药品质量分析报告，定期在药品质量公告上予以发布。

（二）注册检验

注册检验包括样品检验和药品标准复核。样品检验是指药品检验所按照申请人申报或国家食品药品监督管理局核定的药品标准对样品进行的检验。药品标准复核是指药品检验所对所申报的药品标准中检验方法的可行性、科学性、设定的项目和指标能否控制药品质量等进行的实验室检验和审核工作。其目的是为了证明原检验数据和结果的可靠性和真实性，以确保药品的质量。

药品注册检验由中国药品生物制品检定所或者省、自治区、直辖市药品检验所承担。进口药品的注册检验由中国药品生物制品检定所组织实施。

（三）指定检验

指定检验是指国家法律或国务院药品监督管理部门规定某些药品在销售前或者进口时，需指定药品检验机构进行检验。比如国务院药品监督管理部门规定的生物制品、首次在中国销售的药品等。

（四）复验

复验指药品被抽检者对药品检验机构的检验结果有异议而向药品检验机构提出的复核检验。当事人对药品检验所得检验结果有异议的，可以自收到药品检验结果之日起 7 日内提出复验申请，逾期不再受理。

三、药品的生产和经营质量管理规范

（一）药品生产企业质量管理规范

为规范药品生产质量管理，根据《中华人民共和国药品管理法》、《中华人民共和国药品管理法实施条例》，卫生部制定了《药品生产质量管理规范》（Good Manufacture Practice，GMP）。

药品生产企业应当建立药品质量管理体系，该体系应当涵盖影响药品质量的所有因素，包括确保药品质量符合预定用途的有组织、有计划的全部活动。药品生产质量管理规范作为质量管理体系的一部分，是药品生产管理和质量控制的基本要求，旨在最大限度地降低药品生产过程中污染、交叉污染以及混淆、差错等风险，确保持续稳定地生产出符合预定用途和注册要求的药品。

药品生产企业应当建立符合药品质量管理要求的质量目标，将药品注册的有关安全、有效和质量可控的所有要求，系统地贯彻到药品生产、控制及产品放行、储存、发运的全过程中，以确保所生产的药品符合预定用途和注册要求。

（二）药品经营企业质量管理规范

为加强药品经营质量管理，保证人们用药安全有效，依据《中华人民共和国药品管理法》等有关法律法规，国家食品药品监督管理局制定了《药品经营质量管理规范》（Good Suppliging Practice，GSP）。

药品经营企业应在药品的购进、储运和销售等环节实行质量管理，建立包括组织结构、职责制度、过程管理和设施设备等方面的质量体系，并使之有效运行。药品经营企业质量管理规范是药品经营质量管理的基本准则，适用于中华人民共和国境内经营药品的专营或兼营企业。

四、药品的流通管理

为加强药品监督管理，规范药品流通秩序，保证药品质量，根据《中华人民共和国药品管理法》、《中华人民共和国药品管理法实施条例》和有关法律法规的规定，国家食品药品监督管理局制定了《药品流通监督管理办法》。

在中华人民共和国境内从事药品购销及监督管理的单位或者个人，应当遵守《药品流通监督管理办法》。药品生产、经营企业、医疗机构应当对其生产、经营、使用的药品质量负责。药品生产、经营企业在确保药品质量安全的前提下，应当适应现代药品流通发展的方向，进行改革和创新。

药品生产、经营企业应当加强对药品销售人员的管理，并对其销售行为作出具体规定。药品生产企业、药品批发企业销售药品时，应当提供下列资料。

（一）许可证

加盖本企业原印章的《药品生产许可证》或《药品经营许可证》和营业执照的复印件。

（二）证明文件

加盖本企业原印章的所销售药品的批准证明文件复印件。

（三）进口药品

销售进口药品的，要按照国家有关规定提供相关证明文件。

药品生产企业、药品批发企业派出销售人员销售药品的，除提供规定的资料外，还应当提供加盖本企业原印章的授权书复印件。授权书原件应当载明授权销售的品种、地域、期限，注明销售人员的身份证号码，并加盖本企业原印章和企业法定代表人印章（或者签名）。销售人员应当出示授权书原件及本人身份证原件，供药品采购方核实。

药品生产企业、药品批发企业销售药品时，应当开具标明供货单位名称、药品名称、生产厂商、批号、数量、价格等内容的销售凭证。

第三节　药品的保管和养护

一、药品保管和养护的基本任务

药品保管和养护是药品质量管理工作在流通领域中的继续，是在药品储存过程中进行维护药品使用价值的一项重要工作。由于药品在流通过程中停留在储存阶段的时间比较长（药品储存包括工厂储存和商业储存、正常储存和非自愿储存），所以药品的保管和养护工作十分重要。其主要任务是对在库药品按《药品养护管理制度》和《药品在库养护程序》实施养护管理。具体操作是依据在库药品的不同理化特性与不同剂型在储存过程中的变化规律，用维护药品质量的有关理论、方法和技术采用适宜的养护条件，以达到安全储存、科学养护、保证质量、监督损耗的养护目的。一般情况下，主要是对仓库温度与湿度进行监控与调节，采取有效措施保护药品质量，最大限度地实现药品的使用价值。

（一）药品的保管

根据有关规定，药品应进行分类保管

（1）应依据其理化性质及剂型特点，分类分库（区）储存保管。

（2）适宜于同一储存条件的品种，应依据其剂型及品种不同，分区或分开堆码保管。

（3）不宜于同一储存条件的品种，则应分库，并在相应的储存条件下储存保管。

（4）通用名称相同的，同一企业生产的不同制剂规格或不同包装规格的药品应分开堆码保管。

（5）通用名称相同的，同一制剂规格或同一包装规格的，不同企业生产的药品应分开堆码保管。

（6）贵重药品、危险药品、易串味药品，须另设符合有关规定的专库储存保管。

（7）不合格药品与退货待处理药品应分别存放于不合格区（库）与退货区（库）。

（二）库房药品的养护

药品仓库温度与湿度条件应按《环境条件控制管理办法》进行控制：

（1）常温仓库温度为 0～30℃，适合存放在常温下理化性质比较稳定的药品，如诺氟沙星等。

（2）阴凉库温度为 0～20℃，适合存放在常温下理化性质不稳定的药品，如洛莫司汀等。

（3）冷库温度为 2℃～10℃，如生物制品、疫苗从生产、销售到使用一直要在 2℃～80℃条件下存放，也就是通常所说的“冷链”不能断，如尿激酶。

各库房相对湿度应保持在 45%~75%。

二、影响药品质量的因素

（一）内在因素

1．药品的物理性质

（1）挥发性

挥发性指液态药品能变成气态扩散到空气中的性质。具有挥发性的药品如果包装不严或储存时的温度过高，可造成挥发减量，如乙醇、薄荷等在常温下既有强烈的挥发性，还可引起燃烧和爆炸。

（2）吸湿性

吸湿性指药品在外界空气中不同程度地吸附水蒸气的性质。药品的吸湿性并不限于水溶性药品，某些高分子药品和水不溶性药品同样可以吸湿，但当含有少量的氯化镁等杂质时，则表现出显著的吸湿性。

（3）吸附性

药品能够吸收空气中的有害气体或特殊臭气的性质被称为药品的吸附性，例如淀粉、药用碳、滑石粉等因表面积大而具有显著的吸附作用从而使本身具有被吸附气体的气味，亦称“串味”。

（4）冻结性

以水或乙醇做溶剂的一些液体药品遇冷可凝结成固体，这种固体会导致药品的体积膨胀而引起容器破裂。

（5）风化性

有些含结晶水的药品在干燥空气中易失去全部或部分结晶水，变成白色不透明的晶体或粉末，称为“风化”。风化后的药品药效虽然未变，但影响使用的准确性，尤其是一些毒性较大的药品可因此而超过剂量，造成医疗事故。

（6）外观性

药品的色、嗅、味是药品重要的外观性状，也是药品的物理性质之一。当色、嗅、味发生变化时，经常意味着药品性质发生了变化，所以它们是保管人员实施感官检查的重要根据。阿司匹林片出现针状结晶或浓厚的醋酸味，是由于吸湿发生水解反应，产生了水杨酸和乙酸；某些药品的异臭、异味可能是微生物所引起的发酵、腐败等。

此外，药品的溶化性、溶解性等均是影响药品质量的内在因素。

2．药品的化学性质

（1）易水解的药物

当药物的化学结构中含有酯、酚胺、酰脲等时，易发生水解反应。如青霉素的分子中含有β-内酰胺环，在酸性、中性或碱性溶液中易发生分解反应和分子重排反应，其分解产物与分子重排物均无抗菌作用。因此，青霉素只能制成粉末，严封于容器中储藏。

（2）易被氧化的药品

当药品的化学结构中含有酚羟基、硫基、芳香胺、不饱和碳键、醇、醚、醛、吡唑酮、吩噻嗪等基团时，易发生氧化反应。例如，氯丙嗪属于吩噻嗪类化合物，在日光、空气、湿气的作用下易变质失效，故应遮光、密封保存。

（二）外在因素

影响药品质量的外在因素主要有以下六个方面。

1．空气

空气是不同气体的混合物，主要成分是氮、氧、二氧化碳以及氩、氖、氪、氙等稀有元素。此外，空气中还含有水蒸气、二氧化碳和尘埃等。在被污染的空气中还混杂有二氧化硫、硫化氢、氨、氯化氢等有害气体。与药品的质量有关的主要是氧、二氧化碳。

（1）氧

许多具有还原性的药品，可被空气中的氧所氧化而分解，或变色、变质，甚至产生毒性。例如，异丙肾上腺素被氧化后，可由白色变为粉红色，此时即不可供药用。

（2）二氧化碳

空气中的二氧化碳可使某些药品因发生碳酸化而变质。例如，某些氢氧化物和氧化物易吸收二氧化碳而生成碳酸盐；磺胺类钠盐与二氧化碳作用后，可生成难溶于水的游离磺胺而结晶析出。

2．温度

温度在药品的保管养护中是重要条件之一，它与湿度有密切关系，干燥的固体药品受温度影响的程度远比吸潮或呈液体状态的药品小得多。

（1）温度升高

温度升高，可加速药品的变质，如生物制品、血液制品在室温下保管容易失效，需要低温冷藏（2℃～10℃）；可加速药品的挥发与风化，如可使咖啡因失去分子中的结晶水；可破坏药品的剂型，如可使栓剂、胶囊剂软化变形，使糖衣片粘连，使软膏剂溶化分层等。

（2）温度过低

温度过低，可使一些生物制品、含蛋白制剂、乳剂等析出沉淀或变性分层，如甲醛溶液在 9℃以下时易聚合成为多聚甲醛而使溶液呈现混浊或析出白色沉淀；可使许多液体制剂析出结晶，其中一些药品因结晶而失效，如葡萄糖酸钙注射液等饱和溶液久置冷处易析出结晶不再溶解，而不能药用；可致容器因药液体积增加而破裂等。

3．湿度

湿度是药品养护的重要条件之一，湿度过高或过低均可引起许多药品性状改变。

（1）潮解

如钠盐吸湿性较大，最易发生潮解；一些不溶于水的药品如活性炭及干燥氢氧化铝等也可因物理吸附作用而潮解；胃蛋白酶、胰酶等易于吸湿结成团块。

（2）稀释

一些具有吸水性的液体药品如甘油、乳酸等在潮湿环境中易吸收水分而被稀释，从而使浓度降低，影响药效。

（3）水解

有些药品因吸潮而分解变质，如阿司匹林易吸湿而水解生成乙酸和水杨酸，不但毒性增加，而且对胃肠道的刺激也增加。

4．光线

紫外线是药品发生分解、氧化、还原、水解等化学反应的催化剂之一。如肾上腺素受到光照的影响可发生氧化反应逐渐变成红色至棕色，使疗效降低或失效。在很多情况下，光线并不是孤立地发生作用，而是经常伴随空气中的氧、水分、温度等因素同时进行，所以，对光敏感的药品，应密闭于凉暗处保存。

5．微生物与昆虫

微生物（细菌、霉菌、酵母菌等）和昆虫，很容易进入包装不严的药品内，它们的生长、繁殖是造成药品腐败、发酵、蛀蚀等变质现象的一个主要原因。一些含有营养物质（如淀粉、糖、蛋白质、脂肪等）的制剂，如糖浆剂、片剂及一些中草药制剂更易发生霉变和虫蛀。

6．时间

药品储存一定时间以后就会变质。一些有有效期的药品，即使储存条件适宜，久存也易降低效价，如抗生素、生物制品等；一些暂时没有制定有效期的药品，如乳剂、水剂、栓剂等一些性质不稳定的药品，时间长了也会变质；有的药品储存一段时间后，外观上虽无变化，但因其含量或效价降低而不能药用。

三、药品的保管方法

（一）药品保管的基本要求

1．遮光

遮光指药品应用不透光的容器包装，例如棕色容器或黑纸包裹的无色透明、半透明容器。

2．密闭

密闭指将容器密闭，以防止尘土及异物进入。

3．密封

密封指将容器密封以防止风化、吸潮、挥发或异物进入。

4．严封或熔封

严封或熔封指将容器熔封或用适当的材料严封，以防止空气与水分的侵入和污染。

5．阴凉处

阴凉处指温度不超过 20℃的地方。

6．凉暗处

凉暗处指避光且温度不超过 20℃的地方。

7．冷处

冷处指温度在 2℃～10℃的地方。

（二）不同性质药物的保管方法

药物商品常见的变异现象有氧化、还原、分解、潮解、粘连、风化、沉淀、挥发、变色、霉变等，因此应根据药物商品的不同性质采取不同的储存方法。

1．光敏性的药品

应采用棕色玻璃瓶或用黑色纸包裹的遮光容器，并尽量采用小包装。放在阴凉干燥或光线不易直射到的地方。库房门、窗门悬挂黑布帘或黑纸遮光。不常使用的药品，可储存于严密不透光的药箱或药柜内，以防阳光照射。

2．受湿度影响大的药品

对极易吸湿的药品，应根据药物的不同性质采用密封、严封甚至熔封方法储存：对少数易受潮的药品，可采用石灰干燥器储存。易挥发的药品，应密封置于阴凉干燥处，相对湿度为 50%～70%的地方。控制药库内的湿度，以保持相对湿度在 50%～70%为宜，否则需采取相应的升湿措施或降湿措施。

3．受温度影响大的药品

（1）常温储藏

一般药品储存在常温下，亦即 0～30℃为宜，凡《中国药典》未规定储存温度者，均可在常温下储存。

（2）低温储藏

指明须于"阴凉处"、"凉暗处"或"冷处"储存的药物均应按《中国药典》规定的相应温度条件储存。对挥发性大的药品如浓氨溶液、乙醚等，在温度高时容器内压力大，不应剧烈振动；开启前应充分降温，以免药液冲出（尤其是氨溶液），造成伤害事故。

（3）保暖储藏

对易冻裂或经冻结后易变质、失效的药品，必须采取保暖储藏。保暖措施可采用保暖箱，有条件者可建立保暖库。另外，也可利用地窖、坑道、山洞等处储藏药品，其特点为冬暖夏凉。

4．麻醉药品、精神药品和放射性药品

麻醉药品、精神药品和放射性药品应严格执行专库（柜）存放、双人双锁保管，专人专账记录制度。放射性药品的储存应具有与放射剂量相适应的防护装置，放射性药品置放的铅容器也应避免拖拉或撞击这类药品。入库、出库均应执行双人验收或双人复核制度。由于破损、变质、过期失效而不可供药用的药品，应清点登记，列表上报当地药品监督管理部门处理。

5．医疗用毒性药品

此类药品必须储存在设有必要安全设施（如窗加铁栅、铁门）的单独仓间内或专柜加锁并由专人保管、设专账记录。毒性药品的验收、发货，均应由第二人复核并共同在单据上签名盖章，严防收假、发错，严禁与其他药品混杂。对不可供药用的毒性药品，经单位领导审核，报当地有关主管部门批准后，按毒性药品的理化性质，采用不同方法，由熟知药品性质和毒性的人员指导销毁，并建立销毁档案。

6．易燃、易爆等危险性药品

保管危险性药品应熟悉其性质、注意安全，设立专用仓库，分类保管、单独存放，并采取坚固、耐压、耐火、耐腐蚀的严密包装并堆放。

7．近效期药品

近效期的药品特别是稳定性较差的药品，如大多数抗生素及生物制品等，在储存期间，因受外界因素的影响，当储存一定时间后，可能会产生药效降低、毒性增高，甚至不能再供药用的现象。因此，除了要严格按照规定的储存条件尤其是温度、湿度条件储存外，为确保所销售或使用药品的质量，避免造成浪费，应经常注意药效期限，随时检查；药品出库更应做到"先产先出、先进先出、近期先出、近期先用"；同时还要健全近效期药品的催售或使用管理制度。过期的药品，严禁再销售和使用。

【本章小结】

本章简要介绍了作为特殊商品的药品的基础知识，如药品概念及其特殊性、药品分类及常见抗生素药物。本章还介绍了药品质量管理和药品监督检验、经营管理规范及药品的保管养护，为从事药品营销工作奠定了一定的基础。

【复习思考题】

1. 药品的含义及其特殊性表现在什么地方？
2. 药品的分类方法有哪些？
3. 药品的质量特征有哪些？药品的监督检验有哪些类型？
4. 药品应如何进行分类保管？影响药品质量的因素有哪些？
5. 药品保管的基本要求有哪些？常见药品的保管方法有哪些？

【案例】

2005年3月，接到举报，某药监分局查处了某生物工程有限公司生产、销售假药“××口服液”的三个窝点，查获涉案假药110瓶，货值4万余元。经查，某生物工程有限公司持有《工商营业执照》，但未取得过《药品生产许可证》和《药品经营许可证》。公司负责人吴某生产自行研发的“××口报液”，并称该药品可治疗一切癌症。同时，该公司开设了专门网站，并在网页上张贴了大量宣传该口服液神奇功效的虚假资料。在调查询问中，吴某承认该药未取得国家规定的药品批准文号，截至查获当日共有 40 万余人服用过该口服液，且多为癌症患者。

经调查“××口服液”的主要原料是葛根，市药品检验所抓住这一线索，在假药中检测到了葛根素，但同时发现霉菌严重超标（应小于100个，实际检出980个）。相关部门组织召开专家论证会，对假药的危害程度给予定论。来自在研究所、医院等单位的临床、药理和药检专家，对该假药是否足以严重危害人体健康、延误诊治进行了多方面的论证。与会专家认为霉菌严重超标对人体会产生一定的危害；从假药的处方、材料和药品检验报告中无法证明该口服液具有抗肿瘤作用和治疗糖尿病的作用，因此有可能造成贻误诊治的结果。

案例讨论题

你对我国目前的药品监管机制有何意见与建议？

【实践技能训练】

安全用药情况调查

一、调查目的

通过调查周围人群用药消费情况，提高对安全用药的认识。

二、调查内容

选择三个以上不同消费者，调查其用药习惯，宣传正确用药观念。

三、调查步骤

1. 以实训小组为单位组成调查团队。
2. 了解常见病如感冒、腹痛（腹泻）、发烧等常用药的名称及用药途径。
3. 设计调查表（表 13-1），对不同性别、不同年龄的人习惯用药情况进行调查。
4. 将调查情况填入表格中。
5. 根据调查情况，各组对调查结果进行分析，并在班级进行交流、讨论。

表 13-1　安全用药情况调查表

序号	性别	年龄	病因	用药情况（口服、肌注、输液）			自备/医嘱	备注
				1	2	3		
1								
2								
3								
4								
5								

参考文献

[1] 万融.商品学概论.北京：中国人民大学出版社，2005

[2] 赵启兰.商品学概论.北京：机械工业出版社，2007

[3] 刘安莉.商品学概论.北京：对外经济贸易大学出版社，2001

[4] 胡东帆.商品学概论.大连：东北财经大学出版社，2008

[5] 籍栓贵.实用化学.北京：煤炭工业出版社，2007

[6] 汤云.商品学实务.大连：大连理工大学出版社，2010

[7] 汪永太.商品学概论.大连：东北财经大学出版社，2009

[8] 曹汝英.商品学基础.北京：高等教育出版社，2007

[9] 谢瑞玲.商品学基础.北京：高等教育出版社，2004

[10] 付宏华.现代物流管理.北京：人民邮电出版社，2011

[11] 刘敏.商品学基础.北京，科学出版社，2005

[12] 方光罗.商品检验与养护. 大连：东北财经大学出版社，2005

[13] 陈明华.商品学.北京：北京理工大学出版社，2006

[14] 谈留芳.商品学.北京：科学出版社，2008

[15] 刘亚琴.医药商品学.北京：中国医药科技出版社，2006

[16] 郭洪仙.商品学.上海：复旦大学出版社，2005

[17] 中国营养学会.中国居民膳食指南.拉萨：西藏出版社，2010

[18] 龚盛昭.精细化工实验与实训.北京：科学出版社，2008

[19] 刘敏.商品学基础.北京：科学出版社，2005

[20] 方光罗.商品检验与养护.大连：东北财经大学出版社，2005

[21] 马三生.商品学概论.武汉：武汉理工大学出版社，2008

[22] 窦志明.商品学基础.北京：高等教育出版社，2005

[23] 代丽君.商品学实验教程.北京：中国物资出版社，2006

[24] 盛显欣.商品学概论.北京：中国商业出版社，2000

[25] 袁观洛.纺织商品学.上海：中国纺织大学出版社，2000

[26] 孙参运.商品学基础与实务.北京：中国财政经济出版社，2011

[27] 刘北林.商品学.北京：中国人民大学出版社，2006

教辅产品及教师会员申请表

<table>
<tr><td>申请教师姓名</td><td colspan="4"></td></tr>
<tr><td>所在学校</td><td colspan="2"></td><td>所在院系</td><td></td></tr>
<tr><td>联系电话</td><td colspan="2"></td><td>电子邮件地址</td><td></td></tr>
<tr><td>通信地址</td><td colspan="4"></td></tr>
<tr><td>教授课程名称</td><td colspan="2"></td><td>学生人数</td><td></td></tr>
<tr><td>您的授课对象</td><td colspan="4">本科□　研究生□　MBA□　EMBA□　高职高专□　其他□</td></tr>
<tr><td>教材名称</td><td colspan="2"></td><td>作者</td><td></td></tr>
<tr><td>书号</td><td colspan="2"></td><td>订购册数</td><td></td></tr>
<tr><td>您对该教材的评价</td><td colspan="4"></td></tr>
<tr><td>您教授的其他课程名称</td><td colspan="2"></td><td>学生人数</td><td></td></tr>
<tr><td>准备选用或正在使用的教材
（教材名称　出版社）</td><td colspan="4"></td></tr>
<tr><td>您的研究方向</td><td></td><td colspan="2">是否对教材翻译或改编有兴趣？</td><td>是□　否□</td></tr>
<tr><td colspan="5">您是否对编写教材感兴趣？　　是□　　否□
您推荐的教材是：________________
推荐理由：________________</td></tr>
</table>

为确保教辅资料仅为教师获得，请将此申请表加盖院系公章后传真或寄回给我们，谢谢！

教师签名：

院/系办公室公章

地　　址：北京市丰台区成寿寺路 11 号邮电出版大厦 1108 室
北京普华文化发展有限公司（100164）

传　　真：010－81055644

读者热线：010－81055656

编辑邮箱：chengzhenzhen@ puhuabook. cn

投稿邮箱：puhua111@ 126. com，或请登录普华官网“作者投稿专区”。

投稿热线：010－81055633

购书电话：010－81055656

媒体及活动联系电话：010－81055656　　邮件地址：hanjuan@ puhuabook. cn

普华官网：http：//www. puhuabook. cn

博　　客：http：//blog. sina. com. cn/u/1812635437

新浪微博：@ 普华文化（关注微博，免费订阅普华每月新书信息速递）